D1996357

Mosaik bei
GOLDMANN

Buch

Brigitte Nagiller, Fachfrau für Stilfragen, hilft Ihnen, einen guten Eindruck zu machen – sowohl im Privatleben als auch im Beruf: vom Umgang in Partnerschaften über das richtige Reisen bis hin zu Bewerbungsgesprächen und dem Verhalten gegenüber schwierigen Kollegen. Dabei geht es nie um steife Etiketterituale, sondern darum, als Mensch stimmig und authentisch zu wirken. Denn Stil und Charisma sind wichtiger, als die Hummerzange »richtig« zu halten! Viele Beispiele zeigen anschaulich, wie bekannte Persönlichkeiten, Schauspieler und gekrönte Häupter positiv (und manchmal auch negativ) auffallen.

Autorin

Brigitte Nagiller war viele Jahre in einer großen internationalen Bank im Bereich Public Relations tätig und dort für Kunden- und Imageveranstaltungen unterschiedlichster Art verantwortlich. Herausragende Persönlichkeiten wie Michail Gorbatschow, Sir John Kenneth Galbraith, Neil Postman, Jacques Santer oder Hans Tietmayer hat sie als Gäste des Hauses betreut. Ihre praktische Erfahrung gibt Brigitte Nagiller heute in Vorträgen und Seminaren weiter. Ihr erstes Buch »Knigge, Kleider und Karriere« wurde 2001 ein Bestseller.

Von Brigitte Nagiller außerdem bei Mosaik bei Goldmann

Knigge, Kleider und Karriere (16576)

Brigitte Nagiller

Klasse mit Knigge!

Stilsicher in allen Lebenslagen

Mosaik bei
GOLDMANN

Die Ratschläge in diesem Buch wurden von der Autorin und vom Verlag sorgfältig erwogen und geprüft, dennoch kann eine Garantie nicht übernommen werden. Eine Haftung der Autorin bzw. des Verlags und seiner Beauftragten für Personen-, Sach- und Vermögensschäden ist ausgeschlossen.

FSC
Mix
Produktgruppe aus vorbildlich
bewirtschafteten Wäldern und
anderen kontrollierten Herkünften

Zert.-Nr. SGS-COC-1940
www.fsc.org

Verlagsgruppe Random House FSC-DEU-0100
Das für dieses Buch verwendete FSC-zertifizierte Papier *Munken Print*
liefert Arctic Paper Munkedals AB, Schweden.

1. Auflage
Vollständige Taschenbuchausgabe März 2007
Wilhelm Goldmann Verlag, München,
in der Verlagsgruppe Random House GmbH

Umschlaggestaltung: Design Team München
Umschlagmotiv: Zefa/J. Feingersh
Illustrationen: Klaus Pitter
Satz: Uhl + Massopust, Aalen
Druck und Bindung: GGP Media GmbH, Pößneck
WR · Herstellung: Han
Printed in Germany
ISBN 978-3-442-16845-3

www.mosaik-goldmann.de

Inhalt

Für meinen Sohn Bernhard

Vorwort

Was mir am Herzen liegt

Sehr verehrte Leserin und sehr geehrter Leser,

ich finde es schön, dass Umgangsformen ein Thema für Sie sind. Sie zeigen damit, dass Ihnen Kompetenz im Umgang mit anderen Menschen wichtig ist. Sowohl im Berufsleben als auch privat.

Altmodischer Kram oder zeitgeistiges Getue?

Gutes Benehmen ist nichts Altmodisches. Im Gegenteil, unsere Zeit hat es nach Jahren der Vernachlässigung wieder entdeckt. Aber nichts als fantasielose Wiederbelebung starrer Regeln, die nicht mehr in unsere Zeit passen, sondern als ermutigende Weiterentwicklung. Daher helfen Ihnen auch alte Benimmbücher nicht wirklich weiter. Im Vordergrund stehen heutzutage nicht mehr so ausgefallene Dinge wie das Wissen um die Handhabung von Austerngabel und Hummerzange oder der formvollendete Genuss einer Banane mit Messer und Gabel. Gut, wenn jemand das immer noch unaufdringlich – aber nur so – zelebrieren kann, das hat schon was!

Heutzutage aber steht im Zentrum des gekonnten Miteinander-Umgehens die Fähigkeit, ein Gefühl für den Augenblick sowie für die jeweilige Situation zu entwickeln und sich dann mitmenschlich stimmig zu verhalten. Manche Menschen haben ein besonderes Talent dafür, sich in den unterschiedlichsten Situationen richtig zu verhalten. Dafür kann man eine Sensibilität entwickeln, man kann es aber auch lernen. Und dabei will ich Ihnen helfen.

Erschrecken Sie nicht beim Wort lernen, denn es geht ganz und gar nicht darum, Regeln zu pauken. Umgangsformen sind keine technische Sache, die man auswendig lernen kann. Obwohl eine systematische Beschäftigung damit notwendig ist. Aber wirklich stimmig für alle wird die Sache letztlich nur, wenn Sie alles verinnerlicht haben. Und am schönsten wäre es, wenn alles von Herzen kommt. Gute Umgangsformen dienen nicht dazu, sich selbst wichtig zu machen oder sich gar über seine Mitmenschen zu erhöhen, sondern unser aller Zusammenleben angenehm zu machen. Und wenn das auch noch Ihrem beruflichen Fortkommen dient, umso besser. In den meisten Berufen geht es heute ohne ein wenig Knigge ja wirklich nicht mehr.

Geht es nicht auch anders?

Jetzt könnten Sie vielleicht sagen: Ja, da kenne ich aber Menschen, die kümmern sich überhaupt nicht um gutes Benehmen, die machen manchmal das Gegenteil von dem, was Sie, liebe Frau Nagiller, in Ihren Benimmbüchern empfehlen. Aber dennoch geht es solchen Leuten mit ihren Mitmenschen blendend, sie haben Karriere gemacht, vielleicht sind sie sogar irgendwo in einer Spitzenposition. Wie passt denn das zusammen?

Die Antwort darauf ist einfach: Charismatische Persönlichkeiten sind auf diese Regeln weniger angewiesen als Menschen wie du und ich. Charisma kann vieles überstrahlen. Aber glauben Sie mir, auch solche Menschen wissen ganz genau Bescheid. Auch sie haben klein angefangen, aber dann sind sie eben über uns alle hinausgewachsen. Und wenn Sie genau hinschauen, werden Sie vielleicht feststellen, dass auch diese Menschen perfekt mit ihren Mitmenschen umgehen. Aber dazu brauchen sie keine Regeln mehr.

Das gibt es in vielen Lebensbereichen: Denken Sie an berühmte Künstler, z. B. an Pablo Picasso. Natürlich hat er die Technik der klassischen Malerei beherrscht, bevor er sich von den herrschenden Regeln löste und begann, Frauen mit einem Auge und dreieckigen Gesichtern zu malen. Auch Musiker lernen die traditionelle Kompositionslehre, bevor sie sich an die Zwölftonmusik wagen. Und genauso ist es bei den Umgangsformen. Man muss zuerst wissen, worum es geht, man muss die Regeln beherrschen, erst dann kann man souverän entscheiden, inwieweit man sie annimmt oder nicht, in einer konkreten Situation oder auch ganz grundsätzlich.

Ein Überblick

Ihre Persönlichkeit

Ich möchte Ihnen mit diesem Benimmbuch zeigen, wie Sie Ihre Persönlichkeit den Mitmenschen gegenüber besser präsentieren können. Und wie Sie trotz kleiner oder größerer Mängel Ihre Eigenständigkeit bewahren, zu sich stehen. Dadurch werden Sie spüren, wie Ihr Ansehen steigt. Ich möchte Ihnen zeigen, wie Sie Ihre Individualität gekonnt betonen, Ihren persönlichen Stil und schließlich Ihr ureigenstes Charisma entwickeln.

Der Job

Unseren Beruf nehmen wir alle sehr wichtig. In Zeiten der Arbeitsplatzknappheit und des starken Konkurrenzkampfes ist der formvollendete Umgang mit Kollegen und Vorgesetzten und mit Geschäftspartnern immer ein Vorteil. Erfolgreiche Menschen benehmen sich und kommen nicht zuletzt dadurch auch mit unangenehmen Situationen gut zurecht. Besonders wichtig im Beruf ist es auch, mit Menschen angenehm zu kommunizieren. Sowohl im persönlichen Umgang als auch über die modernen Kommunikationsmedien.

Am meisten Fingerspitzengefühl brauchen Sie in einer neuen beruflichen Umgebung.

Essen und Trinken

Die Kenntnis der Tischetikette ist die Basis der guten Umgangsformen. Es gibt kaum etwas Schöneres, als eine gute Mahlzeit gemeinsam mit der Familie, mit Freunden oder Bekannten, aber auch mit Geschäftspartnern einzunehmen. Was dabei alles zu berücksichtigen ist und wie Sie Sicherheit als Gast und Gastgeber sowohl im eigenen Heim als auch in Restaurants erlangen, bespreche ich ausführlich in mehreren Kapiteln.

Daheim und in der Freizeit

Umgangsformen sind nicht nur im Job und mit fremden Personen wichtig. Auch innerhalb der Familie, mit Partnern und Kindern erleichtern sie das Leben. Daher behandle ich auch ausführlich den Umgang im Privatleben, welche Umgangsformen innerhalb der Partnerschaft, mit den eigenen Kindern sowie mit den

Nachbarn wichtig sind. Außerdem gehe ich ausführlich auf alle festlichen Ereignisse im Leben, schöne Feste, aber auch traurige Anlässe ein.

Reisen

Weitere Kapitel sind dem Reisen gewidmet. Gerade im Ausland gibt es vieles zu berücksichtigen, um nicht unnötigerweise Menschen fremder Kulturen zu provozieren oder sich gar in Gefahr zu bringen. Daher sind den Eigenheiten von Gastländern und der Sicherheit auf Reisen ausführliche Kapitel gewidmet. Die Benutzung von öffentlichen Verkehrsmitteln ist ein weiteres Thema. Auto, Bahn und Flugzeug bringen eine besondere Nähe zu anderen Menschen, daher sind hier Rücksichtnahme und Höflichkeit besonders wichtig.

Liebe Leserinnen und Leser, auch wenn ich mich wiederhole: Es geht mir beim Thema Umgangsformen nicht um das mechanische Einhalten von Regeln, sondern es geht um die Entwicklung Ihrer Persönlichkeit. Betrachten Sie daher letztlich alles, was ich Ihnen sage, als Anregung. Nehmen Sie das heraus, was Ihnen für Ihre Person und Ihr Leben stimmig erscheint. Entscheiden Sie sich für diejenigen Empfehlungen, bei denen Sie sich wohlfühlen. Von denen Sie glauben, sie passen zu Ihnen und machen Sie sicherer. Lernen und beobachten Sie sich selbst und andere. Je mehr Sie das tun, desto selbstverständlicher wird Ihnen der souveräne Umgang mit anderen Menschen.

Um Ihnen das Lesen zu erleichtern, habe ich auf zweifelsohne korrekte, aber sperrige Formulierungen wie »der Mitarbeiter und die Mitarbeiterin« oder »die MitarbeiterInnen« verzichtet. Ich hoffe, Sie können mir das verzeihen!

Brigitte Nagiller
(brigitte.nagiller@aon.at)

Kapitel 1

Miteinander umgehen

Moderne Umgangsformen

Wirtschaftlich waren die letzten Jahre nicht die besten. Das hat auch Auswirkungen auf die Gesellschaft. Während früher Flexibilisierung und Mobilität die wichtigsten Kriterien waren, werden heute auch Verlässlichkeit, Augenmaß und Bescheidenheit geschätzt.

Eine ganze Generation von Führungskräften hat die Wirtschaft mit Abenteuerlust und Visionsfähigkeit vorangetrieben. Besonders die New Economy war der Inbegriff von Dynamik und Durchschlagsfähigkeit. Doch der Glanz von früher ist verblasst. Viele noch vor wenigen Jahren gefeierte Manager wurden abberufen. Darunter waren auch manch coole Typen. Solche, die im Konzern die akademischen Titel abgeschafft hatten, schnell zum formlosen »Du« übergegangen waren und bei ihren Managerkollegen die Abschaffung der Krawatte und offene Hemdkragen durchgesetzt hatten. An ihre Stelle traten ältere, solide, allerdings weniger spektakuläre Typen.

Formen in unsicheren Zeiten

Es ist offenkundig, dass gute Manieren und bewusste Formen wieder angesagt sind. Schon bevor die Börsen nachgaben, hat es erste Zeichen dafür gegeben. Diese Stimmung ist nachvollziehbar. Denn in unsicheren Zeiten ist die Sehnsucht nach Form, dem Ungewissen und Amorphen des Lebens Halt zu geben, nur allzu gut verständlich. Sicherheit durch Regeln und Formen bilden ein festes Bollwerk, an dem man sich anhalten kann, wenn in der restlichen Welt die Stürme wehen.

Das Hinwenden zum »Soliden« zeigt sich in vielen Einzelheiten: Wer früher den öffentlichen Dienst anstrebte, schien mit seinem Leben schon abgerechnet zu haben. Heute wird ein ausgebildeter Lehrer, der eine Stelle bekommt, neidvoll bestaunt. Eine Stelle bei einem Kreditinstitut rangiert auf der Wunschliste ganz oben. Pensionsanspruch zählt plötzlich mehr als »stock options«. Freelancer, vor einigen Jahren noch beneidete Typen, die sich aus allen Sozialversicherungen wegstehlen können, würden sich glücklich schätzen, eine fixe Anstellung zu bekommen. Der Glanz von Analysten, an deren Lippen alle Möchtegernspekulanten lange Zeit andächtig hingen, schwindet.

Modetrend und Manieren

Heute existieren unterschiedliche Höflichkeitscodes. Die Zeiten der starren Benimmregeln sind endgültig vorbei. Doch gerade das macht es besonders schwer, denn unterschiedliche Situationen erfordern unterschiedliches Verhalten. Das richtige Maß zu finden, ist nicht immer leicht.

Österreich hat dank der Jahrhunderte höfischer Kultur kultiviertere Umgangsformen. Besonders in Wien wird Tradition hochgehalten. Es existiert mehr Höflichkeit und eine spontanere Herzlichkeit, die manchmal aber auch vordergründig und verlogen sein kann. Es kann sehr enttäuschend sein, wenn einem Leute mit großer Freundlichkeit und Herzlichkeit begegnen, aber kaum, dass sie einem den Rücken zuwenden, Schlechtes reden. Es schmerzt, wenn Leute bei höhergestellten oder wichtigen Persönlichkeiten die Liebenswürdigkeit in Person sind, hingegen Menschen, die von ihnen abhängig sind, schlecht behandeln.

Milieuanpassung

Personen mit perfekten Umgangsformen können sich in jedem Milieu und in jeder Gesellschaft gut bewegen. Sie finden die richtige Form für die richtige Situation. Und trotzdem müssen sie sich nicht verstellen. Sie bleiben immer authentisch.

Lassen Sie mich einige Beispiele nennen:

Königin Margarethe II. von Dänemark beherrscht selbstverständlich perfekt das Hofzeremoniell in Schloss Amalienburg. Offizielle Auftritte sind ihr angestammtes Milieu. Wenn sie allerdings auf Besuch in Grönland ist, dann tanzt sie mit den Inuits genauso wild und ausgelassen, als wäre sie eine von ihnen. Sie handelt situationsangepasst und sichert sich damit die Zuneigung ihrer Landsleute.

Masako Owada war eine forsche Karrierediplomatin mit internationaler Karriere. In dem Moment, als sie die Verlobung mit dem japanischen Kronprinzen Naruhito einging, änderte sie ihr Verhalten in der Öffentlichkeit. Ab diesem Zeitpunkt trat sie bescheiden und schüchtern auf, so wie sie erzogen worden war. Alles andere hätte das japanische Volk irritiert und vor den Kopf gestoßen.

Sie fragen sich jetzt, welche Gemeinsamkeiten es zwischen Ihnen und Königinnen und Prinzessinnen gibt? Eine ganze Menge, denn deren Verhalten kann Vorbild für Sie selbst sein. Auch Sie sollen sich immer mit den Spielregeln des jeweiligen Milieus vertraut machen. Wenn Sie diese Regeln nicht kennen, geraten Sie in Gefahr, dass Sie sich »danebenbenehmen«. Das gilt für alltägliche Gelegenheiten genauso wie für offizielle Anlässe.

- Wenn Sie zu einem festlichen Abendessen in einem exklusiven Restaurant, zu einem großen Ball, zu Veranstaltungen mit offiziellem Charakter, zu Ehrungen oder Ordensverleihungen geladen sind, haben Sie die Gelegenheit, zu zeigen, was Sie auf dem Gebiet der Umgangsformen loshaben. Sie ziehen sich, dem Anlass und dem Ort der Veranstaltung entsprechend, festlich an, Sie finden sich bei der Tischordnung zurecht, Sie kommen mit großem Gedeck klar und Sie sind ein amüsanter und unterhaltsamer Gesprächspartner. Wenn Sie ein Mann sind, stehen Sie kurz auf, wenn Ihre Tischpartnerin den Tisch verlässt, etc. etc.
- Wenn Sie dasselbe Verhalten bei einem Besuch mit Freunden im Biergarten an den Tag legen, dann werden Sie wahrscheinlich von Ihrer Umgebung belächelt werden. Während Sie an der festlichen Tafel niemals mit der gesamten Tischrunde anstoßen werden, kann das im Biergarten durchaus der Fall sein. Wenn Sie das Sakko nicht ausziehen wollen, weil Sie gelesen haben, das verstoße gegen die guten Umgangsformen, werden Sie belächelt werden. Wenn es hier ein wenig laut wird, spielt das, im Gegensatz zu einer vornehmen Tischgesellschaft, keine Rolle. Wenn Sie im Freien aufstehen, wenn eine Dame den Tisch verlässt, dann wird man Sie zu Recht als Lackaffen, Schnösel oder arroganten, überkandidelten Zeitgenossen abqualifizieren.

Zwischen echter Höflichkeit und Getue liegt manchmal nur eine Gratwanderung. »Eine Dame macht es Männern leicht, sich wie Herren zu verhalten«, hat **Hildegard Knef** einmal gesagt, und damit traf sie den Nagel auf den Kopf. Es gehören immer zwei Seiten dazu. Die Sache muss stimmig sein. Es muss gegeben und angenommen werden. Gute Umgangsformen spiegeln sich oft im Gegenüber und haben immer eine Vorbildfunktion. Es fällt schwer, einem Menschen blöd zu kommen, wenn dieser sich vorbildlich verhält. Es gibt viele Zeitgenossen, die kommen auch ohne gutes Benehmen weiter. Aber Takt und Höflichkeit erleichtern einem selbst und seiner Umwelt das Leben ungemein.

Sommersprossen

Wie ein junges Mädchen zu ihrem Ehemann kam, will ich jetzt erzählen. Sie war jung, schüchtern und im Besitze von Hunderten Sommersprossen, für die sie sich sehr schämte. Eines Tages lernte sie einen jungen Mann aus gutem Hause kennen. Nach einiger Zeit der Bekanntschaft erwähnte sie, dass sie sehr unter ihren vielen Sommersprossen leide. Da sah er ihr tief in die Augen und meinte: »Ach, die paar wenigen...«. Dieser Charme, dieses Taktgefühl, dieses Umgehen mit ihrem Handicap beeindruckte sie sehr. Die Liebe schlich sich in ihr Herz.

Als sie eines Tages ausgingen und sie den jungen Mann von zu Hause abholte, musste sie einige Minuten in seiner Studentenbude auf ihn warten. Auf dem Tisch lag ein Buch über gutes Benehmen. Ein Lesezeichen steckte darin. Als sie die Seite aufschlug, las sie: »Gehen Sie mit vermeintlichen Fehlern Ihrer Freunde taktvoll um. Sagen Sie zum Beispiel, wenn sich jemand über seine vielen Sommersprossen beklagt: ›Ach, die paar wenigen...‹. Die Maid war gerührt. Sie heirateten, bekamen Kinder und werden glücklich in gegenseitiger Wertschätzung und Toleranz bis an ihr Ende leben.

Männer haben's schwer

Szene eins. Herr B., ein smarter Mittvierziger, hat sich in seine hübsche Bürokollegin verschaut. Er findet sie umwerfend, sie hat ihre Arbeit und ihr Leben fest im Griff. Small Talk in der Bürokantine – er präsentiert sich von seiner besten Seite. Macht auf Mann mit guten Manieren, hilft ihr bereitwillig in die Jacke – und erntet eine Abfuhr: »Nehmen Sie Ihre Finger von mir – das kann ich selbst!«

Szene zwei. Herr B. gibt nicht auf. Die emanzipierte Kollegin muss doch zu knacken sein! Da huscht sie auch schon eiligen Schrittes, bepackt mit Akten und Ordnern, um die Ecke. Herzklopfen bei Herrn B., nur eine Glastür trennt ihn von der Angebeteten. Nein, er wird nicht so dumm sein, ihr die Tür aufzuhalten. Beobachtet sie lächelnd, die Hände lässig verschränkt – und erhält abermals eine verbale Ohrfeige: »Sie sind sich wohl zu gut, einer Kollegin zu helfen. Männer!!«

Ein und dieselbe Person empfindet männliche Hilfsbereitschaft in einer Situation als heuchlerisch und altmodisch, in einer anderen Situation aber wäre sie durchaus erfreut darüber. Der Mann hingegen braucht immer mehr Fingerspitzengefühl, um zu erkennen, in welcher Situation welche Etiketteregel angebracht ist.

Früher war es einfacher, galant zu sein. Der Herr mit Stil hofierte die Dame, verstreute Komplimente und agierte im Rahmen eines starken Benimmreglements. 250 Jahre nach dem Geburtstag des berühmten Freiherrn von Knigge (1751–1796) darf Mann den rigiden Etiketteformen von einst nicht mehr blindlings vertrauen. Und auch nicht den unzähligen Werken, die mittlerweile über gutes Benehmen geschrieben wurden.

Welcher Frau tut es nicht gut – feministische Debatte hin oder her –, wenn ihr bewundernd nachgepfiffen wird oder sie ein animiertes Zungenschnalzen erntet. Natürlich dreht man sich nicht nach dem anonymen Verehrer, der ja bestimmt weiter unter unserer Würde ist, um, aber der Hüftschwung wird gleich ein bisschen beschwingter und die Stimmung steigt.

Umfrage

Dabei stehen Kavaliere noch immer hoch im Kurs. Laut einer Umfrage des Emnid-Institutes werden höfliche Gesten immer noch geschätzt. Allerdings kommen manche Gesten bei älteren Damen besser an als bei jüngeren.

- Hilfestellung beim Ein- oder Aussteigen mit Kinderwagen in ein öffentliches Verkehrsmittel begrüßen Frauen aller Altersgruppen gleich stark.
- Türe aufhalten und aus dem Mantel helfen finden 96 Prozent der über 60-Jährigen, aber nur 86 respektive 71 Prozent der unter 30-Jährigen gut.
- Dass ein Mann zur Begrüßung aufsteht, wünschen sich 95 Prozent der über 50-Jährigen. Bei den unter 30-Jährigen tun dies immerhin drei von vier Frauen.
- Das Öffnen der Autotür befürworten 92 Prozent der über 60-Jährigen und 73 Prozent der unter 30-Jährigen.
- Im Restaurant aufstehen und den Stuhl zurechtrücken erwartet nur jede dritte Frau unter 30. Bei den über 60-Jährigen tun dies 85 Prozent.
- Über das Zahlen der Rechnung freuen sich 41 Prozent der unter 30-Jährigen und 72 Prozent der über 60-Jährigen.

Was lernt der kluge Mann aus dieser Umfrage? Mit einfachen Gesten der Höflichkeit kann ohne viel Aufwand bei der holden Weiblichkeit gepunktet werden. Je älter das Gegenüber, desto selbstverständlicher sollten daher männliche Höflichkeitsrituale sein.

Was lernt die kluge Frau aus dieser Umfrage? Stehen Sie einfach zu Ihren Wünschen und finden Sie lobende Worte der Anerkennung, wenn Ihr männliches Gegenüber sich bemüht. Nur bei positivem Feed-back merkt Mann, dass sein Verhalten geschätzt wird.

Fast alle Frauen schätzen Kavaliere. Wenn in der Realität keiner vorhanden ist, dann leihen Sie sich einen. Gehen Sie einfach in die nächste Videothek und gönnen Sie sich am nächsten Wochenende zumindest optisch und akustisch einen wahren Gentleman: Geeignet sind die Filme »Sinn und Sinnlichkeit« mit Hugh Grant, »Emma« mit Jeremy Northam, »Purple Rose of Cairo« mit Jeff Daniels oder »African Queen« mit dem unvergleichlichen Humphrey Bogart. Seufz!!

Chaos de Luxe

(Aus : Kurier Freizeit-Beilage, Polly Adler)

Ich wollte von B. eine Nachtkritik. Erste gemeinsame Mahlzeit mit einem potenziellen Belegexemplar etc.... »Er hat sich im Vorfeld bereits selbst getötet«, sagte sie und gab ein Geräusch von sich, das dem Rachenraum einer von Greenpeace auf der Insel vergessenen Robbe entstammen könnte. »Wie denn?« – »Er hat sich von mir ohne Protestsalven meinen Anteil in die Hand drücken lassen und dann dem Kellner keine Maut gespendet, sondern sich bis auf den letzten Cent alles rausgeben lassen. Meine Libido ist in der Sekunde auf Backerbsen-Format geschrumpft.« Ich war in der Causa bei ihr.

Jahrelang war ich mit Männern zugange gewesen, welche die jährliche Wiederkehr meines Geburtstages mit kindlichem Erstaunen quittiert hatten, beim Teilbetrags-Zahlen im Restaurant in die Gruppe zu schmettern pflegten: »Ich hab aber bitte keinen Wein g'habt und auch keine Torte!«, und ach, ersparen Sie mir bitte alle weiteren widerlichen Details. Hände also nichts wie weg von Männern, die am Euro sitzen, dass der Mozart quietscht. Geiz zeugt von Kleingeist, hedonistischer Talentlosigkeit, Spießertum und frühzeitigem Samenerguss. Und wenn einer schon im Banalen Klasse vermissen lässt, kann man sie auch bei der Kür mit der 200-Watt-Taschenlampe suchen.

Nicht, dass unsereins nicht seine blöde warme Mahlzeit selbst berappen kann. Aber wenn gebuhlt wird, hat man uns gefälligst göttinnengleich zu behandeln. Auch wenn das möglicherweise die Vor- und Verstellungskraft des jeweiligen über die Maßen beansprucht. Ist uns schnurzi. Sonst könnte da ja ein jeder kommen.

Rezept für kluge Frauen

Frauen im Beruf müssen sich ihre Kompetenz hart erarbeiten. Einerseits kämpfen sie gegen die Vorurteile männlicher Vorgesetzter und Kollegen und andererseits mit den eigenen Barrieren im Kopf sowie gegen andere Frauen. Frauen in Führungspositionen müssen nicht nur kompetenter sein, sie müssen sich auch besser benehmen. Ihre Führungsqualitäten werden mit anderen Augen gesehen als diejenigen der Männer. Doch während Männer mit Verweis auf ihren inneren Wolf mit der harten Masche durchkommen, kostet das gleiche Verhalten Managerinnen nicht selten den Job. Viele Frauen sind brillant auf ihren Fachgebieten. Und sie sind die Pest für ihre Kollegen. Zu hart, zu ungeduldig, zu aggressiv, zu gemein. Viele fähige Frauen scheitern, weil sie es sich mit zu vielen Leuten verdorben haben.

Astrid Gillhofer, Vorstandsmitglied bei Palmers, ist aus diesen Gründen ihre Karriere und ihren guten Ruf los. Die Geschichte der ehemaligen Vorzeigefrau zeigt, wie dünn die Luft an der Spitze ist. Sie selbst sieht sich als sachlich und zielorientiert, ohne Machtmensch zu sein, mit Sinn für Gerechtigkeit. Böse Stimmen nennen sie machtbewusst, berechnend und ehrgeizig. Sie agiere wie ein Mann, und das darf Frau eben nicht.

Kluge Frauen beherrschen den Spagat. Sie wirken weich, angenehm im Umgang und menschlich in ihren Reaktionen. Weich gespülte Karriere, ohne anzuecken. Nehmen wir uns ein Beispiel an einer der mächtigsten Frauen der Welt.

Selbstbewusstsein

Versäumen Sie keine Gelegenheit, sich und Ihre Arbeit ins rechte Licht zu rücken. Ohne angeberisch zu wirken. Achten Sie darauf, dass Ihr Name bei allen positiven Gelegenheiten genannt wird. Mit negativen Ereignissen in Ihrer Firma müssen Sie ja nicht unbedingt zu tun haben. Das machen Männer ebenso wie erfolgreiche Frauen.

▷ **Condoleezza Rice,** Sicherheitsberaterin des amerikanischen Präsidenten, gilt als mächtigste Frau der Welt. Auch sie hat ihre Position nicht allein ihrer fachlichen Kompetenz, sondern auch ihrer emotionalen Intelligenz zu verdanken. Es wurde alles darangesetzt, dass ihr Selbstbewusstsein nicht unter ihrer Hautfarbe zu leiden hatte. Schon in frühester Kindheit wurde sie von ihren ehrgeizigen Eltern auf Erfolg trainiert. Als Afroamerikanerin im Süden der USA hatte sie es nicht immer leicht.

Networking

Auch heute scheitern noch hoch qualifizierte Frauen an dem Machtmonopol der Männer, das Letztere durch gezieltes Networking nützen. Kluge Frauen verwenden daher auch Zeit für wichtige und nützliche Kontakte innerhalb und außerhalb des Unternehmens. Wenn Ihre Zeit und Ihr Geld für Golf oder den Jagdschein nicht reicht, dann versuchen Sie wenigstens, einen Fitnessclub zu besuchen, in dem sich wichtige Personen aus Ihrer Firma treffen. Oder besuchen Sie dieselbe Gruppe der »Weight Watchers«, die von Ihrer Abteilungsleiterin frequentiert wird. Gehen Sie mit wichtigen Leuten in die Kantine oder trinken Sie nachher ein Bier. Das alles kann für Ihre Karriere wichtiger sein als die Überstunden am Schreibtisch.

▷ **Condoleezza Rice** lernte George W. Bush in seinem Urlaubsdomizil kennen. Dort ging sie mit ihm segeln und joggen. Über das gemeinsame Interesse an Sport entwickelten die beiden eine enge Beziehung.

Unterschätzen Sie nicht den Einfluss von Ehefrauen, Lebensgefährtinnen oder Freundinnen Ihres Bosses. Ihr Wohlwollen kann ausschlaggebend für Ihr berufliches Weiterkommen sein. Kluge Frauen beweisen auch den jeweiligen Gesponsinnen ihre Wertschätzung.

▷ Wenn **Condoleezza Rice** zu Besuch auf Bushs Ranch in Texas oder in Camp David ist, geht sie mit dessen Ehefrau Laura wandern, wenn er verhindert ist.

Unersetzlichkeit

Pannenhelferinnen vom Dienst werden immer geschätzt. Kleine oder große Hilfestellungen, wenn's an wichtiger Stelle brennt, schaffen Sympathie und machen unersetzlich. Vielleicht können Sie in der Folge auch kleine Gegenleistungen erwarten. Lassen Sie den Boss immer den Boss sein und zeigen Sie ihm niemals, dass Sie besser sind als er. Das könnte ihn vergraulen. Bleiben Sie immer freundlich, auch wenn Sie sich verteidigen müssen, auch wenn Ihnen Ungerechtigkeit widerfährt und auch dann, wenn Ihnen das Wasser bis zum Hals steht.

▷ **Condoleezza Rice** ist eine scharfsinnige, hochintelligente Professorin. Niemals blickt sie auf ihren Boss hinab, obwohl viele Menschen meinen, sie sei ihm intellektuell weit überlegen. Sie ist immer seine wohlmeinende Tutorin. Meistens entscheidet er dann genau so, wie sie es empfohlen hat. Nie versucht sie jemanden einzuschüchtern. Sie ist stets darauf bedacht, nur ja nicht die Stellung eines Kollegen zu untergraben.

Karrieristinnen haben gelernt, Ellenbogen und Zungen anzuspitzen, sich durchzusetzen gegen die männliche Konkurrenz, indem sie das Männerspiel härter, schneller, besser spielen. Allerdings ändern sich im Mittelfeld die Regeln. Führungspositionen verlangen wieder nach »weichen« Fähigkeiten: Teamgeist, Einfühlungsvermögen und Motivationsgeschick. Außerdem die Unterordnung unter Hierarchien – auch nicht gerade eine Paradedisziplin für jemanden, der zuvor Tabus brechen musste. Und was das Wichtigste ist, ja nicht die Kompetenz des unmittelbar Vorgesetzten in Frage stellen, auch wenn es sich um hervorragende Lösungsansätze handelt. Dasselbe gilt natürlich auch für Männer.

Benimmkurse für Top-Frauen

Erfolgreiche Karrieristinnen werden wieder weich gespült. Einmal im Monat treffen sich Managerinnen aus dem Silicon Valley zum Berufscoaching. Das »Bully Broad«-Camp ist ein Besserungsprogramm für sogenannte Tyrannenweiber. In Gruppensitzungen wird geübt, sich verbal und körperlich freundlicher auszudrücken. Keine rollenden Augen mehr, keine spöttischen Grimassen bei internen Meetings, keine extrahohen Stöckelschuhe beim Verhandlungsgespräch mit Kunden. Es sind Vizepräsidentinnen, Abteilungsleiterinnen und Finanzchefinnen zwischen 35 und 55, die im Rollenspiel das Nettsein üben. Der Erfolg liegt auf der Hand. 85 Prozent der Kursteilnehmer sind nach dem Schmusekurs befördert worden.

Basiswissen

Stilsicher sein, Charisma haben, sicher in der Konversation, das ist alles gut und schön, aber einige grundlegende Kenntnisse in Sachen Umgangsformen möchte ich an dieser Stelle rekapitulieren. Und dazu gehören die Kenntnisse über Rangfolgen.

Rangfolgen

Rangfolgen sind historisch gewachsen und kulturell überliefert. Sie basieren auf einem hierarchischen Prinzip und sie bestimmen auch noch heute viele Begegnungen, besonders dann, wenn's formeller wird. Besondere Bedeutung haben sie bei besonders festlichen und allen offiziellen Gelegenheiten.

Klassische Regeln unter Berücksichtigung der Rangfolgen gelten für den Gruß, für den Handschlag, für die Vorstellung oder für das Anbieten des Du-Wortes. Diese Regeln orientieren sich am Rang der beteiligten Personen. Dabei wird immer unterschieden, ob es sich um gesellschaftliche oder berufliche Rangfolgen handelt, denn da gibt es Unterschiede.

Gesellschaftliche Rangfolgen

Die gesellschaftliche Rangfolge hat Regeln, die nach wie vor unserer Kulturtradition entsprechen, und sie sind stark von der Rücksichtnahme auf Frauen geprägt. Trotz Gleichberechtigung, trotz Emanzipation stehen Frauen auf dem gesellschaftlichen Parkett nach wie vor Privilegien zu.

Regeln

- Die Frau ist gegenüber dem Mann die Ranghöhere.
- Ältere Personen gleichen Geschlechts sind ranghöher als jüngere.
- Gäste sind ranghöher als Verwandte.
- Ausländer werden gegenüber Inländern gleichen Ranges als ranghöher behandelt.
- Bei Tischordnungen teilen Ehefrauen den Rang ihrer Männer.

Im Job ticken die Uhren anders. Während im gesellschaftlichen Leben Geschlecht oder Alter maßgeblich für die Rangfolge sind, gilt im Job allein die hierarchische Position als Gradmesser. Die meisten Unternehmen sind hierarchisch strukturiert, das heißt, es gibt ein klar definiertes Oben und Unten. Auch dann, wenn der Umgangston kumpelhaft ist, auch dann, wenn Teamwork praktiziert wird, und auch dann, wenn man einander mit dem Vornamen anspricht oder per Du ist.

Regel

- Die Person, die betrieblich höher in der Hierarchie steht, wird als ranghöher angesehen.

Grüßen

Höfliche Menschen grüßen zuerst. Lieber einmal zu viel oder zu früh als zu wenig und zu spät. Das korrekte Grüßen erfolgt unter Berücksichtigung der Rangfolge.

Regel

- Die rangniedere grüßt die ranghöhere Person.

Beispiele:

- Ein 25-jähriger Mann begegnet in seinem Wohnhaus dem 60-jährigen Nachbarn. Der junge Mann grüßt zuerst.
- Ein 50-jähriger Mann sieht auf der Straße die 30-jährige Tochter seiner Bürokollegin. Der Mann grüßt zuerst.
- Im Gang eines Bürohauses trifft eine 40-jährige Sekretärin auf den jungen Abteilungsleiter. Die Frau grüßt zuerst.

In der Praxis wird diese Regel meist nur von älteren Menschen eingehalten. Grüßen ist ein Akt der Höflichkeit, also fällt auch dem jungen Abteilungsleiter kein Stein aus der Krone, wenn er die ältere Mitarbeiterin zuerst grüßt. Und das passiert auch in der Regel so.

Händeschütteln

Der Händedruck ist im europäischen Raum ein Ausdruck der Höflichkeit. Der Handschlag bedeutet auch, dass man bereit ist, mit seinem Gegenüber einige Worte zu wechseln. Bei flüchtigen Begegnungen kann darauf verzichtet werden. Wenn das Gegenüber allerdings die Hand ausstreckt, dann darf diese keinesfalls ausgeschlagen werden.

Regel

- Der Ranghöhere gibt dem Rangniederen die Hand.

Beispiele:

- Ein Mitarbeiter trifft im Lift des Bürogebäudes die Frau des Geschäftsführers. Der Mann grüßt verbal zuerst. Die Frau reicht ihm eventuell die Hand zur Begrüßung.
- Ein Jungakademiker stellte sich bei einem potenziellen Arbeitgeber vor. Der junge Mann grüßt verbal, sobald er das Zimmer des Personalchefs betritt, und wartet, bis dieser ihm die Hand zum Handschlag reicht.
- Eine 30-Jährige trifft bei einem Konzert auf einen älteren Bekannten, den sie schon lange Zeit nicht gesehen hat. Der Mann grüßt zuerst, die Frau bleibt stehen und reicht ihm die Hand.

Nicole Kidman gibt nicht gerne die Hand. Angeblich macht sie diese ganz schmal und dünn und zieht sie wie an einem Gummi-

band schnell wieder zurück. Anscheinend weiß sie nicht, dass der Händedruck viel über eine Person aussagt. Alle Informationen, die wir mit dem Händedruck bekommen, speichern wir in unserem Unterbewusstsein und kombinieren sie mit den anderen Eindrücken, wie Kleidung, Haltung, Stimme und Sprache. Achten Sie daher auf einen moderat festen, trockenen Händedruck und schauen Sie dabei Ihrem Gegenüber in die Augen.

Was sonst noch wichtig ist

- Männer stehen sowohl im Beruf als auch im gesellschaftlichen Leben beim Handschlag auf. Wenn aus dem Aufstehen keine Zeremonie gemacht werden soll, dann genügt vor allem im Beruf eine Andeutung.
- Frauen können im gesellschaftlichen Leben sitzen bleiben, im beruflichen Leben stehen sie ebenfalls auf.
- Männer schließen beim Handschlag automatisch den mittleren Knopf ihrer Jacke. Perfekte Frauen ebenfalls. Nehmen Sie die Hand aus der Hosentasche und machen Sie gegebenenfalls Ihre Zigarette aus.
- Ein Handschlag darf niemals verweigert werden, denn das würde einen ziemlichen Affront bedeuten.

Vorstellen und Bekanntmachen

Vorstellungszeremonien, die streng nach Rangfolge verlaufen, finden heutzutage nur bei offiziellen Gelegenheiten statt. Nur da wird streng nach der Rangfolge vorgegangen.

Regel

- Die rangniedere wird der ranghöheren Person vorgestellt.
- In privaten und weniger förmlichen beruflichen Situationen macht man einander bekannt. Auch in förmlichen Situationen, wenn beide Personen gleichrangig sind. Dabei braucht man natürlich nicht streng nach Rangordnung vorzugehen. Grobe Fehler sollte man dennoch vermeiden.

Beispiele:

- Sie haben einen neuen Mitarbeiter bekommen. Sie machen mit ihm einen Rundgang durch das Firmengebäude und stellen ihn den anderen Kollegen vor. Dabei nennen Sie den Namen des neuen Mitarbeiters zuerst.
- Ein Paar trifft bei einem Fest einen Kollegen des Mannes, den die Frau noch nicht kennt. Der Mann macht die beiden miteinander bekannt, wobei er den Namen des Kollegen zuerst nennt.
- Ein älteres Paar begegnet der jüngeren Mitarbeiterin des Mannes. Der Mann macht die beiden Damen miteinander bekannt, wobei er den Namen der jungen Frau zuerst nennt.

Wenn mehrere Personen aufeinandertreffen, dann macht derjenige miteinander bekannt, der die meisten Personen der Gruppe kennt. Das kann sowohl Mann als auch Frau sein. Nennen Sie bei der Vorstellung eventuelle Titel und wenn möglich Vor- und Zuname. Wann immer es möglich ist, stellen Sie Ehepaare getrennt vor.

Vermeiden Sie die früher gebräuchlichen Floskeln, wie »Gestatten Sie, dass ich vorstelle« oder »Sehr erfreut« oder »Angenehm«. Sagen Sie stattdessen etwas Nettes, wie »Schön, dass ich Sie einmal persönlich kennen lerne, ich habe schon viel von Ihnen gehört«. Aber da wird Ihnen sicherlich selbst etwas Hübsches einfallen.

Wenn in einer Runde vorgestellt wird, genügt es, wenn die Vorgestellten freundlich nicken. Ein »Guten Tag« oder »Guten Abend« reicht, mehr brauchen Sie in diesem Fall nicht zu sagen.

Bei der Selbstvorstellung sagen Sie nur Ihren Vor- und Zunamen. Wenn Sie sich nur mit dem Vornamen vorstellen, also »Guten Tag, ich bin der Thomas« oder in junger Gesellschaft »Hallo, ich bin die Ulrike« sagen, dann ist das ein Hinweis für die anderen Personen, dass Sie geduzt werden wollen.

Kapitel 2

Stil und Charisma

Oscar Wilde soll gesagt haben: »Die erste Pflicht im Leben ist es, eine Haltung einzunehmen.« Leider basiert unsere heutige Kultur sehr stark auf Besitz und Selbstdarstellung. Für viele Menschen entsteht daher das Problem, in Nachahmerei und Protzerei zu verfallen. Das ist nicht notwendig. Jeder Mensch, egal ob Mann oder Frau, ob reich oder arm, ob dick oder dünn, ob hässlich oder attraktiv hat die Chance, das Ich zu seiner eigenen Marke zu machen und dementsprechend zu positionieren.

Bei Unternehmen macht die Marke 56 Prozent des Gesamtwertes aus, ermittelte PricewaterhouseCoopers. Denken Sie an Mercedes, Milka und Coca-Cola. Das sind starke Marken, die viel wert sind. Wenn Sie ein Produkt derartiger Firmen kaufen, dann kaufen Sie nicht nur wegen des Inhalts, sondern zahlen auch für die Kraft des Namens. Was für Unternehmen gilt, gilt natürlich auch für Menschen.

Eigenständigkeit

Manche Menschen haben es. Den gewissen Pep, die ungeheure Ausstrahlungskraft, das Selbstbewusstsein, das Eigenständige. Sie stechen aus der Masse durch ihre Persönlichkeit heraus. Sie müssen nicht schön sein, sie müssen nicht nach der neuesten Mode gekleidet sein, sie haben Charme und Selbstbewusstsein und sie verstehen es, andere Menschen für sich zu gewinnen. Sie sind ein unverwechselbarer Typ. Sie haben Charakter, Ecken und Kanten und ein unverwechselbares Profil. Sie kommen an, sie berühren, sie haben »human touch«. Welche Kriterien sind dafür maßgebend?

Authentisch bleiben

Echtheit ist entscheidend. Sowohl für Gegenstände, die Sie erwerben, als auch für Ihre eigene Person. Hüten Sie sich vor der Versuchung, sich in einer Art und Weise darzustellen, die Ihnen nicht entspricht. Sie stoßen die Menschen mit solchen Inszenierungen nicht nur vor den Kopf, sondern machen sich auch lächerlich.

Machen Sie auch niemals bei Aktionen mit, die Ihnen nicht entsprechen. Achten Sie immer auf Ihren Background, Ihre finanziellen Möglichkeiten und Ihr Alter.

Beispiele:

- Sie sind ein einfacher Angestellter und wohnen in einer kleinen Mietwohnung. Anlässlich einer Einladung für Ihren Chef bestellen Sie eine Cateringfirma samt Dienstpersonal. Damit werden Sie keinesfalls Eindruck bei den Gästen schinden, sondern bestenfalls Mitleid.
- Sie fahren den neuesten Ferrari, Ihre Wohnung ist gerade mal 50 m^2 groß, in einer schlechten Wohngegend und außerdem nur notdürftig eingerichtet. Das passt einfach nicht zusammen.
- Eine toll aussehende Frau jenseits der 50, mit fabelhafter Figur hat seit dem 18. Lebensjahr kein Gramm zugenommen. Mit Vorliebe trägt sie die Minis und bauchfreien Tops ihrer Toch-

ter. Von der Ferne wird sie auch manchmal mit ihr verwechselt, was auch mit ihren schulterlangen blonden Haaren zusammenhängt. Stil zeigt sich auch darin, dass man aufmachungs- und kleidungsmäßig zu seinem Alter steht und nicht versucht, andere Generationen zu kopieren. Das wirkt in der Regel peinlich.

Nicht nachahmen

Wenn die französische Königin **Marie Antoinette** vor über 200 Jahren Gemüse auf der Turmfrisur drapierte, drapierten auch alle anderen Damen Gemüse auf der Turmfrisur. Ins 21. Jahrhundert übersetzt: Wenn **Sarah Jessica Parker** in einer Folge von »Sex and the City« ein Escada-Röckchen anzieht, sich die Prada-Tasche unter den Arm klemmt und auf Manolo-Blahniks über die 5th Avenue trippelt, dann haben die Prada-Escada-etcetera-Verkäuferinnen am nächsten Tag viel zu tun.

Auf Leute wie unsereins übersetzt: Wenn die tolle Chefsekretä-

rin seit neuestem Pashmina-Schal lang und Haar streichholzkurzrot trägt, müssen Sie es ihr nicht unbedingt nachmachen, auch wenn sie unglaublich gut damit aussieht. Finden Sie lieber Ihren eigenen Stil und werden Sie damit selbst zur Stil-Ikone.

»Sei nicht gar zu sehr ein Sklave der Meinung anderer von dir. Sei selbstständig! Was kümmert dich am Ende das Urteil der ganzen Welt, wenn du tust, was du sollst? Und was ist deine ganze Garderobe von äußeren Tugenden wert, wenn du diesen Flitterputz nur über ein schwaches, niedriges Herz hängst, um in Gesellschaften Staat zu machen«, sagte der altmodische Herr Knigge. Und wo er Recht hat, hat er Recht.

Das Beste für Sie

»Weil Sie es sich wert sind.« Auch die Firma L'Oreal verwendet diesen Slogan schon seit langem mit großem Erfolg. Greifen Sie bei Anschaffungen und Dienstleistungen immer nach dem, was für Sie das Beste ist. Wenn Sie das Gefühl haben, sich etwas gönnen zu müssen, wenn Sie glauben, dass es Sie schöner und attraktiver macht, dann strahlen Sie das auch nach außen aus. Die besten Dinge müssen nicht immer die teuersten sein.

Sie sind

- selten: Das selbst gemachte Kleid oder das der Schneiderin ist allemal mehr wert als das Kleid von der Stange;
- aus natürlichen Materialien hergestellt: Baumwolle, Wolle, Seide, Kaschmir, Leder;
- nicht ganz einfach zu bekommen: Adressen von guten Handwerkern und guten Läden sind schwer zu finden;
- handgemacht: Die Einladung zu einem selbst gekochten Abendessen ist mehr wert als die Einladung in ein teures Restaurant;

- manchmal auch etwas altmodisch: Ein Indiz dafür ist, dass man Kleidungsstücke, aber auch Gegenstände reparieren kann und möchte.

Auf die Herkunft achten

Bei Dingen wie Immobilien, Schmuck oder Antiquitäten erwerben Sie gleichzeitig mit dem Gegenstand die Geschichte des vorangegangenen Besitzers. Daher ist Schmuck aus Familienbesitz in der Regel für den Besitzer wertvoller als sein eigentlicher, materieller Wert. Der geerbte antike Schrank ist edler als derjenige, den man in einem Antiquitätenladen gekauft hat, ohne seine Herkunft zu kennen.

Achten Sie daher vor allem bei antiquarischen Dingen auf deren Vorgeschichte. Ein Haus, das einem Selbstmörder gehörte, hat eine schlechtere Energie als ein Besitz einer glücklichen, funktionierenden Familie. Ein gestohlener Ring, den man einem Hehler abgekauft hat, wird wenig Glück bringen, auch wenn man ihn billiger erstanden hat.

Kaufen Sie daher auch niemals Nachahmungen von Kultgegenständen. Jeder Reisende weiß mittlerweile, dass es im Ausland nachgemachte Gucci- und Rolex-Uhren, Louis-Vuitton- und Prada-Handtaschen sowie vieles mehr zu Spottpreisen gibt. Wenn Sie sich das Original nicht leisten können, dann bleiben Sie doch bei der Marke, die Ihrem Geldbeutel entspricht. Besser ein No-Name-Produkt als ein Fake. Denn mit einem Fake geben Sie etwas vor, was Sie nicht wirklich sind.

Stammbäume sind nicht nur beim Hundekauf, sondern auch bei der Partnerwahl wichtig. Bei beiden ist nicht immer der reinrassige und blaublütige die beste Wahl. Jeder weiß, wie entzückend, klug und gesund Mischlingshunde sein können. Es kommt auch da auf die Herkunft an. Und die kann auch bei einem Mischling vorzüglich sein.

Aussehen pflegen

Mode ist eine wunderbare Illusion. In der Regel glauben die Menschen, dass sie mit bestimmten Outfits ihre Individualität zum Ausdruck bringen. Sie sind modisch aktuell, weil sie Trends erkennen und es sich leisten können, diese zu kaufen.

Menschen mit Stil wissen zwar, was die neuesten Trends sind, befolgen diese aber nicht bedingungslos. Sie erkennen, was ihnen wirklich steht, und lassen sich nicht durch die ständig wechselnden Empfehlungen der Modedesigner manipulieren. Auch bei der Mode kann das Prinzip des Unerwarteten angewendet werden, indem man die neuesten Trends völlig ignoriert. Das kann origineller wirken, als lediglich ein Fashion-Victim zu sein. Indem Sie sich über sämtliche Konventionen hinwegsetzen, können Sie mehr Stilbewusstsein haben, als jedem neuen Trend nachzulaufen.

Inszenieren Sie ein kleines Detail an sich selbst und werden Sie dadurch selbst zu einer unverkennbaren Marke. Wechseln Sie z. B. Ihre Brille zu jedem Outfit, legen Sie sich eine große Anzahl von Seidentüchern in verschiedensten Farben und Dessins zu, sammeln Sie antike Broschen oder tragen Sie immer auffallende Ohrringe.

Oder fallen Sie wie der Vorsitzende der österreichischen Sozialdemokraten **Alfred Gusenbauer** durch eine knallrote Aktentasche auf. Oder wie **Niki Lauda,** der aus der Not eine Tugend machte und seit seinem Unfall nur mehr mit roter Schildkappe zu sehen ist. Das ist stilvolle Selbstinszenierung. Auch Bundeskanzler **Wolfgang Schüssel** hatte viele Jahre die Fliege als sein Markenzeichen. Bis er erkannte, dass dieses Zeichen kontraproduktiv wurde und er es von einem Tag auf den anderen ablegte.

Nicht protzen

Geben Sie niemals mit Ihren Errungenschaften an. Wenn Sie Werte besitzen, die andere Menschen nicht haben, wenn Sie sich Dinge leisten können, die unerschwinglich für Ihre Kollegen oder Ihre Nachbarn sind, dann genießen Sie diese still und leise. Nennen Sie niemals Preise, besonders dann nicht, wenn etwas teuer war. Stilvolle Leute sprechen nicht darüber. Genauso peinlich kann es sein, mit Schnäppchen zu renommieren.

Zeigen Sie Gelassenheit, wenn Sie Signale geben. Leugnen Sie Mühen und Kosten. Auch wenn Sie anlässlich einer Einladung stundenlang in der Küche gestanden haben, alle Geschäfte der Stadt nach bestimmten Zutaten abgesucht haben, betonen Sie, wie leicht es für Sie war, das köstliche Menü herzustellen. Andernfalls erzeugen Sie bei den Gästen eher ein schlechtes Gewissen als Bewunderung. Alles was Sie tun, soll selbstverständlich und natürlich wirken. Man darf den Schweiß weder sehen noch riechen.

Auf Understatement setzen

Teure Dinge sind gut, wenn man ihnen ihren Preis nicht sofort ansieht. Okay, bei Autos wird man die Marke nicht verheimlichen können. Aber wenn Sie z. B. bei der Bekleidung Luxusmarken bevorzugen, dann wählen Sie solche Teile, wo die Markenkennung fehlt. Übergroße Logos auf Kleidung oder Accessoires zeugen eher von schlechtem Geschmack als von gutem.

Besser Unter- als Übertreibung. Vermeiden Sie alle Formen von peinlichen Selbstinszenierungen. Machen Sie es so, wie es viele reiche Leute tun. Sie sind bescheiden, zurückhaltend und sparsam. Angeberei ist eher ein Zeichen von Neureichtum und schlechtem Stil.

Stiltest für Männer

▷ Sie haben sich auf einem Markt in der Türkei eine Jogginghose gekauft	– 1 Punkt
▷ Sie verbitten sich Kosenamen wie »Spatzl« oder »Bärli« in der Öffentlichkeit	3 Punkte
▷ Sie entleeren Ihren Aschenbecher, bevor Sie schlafen gehen	5 Punkte
▷ Sie besitzen die Mitgliedskarte eines Automobilclubs	– 1 Punkt
▷ Sie können ein Gedicht rezitieren	3 Punkte
▷ Sie halten Alimente für eine Stadt in Südspanien	– 3 Punkte
▷ Sie sind über 30 und spielen Fußball	6 Punkte
▷ Sie sind unter 30 und rauchen Pfeife	– 2 Punkte
▷ Sie fachsimpeln nicht über guten Wein, Sie bestellen ihn	3 Punkte
▷ Sie finden Rosenverkäufer lustig	– 3 Punkte
▷ Ihre Mutter spricht noch mit Ihnen	5 Punkte
▷ Sie versetzen Ihre Frau, wenn die Hirsche Brunftzeit haben	– 2 Punkte
▷ Sie brechen nicht in Panik aus, wenn Sie Ihr Handy vergessen haben	3 Punkte

▷ Sie lassen Ihre Schuhe öfter als ein Mal im Monat auslüften	4 Punkte
▷ Sie tragen Sneakers zum Businessanzug	– 2 Punkte
▷ Sie öffnen einer Frau auch dann die Autotür, wenn Sie eine platonische Beziehung zu ihr haben	4 Punkte
▷ Sie fragen nach dem Sex »Wie war ich?«	– 2 Punkte
▷ Ihre Haare sind seitlich über die Glatze gebürstet	– 1 Punkt
▷ Sie können im Dunkeln einen Krawattenknopf binden	3 Punkte
▷ Sie besitzen Krawatten mit Comicfiguren	– 2 Punkte
▷ Sie haben Schluss gemacht, obwohl es weh getan hat	3 Punkte
▷ Sie haben einen Bastelkeller	– 1 Punkt
▷ Sie stehlen dem Nachbarn die Zeitung	– 2 Punkte
▷ Sie haben immer ein Feuerzeug bei sich, obwohl Sie nicht rauchen	3 Punkte
▷ Auf Ihrem Regal stehen Buchattrappen	– 2 Punkte
▷ Sie können eine Orchidee zum Blühen bringen	2 Punkte
▷ Sie haben einer Frau gesagt, dass Sie sie wirklich lieben	1 Punkt
▷ Sie haben es ernst gemeint	4 Punkte
▷ Ihre Uhr ist dicker als Ihr Handgelenk	– 2 Punkte
▷ Sie ist es aber wert	3 Punkte
▷ Sie haben mit Ihren Händen etwas hergestellt, was nicht peinlich war	3 Punkte

- ⊳ Wenn Sie traurig sind, geben Sie es zu — 2 Punkte
- ⊳ Sie haben Geld gespendet und niemandem davon erzählt — 4 Punkte
- ⊳ Sie verwenden Fremdwörter, ohne deren Bedeutung zu kennen — –2 Punkte
- ⊳ Sie stehlen Bierkrüge in Restaurants — –2 Punkte
- ⊳ Ihre Exfreundinnen wechseln nicht die Straßenseite, wenn sie Sie sehen — 2 Punkte
- ⊳ Sie gehen ins Ballett und schämen sich nicht dafür — 1 Punkt
- ⊳ Sie tragen blaue Hemden mit weißen Kragen — –1 Punkt
- ⊳ Sie können Boogie tanzen — 3 Punkte

Auswertung:

0 bis –31 Punkte:	Vergessen Sie das Thema!
1 bis 20 Punkte:	Sie bemühen sich redlich.
21 bis 50 Punkte:	Sie kennen Stil nicht nur aus dem Wörterbuch.
51 bis 69 Punkte:	Man kann verstehen, dass Ihre Frau vor Eifersucht rast.
70 Punkte:	Sind Sie der Klon von Karl Lagerfeld?

Und wenn Sie mit dem Ergebnis nicht zufrieden sind, dann beweisen Sie Stil und ignorieren es einfach!

Stil mit Marken?

»Unsere Kunden haben Persönlichkeit und Stil. Sie müssen sich nicht erst über ein Label identifizieren«, sagt auch der Designer von Italiens Edellederwarenhersteller Bottega Veneta. Markenwaren als Statussymbol sind ihm ein Grauen. Oft wird in Zeitschriften Exklusivität durch so genannte »must haves« versprochen. Diese verlieren allerdings sofort ihre Einmaligkeit, sobald jeder damit herumläuft.

Charisma

Viele hätten es gerne, nur wenige besitzen es. Charisma galt immer schon als Gottesgabe und wird auch heute immer mehr zu einem entscheidenden Faktor im Berufs- und Privatleben. Charisma ist nicht zu vergleichen mit Schönheit, es beschreibt eher die Persönlichkeit und die Vertrautheit eines Charakters.

Warum drehen sich alle Anwesenden nach manchen Menschen sofort um, wenn sie den Raum betreten, während andere oft ganze Abende lang übersehen werden? Warum fühlen wir uns von manchen Menschen sofort angezogen, während uns andere völlig gleichgültig sind oder sogar Aversionen hervorrufen?

Charisma umhüllt manche Menschen wie eine Aura, es macht sie faszinierend, begeisternd, begehrenswert. Charismatische Menschen begegnen uns überall, auf der Leinwand, auf der Bühne, aber auch im alltäglichen Leben. Wir sind beeindruckt von ihren Leistungen und Kenntnissen, von ihrer Kraft und Stärke. Was uns aber wirklich fasziniert, ist deren persönliche Ausstrahlung. Sie wissen, wohin sie wollen, haben Visionen, die sie gekonnt in die Wirklichkeit umsetzen.

Persönlichkeitsmerkmale

Laut Lexikon gilt Charisma als göttliche Gnadengabe, Berufung, besondere Ausstrahlungskraft eines Menschen, Psychologen haben das Phänomen entmystifiziert. Charisma entsteht aus einer Mischung aus Glauben an sich selbst und selbstsicherem Auftreten. Charismatische Menschen schaffen es, ihren Mitmenschen ein Gefühl von Wärme und Wohlbefinden zu vermitteln.

Dabei kommt es auf folgende Persönlichkeitsmerkmale an:

- Strahlen Sie Begeisterung aus. Nur wer sich selbst begeistert, kann andere Menschen mitreißen. Begeisterungsfähige Menschen haben leuchtende Augen und lebhafte Stimmen. Die Gesten haben Kraft. Halten Sie im Gespräch Blickkontakt.
- Bleiben Sie sich selbst treu: Hören Sie auf, all das zu tun, was die Mehrheit tut. Wenn Sie sich akzeptieren, wie Sie sind, werden Sie auch diese verborgenen Qualitäten als Teil Ihres Selbst annehmen.

- Erkennen Sie Ihre Vorzüge und Fehler. Fragen Sie sich: »Was habe ich, was andere nicht haben?« Die Antwort darauf benennt die Eigenschaften, die Ihr Vorteil sind.
- Leben Sie im Hier und Jetzt! Bemühen Sie sich, an den kleinen Dingen des Alltags Freude zu finden: einem freundlichen Lächeln, netten Worten oder einem überraschenden Anruf.
- Zeigen Sie Mut zum Risiko: Nehmen Sie Blamagen mit gefasster Miene hin – dann wird man Sie bewundern. Stehen Sie zu Ihren Fehlern und lernen Sie daraus.
- Seien Sie entscheidungsfreudig. Schieben Sie keine Entschlüsse auf die lange Bank. Unentschiedenheit lähmt die Lebensfreude. Falsche Entscheidungen korrigieren Sie am besten sofort.
- Arbeiten Sie an Ihrer Körpersprache. Sicheres Auftreten und selbstbewusste Körperhaltung übertragen sich auf Ihr Gemüt und geben Ihnen einen regelrechten Stimmungskick. Körpersprache und Inhalt des Gesagten müssen immer stimmig sein. Wenn Sie etwas anderes sagen, als Sie mit Ihrer Körpersprache ausdrücken, dann wird man Sie durchschauen.
- Legen Sie Ihre Opferrolle ab und fühlen Sie sich niemals benachteiligt. An der Vergangenheit können Sie nichts ändern – übernehmen Sie sofort die Verantwortung für Ihre Gegenwart und Zukunft. Betrachten Sie Schwierigkeiten nicht als Hemmnis, sondern als Herausforderung, die Sie reizt.
- Lassen Sie Gefühle zu: Positive Gefühle, wie z. B.: »Das finde ich spannend!« oder »Das hast du großartig gemacht!« wirken immer unwiderstehlich. Wenn Sie unzufrieden sind, dann sagen Sie es, ohne Ihre Umgebung anzuklagen. Statt »Lass mich in Ruhe!« sagen Sie: »Ich fühl mich heute nicht wohl« oder Ähnliches.
- Tauschen Sie sich mit anderen Menschen aus. Lernen Sie von

ihnen, aber geben Sie auch etwas! Verbessern Sie Ihre soziale Kompetenz!

Charme

Manche Leute beherrschen die Kunst der Konversation einfach perfekt, egal, mit wem sie sprechen. Ob es der Zeitungsverkäufer oder die Frau an der Kasse des Supermarktes, ob es der behandelnde Arzt oder das Gespräch mit fremden Personen auf der Parkbank ist. Bei Gesellschaften klinken sie sich geschickt in Gespräche ein, ohne aufdringlich zu wirken. Sie beherrschen die Kunst der guten Gesprächsführung und werden als sympathische und liebenswürdige Zeitgenossen geschätzt.

Es gibt einige Regeln für eine gute Gesprächsführung:

- Seien Sie in jeder Situation freundlich. Versuchen Sie, auch in unangenehmen Situationen nicht die Nerven zu verlieren und angenehme Umgangsformen zu bewahren.
- Geben Sie anderen Menschen ehrliche und aufrichtige Anerkennung und stärken Sie deren Selbstbewusstsein. Jeder hat es gerne, wenn er beachtet wird und seine Leistungen gelobt werden.
- Interessieren Sie sich aufrichtig für andere Menschen. Laufen Sie mit offenen Augen durchs Leben. Stellen Sie Freunden und Fremden Fragen. Beginnen Sie mit dem Briefträger oder dem Zeitschriftenhändler.
- Sprechen Sie vor allem von Dingen, die den anderen interessieren.
- Lernen Sie genau zuzuhören und durch zustimmendes Nicken und neue Fragen zum Weitererzählen zu ermutigen.

- Bedenken Sie, dass der Name für jeden Menschen besonders wichtig ist. Prägen Sie sich daher Namen ein und verwenden Sie diese im Gespräch.
- Versuchen Sie, Gespräche über positive Dinge zu führen. Klagen Sie nicht und verurteilen Sie nicht andere Personen. Kritisieren Sie sachlich, ohne zu werten.

Nur wer sich selbst und seinen Gesprächspartner schätzt, kann gute Gespräche führen. Und nur wer gute Gespräche führt, kann im privaten und beruflichen Umfeld gute Freunde gewinnen.

Persönlichkeit

Manche Menschen möchten zeigen, was sie haben. Sie beweisen damit anderen Menschen ihren erlesenen Geschmack, ihren Status in der Firma und in der Gesellschaft, ihr Wissen und ihr Glück. Diese Botschaften können gekonnt oder tölpelhaft, angeberisch, protzig und neureich an den Mann oder an die Frau gebracht werden. Menschen mit Stil setzen Signale bewusst und behutsam und positionieren die eigene Person geschickt und zu ihrem Vorteil.

Signale setzen

Wenn Sie bereit sind, Geld auszugeben, dann investieren Sie es für Dinge mit erstklassiger Signalwirkung. Ein Stück von einem guten Designer ist allemal besser als fünf No-Name-Stücke. Wenn's am Geld mangelt, dann leisten Sie sich eben pro Saison nur ein gutes Stück und kombinieren Sie es mit Billigmarken. Designerstücke dürfen aber keinesfalls mit Namen versehen sein. Das unübersehbare Versace-Logo auf dem Ledergürtel oder der Chanel-Schriftzug auf der sündteuren Handtasche deklariert Sie eher als neureichen Prolo ohne wirklichen Geschmack.

Es gibt Muster, nach denen Signale wirksam funktionieren. Das kann beim Marketing von Produkten erfolgreich eingesetzt werden, aber auch bei der Positionierung Ihrer eigenen Person. Kaufen Sie daher ganz bewusst ein und vermeiden Sie es, bestimmte Personen oder Personengruppen nachzuahmen. Betonen Sie Ihre persönlichen Qualitäten, indem Sie Dinge erwerben, die Ihrem Charakter genau entsprechen. Wenn Ihre Berufskollegen alle den neuesten Palm Pilot haben, dann werden Sie mit dieser Anschaffung nicht besonders Eindruck schinden. Ein Terminkalender in Straußenleder oder eine Montblanc-Füllfeder wird schon eher auffallen.

Eigenwilligkeit

Wenn Ihnen nicht nach teuren Statements zumute ist, dann können Sie auch mit kleinen Dingen Ihre Einzigartigkeit dokumentieren. Stehen Sie zu Ihren Vorlieben, auch wenn Sie damit aus der Reihe tanzen. Wenn alle Kollegen Golf spielen oder in den schicksten Fitnessclub der Stadt gehen, Sie aber mit Begeisterung einem Brieftaubenverein angehören, dann stehen Sie dazu. Das ist mehr wert, als den gängigen Trends nachzulaufen.

Jeder Gegenstand, den Sie benutzen, alles, was Sie tun oder nicht tun, sagt eine Menge über Sie und Ihre Person aus. Wenn Sie beim Abendessen Mineralwasser (»Aber bitte ohne Kohlensäure«) trinken, lustlos in Ihrer Salatvariation herumstochern und dabei den Brotkorb angewidert von sich weisen, sagt das genauso etwas aus, wie wenn Sie kräftig bei Schweinsbraten mit fetter Sauce und

Knödeln und drei Humpen Bier zulangen. Lebensfrust gegen Lebenslust, Kargheit gegen Üppigkeit, Gesundheitsbewusstsein gegen Ignoranz und vielerlei Dinge mehr können allein bei der Beobachtung der Nahrungsaufnahme eines Menschen geortet werden. Überlegen Sie daher, welche Schlüsse andere Menschen aus Ihrem Verhalten schließen können.

Lifestyle-Produkte

Das Geheimnis von Luxus-Labels ist Exklusivität. Also müssen sie limitiert sein. Sobald Ihnen Lifestyle-Produkte zu oft auf der Straße begegnen, wird ihre Marke entwertet und der Anspruch gekillt. Mythos und Glanz einer Marke dürfen nicht durch zu hohe Stückzahl angekratzt werden. Lifestyle soll eine Haltung ausdrücken, nicht sagen »Ich bin reich«, sondern »Ich folge dem Zeitgeist«. Trendsucher fahnden immer nach Neuem. So gelingt es sogar, so altbackene Marken wie Magenbitter, Flip-Flops oder Hawaiihemden zu Trendartikeln zu machen. Das sind Dinge, die so out waren, dass sich damit einige Opinion Leader als Avantgarde aufspielen konnten. Sobald der Mainstream sich damit ausstaffiert, suchen sich die Leitwölfe wieder etwas Neues.

Das bedeutet für Leute wie dich und mich: Zu dem Zeitpunkt, zu dem Otto Normalverbraucher wahrnimmt, dass z. B. Pashminas der letzte Trend sind, sind sie bei der Avantgarde bereits out. Kaufen und tragen Sie daher Lifestyle-Produkte nur dann, wenn Sie wirklich davon überzeugt sind, und nicht deswegen, weil sie gerade in Mode sind.

Präsenz zeigen

Menschen lernen immer mehr, dass sich ihr Marktwert stark von ihrer Popularität ableitet. Popularität kommt allerdings nicht nur von Leistung allein, sondern auch von Ihrer Präsenz. Davon, wie Sie sich darstellen und wie Sie wahrgenommen werden. Die Wahl Ihrer äußeren Selbstdarstellung haben Sie selbst in der Hand. So wie clevere Marketingstrategen das für Produkte oder für Menschen tun, können Sie das auf Ihre eigene Person anwenden.

Besonders in neuen Situationen, z. B. in einer neuen Stellung oder in einer neuen Umgebung, wird oft der Wunsch nach einer Neupositionierung wach. Wenn Geld den alleinigen Ausschlag gibt, um sich so schnell wie möglich in einem neuen Umfeld zu etablieren, dann dokumentiert das keinesfalls Stil, sondern Neureichtum. Die Signale, die Sie ursprünglich setzen wollten, um Ihre Zugehörigkeit zu einer bestimmten Gruppe zu dokumentieren, erreichen oft das Gegenteil und stempeln Sie eher zum Außenseiter.

Gegen den Strich

Manchmal geht der richtige Weg zur tollen eigenen Performance dahin, genau das Gegenteil von dem zu tun, was alle anderen machen. Indem Sie vermeiden, Ihre Kollegen oder Ihre Umwelt nachzuahmen, erzielen Sie unter Umständen mehr Aufmerksamkeit, als wenn Sie versuchen, ihnen nachzueifern.

Klassemenschen sind in der Regel bescheiden und zurückhaltend und zeigen nicht jedermann, was sie besitzen. Anstatt stolz die Fotos vom Urlaub in der Karibik oder auf den Malediven zu präsentieren, erzählen Sie, dass Sie Ihren Garten neu gestaltet haben und Ihre Ideen von der neuesten »Chelsea Flower Show« in London geholt haben. Mit Sicherheit wird das Ihre Einzigartigkeit dokumentieren. Obwohl Sie sich neue Designerklamotten leisten können, tragen Sie abgewetzte Jeans, die zeigen, dass Sie sich nicht dem Zwang unterwerfen, mit teurer Kleidung das perfekte Signal zu setzen.

Bunte Hunde

Wie hätten Sie es denn gerne? So zu sein wie alle Ihre Bekannten, Verwandten, Kollegen und Freunde ist leicht. Immer das zu tun, was von Ihnen erwartet wird, macht Sie berechenbar, vielleicht auch ziemlich uninteressant. Mit der Befolgung der klassischen Umgangsformen sind Sie auf jeden Fall auf der sicheren Seite. Wenn Sie genügend Mut, Standvermögen und Charisma haben, geht es aber auch anders. Neben den glühenden Verfechtern der Etikette gibt es viele Enfant terribles, die, obwohl Sie auf Konversation pfeifen, durchaus beliebt sind. Wenn jemand gut und selbstbewusst ist, kann er sich total danebenbenehmen, und trotzdem akzeptieren ihn alle. Das ist keine Aufforderung für schlechtes Benehmen. Das ist lediglich ein Hinweis, dass es unter Umständen anders auch gehen kann.

Da gibt es einen Ausspruch des Literaturkritikers und Schöngeists Barbey d'Aurevilly: »Die Leute sollen die Regeln einhalten, man selbst kümmert sich besser nicht darum.« Diesen Ratschlag haben sich unter anderem folgende Personen zu Herzen genommen:

Prinz Philipp

Der als »König des Fettnäpfchens« berüchtigte Ehemann der englischen Königin kümmert sich manchmal wenig um die Etikette. So soll er kürzlich beim Besuch eines Jugendclubs für Einwanderer aus Bangladesch in London munter gefragt haben: »Na, wer steht denn hier unter Drogen?« Und dann auf einen 14-Jährigen gezeigt haben mit der Bemerkung: »Der da sieht genauso aus!« Betreuer und Jugendliche sollen gleichermaßen peinlich berührt gewesen sein und geschwiegen haben. Vielleicht sollte die Queen ihrem Ehegespons einmal Privatunterricht im Small Talk spendieren.

Prinz Claus

Der kürzlich verstorbene Ehemann der niederländischen Königin Beatrix war ein Mann, der originell im Denken war, ironisch und humorvoll beim Reden sowie charmant im Umgang mit Menschen. Aber einer, der in seinen letzten Jahren die Etikette immer häufiger ignorierte. In Amsterdam etwa outete er sich bei einer Modeschau als Krawattenmuffel. Nach seiner Rede riss er sich den Schlips vom Hals und schleuderte ihn ins Publikum. Mit der Bemerkung: »So, den bin ich los, fortan werde ich keine Krawatten mehr tragen!«, forderte er die »emanzipierten Männer« im Saal auf, seinem Vorbild zu folgen. Manche taten es. Aber alle genossen den Auftritt des Prinzen, denn das war Claus, wie ihn die Niederländer liebten: unkonventionell und offen.

Jamie Oliver

Köche von Weltruf sind üblicherweise Primadonnen. Paul Bocuse, Eckart Witzigmann und wie sie noch alle heißen. Seit kurzem gibt es einen neuen Star am kulinarischen Himmel, der mit allen bisher geltenden Regeln bricht. Der Brite Jamie Oliver, bekannt als »Naked Chef« räumt mit den bisher geltenden Regeln in den Küchen auf. Chaotisch, schnell und unkonventionell, kocht er nicht nur diverse Ingredienzien, sondern auch sein Publikum ein. Und da kann es schon einmal vorkommen, dass er Tomaten mit den Händen zerquatscht. Er kümmert sich keinen Deut um herrschende Etiketteregeln und wird deswegen vor allem vom jungen Publikum geliebt.

Karl Lagerfeld

Modezar Karl Lagerfeld hat zweifellos Stil. Daran ist nicht zu rütteln. Jedoch tut er vieles, was man bei Otto Normalverbraucher mit scheelen Augen betrachten würde. Er trägt ständig Sonnenbrille, die er als seinen Augenschirm bezeichnet. Er findet Spargelzangen affektiert und vergleicht Austern mit »dem, was aus der Nase kommt, wenn man erkältet ist«.

Kathi Zechner

Die ehemalige Programmdirektorin des ORF schockierte zu Anfang ihrer Laufbahn durch unkonventionelles Äußeres. Bei einer Romy-Verleihung hielt sie ihre Laudatio im Pippi-Langstrumpf-Look, mit zwei Zöpfen und einem schwarzen und einem weißen Strumpf. Was manche Seher zu protestierenden Anrufen: »Die benimmt sich ja gar nicht wie eine Programmintendantin« veranlasste.

Mit der Zeit hat sie zwar ihr Outfit dem einer Managerin angepasst, nicht aber ihre temperamentvolle Persönlichkeit. Als Geburtshelferin mancher erfolgreicher ORF-Serien gewann sie schließlich auch die Herzen der letzten Zweifler.

Königliches Taktgefühl

Takt ist eine wesentliche Eigenschaft für Menschen mit Stil und guten Umgangsformen. Kinder aus Familien, in denen Umgangsformen ein großer Stellenwert zukommt, lernen das schon in frühen Jahren. Das gilt besonders für Königskinder. Hier einige nachahmenswerte Beispiele:

Einmal war der deutsche Bundespräsident **Theodor Heuss** bei der englischen Queen eingeladen. Dort gab es eine zierliche Zuckerdose mit einer kleinen Zuckerzange. Er versuchte recht umständlich, den Zucker aus der Dose zu nehmen. Da die Queen Taktgefühl besitzt, nahm sie den Zucker schnell mit den Fingern aus der Dose und sagte: »I can't manage it either.«

Eine ähnliche Geschichte gibt es über den österreichischen **Kaiser Franz Josef**. Bei einem Staatsbankett zu Ehren eines afrikanischen Königs soll dieser die abgenagten Knochen, so wie es bei ihm zu Hause üblich war, über seine Schulter in den Saal geworfen haben. Zum Entsetzen des an der Tafel sitzenden Hofstaates, der Exzellenzen, Erzherzoginnen, hohen Offiziere und anderen Herrschaften. Der Afrikaner merkte, dass er etwas falsch gemacht hatte. Alle sahen auf den Kaiser. Der besann sich kurz, nahm ebenfalls seinen Knochen vom Teller und warf ihn mit kühnem Schwung hinter sich. Damit hatte er die Situation gerettet. Die restliche Gesellschaft tat dasselbe und wahrte so die Ehre des Gastes.

Wenn's tatsächlich so vorgefallen ist, kann man sich an der Reaktion ein Beispiel nehmen, wenn's nicht stimmt, dann ist es zumindest eine hübsche Geschichte.

Kapitel 3

Aussehen und Ansehen

Beste Performance

Gutes Aussehen verbessert die Chancen. Sowohl im Privat- als auch im Berufsleben. Die Einschätzung der Bedeutung von gutem Aussehen hat sich in den letzten Jahrzehnten sehr gewandelt. Frauen mussten schon immer gut aussehen, immer mehr aber gilt diese Anforderung auch für Männer.

Eine von Secretary Search gemachte Studie lässt keinen Zweifel an den Wünschen von Sekretärinnen, Assistentinnen und Office-Managerinnen: 44 Prozent der befragten Frauen lehnen ungepflegte Bosse ab. Das verschwitzte Hemd ist genauso schlimm wie Inkompetenz und cholerisches Verhalten. Ein toller und attraktiver Chef steht in der Rangliste der Wünsche vom idealen Job sogar vor hohem Gehalt und Sozialleistungen. Stimmt die Chemie mit dem Vorgesetzten nicht, denken 58 Prozent der Befragten an einen Jobwechsel. Harte Zeiten für Chefs mit Macho-Allüren.

Männer anziehen

Der perfekte Auftritt ist auch bei Männern nicht nebensächlich: Kleidung, Frisur und Aussehen senden unterschwellige Botschaften aus. Da gibt es männliche Exemplare, wie z. B. den Kärntner

Landeshauptmann und das einfache FPÖ-Mitglied **Jörg Haider**, die schon früh erkannt haben, wie mit gekonnter Selbstinszenierung Signale gesetzt werden können. Manchmal ging er dabei zu weit. Politiker, die aussehen, als seien sie der »Männer-Vogue« entstiegen, können sogar ihrer eigenen Wählerschaft unheimlich werden. Aber dennoch war und ist er vielleicht noch immer ein Meister darin, dem Anlass entsprechend oder bewusst gerade nicht entsprechend aufzutreten.

Und wie ist zu erklären, dass Österreichs Finanzminister **Karl-Heinz Grasser** zu den beliebtesten Politikern zählt, obwohl in seinen Zeiten die Bevölkerung unter der höchsten Steuerquote aller Zeiten stöhnt? Hat es vielleicht etwas damit zu tun, dass er nicht nur smart und jung, sondern auch immer perfekt gekleidet ist? Spielt etwa eine Rolle, dass er immer freundlich und liebenswürdig kontert, auch auf lästige Journalistenfragen, und niemals die Contenance verliert?

Schon vor 100 Jahren erkannte ein Mann, dass sich Aussehen besser verkauft als Inhalt. Es handelt sich um den Schweizer Theodor Tobler, den Erfinder der Toblerone. Er befreite die Schokolade von ihrer Vierecksform. Nicht die Form der Matterhorn-Spitze war es, die Tobler vor Augen hatte, nein, es sollen Cancan-Tänzerinnen und deren Beinstellung gewesen sein, die ihn zur ungewöhnlichen Dreiecksform inspirierte. Bis heute ist Toblerone eine der meistverkauften Süßigkeiten weltweit.

Alter neuer Business-Look

Noch vor 20 Jahren befand Mann sich in einem klassischen Anzug mit passender Krawatte in beinahe jedem »White Collar Job« auf der sicheren Seite. Mit dem Entstehen und Aufstieg junger

Start-up-Unternehmen in den neunziger Jahren verschwand die herrschende Kleiderregelung dann zusehends. Viele Unternehmen wollten schon rein optisch »innovatives Denken« vermitteln und warfen unbekümmert alten Ballast ab – wie eben den ehemals obligatorischen Anzug.

Das hat die Sache leider nicht einfacher gemacht. In Zeiten von »Business Casual« geriet die Wahl der adäquaten Bekleidung im Beruf zunehmend zur Lotterie. Klare Kleiderregelungen gab es nicht, ein allgemeines »Dressing-down« fand bis vor wenigen Jahren fast überall statt.

Heute ist die klassische Business-Kleidung wieder »in«. Vor allem für Mitarbeiter in Führungsjobs sowie jene, die ihre Firma bei Kunden oder im Außendienst repräsentieren. Im Innendienst kann es lockerer zugehen, doch hier fällt die Wahl besonders schwer, vor allem wenn es keine klare Kleiderregelung gibt. Vielfach orientieren sich Mitarbeiter an ihren Führungskräften. Kommt der Chef im Anzug ins Büro, überlegt man es sich zweimal, ehe man mit Jeans und Pullover am Arbeitsplatz erscheint.

Das New Yorker »Wallstreet Journal« erkennt in diesem Verhalten die wachsende Angst vor dem Arbeitsplatzverlust. Sie veranlasse immer mehr Arbeitnehmer, wieder zu Anzug oder Kostüm zu greifen. Gerade bei schlechter Konjunktur zähle Anpassung an die Norm mehr denn je – denn auffallen, auf welche Weise auch immer, könne den Job kosten. Leider tappen immer mehr Männer in die Frauenfalle, indem sie mit ihrem Äußeren experimentieren. Ständiger Wechsel aber vermittelt Unsicherheit. Das ist nicht gut in Zeiten, wo Kontinuität und Seriosität gefragt sind.

»Der Anzug des Mannes ist seine Rüstung«, behauptet der Modeschöpfer **Tommy Hilfiger**. Männer waren es immer schon gewohnt, in Uniformen zu stecken. Daher tragen auch heute Männer in Führungspositionen sowie Politiker ihre Uniformen in Gestalt der klassischen Business-Kleidung, die sich von Los Angeles über London, Moskau bis Tokio absolut gleicht. Der Anzug ist ein demokratisches Kleidungsstück. Das Vokabular ist für alle das gleiche, lediglich die Art, wie man es zusammenstellt, dokumentiert den Individualismus.

Billig fliegen

Die Billigfluglinie Ryanair ist eine der wenigen Firmen, die nichts von konventioneller Business-Kleidung hält. Anzug und Krawatten passen nicht zum legeren Ryanair-Stil. Daher tragen Manager Michael O'Leary und seine Leute stets Jeans und Hemd. Im Management gilt die Regel: »Krawatten trägst du bei Ryanair nur zu zwei Anlässen – vor Gericht oder zum Bewerbungsgespräch bei der Konkurrenz.« Das ist klar formuliert und jeder kennt sich aus. Und eine Uniform ist das genauso.

Qualität und Männerkleidung

Qualität von Kleidungsstücken erkennt der Laie nur schlecht. Nicht immer gibt der Preis Hinweis auf qualitativ hochwertige Ware. Schon manches Designer-Shirt hat sich nach der ersten Wäsche als Schrumpfhemd geoutet.

Deutsche Männer legen wenig Wert auf gute Kleidung. Eine Untersuchung der Gesellschaft für Konsumforschung hat ergeben, dass der deutsche Mann nur 500 Euro pro Jahr für Kleidung ausgibt. Na, und in Österreich wird es wahrscheinlich auch nicht anders sein.

Jeder, der mit offenen Augen durch Paris oder Mailand geht, sieht, dass dort die Mehrzahl der Männer deutlich besser gekleidet ist als beispielsweise in Hamburg, Köln oder Wien. Bei der jungen Generation hingegen ist zu erkennen, dass sie mehr Wert auf Qualität legt als ihre Elterngeneration.

Hemden

Schön verpackt liegen sie im Regal, sortiert nach Größe und Farbe. Woran können Sie erkennen, ob ein Hemd seinen Preis wert ist? Wie können Sie sichergehen, dass es nach dem Gebrauch der Waschmaschine noch immer aussieht wie beim ersten Tragen? An einigen kleinen Details können Sie sehen, ob Sie ein »gutes Stück« tragen und ob es richtig sitzt.

Kragen

Stäbchentaschen im Kragen sorgen dafür, dass die Kragenspitzen nach der Wäsche ihre perfekte Form behalten. Hochwertige Kragen- und Stegeinlagen sind weich und nicht sperrig. Das merkt man auch am Tragekomfort. Der Hemdkragen soll ca. 1 cm unter dem Sakko hervorschauen.

Ärmel

Der Ärmelknopf ist so positioniert, dass Sie Ihre Uhrzeit gut ablesen können. Das Knopfloch ist mit ganz kleinen Stichen genäht. Der Stoff zwischen Ärmel und Manschetten soll mindestens vier Falten haben. Das erleichtert auch das Bügeln. Das klassische Herrenhemd hat immer lange Ärmel, deren Manschetten das Handgelenk bis zur Daumenwurzel bedecken und ca. 1 cm unter dem Sakko hervorlugen. Kurze Hemdsärmel gehören nicht unter den klassischen Business-Anzug, sondern nur in die Freizeit.

Muster

Die Stoßstellen der Muster passen exakt zusammen, Streifen oder Karos an der Seitennaht, am Kragen und der Manschette müssen angepasst sein.

Nähte

Kleine Stiche, bei denen der einzelne höchstens 1 mm lang ist, kennzeichnen ein sorgfältig gearbeitetes Hemd. Das Hemd muss genügend lang sein, um auch bei der Bewegung nicht aus der Hose zu rutschen. Das Hinterteil ist länger als das Vorderteil.

Knöpfe

Knöpfe sollen auf einen Stiel genäht und umwickelt sein. Dies erleichtert das Zu- und Aufmachen. Schlampig angenähte Knöpfe sollen unbedingt nachgenäht werden. Der Kragenknopf soll kleiner als die übrigen Knöpfe sein.

Taschenleisten

Brusttaschen müssen auch innen verstürzt sein. Man darf keine Fäden sehen.

Krawatten

Vor wenigen Jahren noch galten Krawattenträger als Fossilien aus der Steinzeit. Nicht nur die dot.com-Generation erschien krawattenlos im Job, auch viele Vertreter der Old Economy sowie Politiker verzichteten auf den Kragenschmuck. Immerhin, die Krawatte überlebte zwei Jahrhunderte der wechselnden Moden. Sie avancierte vom äußeren Zeichen gesellschaftlicher Stellung zum Inbegriff des Spießertums. Mittlerweile hat sich das Bild wieder gewandelt. Die Krawatte ist wieder »in«. Irgendwann greift jeder

Krawattenmuffel darauf zurück. Sogar der deutsche Außenminister **Joschka Fischer** sowie der österreichische Bundeskanzler **Wolfgang Schüssel** haben sich letztendlich doch noch damit eingedeckt.

Die Krawatte ist der kleinste Teil der männlichen Garderobe und Visitenkarte des Mannes. Welchen Sinn sie wirklich hat, ist unbekannt. Boshafte Menschen behaupten, sie werde nur getragen, um auf das wichtigste Körperstück des Mannes zu zeigen. Jedenfalls kann Mann eine Menge mit ihr anstellen. Material, Muster und Krawattenknoten sagen viel über den Träger aus.

Da gibt es die einfallslosen Sparmeister, wie z. B. den früheren österreichischen Bundeskanzler **Viktor Klima**, der mit einer einzigen roten Krawatte durchs Politikerleben kam. Dann die Fashion-Victims, die jeden neuen Trend aufspüren und ausführen. Die sportlichen Kumpeltypen im Tweedanzug mit Wollkrawatte in Karomuster, die Traditionalisten, die vorzugsweise Krawatten mit Diagonalstreifen tragen und die Stilisten mit Krawatten aus webgemusterter Seide mit Silberreflexen oder changierenden Paisleymustern. Und die Unbelehrbaren, wie der frühere österreichische Finanzminister **Rudolf Edlinger** mit seiner Vorliebe für Häschen- oder Schweinchenkrawatten.

Eine gute Krawatte ist an folgenden Kriterien erkennbar:

- Sie besteht aus hochwertigem Material, möglichst aus gewebter Seide.
- Sie ist schräg geschnitten und aus drei Teilen zusammengesetzt.
- Sie ist einfarbig oder mit dezentem Muster.
- Das dünne Ende wird ins Etikett auf der Rückseite gesteckt.
- Sie endet am Hosenbund oder am Gürtel. Viele Männer binden ihre Krawatte zu kurz. Für große oder wohlbeleibte Män-

ner reicht die normale Krawattenlänge nicht aus. Daher gibt es in manchen Läden auch Krawatten in Überlängen.

Oscar Wilde soll einmal gesagt haben, eine gut gebundene Krawatte sei der erste ernsthafte Schritt ins Leben. Der Krawattenknoten vervollständigt den Gesamteindruck. Doch welcher Knoten passt zu welcher Kragenform und wie werden die wichtigsten Knoten gebunden?

Ein zur Gesichtsform und zur Halslänge passender Hemdkragen mit perfekt gebundener Krawatte lässt den Mann mit Stil erkennen. Die Kragen müssen so weit geschnitten sein, dass zwei Finger zwischen Kragen und Hals passen. Bei perfekt gebundener Krawatte müssen die Kragenspitzen auf der Hemdbrust liegen bleiben, auch wenn der Kopf gedreht wird.

Button-down und klassischer Knoten

Der Button-down-Kragen ist ein weicher, sportiver Kragen, der auf den Polofeldern Englands entstanden ist. Die Spieler knöpften sich die Kragenschenkel an das Hemd, damit sie beim Spielen nicht herumflatterten. Dazu wird der klassische American-Knoten getragen, das ist ein fast gleichmäßiger, leicht fülliger Dreiecksknoten, der sich zum Binden von kürzeren Krawatten und für viele Kragenformen eignet. Er ist unkompliziert und besonders für informelle Anlässe geeignet.

- Zu sehen bei: SPÖ-Politiker **Heinz Fischer** oder IKEA-Boss **Per Wendschlag.**

Kent- und Standard-Knoten

Der Kentkragen ist die universellste Kragenform zum klassischen Einreiher. Die Kragenschenkel variieren je nach Mode von kurz und breit bis lang und schmal. Der Standard- oder »Four-in-

Hand«-Knoten ist leicht asymmetrisch zu den Kragenspitzen und eignet sich auch für kürzere oder sehr breite Krawatten. Dieser einfache Bindeknoten ist auch für Anfänger leicht zu binden.

▷ Zu sehen bei: Präsident **George Bush, Michael Douglas,** WAZ-Boss **Erich Schumann.**

Haifisch- und doppelter Windsor-Knoten

Beim Haifischkragen sind die Kragenschenkel wesentlich weiter gespreizt als beim Kentkragen. Dieser Kragen erfordert einen besonders großen Knoten, wie z. B. den doppelten Windsor. Dieser ist symmetrisch zu den Kragenspitzen und hat eine perfekte Dreiecksform. Der sehr breite, voluminöse Knoten braucht viel Platz und eignet sich daher besonders für schmale und dünne Krawatten. Derzeit wird der doppelte Windsor-Knoten auch mit dickeren Materialien gebunden. Das macht dominant.

▷ Zu sehen bei: Ex-Bundeskanzler **Gerhard Schröder**, Landeshauptmann **Jörg Haider** und früher beim ermordeten holländischen Rechtspopulisten **Pim Fortuyn.**

Schuhschnellschnürung

Wie schnürt man seine Schuhe am besten? Dieses Rätsel hat ein deutscher Mathematiker gelöst. Mit Hilfe von mathematischen und physikalischen Gleichungen konnte er beweisen, welche Schnürung am besten ist, wenn Mann es eilig hat. Die Kreuzschnürung hat dabei am besten abgeschnitten, weil sie höchste Kraftübertragung erlaubt, wenn man am Senkel zieht. Für besonders Sparsame empfiehlt er die »Bowtie«-Schnürung, weil diese am wenigsten Schnürband benötigt und so auch bei gerissenen Schnürsenkeln verwendet werden kann. Na, so was!!

Schuhe

Besonders beim Schuhwerk ist gute Qualität und Gepflegtheit gefragt. Zum Anzug werden immer klassische Schnürschuhe aus Leder in Schwarz oder Dunkelbraun getragen. Ledersohlen sind immer eleganter als Kreppsohlen aus Kunststoff. Besonders wichtig ist, dass die Schuhe stets gut geputzt und dass die Absätze nicht abgetreten sind. Aber auch legere Bürokleidung soll immer mit hochwertigen Schuhen kombiniert werden. Sneakers, Mokassins und Sandalen haben im Office nichts zu suchen. Auch geflochtenes Schuhwerk passt nicht zum Business-Outfit.

Socken

Mit möglichst dunklen, nicht gemusterten Socken aus Baumwolle, Wolle oder Seide ist Mann bestens bedient. Sie müssen so lang sein, dass das nackte Bein auch beim Sitzen nicht hervorsieht. Da-

her sind Kniestrümpfe besonders empfehlenswert. Gemusterte, helle oder gar weiße Socken gehören bestenfalls in die Freizeit.

Hosenträger

Hosenträger sind eine praktische Sache. Sie verhelfen vor allem Hosen an Herren mit Problemfiguren zu einem anständigen Sitz und damit zu einem erfreulichen Anblick für andere. Lange Zeit galten sie für die junge Generation als spießig. Als dann aber **Michael Douglas** in »Wallstreet« so richtig »cool« damit wirkte, taten es ihm viele Männer nach, die auch »cool« sein wollten. Damit waren Hosenträger wieder in Mode. Mittlerweile ist auch Michael Douglas ein Oldie und Hosenträger tragende Männer ebenso. Wenn Sie sich mit Hosenträgern sicherer fühlen, dann tragen Sie eben welche, wenn Sie ganz modisch sein wollen, dann verzichten Sie darauf.

Stecktücher

Früher galten Stecktuchträger als Männer von Welt. Diese Zeiten sind vorbei. Der moderne Mann ist sichtbar stecktuchlos, bestenfalls trägt er ein lose zusammengefaltetes Stofftaschentuch in der inneren Sakkotasche, um sich gegebenenfalls die Nase zu putzen. Wenn Sie glauben, kein moderner Mann sein zu müssen, dann tragen Sie trotzdem ein Stecktuch in der oberen Sakkotasche, das aber keinesfalls dasselbe Muster wie die Krawatte haben sollte.

Handtaschen

Männer haben's schwer. Wohin mit dem ganzen Gerümpel, ohne mit ausgebeulten Hosen- und Sakkotaschen herumzulaufen?

Klimpergeld und Hausschlüssel haben im Hosensack nichts verloren. Kamm und Kugelschreiber nichts in der Hemdtasche. Wer ein Notebook mit sich herumschleppt, hat's gut. In der Vordertasche kann alles verstaut werden, was nicht in Hosentaschen gehört.

Bei der jetzigen Vätergeneration waren sie »in«, die im Volksmund bezeichneten Schwuchtelschleudern, in die praktisch veranlagte Männer ihre Wertgegenstände packen konnten. Aber das ist 30 Jahre her. Danach waren sie komplett out. Nur Weicheier, Warmduscher, Beckenrandschwimmer getrauten sich damit auf die Straße. Nunmehr gibt es doch tatsächlich Anzeichen für eine Wiederbelebung der Spezies Herrenhandtasche. Eine Einführung im Sinne der Emanzipation. Da die Gesellschaft zunehmend femininer wird, darf auch der Mann wieder Tasche tragen. Wo tut er denn sonst sein Deo hin? Und wir Frauen werden genüsslich zusehen, wenn er, wie auch wir, minutenlang nach dem Schlüssel im Täschchen kramt.

Accessoires

Handschuhe

Handschuhe gelten als Verhüter frostiger Finger und führen derzeit ein bescheidenes Dasein. Mit dunkelgrauen, glatten Lederhandschuhen sind Sie bestens bedient. Sie passen sowohl zu brauner, grauer, dunkelblauer als auch schwarzer Garderobe. Zu wärmeren Mänteln und dickeren Jacken werden sie immer getragen. Handschuhe aus Rauleder gehören eher in die Freizeit.

Manschettenknöpfe

Elegante Manschettenknöpfe sind schlicht und werden zu Hemden mit Doppelmanschetten getragen. Außerdem zum Frackhemd, dessen Manschetten zwar nicht geklappt werden, aber dennoch keine Knöpfe haben. Die Handhabung von Manschettenknöpfen ist zwar etwas umständlicher, dennoch gehören sie zu jenen Accessoires, die sehr viel zum Gesamterscheinungsbild beitragen. Krawattenlose Männer sollen auf Knopfmanschetten zurückgreifen.

Krawattennadeln

Sie werden zu einfarbigen oder wenig gemusterten Krawatten getragen. Keinesfalls passen sie zu diagonal gestreiften Krawatten. In der modischen Männerbekleidung sind sie derzeit kaum zu sehen.

Hüte

Vor 50 Jahren war der Hut noch ebenso wichtiger Teil der Alltagsgarderobe wie heute die Krawatte, der Schuh oder das Hemd. Wer damals ohne Hut herumlief, signalisierte, dass er sich außerhalb der gesellschaftlichen Normen bewegte. Vor allem hatte man ihn abzunehmen bei Gelegenheiten, zu denen es sich schickte. Das war z. B. beim Gruß der Fall sowie beim Betreten eines Lokales. Er war daher nicht nur Schutz gegen Nässe, Staub, Kälte und Sonne, sondern ein modisches Attribut. Heute sind modische Attribute auf dem Männerkopf eher Wollkäppis oder Baseballkappen.

Der klassische Hut hat kaum noch Bedeutung. Ältere Männer tragen ihn manchmal, jüngere tun dies mitunter im festen Bewusstsein des Ungewöhnlichen, fast Exzentrischen.

Dresscode for Working Girls

Laut einer aktuellen Umfrage unter Frauen sind 57 Prozent von 35 000 befragten Personen fest davon überzeugt, dass gut aussehende Menschen im Berufsleben bessere Chancen hätten. 1978 war nur jede dritte Befragte dieser Ansicht. Im gleichen Zeitraum ist die Zahl jener Frauen, die mit ihrem Aussehen zufrieden sind, von 56 auf 41 Prozent gesunken.

Aussehen wird immer wichtiger genommen. Besonders das Styling von Frauen wird aufmerksamer wahrgenommen und bereitwilliger thematisiert. Wer etwas auf sich hält, legt Wert auf gute Kleidung. Heute ist das Styling von Frauen smart, pfiffig und schick, vor allem auch in Führungspositionen. Heute müssen Frauen keine Mannweiber mehr sein, um sich durchzusetzen, heute können sie zu ihrer Weiblichkeit stehen, ja sie sogar ganz bewusst, aber wohldosiert einsetzen. Tatsächlich waren Mannweiber nie besonders chancenreich im Spiel um die Macht. Allerdings auch nicht die Katzis und Mausis, die allzu sehr auf ihre erotische Ausstrahlung setzen.

Optisch schwimmen Frauen in Führungspositionen oder solche, die es noch werden wollen, brav und angepasst mit dem Strom der Männerkollegen. Kostüm und Hosenanzug dominieren die Business-Welt. Jedoch viel mehr als Männer haben Frauen die Möglichkeit, durch Farbgestaltung, Accessoires und modische Akzente einigermaßen Pep in die Sache zu bringen.

Kleidung sollte erst auf den zweiten Blick wahrgenommen werden. Sie darf nie die Persönlichkeit überstrahlen. Es zeugt von schlechtem Geschmack, wenn man zuerst das Kleid sieht und erst auf den zweiten Blick die Person, die es trägt. Diese Erkenntnis hatte schon ein berühmter Mann vor über 100 Jahren.

Wie soll man angezogen sein?
Modern.
Wann ist man modern angezogen?
Wenn man am wenigsten auffällt.

Adolf Loos
Österreichischer Architekt (1870–1933)

Kostüm

Das Kostüm ist die Uniform von Frauen in wichtigen Positionen in der Wirtschaft, von Politikerinnen und von Hausfrauen, die sich fein machen. Die Sache besteht aus Rock und Jacke und hat den Sinn, Männerkleidung auf Frau umzumodeln. Das Herrensakko wurde zur Damenjacke, die Hose zum Kostümrock. Kragenform, Stecktuchsäcke, Taschen und Ärmelknöpfe sind identisch mit dem männlichen Vorbild. Es ist sozusagen das Weiberl vom Manderl (Übersetzung: die weibliche Form der Männerkleidung).

Hosenanzug

Der beste Freund der Frau im Job ist der Hosenanzug. **Iris Berben** trägt ihn, **Angela Merkel** auch. Haben Sie tausend wichtige Termine und nichts anzuziehen? Dann gibt es die sichere Nummer, den Hosenanzug. Kein Kleidungsstück hat eine so steile Karriere gemacht wie der Anzug für alle Fälle. Im Büro garantiert er den perfekten Auftritt, bei Events sieht er lässig und modern aus. Ein Leben ohne ihn ist für die Businessfrau undenkbar geworden.

Ein guter Anzug macht alles mit. Er ist aus fließendem Stoff, von eleganter Farbe und passt sich jeder Situation an. Beweglichkeit ist das oberste Kriterium. Auch Blazer und Hose signalisieren

Stilgefühl. Um wirklich gut auszusehen, sollte die Jacke im Stehen immer geschlossen werden.

Und für den Abend kann er mit einfachen Mitteln aufgepeppt werden. Die klassische Bluse oder das T-Shirt wird einfach gegen eine Korsage oder ein dekolletiertes Top ausgetauscht, ein luxuriöser Gürtel, vielleicht etwas Schmuck dazu. Und rein ins abendliche Vergnügen.

Hosenraub

Die Menschen der Antike hatten ein Einheitsgewand, den Rock für Mann und Frau. Der geschlechtsspezifische Unterschied in modischer Hinsicht kam erst in der Mitte des 14. Jahrhunderts auf. Ab diesem Zeitpunkt war klar, der Rock symbolisierte die holde Weiblichkeit, der Mann hatte die Hosen an. Auch Burschen durften erst ab einem bestimmten Alter das Beinkleid tragen.

Während der französischen Revolution wollten Madames und Mademoiselles Freiheit, Gleichheit und Brüderlichkeit nicht nur hinsichtlich der Befreiung von Monarchie und Ständeherrschaft, sondern auch in der Kleidung. Sie forderten das Hosenrecht, aber ohne Erfolg.

Erst mit dem Zweiten Weltkrieg wurde das Tragen von Hosen für Frauen zur Selbstverständlichkeit. Doch das hatte nichts mit Mode oder feministischen Tendenzen zu tun. Die Arbeit in den Fabriken und das Überleben im Allgemeinen ließen sich in Hosen einfach leichter bewerkstelligen.

Vorher hatten sich nur reiche Exzentrikerinnen und Filmstars à la Marlene Dietrich in Beinkleidern auf die Straße getraut. Der endgültige Durchbruch der Damenhose kam erst in den sechziger Jahren, in erster Linie durch eine jüngere Frauengeneration. Seither ist sie aus dem Straßenbild oder im Office nicht wegzudenken, im Gegenteil, die Hose hat bei der jüngeren Generation fast den Rock abgelöst.

Mittlerweile ist der Hosenanzug hoffentlich auch im konservativen England kein Tabu mehr. Im Jahre 1969 wurde Senta Berger vom Portier eines exklusiven Londoner Hotels mit den Worten »Damen tragen in London am Abend keine Hosen!« der Eintritt verwehrt.

Hüte

Früher galt der Hut als Zeichen des Anstandes und der Zurückhaltung. Verführerische Haare wurden unter der Kopfbedeckung versteckt, das Gesicht hinter einem Schleier verborgen. Das Kopfputzzeug schien Privileg für ältere Damen und Queen Mum zu sein. Heute hat sich das Bild der Hutträgerin völlig geändert. Aus der Anstandsdame wurde die Trendsetterin.

Spätestens seit **Madonna** im Cowboyhut gesehen wurde, **Cameron Diaz** im kessen Borsalino zu den Golden Globes erschien und Rapper und Rocker zu Mafiosihüten oder Wollmützen greifen, weiß es jeder: Kopfbedeckung ist »in«.

Der Deckel auf dem Kopf ist modisches Statement. Echte Trendsetter bleiben auch indoor gut behütet. Ausladende riesige Hüte sollen allerdings im Theater, im Kino oder in der Kirche nicht getragen werden, um die Sicht nicht zu verdecken. Die klassischen Gelegenheiten, bei denen Hüte getragen werden, sind Hochzeiten, Beerdigungen, Gartenfeste und Nachmittagstees (nur von den Gästen und nicht von der Gastgeberin). Übrigens, wenn Sie einmal zum Pferderennen nach Ascot geladen sind, sollten Sie ebenfalls Hut tragen.

Hüte auf jungen Köpfen sind o.k. Aber Vorsicht: Ab einem gewissen Alter können sie älter machen. Vor allem, wenn sie zu konservativer Kleidung getragen werden. Wintermantel und Hut können auch eine knackige 40-jährige alt aussehen lassen.

Handtaschen

Der Frauen liebstes Accessoire sendet weit mehr als nur rein modische Signale aus. In irgendeiner Form ähnelt sie der Frau, die sie trägt. Gleichzeitig spiegelt sie die Rolle, die sie innerhalb ihrer Gesellschaft spielt, wider. Das hat ein Pariser Marktforschungsinstitut in einer Untersuchung über die soziale, historische und erotische Bedeutung der Handtasche herausgefunden.

Bis zu 16 Handtaschen hat die modebewusste Frau in ihrem

Besitz. Dabei gibt es eine zunehmende Differenzierung der verschiedenen Funktionen. Tagsüber erfüllt sie einen mehrheitlich praktischen Zweck und wird oft zum mobilen Büro. Sie ist ein Survival-Kit, das in jeder nur erdenklichen Lebenslage treue Dienste leistet. Working Girls füllen sie mit Schlüsselbund, Handy, Palm, Psion und Co., Lesestoff für die U-Bahn, Medikamenten, Kosmetika, Geldbörse etc.

Die Ordnung im Bag entspricht meistens der Person, die es trägt. Im Film »The Misfits« trug **Marilyn Monroe** eine kleine, runde, weiße Handtasche von Chanel, halb offen und überbordend von weiblichem Krimskrams. Das war ganz sie. Schlampiges Kind und naive Verführerin zugleich, so wie wir die Monroe alle kennen. Offen getragene Handtaschen sind immer eine Einladung, nicht nur für potenzielle Taschendiebe, sondern generell eine Einladung zum vielschichtigen Spiel der Verführung.

Gegen Abend wird die Tasche zum Täschchen. Sie wird kleiner, verspielter und neckischer, dient in erster Linie dekorativen Zwecken und bietet kaum Platz für Puderdose, Lippenstift und Taschentuch. Geldbörsen passen grundsätzlich nicht hinein, also werden Kreditkarte und ein wenig Kleingeld lose hineingesteckt. Emanzipierte Frauen haben daher meistens ein Problem, damit aufs nötigste Unnötige reduziert zu werden.

Die absolute Gleichberechtigung manifestiert sich bei dem von beiden Geschlechtern gerne getragenen Rucksack. Auch mit formlos herabbaumelnden, sackartigen Stoffungetümen wird Unabhängigkeit demonstriert. Er ist ein praktisches Accessoire für Leute, die viel mit sich herumschleppen. Er passt zu Kindern, jungen Frauen, Studentinnen sowie in die Freizeit. Weniger zur Business-Lady mit Führungsanspruch.

Schuhe

»Wonderful, they last longer than sex«, soll **Madonna** angesichts einer Visite bei ihrem Lieblingsschuster Manolo Blahnik gehaucht haben. In der Tat ist für viele Frauen der Schuhkauf eine hochinteressante Angelegenheit. Keine Frage, der orthopädische Wert von Mokassins und Birkenstocks ist zweifellos höher als der von High Heels und Stilettos. Der Schuh ist das wichtigste Accessoire überhaupt. Das Kleid kann noch so exklusiv sein, der falsche Schuh zerstört jedes tolle Outfit.

Messungen haben ergeben, dass die Po-Wölbung um 25 cm zunimmt, sobald Damen auf High Heels einhergehen. Das kann zwar am Abend mächtig Eindruck schinden, zum Image einer straighten Vorstandssekretärin passt es eher nicht. Auch wenn Männer darauf stehen, im Job gehört anderes Schuhwerk her.

Mit klassischen, geschlossenen Schuhen sind Sie immer auf der richtigen Seite. Das können flache Ballerinas sein, die sehr komfortabel und auch chic sind. Pumps oder Stilettos mit moderater Absatzhöhe sind ebenso in Ordnung wie sportliche Stiefeletten, die ideal zum androgynen Garconne-Stil passen. Elegante Stiefeletten mit dekorativen Details sind eine gute Ergänzung zum Hosenanzug und vor allem im Winter der ideale Begleiter.

- Loafers passen gut zu jungen Frauen, sind bequem und in Ordnung, wenn sie modisch und nicht allzu sportlich sind. Die Treter sind gut für die Freizeit, passen aber nicht ins Office.
- Birkenstock-Sandalen sowie Gesundheitsschuhe sind in medizinischen Berufen und für Menschen, die viel auf den Beinen sind, in Ordnung. Zu konservativer Business-Kleidung gehören sie nicht, auch wenn manchmal die Mitarbeiterin hinterm Bankschalter damit gesehen wird.

- Die Schuhe sind immer gepflegt, die Absätze sind in Ordnung und niemals abgetreten.
- Allzu Ausgeschnittenes, High Heels, Riemchensandalen senden zu starke erotische Signale aus und haben daher im Office nichts verloren.

Sonnenbrillen

Shades, wie sie neuerdings heißen, sind zum Schutz gegen die Sonne gedacht. Daher trägt man sie im Freien. Augen sind der Spiegel der Seele. Daher soll die Sonnenbrille immer abgenommen werden, wenn Sie auf Personen treffen, mit denen Sie einige Worte wechseln. Blendet das Licht wirklich sehr stark, dann kann sie wieder aufgesetzt werden. Auch bei einem Kaffee auf der Terrasse oder Essen im Biergarten können Sonnenbrillen aufgelassen werden. Beachten Sie aber bitte immer, dass die Gläser nicht zu dunkel sind und man Ihre Augen noch sehen kann. Semitransparente Sonnenbrillen sind da besonders geeignet.

Falls Sie Brillen mit verspiegelten Gläsern tragen, sollten Sie diese immer abnehmen. In geschlossenen Räumen sollten Sie niemals Sonnenbrillen tragen. Optische Sonnenbrillen können Sie sowohl im Freien als auch indoor aufbehalten. Sagen Sie aber bitte immer einige erklärende Worte zur Entschuldigung.

Unterwäsche

Auch was drunter getragen wird, ist wichtig. Erstens soll gesehen werden, dass überhaupt eine vorhanden ist, vor allem bei etwas üppiger Figur. Und sie sollte nicht allzu auffällig sein. Achten Sie immer darauf, dass die Farbe der Unterwäsche mit der Farbe der Kleidung harmoniert. Schwarze Unterwäsche soll daher niemals

unter heller Kleidung getragen werden, weil sie meistens durchscheint. Der Tiger-String unter der weißen Leinenhose ist zwar sexy und hebt den Adrenalinspiegel der männlichen Kollegen, passt aber nicht in den Job und zum Image der seriösen Frau im Beruf.

Klassefrauen

Frauen haben im Gegensatz zu Männern größeren Spielraum bei ihrer Kleidung. Sie können sich viel mehr erlauben, müssen sich aber klar sein, dass sie in der Regel kritischer betrachtet werden. Modische Ausrutscher werden weniger toleriert als bei Männern. Stilsicherheit unterscheidet die Klasse- von der Durchschnittsfrau.

Während in Werbe- und Kreativberufen modische Extravaganzen wie Ethno-Look, Gothic-Schick oder Neoromantik als individueller Ausdruck der Persönlichkeit gesehen werden, sind bei klassischen Berufssparten strengere Regeln vorgegeben. Vor allem im gehobenen Management sowie im Umgang mit ausländischen Gästen sind besonders trendige Looks unerwünscht. Mit schlichten, klaren Formen und Silhouetten ist die Frau im Job immer bestens bedient. Moderne Erfolgsfrauen setzen auf stilvollen Minimalismus.

Business-Kleidung soll nicht nur modisch, sondern vor allem komfortabel sein. Achten Sie daher nicht nur auf das Design, sondern auch auf Funktionalität. Stretchmaterialien garantieren Bewegungsfreiheit, Hightech-Stoffe und hochwertige Naturfasern machen Ensembles atmungsaktiv und gleichen Temperaturen aus. Raffinierte Schnittführungen schaffen bei Kostümen und Hosenanzügen ein hohes Maß an Tragekomfort.

Mix and Match

Bevorzugen Sie dezente Farben wie Beige, Cognac, Sand, Schokolade, alle Grautöne sowie Schwarz für die Basics wie Rock, Hose und Jacke und ergänzen sie mit modischen und pfiffigen Farben für Shirt, Pulli oder Bluse.

- Achten Sie auf die richtige Farbwahl, die zu Ihrem Teint, Ihrer Augen- und Haarfarbe passt. Bleiben Sie immer in der für Sie passenden Farbpalette. Beachten Sie, ob Ihnen eher blaustichige oder gelbstichige Farben stehen. Mit den richtigen Farben sehen Sie auch nach einem langen Arbeitstag noch gut aus.
- Bedenken Sie, dass Reinweiß und Tiefschwarz nur den wenigsten Frauen steht. Auch wenn's in manchen Saisons besonders trendig ist. Wählen Sie eher ein »off white« oder Winterweiß sowie ein extremes Dunkelgrau, wenn Sie auf diese Modefarben nicht verzichten wollen.

- Mischen Sie konservative mit legeren Teilen. Tragen Sie daher Ihre Lederjacke zu einer klassischen Stoffhose oder einem Stoffrock. Oder tragen Sie zu Ihrer Raulederhose ein konservatives Oberteil, wie z. B. Twinset oder Stoffjacke. Wenn Sie Jeans tragen, dann kombinieren Sie diese ebenfalls mit einem klassischen Oberteil. Die Faustregel ist daher: Oben klassisch, unten leger oder umgekehrt: oben leger und unten klassisch.
- Tragen Sie auch zu legerer Kleidung im Job immer klassische, möglichst geschlossene Schuhe. Dezente Zehen- und Fersenfreiheit für den Sommer ist möglich unter der Voraussetzung, die Füße sind perfekt gepflegt.

Schickes Aussehen

Heute ist das Styling von Frauen in Führungspositionen smart, pfiffig und schick. Viele sehen, für Zeitschriften fotografiert, wie Models aus. Legen Sie daher besonders viel Wert auf Ihr Aussehen und Ihre Kleidung. Stellen Sie sich darauf ein, dass Sie kritischer beobachtet werden, vor allem von anderen Frauen, und dass Sie manchmal mit Vorurteilen kämpfen müssen.

Als **Sabine Christiansen** – derzeit inzwischen eine der prominentesten TV-Frauen im deutschsprachigen Raum – Ende der achtziger Jahre die Moderation der »Tagesthemen« übernahm, wurde sie vom »Spiegel« als »Blondmaus« abgekanzelt. In der angesehenen Zeitung »Die Zeit« wurde sie als »Eisschrank der ARD« bezeichnet. Das ist ein gutes Beispiel dafür, wie kritisch Frauen bewertet werden, die in Spitzenpositionen vordringen, die bisher nur Männern vorbehalten waren.

Stil und Mode

Stil ist mehr, als nur gut gekleidet zu sein. Stil ist vor allem die Frage der richtigen Dosierung. Auch der Dosierung von Reizen. Karriereinteressierte Frauen sollen allzu weiblich-erotische Signale unbedingt meiden. Erotische Aufmachung wird gerne als Inkompetenz im Beruf interpretiert. Im Business lautet daher die Devise: Weniger ist mehr.

Im Privatleben allerdings gelten andere Regeln. Stilvoll gekleidete Frauen verstehen es auch, ihre Reize gekonnt einzusetzen. Sie heben hervor, was schön an ihnen ist, und vertuschen ihre Mängel. Es ist genauso wie beim Essen. Wenn der Teller überladen ist, schmeckt's nicht mehr. Also kommt es immer auf die richtige Dosierung an. Zu wenig davon macht die schönste Frau so aufregend wie die englische Queen, zu viel davon so delikat wie Veronika Feldbusch.

Unter der Voraussetzung, dass das, was hergezeigt wird, herzeigbar ist, heißt die Faustregel:
- entweder Dekolleté oder Minirock,
- entweder Busen oder Beine,
- entweder Rückenausschnitt oder Vorderausschnitt,
- entweder hauteng oder Haut zeigen.

Frauen sehen sich und ihren Körper oft nicht so, wie er ist. Sie vergleichen ihn mit dem der Stars und Models in Film, Werbung, Zeitschriften und Fernsehen, Sie ahnen nicht, wie sehr deren Fotos manipuliert sind. Mittels raffinierter Computerprogramme retuschierte Gesichter, optisch verlängerte Beine und falsche Haare. Botox & Co. lassen grüßen. Wo mittlerweile Chirurgen nachhelfen, wissen wir ohnehin.

Jeder, der schon einmal seinem TV-Liebling zum ersten Mal auf der Straße begegnet ist, wird wissen, was ich meine. Da ist der attraktive Moderator in Wirklichkeit nur 165 cm groß und hat außerdem einen Pickel auf der Nase. Da hat die elegante Präsentatorin der Talkshow plötzlich Falten, die am Schirm von dicker Schminke überdeckt und daher unsichtbar sind, und strähnige Haare.

Teure Sachen anhaben, bedeutet noch lange nicht, gut auszusehen. Es ist relativ einfach, aus dem Gucci-Laden rauszugehen und schick auszusehen. Aber es gibt keinesfalls die Garantie für gutes Aussehen. Auch die durchgestylte Designerwohnung ist in der Regel nicht gemütlich. Stil kommt immer von innen. Kombinieren Sie daher teure mit billigen Teilen. Das ist normalerweise beeindruckender.

Alles, was authentisch wirkt, ist stilvoll. Für gutes Stilbewusstsein spricht, nicht zu Prada & Co. gehen zu müssen, um sich gut zu fühlen. Englische Männer aus feiner Familie vererben ihr edles Tweedjackett an die nächste Generation weiter, und da wird es mit Freuden getragen. Das ist kein Appell an Sie, Omas oder Opas Klamotten aufzutragen, es ist nur ein Denkanstoß. Gute Typen, egal, ob männlich oder weiblich, haben es auch nicht nötig, ständig in Modeheften zu blättern. Sie wissen, was ihnen steht, und damit basta!

Eine Frau, die mit sich im Reinen ist, zeigt das von sich, was sie besonders gerne mag. Sie soll niemals Unsicherheiten kaschieren, sondern Selbstbewusstsein vermitteln. Eines, das nicht aus der äußeren Perfektion wächst, sondern aus der inneren Harmonie. Bis auf wenige Ausnahmen sind andere Menschen auch nicht schöner als wir. Machen Sie sich daher nicht kaputt damit, ein unerreichbares Idealbild zu erreichen. Gesunde Selbstkritik ist ein

Mittel für stilvolles Auftreten. Aber beginnen Sie nicht damit, das Negative an sich selbst zu sehen, sondern immer das Positive.

Frauen, die etwas fülliger sind, haben meistens ein besonders schönes Dekolleté, brauchen also ihre Knie nicht zur Schau zu stellen oder gar mit ihnen zu hadern. Schmale, hoch gewachsene Frauen haben meistens gelungene Beine und sehen noch mit vierzig oder fünfzig im kurzen Rock blendend aus. Wozu brauchen Sie dann den großen Ausschnitt, vor allem dann, wenn sich darin eher wenig abspielt. Und wer eine glatte, gepflegte Haut hat, kann diese immer zeigen.

Aber auch Männer können Sexappeal haben. Das muss nicht unbedingt ein knackiger Po sein, auch schöne, gepflegte Hände oder eine schöne Stimme haben eine ungeheure Anziehungskraft auf Frauen. Keineswegs aber gehört ein bis zum Bauchnabel geöffnetes Hemd, das eine behaarte Männerbrust zeigt, dazu. Denn das ist exhibitionistisch. Und exhibitionistisch ist niemals erotisch.

Stiltest für Klassefrauen

▷ Sie besitzen einen Füller	1 Punkt
▷ High Heels und Kopfsteinpflaster sind kein Problem für Sie	3 Punkte
▷ Sie waren schon einmal beim »Ballermann«	– 3 Punkte
▷ Ihr Partner nennt Sie »Mausi« oder »Hasi«	– 3 Punkte
▷ Sie haben noch niemals ein Geheimnis verraten	5 Punkte
▷ Männer weinen sich gerne bei Ihnen aus	5 Punkte
▷ Sie beherrschen perfekt drei Sprachen	2 Punkte
▷ Sie können Prosecco von Champagner unterscheiden	5 Punkte
▷ Sie halten MOMA für ein Großmutter-Kosewort	– 3 Punkte
▷ Man hält Ihnen immer die Türe auf	5 Punkte
▷ Weingläser halten Sie immer am Stiel	3 Punkte
▷ Eine Frau hat schon einmal wegen Ihnen geweint	– 5 Punkte
▷ Ein Mann hat schon wegen Ihnen geweint	3 Punkte
▷ Sie haben ein Piercing	– 5 Punkte
▷ Sie haben mehr Bücher als DVDs und CDs	2 Punkte
▷ Sie kümmern sich um das Familiengrab	5 Punkte
▷ Sie probieren alle neuen Diäten aus	– 5 Punkte
▷ Bei »Stellung beziehen« denken Sie an Sex	– 5 Punkte
▷ Sie waren schon einmal Gast bei einer Nachmittags-Talkshow	– 1 Punkt

▷ Sie haben immer Handcreme in Ihrer Handtasche	5 Punkte
▷ Sie haben ein Wirtschaftsmagazin abonniert	2 Punkte
▷ Sie kommen nie zu spät	2 Punkte
▷ Sie sprechen in ganzen Sätzen	2 Punkte
▷ Sie lassen die Dekoration auf dem Teller liegen	5 Punkte
▷ Sie machen Ihre Steuererklärung selbst	2 Punkte
▷ Sie haben schon einmal etwas vom Falkland-Krieg gehört	3 Punkte
▷ Sie sind noch nie sitzen gelassen worden	3 Punkte
▷ Sie kochen gerne für Freunde	2 Punkte
▷ Sie werden sich einmal um Ihre alten Eltern kümmern	3 Punkte
▷ Sie arbeiten manchmal länger als Ihr Partner	3 Punkte
▷ Sie spenden und reden nicht darüber	4 Punkte
▷ Sie können mit einer Bohrmaschine umgehen	2 Punkte
▷ Ihr Partner gibt Ihnen Verhaltensregeln vor wichtigen Terminen	– 5 Punkte
▷ Sie werden oft um Rat gefragt	4 Punkte
▷ Sie sind Wechselwählerin	5 Punkte
▷ Sie wissen, wie sich das amerikanische Wahlsystem von unserem unterscheidet	3 Punkte
▷ Sie tragen pastellfarbenen Nagellack	2 Punkte
▷ Sie besitzen keinen Gummibaum	3 Punkte
▷ Sie gehen regelmäßig ins Solarium	– 3 Punkte
▷ Sie ziehen sich niemals bei Tisch die Lippen nach	2 Punkte

▷ Spaghetti essen Sie nur mit der Gabel	3 Punkte
▷ Sie wissen, was man mit einer Fingerschale tut	3 Punkte
▷ Ihr Auto hat ein Wunschkennzeichen	– 5 Punkte
▷ Sie haben ein Buch von Thomas Mann gelesen	4 Punkte
▷ Sie wären bereit, Ihrem Mann im Falle einer Scheidung eine Abfindung zu zahlen	3 Punkte
▷ Sie sagen einer Freundin brühwarm, dass ihr das Partykleid nicht steht	– 2 Punkte
▷ Sie wissen, was ein Portfolio ist	3 Punkte
▷ Sie tragen Glitzerstaub am Dekolleté	– 5 Punkte
▷ Manche Leute sprechen Ihren Nachnamen falsch aus	- 5 Punkte
▷ Sie essen niemals Chips	2 Punkte
▷ Die Ehedramen Klima oder Fendrich interessieren Sie nicht	2 Punkte
▷ Beim Fisch essen Sie zuerst die Backen	3 Punkte
▷ Sie haben bei diesem Test nicht geschummelt	10 Punkte

Auflösung:

Über 120 Punkte:	Haben Sie wirklich nicht gemogelt?
90 bis 120 Punkte:	Männer liegen Ihnen zu Füßen und lesen Ihnen jeden Wunsch von den Augen ab.
30 bis 90 Punkte:	Nicht schlecht, aber bitte weiter üben!
10 bis 30 Punkte:	Achtung! Zickengefahr!
unter 10 Punkte:	Sie müssen sich verzählt haben.

Intelligente Tricks

Nur wenige Frauen haben die Figur, jeden Modetrend mitzumachen und dabei auch wirklich gut auszusehen. Für Frauen, die nicht über Idealmaße, Idealteint und die ultimative Haarpracht verfügen, gibt es intelligente Tricks, jedes Problem zumindest optisch wegzumogeln. Bevor Sie ein Kleid zum Niederknien finden, sehen Sie kritisch in den Spiegel. Passt es Ihnen wirklich? »Na ja, wenn ich ein wenig abnehme, sieht es besser aus.« Oder »Wenn der Sommer kommt und ich ein wenig braun bin, dann steht mir auch diese Farbe.« Kennen Sie diese Zwiegespräche, wenn Sie sich im unfreundlichen Neonlicht der Umkleidekabine in die Klamotte Ihrer Begierde gezwängt haben. Leider gleicht die eigene Person selten den Hochglanzbildern der Modejournale.

Körpertypen

Mode muss passen. Der Körpertyp entscheidet, wie Frau wirkt und was Frau am besten anzieht. Analysieren Sie zuerst Ihre Proportionen. Frauen wissen meistens, wo ihre Schwachstellen liegen, die wenigstens jedoch, wie man sie optisch wegmogelt. Stellen Sie sich einfach vor einen großen Spiegel und entscheiden Sie, welcher Form Ihr Körper am ehesten entspricht. Vier Buchstaben stehen zur Auswahl: V – A – I – X.

V-Typ

Cindy Crawford oder **Prinzessin Stefanie von Monaco** sind V-Typen. Sie haben breite Schultern, einen größeren Busen, schmale Hüften und schlanke Beine.

Die positiven Seiten dieses Typs werden am besten mit losen, relativ formlosen Blusen oder Jacken zu kurzen Röcken oder schmalen, gerade geschnittenen Hosen betont. Weniger ratsam sind enge Tops, die stärkere Stellen betonen. Die Oberteile sollten auf jeden Fall Hüftlänge haben. Ein einfacher und klarer Stil ist für den V-Typ optimal.

A-Typ

Dieser Körpertyp ist oben schmal, hat wenig Busen, eine schlanke Taille, dafür breite Hüften. Seit es Silikon gibt, ist diese Silhouette bei berühmten Menschen kaum zu sehen.

Bei dieser Figur sollte die Betonung niemals auf den Hüften liegen. Ideal sind eher dunkle oder gedeckte Farben für die untere Körperpartie. Weite, eher lose fallende Hosen sind günstig. Röcke sollten, entsprechend dem Typ, ebenfalls die A-Linie haben und nach unten weiter werden. Enge Schläuche und Minis sind extrem ungünstig.

Helle Farben, Streifen, auffällige Muster und schmal geschnittene Tops sind für die obere Körperpartie geeignet. Bei Kleidern ist der »Prinzessinnen-Stil« zu empfehlen, d. h. von oben zur Taille her schmal, und ab der Körpermitte sanft weiter werdend. Gürtel sind eher ungünstig. Betonen Sie Ihre Taille nur dezent und engen Sie nie Ihre Hüften ein.

I-Typ

Dieser Typ à la **Cher** ist von oben bis unten sehr gleichmäßig gebaut, ohne besondere Betonung einer Körperpartie. Die Taille ist nicht wirklich ausgeprägt.

Wenn das Ihr Körpertyp ist, können Sie zu vielen verschiedenen Stilrichtungen greifen. Am besten aber sieht immer noch das »One Piece« aus – also ein gerade geschnittenes Kleid, kurz oder lang, ohne Gürtel und Taillenbetonung. Um Abwechslung ins Styling zu bringen, können Oberteile in Kontrastfarben getragen werden, z. B. eine hüftlange Jacke in auffallender Farbstellung über einem hellen T-Shirt. Dazu schwarze, weiße oder khakifarbene Hosen.

Ideal ist immer eine vertikale Bekleidungslinie, welche die Aufmerksamkeit von einer geraden Körpermitte oder einem kleinen Busen ablenkt. Auch Kleider und Röcke in A-Linie sind empfehlenswert, weil dadurch der Eindruck weiblich geformter Hüften entsteht. I-Typen passen übrigens alle Arten von Hosen und sie sind in der glücklichen Lage, in den derzeit aktuellen Hüfthosen besonders gut auszusehen.

X-Typ

Kate Winslet ist eine typische Vertreterin des X-Typs. Dieser Körpertyp ist sowohl busen- als auch hüftbetont und hat eine schlanke Taille.

Bei diesen Körperformen sollten Sie Ihre Kurven gekonnt zur Schau stellen. Bewusst weiblich, lautet die Devise. Kleider und Kostüme sind tailliert, Kastenförmiges ist absolut tabu. Weiche Stoffe sind gut, aber Transparentes oder Hauchzartes sollten Sie meiden. Zu viele Plissees, Raffungen und Falten bewirken eine Überladenheit, die den X-Typ »erschlägt«, statt ihn zu betonen.

Ideal ist ein einfacher, edler Stil in klaren, schönen Farben. Klassisch-sportlich und trotzdem feminin wirkt der X-Typ immer am besten. Bei Hosen sollten Sie auf allzu enge Modelle verzichten. Gerade geschnittene Modelle sind günstiger.

Selbst Traumtyp **Kate Winslet** ist in den Augen diverser Art-Direktoren nicht vollkommen. So sorgten neulich Bodymanipulationen der Zeitschriften GQ und Harper's Bazar für Aufregung. Bei GQ verlieh ihr der Computer längere und dünnere Beine. Auf dem Bazaar-Cover war nur noch Kates Kopf echt. Der Body wurde von einer Redakteurin ausgeliehen. Das zeigt offen, was wir ohnehin vermuten: Das Bild, das wir von Superstars in Hochglanzmagazinen geliefert bekommen, entspricht oft nicht der Wirklichkeit.

Problemzonen

Lenken Sie mit auffälligen Gürteln, Ketten, Clips oder Taschen die Blicke von Ihren Problemzonen ab. Betonen Sie immer die attraktiven Regionen Ihres Körpers, niemals die problematischen.

Busen

Große Busen sind ja meistens attraktiv, manchmal aber hat es die Natur zu gut gemeint. Um optisch die richtigen Proportionen zwischen Busen, Taille und Hüften herzustellen, tragen Sie Blusen und Kleider mit Abnähern, V-Ausschnitten, offenen Krägen, kleinen Knöpfen, langen Ketten sowie eventuell Minimizer-BHs.

Vermeiden Sie zu enge Oberteile, gesmokte und gerüschte Partien in Brusthöhe, füllige Pullover, hohe Taillenansätze sowie Ärmel, die in Brusthöhe enden. Wenn Sie eine schmale Taille, viel Busen und Hüften haben, dann vermeiden Sie den sogenannten Dolly-Buster-Look, bei dem Sie Ihre ohnehin schlanke Taille noch durch einen breiten Gürtel betonen. Schlanker wirken Sie mit figurschmeichelnden, streckenden, nicht zu engen Modellen.

Mit kleinem Busen ist es einfacher. Erstens kann man mit Push-up-BHs herrlich mogeln, zweitens können Sie mehr Modetrends mitmachen.

Taille

Wer zu viel um die Leibesmitte hat, muss sie kaschieren oder sollte sie zumindest nicht betonen. Breite, eng anliegende Gürtel sollten Sie vermeiden. Besser sind fließende Formen und schmale Gürtel, die eher lose sitzen. Auch hohe Taillennähte sind vorteilhaft.

Beine

Leider sind die jetzt modernen Hüft- und Cargohosen nichts für kurze Beine. Auch Hosen mit Stulpen sollten Sie meiden. Ihre Proportionen würden nicht mehr stimmen. Der Oberkörper wirkt zu lang, die Beine noch kürzer. Schuhe mit hohen Absätzen mogeln einige Zentimeter herbei. Die Hosenlänge sollte eher länger als zu kurz gewählt werden.

Bei Röcken und Kleidern ist die richtige Länge entscheidend für gutes Aussehen. Nicht jeder Frau passt ein Mini, aber auch lange Röcke sind nicht für alle ideal. Die optisch günstigste Länge erproben Sie am besten vor dem Spiegel. Bewegen Sie ein Tuch in verschiedenen Höhen vor den Beinen und sehen Sie, was am vorteilhaftesten ist.

Gewicht

Wenn die Waage mehr zeigt, als sie sollte, dann beherzigen Sie folgende Tipps:

- Ziehen Sie einfarbige Stoffe gemusterten vor.
- Tragen Sie Kleidung mit senkrechten Nähten, die nicht allzu weit auseinanderliegen, das streckt. Der Schnitt sollte leicht figurbetont sein und die Stoffe nicht zu dünn.
- Tragen Sie Ihre Kleidung, und vor allem Hosen, nicht zu eng, das macht schlanker.
- Dellen in den Oberarmen können Sie durch transparenten Stoff an den Ärmeln kaschieren. Vermeiden Sie in diesem Fall ärmellose Tops.
- Ein kräftiger Po kann durch eine längere Bluse oder einen

Kurzmantel kaschiert werden. Betonen Sie immer die Vorderseite, z. B. mit einem langen, geschlungenen Tuch oder einem Fransengürtel.

- Ein Bäuchlein wird durch ein Oberteil, das bis zu den Hüften reicht, weggemogelt. Auch fürs Darunter gibt es einige Schummler: Höschen, die den Bauch flach drücken, Strumpfhosen, die den Po heben, oder moderne Miederwäsche, die nicht mehr einengt, sondern sanft formt.

Gesichtsform

Berücksichtigen Sie Ihre Gesichtsform bei der Wahl Ihrer Kleidung. Vermeiden Sie, die Gesichtsform beim Halsausschnitt zu wiederholen.

Ein rundes Gesicht wird mit einem anliegenden runden Ausschnitt noch rundlicher. Tragen Sie daher lieber längliche V-Ausschnitte oder asymmetrische Ausschnitte. Diese strecken optisch. Längere Ketten sind besser als kurze.

Ein kantiges Gesicht verträgt keine eckigen Ausschnitte. Besser sind V-Ausschnitte oder weiche Formen.

Hals

Auch der Hals spielt eine Rolle.

- Ein kräftiger Hals kann mit einem engen Ausschnitt gemildert werden.
- Bei einem langen Hals tragen Sie schmale Ausschnitte, Schalkragen, Stehkragen oder anliegende Halsbänder.
- Bei kurzem Hals sind V-Ausschnitte und Reverskragen günstig.

Schultern

- Bei breiten, eckigen Schultern sind schmale, tiefe V-Ausschnitte günstig. Vermeiden Sie Bootsausschnitte.

- Bei abfallenden, schmalen Schultern sind runde oder gerade Ausschnitte ideal. Auch mit Kragen können Sie gut kaschieren. Tiefe V-Ausschnitte sind nicht ideal, wobei nach außen weisende Formen die Schultern verbreitern, nach unten weisende machen sie schmaler.

Gepflegte Menschen

Bei Schuppen, Mundgeruch, zigarettengelben Zähnen oder strähnigen Haaren hilft auch der italienische Designeranzug nicht mehr. Der Mief lenkt sogar vom sorgsam ausgewählten Outfit ab. Die intensive Pflege des Körpers ist wichtiger als teure Klamotten.

Gerüche und Düfte

Schweißgeruch ist ein natürlicher Kontrahent der Nase. Da die Transpiration für den Organismus aber lebensnotwendig ist, mussten die Menschen lernen, sich damit zu arrangieren. Manchmal haben wir von der Transpiration die Nase voll. Von unserer eigenen oder – noch schlimmer – von der unseres Gegenübers. Es gibt wahrlich Dekorativeres als Schweißflecken an der Kleidung. Die verwandeln sich im passenden Umfeld, etwa unter den Achseln, in ein Feuchtbiotop. In eine Nährlösung, die Bakterienvermehrung und das Entstehen von unangenehmen Gerüchen begünstigt.

Wie wir zum Duft kamen

Die Wurzeln der Duftkultur entstanden bereits ca. 5000 v. Chr. in Mesopotamien und Ägypten. Nach aromatischen Ölen, Salben und Räucherharzen dufteten aber nur Götter, Tote und die antike High Society. Von den Phöniziern wurde die Parfumkunst nach Asien, Afrika und in den Mittelmeerraum gebracht. Griechen und Römer befestigten kleine Duftsäckchen in den rasierten Achselhöhlen. Griechen benutzten für jeden Körperteil einen anderen Duft.

Ab dem 13. Jahrhundert entwickelten sich insbesondere Venedig und Grasse in Frankreich zu Duft-Hochburgen. Zur Zeit der Aufklärung verstand man unter Hygiene, sich nicht zu waschen. Da man fürchtete, sich durch Wasser mit Krankheiten anzustecken, wurde Parfum für die Reinigung verwendet. Im 19. Jahrhundert machte die Industrialisierung Parfum zwar erschwinglicher, bis Mitte des 20. Jahrhunderts blieb es dennoch ein Luxusartikel.

Heute wird zuerst gewaschen und dann erst parfümiert und deodoriert. Diese hygienischen Normen sollten Standard für die westliche Welt sein. Sollte man meinen … Jeder, der öffentliche Verkehrsmittel oder Aufzüge benutzt, kann feststellen, dass dieser Standard leider nicht für alle Menschen gilt. Es sind nicht nur einfache, körperlich hart arbeitende Menschen wie Putzfrauen oder Bauarbeiter, die gelegentlich miefen, dass es einem den Atem verschlägt. Nein, auch manch schicke Büromaus oder smart gekleideter Yuppie hat anscheinend vergessen, dass der gute Geruch ebenso wichtig wie ein tolles Outfit ist.

Beachten Sie daher bitte folgende Regeln:

- Der täglich von Kopf bis Fuß gewaschene Körper sollte eine Selbstverständlichkeit sein.
- Die Unterwäsche, die Socken sowie das Hemd, die Bluse oder das T-Shirt werden täglich gewechselt.
- Um Schweißgeruch zu vermeiden, verwenden Sie Deodorants für die Achseln und bei Bedarf auch für die Füße.
- Zahnhygiene am Morgen und am Abend nach dem Essen sind Standard. Penible Menschen putzen nach jeder Mahlzeit die Zähne oder verwenden Zahnseide. Manche kauen auch Kaugummi, aber nicht in Gegenwart anderer Menschen. Besonders Raucher sollten auf intensive Mundhygiene achten.
- Wenn Sie nicht sicher sind, ob Sie Mundgeruch haben, dann führen Sie einen Atemspray mit sich, den Sie bei Bedarf verwenden.
- Haare nehmen Gerüche, im Besonderen Küchengerüche und Tabakgerüche stark an. Waschen Sie Ihre Haare daher so oft wie möglich.
- Lassen Sie Ihre Kleider abends, wenn möglich in frischer Luft, gründlich auslüften. Waschen Sie Ihre Kleider so oft wie möglich oder bringen Sie sie in die Reinigung. In manchen Hightech-Fasern, aber auch Wolle, setzen Düfte sich schnell fest.

Wenn Sie Parfums benutzen, dann achten Sie bitte auf diese Empfehlungen:

- Tragen Sie Duftstoffe nur sparsam auf. Sie sollten nur spürbar sein, wenn man in Ihre unmittelbare Nähe tritt, also maximal auf 0,5 bis 0,75 m Entfernung. Parfumwolken, die Räume füllen, sind für andere Menschen unangenehm.
- Ein intensives Aroma erzielt man gleich nach dem Duschen, weil die Haut weich und warm ist. Als Duftträger sind Hals,

Armbeugen, Kniekehlen, Schläfen und das Dekolleté geeignet. In frisch gewaschenem Haar hält sich der Duft bis zu 24 Stunden, ansonsten bleibt das Aroma fünf bis acht Stunden erhalten.

- Entgegen dem weit verbreiteten Glauben sollten Sie Parfum nicht hinterm Ohr auftragen, da das Hautfett den Geruch verfälschen kann.
- Bedenken Sie, dass Sie die eigenen Gerüche, sowohl die angenehmen als auch die unangenehmen, viel weniger merken als andere Menschen.
- Gehen Sie besonders vorsichtig mit Parfum um, wenn Sie zu einer Tafel geladen sind. Verwenden Sie niemals Parfums, wenn Sie zu einer Weinverkostung gehen. Der Geruch hemmt die Sensibilität Ihrer eigenen Nase und die Ihrer Tischpartner.

»Gerüche stören beim Gebet«

Moslems mit Mundgeruch oder ungewaschenen Socken sollten ihr Gebet lieber zu Hause verrichten. »Wenn jemand aus dem Mund nach Zwiebeln, Knoblauch oder Zigarettenrauch riecht oder wenn seine Socken stinken, dann sollte er nicht in die Moschee kommen«, zitierte die türkische Zeitung »Milliyet« kürzlich den Leiter des staatlichen Religionsamtes der Türkei. Zwar sei aus religiöser Sicht nichts gegen das Rauchen oder das Riechen einzuwenden. Doch sei es wichtig, die anderen Gläubigen in der Moschee nicht beim Gebet zu stören. Na, da können wir doch von den Türken wahrlich etwas lernen...

Körperhaare

Frauen

Zwar hat sich der Anteil jener, die ihre Körperhaare entfernen, in den letzten Jahren nahezu verdoppelt, dennoch zählen Deutsche und Österreicherinnen im Europavergleich zu den Schlusslichtern. In Italien, Frankreich und Spanien verschreiben sich durchschnittlich 75 Prozent diesem Schönheitsideal, hier nur 37 Prozent. Besonders penibel bei der Körperenthaarung sind Amerikanerinnen. So wunderte ich mich umso mehr, als ich kürzlich ein Foto von **Julia Roberts** entdeckte, auf dem dunkle Haarbüschel unter ihren Achseln hervorlugten.

Ob Enthaarungscreme, Wachs, Epilation oder der gute, alte Lady-Shaver: Haare an den Beinen und unter den Achseln müssen weg, um gepflegt zu wirken.

Männer

»Was a Mann schöner is als a Aff', is a Luxus!« (Übersetzung: »Wenn ein Mann schöner ist als ein Affe, ist das Luxus!«), wer kennt nicht den berühmten Ausspruch von Friedrich Torbergs Tante Jolesch. Aber die gute Tante würde Augen machen, wenn sie sehen könnte, wie sich Zeiten und Männer geändert haben.

Männer haben nun einmal stärkere Körperbehaarung als Frauen, was durchaus sexy wirken kann. Derzeit allerdings gelten Brusthaare als komplett out. Nehmen wir die Engländer als Beispiel. Nach einer wissenschaftlichen Studie der Notthingham-Trent-Universität harzen immer mehr britische Männer ihre Brust-, Bein- und Rückenhaare mit Wachs, um mit nackter Haut besser zu gefallen. Diese enthaarten Zonen sind aber in der Regel beim bekleideten Mann nicht zu sehen.

Was aber oft zu sehen ist, sind Haarbüschelchen, die aus vielen

Männerohren und Männernasenlöchern hervorlugen. Der gepflegte Mann beseitigt diese mit Hilfe der Schere, einer hilfsbereiten Partnerin oder eines Nasenhaar- und Ohrenhaarrasierers (ja, Sie lesen schon recht, das gibt es neuerdings!).

Männern mit kahlem Kopf wird empfohlen, dazu zu stehen und keinesfalls einzelne lange Haare auf die andere Seite des Kopfes zu bürsten. Glatze kann ganz schön sexy sein, also stehen Sie dazu und versuchen sie nicht, zu täuschen und zu tarnen. Viele Promis mit Haaren scheren sich eine Glatze, warum sollten Sie dann Ihre verstecken?

Hygiene-Regeln für die Party

Um ein besseres Image ringt derzeit Rap-Star **Puff Daddy**. Für seine »Greatest Party of All Time« erließ er für seine Gäste, darunter so weltberühmte Celebritys wie **Madonna**, **Britney Spears** und seine Ex, **Jennifer Lopez**, strenge Hygiene-Regeln.

Für die Ladys galt: unbedingt mit Wachs frisch enthaarte Beine, gepflegte Frisur, frisch vom Coiffeur, Maniküre sowie Pediküre, auch falls die Zehennägel durch Schuhe verdeckt sind. Für die Herren verlangte er frische Rasur sowie gepflegte und sauber ausrasierte Bärte.

Außerdem forderte die acht Seiten starke, in Leder gebundene Einladung: »Der Dresscode muss respektiert werden. Wenn Ihre Schuhe nicht glänzen, kriegen Sie ein Problem. Sollten Sie Jeans tragen, sind Sie auf dem falschen Dampfer. Putzen Sie sich raus wie für Ihre eigene Hochzeit.«

Offen blieb die Frage, ob es auch eine interne Anweisung gab, wie die Türsteher die frisch enthaarten Damenbeine kontrollieren sollten.

Janker, Loden, Hirschhornknöpfe

In New York durchwühlen derzeit Trendsetter Secondhandläden nach Dirndln, Krachledernen und karierten Hemden. Die buntblumigen Blusen werden zu Jeans kombiniert, auf dem Kopf trägt Frau dick gestrickte Wollmützen oder Kopftücher, knallig bunt. Rustikaler Silberschmuck liefert den nötigen Feinschliff. Was vor kurzem noch igitt, jodelt jetzt fröhlich über die 5th Avenue.

Auch die internationalen Designer besinnen sich auf die Tradition, dabei wird aus folkloristischen Elementen zwischen Osteuropa und Tirol geschöpft. Edelweiß und Enzian haben Saison. Daraus entsteht eine pfiffige Mode, für Trendsetterinnen und Leute, die auffallen wollen.

In Österreich trachtete und dirndelte es schon immer zwischen Attersee und Salzburg. Seinerzeit war es der Adel, der in Bad Ischl & Co. zur Sommerfrische weilte und die Bekleidungssitten der ländlichen Bevölkerung aufgriff. Auch heute noch packen Leute zum Ausflug in die Provinz den Trachtenanzug ein.

Ursprünglich stand die Tracht nicht zur freien Wahl, sondern war das geistige Eigentum bestimmter Landschaften. Ehrliches Trachtentragen erforderte aufrechte Gesinnung und Zucht. Auch heute muss sie zum Menschen, seiner Persönlichkeit und in die Landschaft passen und darf nicht zu romantischer Verkleidung anpassungswilliger Großstadtmenschen degradiert werden. So wirkt es aber, wenn die Wiener Oberschicht meint, ihren Urlaub im Salzkammergut generell nur in Tracht verbringen zu können.

Wenn Ministerpräsident **Edmund Stoiber** das Münchner Oktoberfest im Trachtenanzug besucht, ist's o. k. Aber manchmal kann's peinlich werden. Wenn Bundeskanzler **Wolfgang Schüssel** den Business-Anzug mit Loden und Hirschhorn tauscht, sobald er die Wiener Stadtgrenze überschreitet, wirkt er etwas verkleidet. Oder wenn sich die ansonsten modebewusste österreichische Außenministerin **Benita Ferrero-Waldner** in ein Dirndl zwängt, nur weil sie einen Auftritt im Salzkammergut hat.

Trachtenfettnapf

Es war vor langer, langer Zeit. Ich war eine junge Frau und wohnte in Wien. Einmal kündigte sich Besuch aus Österreichs westlichstem Bundesland Vorarlberg an. Ehemalige Berufskollegen meines Mannes, die ich nicht kannte, hatten sich angesagt. Ich stand vor der Kleiderwahl und dachte, dass für ein Treffen mit Menschen aus der Provinz (welch überhebliches Großstadtgehabe!!) ein Dirndl wohl das geeignetste Kleidungsstück wäre. Im Kleiderschrank fand sich ein passendes Stück, in das ich mich hineinzwängte. Ich drehte und wendete mich vor dem Spiegel und fand mich ganz putzig. Allein meine streichholzkurz geschnittenen Haare passten nicht ganz zum ländlichen Outfit.

Den Tag verbrachte ich wie immer im Büro und schon da schlich sich ein unangenehmes Gefühl bei mir ein, sobald ich an einem Spiegel vorbeiging. Aber zum Umziehen war keine Zeit, nach Büroschluss war ein Treffpunkt in der Wiener Innenstadt vereinbart. Die Blicke meines Mannes beim Anblick seiner verkleideten Frau sprachen Bände. Der Anblick der Gäste ließ mich in Grund und Boden versinken. Da standen sie, die Besucher aus der Provinz. Todschick, in handschuhweichen Raulederhosen aus Mailand und feinen Seidentops, wie der letzten »Vogue« entstiegen. Und ich daneben, wie die Zenzi vom Land oder Heidi von der Alm. Ich konnte den ganzen Abend nicht mehr froh werden. Und Dirndl habe ich seitdem auch nicht mehr getragen.

»To think outside the box«

Immer dasselbe wie alle anderen zu tun, kann manchmal langweilig werden. Daher können auch Sie Ihr eigenes Outfit zu einer unverkennbaren Marke machen. Immer oder nur bei bestimmten Gelegenheiten.

Erfolgreiche Menschen pfeifen manchmal auf die klassischen Bekleidungs- und Styling-Empfehlungen. **Joschka Fischer** hat durchaus auch Sinn für theatralische Momente. Bei seiner Ernennung zum Minister trug er weiße Turnschuhe zum dunklen Jackett, die er sich eigens für den Auftritt gekauft hatte. Heute stehen sie im Bonner Haus der Geschichte.

In Zeiten von Kontaktlinsen trägt Rockröhre **Anastacia** ungeniert ihre Brille auf der Bühne. Der österreichische Pop-Star **DJ Ötzi** legt sein weißes gestricktes Käppi niemals ab. **Jürgen Diessl,**

Verlagsleiter von Redline-Wirtschaft bei Ueberreuter, trennt sich auch im Restaurant nicht von seinem Lederkäppchen. Das ist klug und das ist weise. All die Genannten bürsten mit Erfolg gegen den Strich.

Ablehnung als Stilelement

Es ist auch eine Art von Stil, Styling abzulehnen. **Maria Schaumayer,** die frühere Präsidentin der Oesterreichischen Nationalbank, fiel neben ihrer Tatkraft, Intelligenz und Durchschlagskraft durch individuelle Kleidung und Henkeltaschen auf. Mit himmelblauen Tüpfelwaschkleidern und in wild gemusterten Stofforgien handelte sie internationale Verträge aus und besiegte mit rhetorischer Brillanz jeden Mann. Das war eben ihr Stil, der mit den gängigen Vorstellungen vom Outfit erfolgreicher Karrierefrauen nichts gemeinsam hatte.

Madeleine Albright, amerikanische Außenministerin unter Präsident Clinton, zeigte sich manchmal im Cowboyhut. **Margaret Thatcher** mit dem Hut über den Dauerwellen, ihren madamigen Kostümen in Pastelltönen und den biederen Handtaschen war eine untadelige Repräsentantin eines altbackenen Weiblichkeitsbildes. Die herkömmlichen Vorstellungen vom Outfit einer toughen Politikerin hat sie so wenig erfüllt wie der böse Wolf als Schmusetier. Trotzdem war sie, was ihre politischen Ziele anlangte, besser als jeder andere konservative Mann. Superweiber machen eben ihren eigenen Stil.

Statussymbole

Manche Menschen zeigen gerne, was sie haben. Sie werten ihre eigene Person auf, indem sie sich Dinge zulegen oder mit Menschen umgeben, die ihrem Ansehen förderlich sind. Sie zeigen, was sie sich leisten können, was für tolle Hechte sie sind, und setzen damit starke Signale für die Öffentlichkeit.

Vorzeigefrauen

Vermögende Männer und Männer, die in die Jahre kommen, schmücken sich gerne mit schönen, in der Regel jungen Frauen. Damit soll gezeigt werden: »Schaut her und seht, welch toller Hecht ich bin.« Neuerdings stehen Models hoch im Kurs. Durch die Frau und ihren Körper werden Signale gesetzt. Schmuck, Pelze, Designer-Klamotten auf schönen jungen Körpern eignen sich ideal zur Schaustellung. Der Mann macht die Kohle, er kann es sich leisten, dass es die Frau ausgibt. Vorzeigefrauen werden zwar noch lange nicht von der Bildfläche verschwinden, allmählich aber werden sie echt unmodern.

Das kann natürlich auch umgekehrt funktionieren. Was in der Regel aber viel seltener vorkommt. Ältere Frauen legen sich junge Lover zu. Das ist gesellschaftlich nicht ganz so anerkannt wie die klassische Variante.

Da mittlerweile fast jede zweite Ehe geschieden wird, werden lang anhaltende Partnerschaften in Zukunft eher zu einem Statussymbol werden.

Vorzeigemänner

Schon seit jeher hat es zum guten Ton gehört, dass Frauen sich um Ehemänner der »höheren Klasse« bemühen. Kabarettist **Bernhard Ludwig** beschreibt humorvoll diese Situation und beweist, dass diese Gleichung in Wirklichkeit nicht aufgeht. Wenn Frauen sich immer nach oben orientieren, bleibt für die absoluten Top-Frauen nichts mehr übrig. Daher müssen sie auf andere Statussymbole zurückgreifen.

Derzeit sind bei Promi-Frauen englische Boyfriends oder Ehemänner als Statussymbole angesagt. Angeblich sollen es Manieren, Humor, Brainpower sein, die den Sexappeal ausmachen. Sie wirken so, »als ob sie in irgendeinem Stadium ihres Lebens wenigstens ein Buch gelesen hätten«, sagte US-Autorin Candace Bushnell. Und die muss es ja wissen. **Claudia Schiffer, Madonna** sowie **Liv Tyler** haben bereits erkannt, dass sie mit britischem Ehemann an Prestige zulegen können.

Sekretärin und Assistentin

Männer beginnen nervös mit ihren Händen zu spielen, bevor sie ihren Wunsch aussprechen. Personalberater kennen diese untrüglichen Anzeichen. Den Gesten der Verlegenheit folgt die Erklärung, weshalb die neue Mitarbeiterin nicht nur fachlich qualifiziert sein muss, sondern auch attraktiv sein soll, möglichst groß, schlank und blond. Für manche Chefs ist eine gut aussehende Assistentin ein Statussymbol wie eine wertvolle Uhr oder ein teures Auto.

Schreibtisch

Die Abschirmung des Arbeitsplatzes vor anderen Personen, Bürogehilfen, Sekretärinnen, Assistenten und Assistentinnen, die Größe der Büroräumlichkeiten sowie die Lage innerhalb des Firmengebäudes sind wichtige Zeichen der Macht. Je höher das Stockwerk, desto wichtiger sind die dort sitzenden Menschen, ein Eckzimmer ist bedeutender als ein anderes, je größer die Strecke, die der Gast von der Türe bis zum Schreibtisch zurücklegen muss, desto wichtiger ist der Mitarbeiter. Auch in Großraumbüros gibt es Zonen für mächtigere Menschen.

In manchen Unternehmen ist genau definiert, wer in welcher Position welchen Sessel und welchen Schreibtisch haben darf. Vom Sachbearbeiter, der vor einer schmalen Arbeitsplatte sitzt, bis zum Firmenboss mit einem Schreibtisch so groß wie ein Billardtisch. Je größer und ausladender, desto wichtiger scheint die Person fürs Unternehmen zu sein.

Babybauch

Der Bauch ist in Amerika derzeit das beste Stück weiblicher Stars. Vorarbeit hat **Demi Moore** geleistet, die Mitte der Neunziger nackt, stolz und hochschwanger auf dem Titel von »Vanity Fair« prangte. Oder **Laetitia Casta**, die mit dickem Bauch für eine Anzeige der Galleries Lafayette posierte.

Vorbei sind auch in Europa die Zeiten, da Babybäuche hinter wallenden Gewändern versteckt wurden und die Mama in spe sehnsüchtig darauf gewartet hat, nach der Geburt wieder in ihre alten Klamotten zu passen. Moderne Mütter tragen heute Babybäuche stolz und möglichst unbedeckt vor sich her. Babys kriegen ist in, besonders wenn Frau nicht mehr ganz jung ist. Also steckt sie, was sie hat, in hautenge Shirts, Jeans und Kleider und signalisiert damit »Ich bin schwanger, und hey! Ich sehe verdammt sexy dabei aus.«

Autokennzeichen

In Österreich hat die selektive Vergabe niederer Autonummern eine bemerkenswerte Tradition. Niedere Nummern wiesen auf eine wichtige Person aus Politik oder Wirtschaft hin, die dieses Auto fährt oder die in diesem Auto gefahren wird. In Zeiten von sechsstelligen Autokennzeichen fielen ein-, zwei- oder dreistellige Kennzeichen natürlich mächtig auf.

Jetzt ist die Zeit der Wunschkennzeichen. Gegen einen kleineren Betrag kann sich jeder Autobesitzer, dem ein normales Kennzeichen zu minderwertig ist, einen Begriff seiner Wahl aussuchen. Diese Auswahl sagt viel über den Geschmack seines Besitzers. Da gibt es doch tatsächlich einen bekannter Wiener Wirtschaftsanwalt, der mit dem Kennzeichen »Klit 69« spazieren fährt. Das ist zwar nicht besonders geschmackvoll, aber mutig. Warum vor meinem Haus ein Auto mit »Huhn 7« parkt, weiß ich bis heute nicht.

Kreditkarten

Es ist rechteckig, flach und äußerst praktisch. Darauf steht VISA, Diners oder American Express. Die Rede ist von der Kreditkarte, die mittlerweile ja schon viele, aber bei weitem nicht alle Leute besitzen. Da gibt es die Standardvariante für Menschen wie du und ich. Aber es gibt auch noch Luxusausführungen, die für Personen, die ein bisschen mehr Geld besitzen, gedacht sind. Verkäufer und Restaurantbesitzer werden gleich ein wenig freundlicher beim Anblick der Luxusausführung. Da gibt es »Gold« und »Platinum«. Neuerdings aber heißt die höchste Steigerungsstufe »Schwarz«, die sogenannte Centurion Card, die wertvollste und seltenste Karte der Welt. Zu der kommt man nur »by invitation«. Über die nötige Bonität, entsprechende Prominenz und 1000 Dollar Jahresgebühr wird in diesen Kreisen nicht gesprochen.

Paul McCartney, Prinz William oder **Cindy Crawford** sollen neuerdings gerne ihre kleine Schwarze zücken. Da bleiben wir schon lieber bei unserem Standardmodell und hoffen inständigst, dass sie zu minderwertig für Taschendiebe ist.

Zigarren

Eine fette Havanna im Mundwinkel war jahrhundertelang das Zeichen männlicher Dominanz. Polit- oder Industriekapitäne, wie **Churchill** oder **Fidel Castro**, die äußerst selbstbewusst an ihren Zigarren saugen, waren ein weit verbreitetes Bild. Auch ORF-Größe **Elmar Oberhauser** hat die Zigarre zu seinem Markenzeichen gemacht.

Neuerdings geben sich auch Frauen mit Wonne den noblen Gaumenfreuden hin. **Madonna** schätzt Zigarren aus Kuba, **Sharon Stone** zieht gerne an einer Corona. Seitdem Frauen zunehmend auch an die Schalthebel der Macht drängen, wollen viele das entsprechende Statussymbol, die edle Zigarre, nicht missen. Und haben keinerlei Bedenken, dass das Rauchen von teuren Zigarren in der Öffentlichkeit als geschmackloses Imponiergehabe empfunden werden könnte.

Kapitel 4

Im Job

Benimm zählt, wenn es darum geht, die Karriereleiter ein Stück höher zu kraxeln. Eine Studie der TU-Darmstadt, bei der die Karrieren von 6500 promovierten Akademikern über Jahrzehnte hinweg verfolgt wurden, zeigt korrekte Umgangsformen als absolut dominanten Karrierefaktor. Auftreten, Habitus und eine natürliche Souveränität sind der Erfolgsschlüssel.

Gerade Berufsanfänger werden mit vielen neuen Situationen konfrontiert. Da sind einmal die neuen Kollegen, bei denen man noch nicht genau weiß, wie man dran ist, sowie Vorgesetzte, deren Macken noch unbekannt sind. Dann gibt es Kunden und Geschäftspartner, auf die man sich einstellen muss, und eine neue Firmenkultur, die es zu durchschauen gilt. Der Umgang ist plötzlich ganz anders als in Studienzeiten, da die Hierarchien klar durchschaubar und die Sitten lockerer waren.

Neben fachlicher Qualifikation, die zweifellos die wichtigste Voraussetzung für den Job sind, spielen gute Umgangsformen eine immer größere Rolle. Die Kundenbindung erfolgt nicht mehr ausschließlich durch Qualität und Preis der Produkte. Immer mehr suchen Unternehmen nach neuen Wegen, Kunden an sich zu binden. Mitarbeiter mit gepflegten Umgangsformen tragen dazu bei. Dabei geht es nicht um das Exerzieren bestimmter Rituale, sondern um Achtung vor anderen Menschen, Verantwortungsbewusstsein, Zuverlässigkeit, Loyalität und die Fähigkeit zum Zuhören.

Fettnäpfchen lauern überall, nicht nur in der luftigen Höhe am Ende der Karriereleiter. Danebenbenehmen kann sich jeder schon so früh und so gründlich, dass er oder sie nicht einmal die ersten Sprossen dieser Karriereleiter zu überwinden vermag.

Vorstellung

Profis erfassen beim ersten Blick auf den Bewerber den Gesamteindruck. Sie achten dabei auf Kleidung, Frisur, Körperhaltung und Sprache. Dabei wird sofort offenbar, ob die Person mit den gesellschaftlichen Spielregeln vertraut ist und ihr Aussehen und ihre Einstellung wirklich Teil ihrer Persönlichkeit ist. Kompetenz wird nicht nur über die Sprache vermittelt, sondern auch ausgestrahlt. Dazu gehört das Zugehen auf andere, der Händedruck, der feste Blick in die Augen. Wirken diese Gesten unsicher oder arrogant, ist Vorsicht angebracht. Auch die offene Haltung sagt viel aus, genauso wie eine klare und deutliche Stimme.

Nicht nur im Privatleben, auch bei Bewerbungsgesprächen muss die Chemie zwischen den Gesprächspartnern stimmen. Es ist genau so wie bei Verliebtheit, manchmal funkt's und dann wieder geht nichts, auch wenn alle meinen, die beiden passten doch wunderbar zusammen. So ist es auch zwischen Bewerber und Personalchef. Manchmal klappt es gleich und dann wieder geht nichts. Oft sind Äußerlichkeiten daran schuld.

Dresscode

Auftreten, Habitus und eine natürliche Souveränität sind Eigenschaften, die von Personalchefs bewertet werden. Dabei spielt auch die Erwartungshaltung der Branche, in der Sie sich bewerben, eine Rolle. Die Anpassung an den Dresscode einer Firma erfordert ziemliches Feingefühl. Sich-von-der-Masse-Abheben im positiven Sinn ist wichtig für die Selbstvermarktung. Wenn Sie erkennen lassen, dass Sie die Usancen innerhalb einer Firma akzeptieren, beweisen Sie, dass Sie sich schon vor der Bewerbung intensiv mit der Unternehmenskultur auseinandergesetzt haben. Das macht einen guten Eindruck.

Setzen Sie sich vor einem Bewerbungsgespräch mit folgenden Fragen auseinander:

- In welcher Branche bewerben Sie sich? Orientieren Sie sich an dem Produkt, das Ihr potenzieller Arbeitgeber verkauft. Wenn Ihre Firma Luxus verkauft, dann sollten Sie das durch wertvolle Kleidung ausdrücken. Ihr Outfit kann durchaus luxuriös wirken. Also, für einen Verkäufer von Ferraris oder einen Makler, der teure Immobilien anbietet, ist der Anzug von Ermenegildo Zegna oder das Prada-Kostüm ein Statement. Die Kleidung ist stimmig zum Produkt.
- Üben Sie eine Beratungstätigkeit aus? Unternehmensberater, Wirtschaftstreuhänder, Notare, Vermögensberater stehen für Vertrauen und Seriosität. Diese Haltung soll sich auch in der Kleidung ausdrücken. Mit formeller Kleidung, edler Qualität, dunklen Farben und klassischem Schuhwerk liegen Sie richtig.
- Inwieweit verlangt Ihr neuer Job Kreativität? Für Werbeagenturen oder die New Economy gelten etwas andere Regeln. Sie verkaufen Ideen, und das kann sich auch in der Kleidung spiegeln. Wer sich für einen Job in der Modebranche bewirbt, muss damit rechnen, dass der Profi die Hennes&Mauritz- oder Zara-Kopie vom Original unterscheiden kann. Beachten Sie, dass vor allem dann, wenn Sie die Garderobe ablegen, das Label auf der Innenseite des Mantels oder der Jacke erkennbar ist.

- Für welche Position im Unternehmen bewerben Sie sich? Die Praktikantin in Designer-Klamotten ist genauso fehl am Platz wie die Führungskraft in der Strickjacke.
- Ist Ihr künftiger Arbeitgeber ein Unternehmen in einer Großstadt, Kleinstadt oder im ländlichen Umfeld? Je größer und je internationaler ein Unternehmen, desto formeller ist in der Regel die Bekleidung. Mitarbeiter von Unternehmen in Großstädten sind formeller gekleidet als jene im ländlichen Milieu.

Auftreten

Wenn Sie sich also mit dem Dresscode Ihrer künftigen Firma auseinandergesetzt haben, überlegen Sie, wie Sie sich positiv von anderen Mitbewerbern abheben können. Die Financial Times unterm Arm beeindruckt keinen Personalberater mehr. Benutzen Sie ein Markenzeichen, um für sich selbst Werbung zu machen. Eine Kleinigkeit, die Ihre Persönlichkeit betont und Ihrem Gegenüber hilft, sich Ihr Erscheinungsbild zu merken.

- Lesen Sie während der Wartezeit ein anspruchvolles Buch, das irgendwie mit Ihrem künftigen Job zu tun hat. Das dokumentiert Ihr vielfältiges Interesse und liefert außerdem Anknüpfungspunkte für das künftige Gespräch.
- Lesen Sie in den Vortagen der Bewerbung recht aufmerksam die Tagespresse und achten Sie darauf, ob etwas Interessantes über das Unternehmen oder die Konkurrenz darin steht. Bringen Sie dieses Thema beim Bewerbungsgespräch zur Sprache.
- Tragen Sie beim Bewerbungsgespräch ein interessantes, geschmackvolles Accessoire. Etwas, was nicht alltäglich ist und ins Auge sticht. Das kann z. B. eine alte Brosche, ein Familienerbstück etwa, oder eine interessante Designerbrille sein.

- Wenn an Ihrem Aussehen oder Ihrem Habitus etwas ist, das nicht den gängigen Normen entspricht, dann sprechen Sie diese Tatsache direkt an. Erklären Sie, warum Sie Ihre Haare rot färben, seit wann und warum Sie stottern und weshalb Sie die Hasenscharte noch nicht operieren ließen. Betrachten Sie sich und Ihre Eigenheiten als Label. Stehen Sie zu sich mit Ihren Vorzügen und Schwächen als Ihre deutlich erkennbare Identität.
- Wenn Sie über ein eigenes Markenzeichen nachdenken, vermeiden Sie alles Artifizielle. Nur wenn es wirklich Ihrer Identität entspricht, wird es positiv ankommen. Je authentischer Sie auftreten, desto eindrucksvoller wird Ihre Performance sein.
- Wahren Sie, bei aller Freundlichkeit und Geradlinigkeit, immer Distanz. Wer sich allzu leutselig oder draufgängerisch gibt, hat meist keine guten Karten.

Gespräch

Im Vorstellungsgespräch werden wichtige Weichen für Ihre Zukunft gestellt. Daher ist beste Vorbereitung vonnöten. Neben der guten Präsentation der eigenen Bewerbungsunterlagen gehört auch eine detaillierte Information über Ihren potenziellen Arbeitgeber dazu. Informieren Sie sich, wer der Inhaber der Firma ist, ob und welche Tochterfirmen es gibt und wo die Konzernzentrale sitzt etc. Auch über die Produkte sollten Sie weitgehend Bescheid wissen.

Es kommt aber nicht nur darauf an, was jemand sagt, sondern auch wie. Diese Erkenntnis wurde durch eine Untersuchung der Universität Kiel belegt. Dabei wurde festgestellt, dass es einen großen Unterschied macht, ob ein Mann oder eine Frau etwas sagt. Die Wissenschaftler legten diversen Versuchspersonen Aufzeichnungen von Bewerbungsgesprächen vor, bei denen sich Männer und Frauen für eine Arbeitsstelle mit vorgegebenen, identischen Qualifikationen bewarben.

Die Versuchspersonen sagten später übereinstimmend, die Bewerberinnen hätten unsicherer und ihre männlichen Pendants durchsetzungsfähiger gewirkt. Begründung: Die Frauen brachten ihre Bewerbung höflicher vor als die Männer. Sie benutzten in den Gesprächen häufiger Höflichkeitsfloskeln, die Männer dagegen aggressivere Formulierungen.

Höflichkeit ist zwar positiv, aber die Dosierung gibt den Ausschlag. Es ist wie beim Kochen, die Prise Salz ist unverzichtbar, ein Zuviel verdirbt das Essen.

In jedem Fall sollten Sie auf einen einleitenden Small Talk vorbereitet sein, der darauf abzielt, eine angenehme Atmosphäre zu schaffen. Erfahrene Personalchefs werden mit Fragen »Wie war die Fahrt?« oder »Haben Sie gut hergefunden?« das Gespräch beginnen, bevor sie zur Sache gehen. Wenn sich Ihr Gegenüber reserviert zeigt, dann kann der Bewerber auch selbst initiativ werden. Mit Einleitungsworten wie »Ich finde Ihr neues Firmengebäude sehr beeindruckend, ich habe schon einige Architekturkritiken darüber gelesen« können Sie dann zu den *hard facts*, wie z. B. »Darf ich Ihnen schon einmal meinen Lebenslauf schildern?«, übergehen.

Gesprächspausen sind unangenehm. Diese zu vermeiden ist eine Sache des Höherrangigen, also des Personalchefs. Aber es zeugt von Souveränität, wenn es Ihnen gelingt, solche Situationen zu retten.

Überstürzen Sie niemals den Abschied. Warten Sie auf ein Zeichen des Personalchefs zur Beendigung des Gespräches. Sagen Sie, dass Sie sich freuen, den anderen kennen gelernt zu haben. Fragen Sie, wie Sie miteinander verbleiben oder ob Sie anrufen können. Das schafft einen schönen Bogen im Gesprächsverlauf und Sie wissen auch, woran Sie sind. Wenn Sie das Gefühl haben, es ist alles gesagt, was zu sagen ist, und Ihr Gesprächspartner Signale für die Beendigung des Gespräches gibt, können auch Jobbewerber mit der Bemerkung »Ich möchte Ihre Zeit nicht zu lange beanspruchen« das Finale einleiten.

- Wenn Sie das Büro des Personalchefs betreten, grüßen Sie verbal und warten Sie, bis er Ihnen die Hand entgegenstreckt. Da er in der Hierarchie der Höherrangige ist, muss er den ersten Schritt tun. Schließen Sie Ihr Sakko und nehmen Sie die Hand aus der Hosentasche. Halten Sie Blickkontakt beim Handschlag und achten Sie darauf, dass der Händedruck fest, aber nicht grob ist.
- Sollten Sie sitzen, stehen Sie selbstverständlich zur Begrüßung auf. Das gilt für Frauen und Männer.
- Stellen Sie sich vor, nennen Sie Ihren Namen, ohne Herr, Frau oder Titel zu nennen. »Guten Tag, mein Name ist Dieter Boh-

len« oder »Guten Morgen, Veronika Feldbusch«. Sagen Sie niemals »Guten Tag, ich bin Herr Bohlen« oder »Guten Morgen, mein Name ist Frau Mag. Veronika Feldbusch«.

- Wenn Sie von zwei Personen empfangen werden, dann begrüßen Sie die ranghöhere Person zuerst. Wenn der Boss ein Mann ist, dann wird er vor der neben ihm stehenden Sekretärin begrüßt. Wenn der Geschäftsführer und der Personalchef bei dem Gespräch anwesend sind, dann wird der Geschäftsführer als ranghöhere Person vor dem Personalchef begrüßt.
- Merken Sie sich die Namen Ihrer Gesprächspartner und verwenden Sie diese wohldosiert im Gespräch.
- Warten Sie, bis Sie einen Sitzplatz angeboten bekommen. Für den Fall, dass der Personalchef Platz nimmt, ohne Ihnen einen Platz anzubieten, fragen Sie: »Wo darf ich mich hinsetzen?«
- Wenn Ihnen ein Sitzplatz angeboten wird und Ihr Gesprächspartner hat noch etwas zu tun, dann müssen Sie nicht aufstehen, wenn er zum Besprechungstisch kommt.
- Wenn weitere Personen zum Gespräch stoßen, dann stehen Sie auf. Sie werden vom Gastgeber vorgestellt und erfahren auch die Namen der neu hinzugekommenen Personen. Nach dem Handschlag können Sie wieder Platz nehmen.
- Achten Sie auf die Sitzhaltung. Benutzen Sie die gesamte Sitzfläche, halten Sie mit beiden Beinen Bodenkontakt und vermeiden Sie, allzu breitbeinig zu sitzen bzw. die Beine zu kreuzen. Sitzen Sie aufrecht, ohne steif zu sein, und lümmeln Sie nicht.
- Bleiben Sie locker und natürlich, und lassen Sie sich nicht durch eventuelle Provokationen Ihrer Gesprächspartner aus der Fassung bringen. Vielleicht will man nur sehen, wie Sie in solchen Situationen reagieren.
- Reden Sie keinesfalls schlecht über frühere Arbeitgeber.
- Rauchen Sie nicht, auch wenn Ihnen eine Zigarette angeboten

wird. Es sei denn, Ihr Gegenüber raucht ebenfalls. Wenn Ihnen ein Getränk angeboten wird, können Sie gerne annehmen. Ablehnung würde als demonstrierte Bescheidenheit interpretiert werden.

- Nach Beendigung des Gespräches warten Sie, bis man Ihnen zum Abschied die Hand reicht.

Fauxpas im Klo

Ein bemerkenswerter Fauxpas kann in **Hellmuth Karaseks** Roman »Das Magazin« nachgelesen werden. Der junge Reporter, nach schweißtreibendem Vorstellungsgespräch soeben beim »Magazin« eingestellt, trifft ein zweites Mal auf den mächtigen Chefredakteur. Diesmal steht er neben ihm auf der Herrentoilette. Ehrerbietig streckt er ihm die Hand zur Begrüßung entgegen. Der peinliche Lapsus hat sich vor fast 40 Jahren zugetragen. Heute wäre der Toiletten-Handschlag möglicherweise schon gleich wieder die Verabschiedung oder zumindest die Besiegelung der Meinung »Aus dem wird hier nie etwas«. Wahrscheinlich war der Jobneuling nicht beim Bundesheer. Denn dort bekommen die Rekruten eingetrichtert, dass im Klo nicht gegrüßt wird.

Neuer Arbeitsplatz

Die ersten Arbeitstage sind die schwierigsten. Neulinge im Job stehen meistens mehr oder weniger offen unter der Beobachtung von Kollegen.

In der Phase des Kennenlernens sollten Sie sich defensiv verhalten und Ihre Umgebung genau beobachten. Treten Sie nicht zu forsch auf und beginnen Sie von sich aus keine privaten Gespräche. Vermeiden Sie es am Anfang, Missstände im Unternehmen anzuprangern, auch wenn dies berechtigt wäre. Warten Sie einige Wochen ab, bis Sie alle Zusammenhänge in der Firma besser verstehen, bevor Sie Verbesserungsvorschläge einbringen.

Einstand

Erkundigen Sie sich, ob es in der Firma üblich ist, einen Einstand zu feiern. Warten Sie aber zwei bis drei Wochen, bevor Sie eine kleine Feier organisieren. Wenn es gestattet ist, im Büro zu feiern, dann planen Sie ein bis zwei Stunden nach Dienstschluss dafür ein. Andernfalls wählen Sie die Firmenkantine oder ein nahe gelegenes Gasthaus, in das Sie Ihre Kollegen und Vorgesetzten einladen. Als Bewirtung genügen einige Happen sowie alkoholfreie Getränke, eventuell Bier und Sekt zum Anstoßen.

Schreibtisch

Die Gestaltung des Arbeitsplatzes sagt ziemlich viel über seinen Besitzer aus. Das kann der Schreibtisch und sein Umfeld, aber auch eine Werkstatt sein. Sie sollten sich daher über die Bedeutung des Aussehens Ihres Arbeitsplatzes bewusst sein. Obwohl sich Menschen auch am Arbeitsplatz nach Wärme und Geborgenheit sehnen, haben Dinge, die persönliche Vorlieben oder Intimes preisgeben, an der Stätte des beruflichen Wirkens nichts verloren.

- Stofftiere, die Sammlung von Matchbox-Autos, das Foto der Freundin im Bikini oder die tägliche Pillen- und Vitaminration gehören nicht auf den Schreibtisch.
- Gebrauchte Kaffee- und Teetassen sowie benutzte Aschenbecher werden nach Gebrauch abgeräumt bzw. geleert.

- Achten Sie auch darauf, wie es unter und neben Ihrem Schreibtisch aussieht. Reserveschuhe kommen in den Garderobekasten, die Plastiktüte mit dem Einkauf in der Mittagspause ebenfalls.
- Wenn Sie die Möglichkeit haben, Ihren Bildschirmschoner frei zu wählen, dann achten Sie darauf, dass das Motiv Ihrem und dem Image Ihrer Firma zuträglich ist. Auch wenn das Palmers-Model noch so attraktiv ist, im Job hat es nichts verloren.
- Halten Sie auf jeden Fall Ordnung im Raum. Auch wenn der Job stressig ist und wenig Zeit dafür bleibt. Die Art, wie man seinen Arbeitsplatz einrichtet und in Schuss hält, verrät oft viel über die Persönlichkeit seines Besitzers.
- Werden Schreibtische und PCs wechselweise benutzt (Desk-Sharing), haben private Inhalte dort nichts verloren.

Rauchen

Früher haben Raucher und Nichtraucher in friedlichem Miteinander existiert, Rauchen war fast überall gestattet. Die Frage »Darf ich hier rauchen?« war eine rhetorische und wurde selbstverständlich bejaht. Heute ist das anders. Nikotingenuss ist gesundheitsschäd-

lich und Nichtraucher haben immer weniger Lust, durch rauchende Zeitgenossen gesundheitlichen Schaden zu nehmen.

Wie in vielen Fällen waren die Vereinigten Staaten Vorreiter für strikte Rauchverbotszonen. Schon vor vielen Jahren wurden Raucher grundsätzlich mit dem schlechtesten Platz im Restaurant bestraft und es kam sogar vor, dass auf der Straße Leute demonstrativ husteten, wenn ein Raucher vorbeikam.

- Höfliche Menschen können beim Rauchen eigentlich nichts verkehrt machen, denn sie werden immer alles vermeiden, was andere Menschen stören könnte.
- Firmen haben in der Regel klare Bestimmungen, ob und wo geraucht werden darf. Wenn in Betrieben ein generelles Rauchverbot herrscht, dann ist die Sache klar.
- Ist das nicht der Fall, dann klären Sie mit Ihren Kollegen, ob Sie im gemeinsamen Zimmer rauchen können oder einen anderen Ort aufsuchen sollen. Manchmal gibt es beschränkte Raucherlaubnis in bestimmten Zonen, wie Kantinen und Aufenthaltsräumen. Manchmal gibt es auch eigene Raucherzonen.

Dicke Luft

Große Aufregung gab es vor einiger Zeit bei der österreichischen Vorzeigefirma Swarovski. Die Geschäftsführung gab eine Regel aus, dass Rauchpausen vom Gehalt der Akkordarbeiterinnen abgezogen werden. Obwohl die Aktion laut Firmenleitung als Testfall innerhalb einer Abteilung und als Maßnahme zur Verbesserung des Gesundheitszustandes der Mitarbeiterinnen gedacht war, sorgte die Neuregelung nicht nur innerhalb der eigenen Mannschaft, sondern auch außerhalb der Firma für große Aufregung. Denn angeblich liefern Akkordarbeiterinnen, die rauchen, bessere Stückzahlen als Nichtraucher.

- Rauchverbote sollten Sie immer beachten. Es ist eine grobe Unhöflichkeit, dagegen zu verstoßen.
- Wenn Sie Gäste haben, dann sollten Sie ebenfalls fragen, ob Sie rauchen dürfen.
- Wenn Sie mit Gästen ins Restaurant gehen, dann darf erst nach dem Nachtisch geraucht werden.

Gäste im Büro

Etiketteregeln sollen auch hier niemals zum Selbstzweck werden. Bei aller Förmlichkeit geht es letztlich nur darum, dass sich andere Menschen in Ihrer Gegenwart gut aufgehoben fühlen. Bei einiger Übung werden Sie schnell merken, ob Ihre Bemühungen gut ankommen. Sehen Sie über kleine Patzer sowohl bei sich selbst als auch bei anderen Menschen immer großzügig hinweg.

Bürogebäude

- Garderobe: Im Job gilt hier Gleichberechtigung. Frauen bieten Männern ebenfalls Hilfe an, wenn es darum geht, die Mäntel abzulegen oder Schirme zu verstauen. Tabu ist der Griff nach persönlichen Gegenständen, wie Akten- oder Handtaschen. Das gilt als Übergriff in die Privatsphäre.
- Begleiten: Für Besucher ist es angenehm, wenn sie auf fremdem Terrain begleitet werden. Der Gastgeber geht dabei voraus, hält dem Gast die Türe auf, lässt ihm hier den Vortritt, um links aufzuschließen und wieder die Führung zu übernehmen. Das soll aber nicht zu einem Wettlauf werden.
- Türe aufhalten: Die Türe wird immer so aufgehalten, dass dem

Gast die eigene Vorderseite zugewendet wird. Türen, die in Gehrichtung zu öffnen sind, werden vom Gastgeber geöffnet. Er geht zuerst durch die Tür und wartet mit dem Gesicht zum Gast gewandt, bis dieser passiert hat. Danach schließt er die Tür.

Bei Türen, die in Richtung Gast und Gastgeber zu öffnen sind, zieht der Gastgeber mit der linken Hand die Türe in seine Richtung, dreht sich mit dem Gesicht zum Gast und lässt ihn passieren. Dann geht er selbst.

- Auf Treppen: Sind die Treppen breit genug, dann kann man nebeneinandergehen. Bei schmalen Treppen geht abwärts der Mann vor, aufwärts geht der Mann hinter der Frau.

Auto

Personen mit guten Umgangsformen öffnen ihren Gästen die Autotüre. Sie gehen sodann vorn um den Wagen herum und steigen selbst ein. Wenn Sie selbst fahren und einen Gast mitführen, dann ist sein Platz an Ihrer rechten Seite. Weitere, weniger wichtige Gäste würden in der hinteren Reihe sitzen.

- **Beispiel**: Sie holen einen Kunden vom Flugplatz ab. Dieser wird von der Sekretärin und einem Assistenten begleitet.
- **Lösung:** Sie sitzen auf dem Fahrersitz, der Kunde rechts neben Ihnen. Die Sekretärin und der Assistent in der hinteren Reihe.

Wenn Sie einen Fahrer haben, also z. B. mit einem Dienstwagen mit Chauffeur oder mit einem Taxi unterwegs sind, dann sitzen Sie als Gastgeber hinter dem Fahrer, der Gast rechts neben Ihnen.

- **Beispiel:** Sie fahren mit einem Kunden im Taxi zu Ihrer Firmenzentrale.
- **Lösung:** Sie sitzen beide in der hinteren Reihe, Sie selbst hinter dem Fahrer, der Kunde rechts von Ihnen.

Meetings

Konferenzen sowie Besprechungen mit Kunden und Mitarbeitern gehören zum Berufsalltag. Eine der wichtigsten Höflichkeitsregeln ist, die Zeit effektiv zu nutzen, sich perfekt vorzubereiten und die anderen Teilnehmer nicht durch unnötige Abschweifungen vom Thema aufzuhalten. Kleine Scherze zur Auflockerung sind dem Gesprächsleiter oder dienstälteren Mitarbeitern vorbehalten.

- Bei Besprechungen mit Gästen stehen sowohl Herren als auch Damen beim Handschlag auf.
- Wenn Besuch in die Firma kommt, reicht der Gastgeber die Hand.
- Bei internen Meetings halten Sie sich an die Gepflogenheiten im Unternehmen. Üblicherweise gibt man einander bereits im Stehen die Hand, bevor man sich setzt. Selbstverständlich nur dann, wenn man einander an diesem Tag noch nicht begegnet ist.
- Sollten Sie zu spät kommen, ist es besser, Sie verzichten auf den Handschlag, vor allem dann, wenn das Gespräch bereits begonnen hat, und setzen sich mit einer kleinen verbalen Entschuldigung.

Habtacht im Kreml

Bewusstsein für Rangordnung zeigte neulich der russische Ministerpräsident **Wladimir Putin** bei einer Besprechung mit seinen Ministern. Alle saßen schon um den Besprechungstisch. Putin kam als Letzter. Gleichzeitig erhoben sich alle Minister von ihren Sitzen, bis er, ohne die Hände zu schütteln, seinen Ehrenplatz an der Längsseite des Tisches eingenommen hatte. Deutlicher hätte man die Demonstration von Ehrerbietung und Macht nicht zeigen können.

- Wenn Sie Ihren Schreibtisch auswählen können, dann setzen Sie sich so, dass Sie maximale Übersicht über Türen und Fenster haben. Das gilt auch für Meetings, denn diejenige Person, die den besten Überblick über den Raum hat, dominiert. Diese Position sollten Sie besonders dann wählen, wenn Sie in einer Verhandlung Ihre Ziele durchsetzen möchten.

- Eine Wand im Rücken gibt Ihrem Unterbewusstsein das Gefühl von Schutz und Sicherheit. Das macht sich in Ihrem Auftreten während der Verhandlung deutlich bemerkbar. Ein Fenster im Rücken führt dagegen zu innerer Unruhe.
- Sitzen Sie gerade und aufrecht, kreuzen Sie Ihre Beine nicht, stellen Sie beide Füße mit der ganzen Sohle auf den Boden und entspannen Sie Ihren Oberkörper. So bleiben Sie länger aufmerksam und konzentriert. Ihre Körpersprache vermittelt Aufgeschlossenheit und Souveränität.
- Achten Sie auf die Sitzposition. Gäste sollen immer so platziert werden, dass sie nicht mit dem Rücken zur Tür sitzen müssen.
- Wenn nur zwei Personen an einem Meeting teilnehmen, dann sollten Sie nicht gegenübersitzen, denn das bedeutet Konfrontation. Wählen Sie die Sitzplätze links und rechts von einer Ecke, das schafft mehr Vertrauen.
- Das gilt auch für Schreibtische. Der Gast vis à vis vom Gastgeber weist ihm die Rolle als Bittsteller zu. Wenn es keinen eigenen Besprechungstisch gibt, dann sollte er auf der Schmalseite des Schreibtisches sitzen.
- Denken Sie daran, Ihren Gästen keinen schlechteren Sessel als Ihren eigenen anzubieten. Es macht keinen guten Eindruck, wenn Sie auf einem ledergepolsterten Drehstuhl mit Armlehnen sitzen und Ihrem Gast einen klapprigen Holzstuhl zuweisen. Achten Sie darauf, dass ihm nicht die Sonne oder eine Lampe direkt ins Gesicht scheint.

Business Cards

Beim Verteilen der eigenen Karte ist Fingerspitzengefühl gefragt. Drängen Sie sich mit Ihrer Visitenkarte niemals auf. Entwickeln Sie immer Sensibilität für den passenden Augenblick zur Übergabe.

- Wenn Sie ein Unternehmen zum ersten Mal besuchen und dort noch nicht bekannt sind, sollten Sie Ihre Visitenkarte bei der Begrüßung parat haben und auch überreichen.
- In größeren Runden, die einander nicht kennen, werden oft schon am Anfang der Besprechung die Karten ausgetauscht. Das schafft die Möglichkeit, sich die Namen der anderen Teilnehmer durch einen Blick auf die Karten besser einzuprägen.
- Bei Veranstaltungen überreichen Sie Ihre Karte nur, wenn es dafür einen besonderen Grund gibt. Beispielsweise, weil Sie mit Ihrem Gesprächspartner einen späteren Kontakt vereinbaren.
- Sollte sich jemand mit einer detaillierten Frage, die Ihr Fachgebiet betrifft, an Sie wenden, dann können Sie gleich nach der Beantwortung Ihre Karte überreichen.
- Bei Meetings stellt in der Regel der Moderator die Personen vor. Daher ist es ratsam, die Visitenkarte am Ende der Veranstaltung auszugeben, aber nicht wahllos, sondern nur an Teil-

nehmer, mit denen Sie gesprochen haben beziehungsweise in Verbindung treten möchten.

- Im Ausland dagegen ist das Überreichen von Visitenkarten oft ein wichtiger Bestandteil der Vorstellung. Bei Auslandsreisen und ausländischen Gästen informieren Sie sich deshalb unbedingt über die unterschiedlichen Gepflogenheiten.
- Visitenkarten verlangen immer eine würdige Behandlung. Werfen Sie in Gegenwart Ihres Gegenübers einen Blick darauf und prägen Sie sich Titel und Namen ein. Machen Sie nie vor den Augen der anderen Person Notizen darauf. Ergänzende Informationen notieren Sie auf einem separaten Zettel.

Firmenfeiern

Feste innerhalb der Firma sind ein wichtiges Instrumentarium zur Förderung des Betriebsklimas. Das ganze Jahr über wurde geschuftet, jetzt sollen Plage und Mühe vergessen sein und im gemütlichen Rahmen darf einmal richtig gefeiert werden. Egal, ob Betriebsausflug oder Weihnachtsfeier, Firmenfeste bergen auch einige Fallen in sich, in die man tappen könnte. Auch wenn in der Abteilung die Korken knallen, ist trotz aller Fröhlichkeit Fingerspitzengefühl angebracht.

Vertraulichkeit

Oft wird die gelockerte Stimmung zum Anlass genommen, um sich z. B. beim Kollegen aus der Nebenabteilung über irgendeinen Missstand in der Firma auszuweinen oder sich über eine blöde Kollegin zu beklagen, die einem schon seit längerer Zeit den Nerv tötet.

Firmenfeste bieten die Gelegenheit, einmal ohne Zeitdruck

über etwas zu quatschen, für das sonst nie Zeit besteht. Trotzdem sollten Sie nur Dinge erzählen, die Ihnen, auch wenn sie weitererzählt werden, keine Probleme bereiten und Ihre künftige Karriere nicht beeinträchtigen.

Breiten Sie daher Ihr Intimleben niemals vor jemandem aus, von dem Sie von vornherein annehmen können, dass er oder sie nicht dichthält.

Alkohol

Alkohol ist fixer Bestandteil von Firmenfesten. Einerseits ist er eine feine Sache, denn so manche unscheinbare Vorzimmermaus hat sich nach einigen Gläschen als schlagfertige Unterhaltungskanone gezeigt. Und so manch richtig unsympathischer Kollege ist einem im leicht angedudelten Zustand plötzlich ganz nett erschienen.

Trotzdem ist Freibier bei Firmenfesten kein Gutschein für den Vollrausch. Was im Privatleben passiert, ist Privatsache, bei Firmenfesten jedoch ist die Wahrung von Grenzen ein unabdingbares Muss. Abgesehen davon, dass Sie im alkoholisierten Zustand ein Bild abgeben, das mit Ihrer beruflichen Position nicht in Einklang zu bringen ist, sollten Sie auch Tratsch und blödes Gerede am nächsten Tag innerhalb der Firma vermeiden. Alkohol also zu Ihrem eigenen Nutzen nur unterhalb der 0,5-Promille-Grenze konsumieren.

Verbrüderungen

Das Du-Wort ist im Unternehmen nicht immer ein Zeichen der Freundschaft. Außerdem wird es branchenspezifisch unterschiedlich gehandhabt. Politik und politiknahe Institutionen, Medien,

Agenturen, die Sportbranche sowie Firmen mit junger Belegschaft sind meistens per Du.

In Österreich ist das Du-Wort gebräuchlicher als in Deutschland, in den Bundesländern üblicher als in der Landeshauptstadt. Auf dem Lande ist es gebräuchlicher als in den großen Städten.

Wenn junge Teams zusammenarbeiten, ist es selbstverständlich. Ältere Mitarbeiter hingegen tun sich manchmal schwer damit. Aber wenn es einmal hart auf hart geht, dann ist es meist vollkommen egal, ob man per Du oder per Sie ist. Also hat es nicht wirklich etwas zu bedeuten.

Firmenfeste sind eine gute Gelegenheit für Verbrüderungen. Das ist in Ordnung, wenn beide Kollegen am nächsten Tag auch noch dazu stehen. Passiert es allerdings, dass Sie in eine Situation gedrängt wurden, mit der sie am nächsten Tag nicht mehr so gut zurechtkommen, dann können Sie mit einigen freundlichen Worten die Angelegenheit wieder rückgängig machen. Wenn Sie die ranghöhere Person am nächsten Tag wieder mit einem förmlichen »Sie« begrüßt, dann akzeptieren Sie das einfach und gehen ebenfalls wieder zur förmlichen Anrede über.

Guter Ton

Karl Hohenlohe, Spross aus edlem Geblüt und Gesellschaftsjournalist der Zeitung »Kurier«, beschrieb in einer seiner Kolumnen einen denkwürdigen Vorfall. Er machte ein Interview mit **Roland Neuwirth**, dem Begründer der Wiener Extremschrammeln. Zurückhaltend, aber freundlich, gesprächsbereit, aber nicht geschwätzig, höflich, aber nicht devot, so beschrieb er seinen Interviewpartner. Aber dann passierte etwas Seltsames.

K. H. duzte Herrn Neuwirth und weiß bis heute nicht, warum. »Ich überschritt eine eiserne Grenze, und um meinen illegalen Aufenthalt in der Privatsphäre zu konfirmieren, duzte ich Herrn Neuwirth noch einmal. Umgekehrt hätte ich wahrscheinlich die Nerven verloren. Herr Neuwirth aber blieb gelassen und siezte mich freundlich weiter.«

Und zum Schluss seines Artikels schreibt K. H.: »Kein förmlich angetragenes Du-Wort hätte uns jemals so nahe zusammenbringen können, irgendwie war ich berührt und attestiere Roland Neuwirth und seinen Extremschrammeln nicht nur herzergreifende Töne, sondern auch einen sehr eleganten Klang.«

In den letzten Jahren lag das »Du« im Job im Trend. Mitverantwortlich dafür waren der Internet-Boom, der grundsätzlich eine Lockerung der Sitten nach sich zog, aber auch die Globalisierung, die neben weltweit agierenden Konzernen einen Vormarsch der Vertraulichkeit gebracht hat. In den US-amerikanischen und angelsächsischen Ländern gibt es überhaupt kein »Sie«. Das österreichische Ritual des Bruderschaftstrinkens, das mit verschränkten Armen und Anstoßen des Weinglases beginnt und mit dem Bruderkuss endet, mag daher ziemlich exotisch erscheinen.

In vielen Unternehmen aber wurde das »Du« zwischen Vorgesetzten und Mitarbeitern, das einmal als förderlich für das Betriebsklima galt, wieder eingemottet. Denn auch zwischen Menschen, die einander duzen, muss nicht automatisch ein gutes, entspanntes Klima herrschen. Auch mit dem »Sie« kann eine freundliche Atmosphäre im Betrieb hergestellt werden.

Das »Du« kann einerseits Nähe und Freundschaft signalisieren, andererseits kann es aber auch Herabwürdigung bedeuten. Es kann also gewählt werden, wenn man sich gut versteht, oder aber auch, weil man meint, dem anderen keinen Respekt entgegenbringen zu müssen. Daher glauben viele Menschen, sie müssten Ausländer grundsätzlich mit dem »Du-Wort« ansprechen und bedenken dabei nicht, dass sie deren Menschenwürde verletzen.

- Das »Du« bietet auf jeden Fall der Höherstehende an, das heißt der Vorgesetzte seinen Mitarbeitern. Innerhalb der Kollegenschaft ist es die Frau, die dem Mann das Du-Wort anbietet. Neulinge sollten am Anfang zurückhaltend mit dem Du sein und auf jeden Fall warten, wie die neuen Kollegen reagieren.
- Wenn der Ranghöhere automatisch den Untergebenen duzt, dann bedeutet das nicht unbedingt eine wirkliche Verbrüderung. In manchen konservativen Bereichen, wie z. B. in der Beamtenschaft oder in Bünden, kann es kollegial zugehen, aber trotzdem gibt es eine Art abgestuftes »Du«. Der obere sagt »Du«, der untere, meist jüngere, sagt »Du« und dazu den vollen Titel, z. B. »Du, Herr Professor« oder Ähnliches. Machen Sie sich daher immer über die Gepflogenheiten schlau, bevor Sie in einen Fettnapf hüpfen.
- Beachten Sie grundsätzlich die Usance innerhalb einer Firma. Bei einigen Unternehmen, wie z. B. bei »Hennes & Mauritz« oder »Ikea«, wird prinzipiell geduzt, man findet den vertraulichen Umgang miteinander motivierend und kommunikationsfördernd.
- Je jünger das Durchschnittsalter in Betrieben, desto eher ist das »Du« gebräuchlich.
- Wenn es in Betrieben sowohl das »Du« als auch das »Sie« gibt, sind ältere Menschen mit »Sie« anzusprechen. Ich habe erst neulich von zwei in die Jahre gekommenen Chefsekretärinnen

gehört, die vom automatischen »Du« eines neuen, jungen Mitarbeiters nicht besonders angetan waren.

- Nehmen Sie zur Kenntnis, dass das Du-Wort mit dem Vorgesetzten keinen Abbau der Hierarchie bedeutet. Auch wenn es so scheinen mag, wenn es hart auf hart geht, nützt Ihnen auch die vertrauliche Anrede mit dem Boss nichts.
- In manchen Betrieben redet man einander mit dem Vornamen an und bleibt dennoch beim offiziellen »Sie«. In Gegenwart von Kunden heißt es aber dann trotzdem: »Ich werde Herrn Meier über unser Gespräch informieren« und nicht: »Ich werde Max über das Ergebnis unserer Besprechung informieren«.
- In Gegenwart von Kunden sollten Sie vorsichtig mit dem Duzen von Vorgesetzten sein. Das heißt nicht, dass Sie plötzlich zu Ihrem Vorgesetzten »Sie« sagen sollen, wenn Sie ihn ansonsten duzen. Versuchen Sie eine formellere Ansprache zu finden. Sagen Sie z. B. in Anwesenheit von Kunden nicht: »Du, Max, kannst du dir jetzt diese Unterlagen ansehen«, sondern: »Das sind die neuen Unterlagen der Firma …«

Nicht jeder reagiert freudig erregt, wenn ihm das Du-Wort angeboten wird. Menschen, die gerne Distanz wahren, dürfen solche Angebote auch ablehnen, denn niemand kann gezwungen werden, sich mit anderen Menschen zu duzen, es sei denn, es gibt firmeninterne Anordnungen.

- Formulieren Sie Ihre Ablehnung so unverletzend und freundlich wie möglich. Ein knappes »Nein, ich will das nicht« wäre ein Affront.
- Bringen Sie als Erstes Ihre Freude über das Angebot zum Ausdruck. Fügen Sie dann eine Erklärung hinzu, warum Sie es trotzdem nicht annehmen möchten.

- Bedenken Sie, dass es in manchen Teams Usus ist, dass einander alle duzen. Daher könnte eine Ablehnung als distanziert oder hochnäsig empfunden werden. Überlegen Sie deshalb vor einer Ablehnung, ob diese Ihnen den Arbeitsalltag erschweren könnte.

Kluges »Du«

Kluge Menschen gehen mit dem Du-Wort sorgsam um. Vor allem dann, wenn die Hierarchieebenen unterschiedlich sind. **Wolfgang Lopatka**, Generalsekretär der Österreichischen Volkspartei, sagte in einem Interview über sein Verhältnis zu Bundeskanzler **Wolfgang Schüssel**: »Obwohl wir seit vielen Jahren per Du sind, würde ich niemals ›Wolfgang‹ zu ihm sagen. Für mich ist er der Kanzler.«

Selbstvermarktung

Bescheidenheit und Zurückhaltung sind zwar wesentliche Kriterien für gute Umgangsformen. Dennoch werden Sie im Job an einem Mindestmaß an Selbstvermarktung nicht herumkommen. Wie überall im Leben sind auch hier die Grenzen zwischen gesundem Selbstbewusstsein und Aufdringlichkeit bzw. Angeberei eng gesteckt. Das gute Mittelmaß ist auch hier das Maß aller Dinge.

Familiengeschichte kultivieren

Die eigene Geschichte ist ein gutes Instrument für die Selbstvermarktung. Eine eigene Geschichte haben und dazu stehen unterstreicht die Persönlichkeit. Daher können Sie ruhig Ihre Vergangenheit kultivieren, trotzdem aber sollten Sie bei der Wahrheit bleiben. Kleine optische Retuschen sind jedoch gestattet. Wenn Sie es bereits zu Ruhm und Ansehen gebracht haben, dann tut es Ihrem Image gut, wenn Sie erzählen, dass Sie aus armen Verhältnissen stammen und Ihre Mutter als Putzfrau ihre drei Kinder durchbringen musste.

Wenn Sie eine strahlende Schönheit sind, dann schinden Sie mit einer durch Fotos dokumentierten Schilderung, welch hässliches Entlein Sie einmal waren, mächtig Eindruck. Erzählen Sie von angeborenen Begabungen, von Geschichten aus Ihrer Jugend, die schon damals gezeigt haben, was wirklich in Ihnen steckt.

Den Mythos über ihre Vergangenheit pflegen viele Prominente mit Hilfe gewiefter PR-Strategen. An der Geschichte vom obdachlosen, krebskranken österreichischen Pop-Star **DJ Ötzi** oder an **Michelles** herzergreifendem Outing über ihre schreckliche Kindheit wird schon ein wenig Wahres dran sein, jedenfalls werden solche Geschichten bewusst als Marketingstrategie eingesetzt.

Leistungen herzeigen

Denken Sie nicht, Sie müssten allein aufgrund Ihrer einzigartigen Persönlichkeit anerkannt werden. Es zählt nicht nur, was Sie sind, sondern welche Vorstellung sich Leute von Ihnen machen.

Bescheidenheit ist zwar »in«, aber heutzutage müssen Sie gerade im Job alles daransetzen, für sich selbst die Werbetrommel zu rühren. Verstecken Sie daher Ihre Leistungen nicht, sondern sorgen Sie dafür, dass möglichst viele Menschen davon Kenntnis erhalten. Geben Sie sich trotzdem bescheiden und achten Sie besonders darauf, in Ihrem Tun nicht schleimig zu wirken.

- Wenn ein Artikel über Sie und Ihre Arbeit in der Betriebszei-

tung erscheint oder wenn Sie in einer Fachzeitschrift publizieren, dann kopieren Sie diesen oder lassen Sie ihn möglichst vielen Menschen zukommen.

- Fotos, die Sie mit Vorgesetzten Ihrer Firma oder sonstigen prominenten Personen zeigen, rahmen Sie ein und hängen sie an die Wand Ihres Büros.
- Wenn Sie Kurse besucht und ein Diplom dafür bekommen haben, dann stecken Sie diese Bestätigung ebenfalls in einen Rahmen und zieren Sie damit Ihren Arbeitsplatz.

Werbung in eigener Sache

- Machen Sie für sich selbst Werbung. Das braucht nicht teuer zu sein. Eine Urlaubskarte an wichtige Personen kostet nicht viel und bringt Sie in Erinnerung. Schicken Sie Produkte, an denen

Sie mitgearbeitet haben – oder Informationsmaterial darüber – an Menschen, die Ihnen und Ihrer Karriere dienlich sein könnten.

- Verwenden Sie Ihre Mittagspause für sinnvolles Networking. Die Kantine ist ein passender Platz dafür. Vermeiden Sie es, immer dieselben Personen zu treffen, denn das engt Ihren Horizont ein. Suchen Sie auch Kontakt mit Personen aus anderen Bereichen. Versuchen Sie, sich mit Kollegen zu treffen, die in der betrieblichen Hierarchie höher als Sie selbst stehen. Wenn Sie sehr berechnend sind, dann pflegen Sie den Kontakt zu denjenigen Kollegen, die einmal etwas werden könnten.
- Erweisen Sie sich als Wohltäter, indem Sie Kontakte herstellen, Menschen zusammenbringen oder Kollegen bei einem Problem beistehen. Sie wissen schon: »Eine Hand wäscht die andere.«
- Verwenden Sie Firmenveranstaltungen dazu, mit jeder wichtigen Person zu sprechen, die dort anwesend ist.
- Üben Sie ruhig ein wenig Druck aus, um bei wichtigen Meetings und Veranstaltungen eingeladen zu werden. Nehmen Sie nicht automatisch an, dass es einen Grund hat, wenn Sie nicht auf der Einladungsliste stehen.
- Bitten Sie einflussreiche Kollegen um einen Gefallen, z. B. um einen Ratschlag oder eine Empfehlung.
- Kultivieren Sie Ihren Namen. Sehen Sie nicht tatenlos zu, wenn alle Welt Sie »Susi« ruft, Sie hingegen als »Susanne« bezeichnet werden wollen. Wenn Sie einen Spitznamen haben, dann achten Sie darauf, dass dieser ein positives Licht auf Ihre Eigenschaften wirft. Ein »Tiger« als Boss kann Kult werden, gegen den »Nasenbär« sollten Sie sich zur Wehr setzen.

Ordensverleihung

Vor einigen Jahren flatterte mir eine Mitteilung ins Haus, der Herr Bundespräsident der Republik Österreich gäbe sich die Ehre, mich mit dem Silbernen Verdienstzeichen der Republik Österreich auszuzeichnen.

Vor meinem geistigen Auge sah ich einen großen Festsaal, in dem Hunderte Bankangestellte und sonstige Beamte, die in die Jahre gekommen waren, mit einer Tapferkeitsmedaille ausgezeichnet werden. Eine Aktion, auf die ich nicht besonders scharf war. Ein Blick in den Kalender sagte mir außerdem, dass der Zeitpunkt der Verleihung ziemlich ungünstig war, weil ich zu diesem Termin selbst eine Veranstaltung zu betreuen hatte.

Also rief ich kurz beim zuständigen Beamten an und bat naiv, ob ich meine Ehrung nicht zu einem anderen Zeitpunkt entgegennehmen könne. Spätestens zu diesem Zeitpunkt hätte es bei mir klingeln müssen. In ernstem Ton erklärte er mir, dass die nächste Verleihung erst in einem halben Jahr stattfände.

Na gut, dachte ich mir, irgendwie werde ich das terminlich schon schaffen. Da mein Mann ziemlich beschäftigt war und mein pubertierender Sohn kein gesteigertes Interesse zeigte, seiner Mutter bei der Dekoration mit Blech zuzusehen, fragte ich einige Freundinnen, ob sie nicht dabei sein wollten. Diese zeigten sich entzückt, denn das könne eine Menge Spaß bedeuten.

Am Tag der Verleihung hetzte ich mit hängender Zunge ins barocke Palais des Prinzen Eugen in der Wiener Innenstadt.

Ich war spät, aber pünktlich. Ein Zeremonienmeister erwartete mich beim Eingang, führte mich in einen prächtigen Barocksaal und bat mich, in der ersten Reihe Platz zu nehmen.

Außer mir in der ersten Reihe fünf schwarz gekleidete ältere Herren, deren Gesichter mir irgendwie bekannt vorkamen. Ein Kammerorchester begann zu spielen. Erst jetzt dämmerte es mir und ich war zugegebenermaßen ziemlich von den Socken. Als einzige Frau bekam ich als kleine PR-Lady neben fünf verdienstvollen Generaldirektoren aus der Wirtschaft eine Auszeichnung der Bundesrepublik Österreich verliehen.

Ich muss meine Ergriffenheit zugeben. Und mich gleichzeitig über meine eigene Ahnungslosigkeit wundern. Meine Freundinnen genossen auf jeden Fall die Szene. Sie bedankten sich für die Gaudi, die sie dabei hatten, durch die Bestellung einer Kutsche, mit der wir anschließend Champagner trinkend durch Wien fuhren.

Gekonnt kontern

Manchmal passiert's, dass Ihnen irgendein Kollege oder Vorgesetzter blöd kommt. Er lässt eine Verbalattacke auf Sie los, die richtig gemein unter die Gürtellinie geht. Das ist besonders unangenehm, wenn es vor einer Gruppe von Leuten passiert. Oft ringt man dann nach Worten, und die passende Antwort fällt einem Stunden später ein, sehr oft dann, wenn's viel zu spät ist.

Witz und Charme verflüchtigen sich meistens gerade dann, wenn dringender Bedarf danach ist. Trainieren Sie daher Ihre Schlagfertigkeit, ohne verletzend zu wirken. Antworten müssen nicht unbedingt frech sein, um die gewünschte Wirkung zu erzielen. Killerphrasen sind in der Regel eine Art Kampfrhetorik und können beleidigend und vorwurfsvoll, aber auch heimtückisch und gemein sein.

Attackiert werden sehr gerne Personen, die sich nicht oder wenig wehren. Angreifer haben in der Regel feine Antennen für potenzielle Opfer. Jeder, der bei Übergriffen rhetorisch einen Klaps auf die Finger bekommt, überlegt sich seichte Witzchen beim nächsten Mal.

Cholerische Bosse

Chefs sind oft harte Nüsse. Vor allem von brüllenden und cholerischen Chefs dürfen Sie sich auf keinen Fall provozieren lassen. Halten Sie immer Augenkontakt und zeigen Sie niemals Angst oder Einschüchterung. Halten Sie immer auch genügend Abstand zu ihm bzw. zu seinem Schreibtisch. Sie verletzen sonst sein Territorium und verunsichern ihn.

Im Gespräch mit Vorgesetzten checken Sie immer das Risiko eines Frontalangriffs. Bleiben Sie in diesen Fällen immer bei neutralen und sachlichen Antworten und vermeiden Sie besonders originelle und witzige Retourkutschen, die Ihnen vielleicht auf der Zunge liegen.

Wenn Sie über Übergriffe souverän hinweggehen, bringt das Ihren Angreifer ins Stolpern. Bedanken Sie sich für den »Hinweis« und führen Sie unbeirrt Ihr Gespräch weiter fort. Diese Strategie ist besonders gut für Anmerkungen wie »Sie haben ja keine Ahnung!« oder »Sie sind ja heute wieder besonders gut vorbereitet!«

Gut für sachorientierte, wenig aufgeheizte Gesprächssituationen ist es, den Einwurf gar nicht zur Kenntnis zu nehmen. Bleiben Sie sachlich und gelassen und involvieren Sie sich nicht inhaltlich. Auf den Vorwurf »Wieso machen Sie immer die gleichen Fehler« antworten Sie mit »Tut mir leid, aber ich habe völlig korrekt gehandelt«.

Schön ist es, den verbalen Gegner ein Eigentor schießen zu lassen. Antworten Sie daher auf Fragen unterhalb der Gürtellinie mit einer Gegenfrage, wie z. B. »Wie meinen Sie das genau?« oder »Warum kommen Sie gerade jetzt darauf zu sprechen?«. Indem der Gegner antwortet, gewinnen Sie Zeit und es besteht die Chance, dass er in eine rhetorische Falle tappt. Indem Sie ihn fragen, geben Sie ihm außerdem den Eindruck, dass Sie seinen Einwand ernst nehmen.

Kollegen und Killerphrasen

Unter Kollegen kann schon kräftiger gekontert werden. Je nach Temperament und rhetorischer Fähigkeit können neutrale und sachliche Antworten, aber auch originelle und witzige Retourkutschen geliefert werden.

Bei Sprüchen, die sich auf Ihre Fähigkeiten oder Ihre Kompetenzen beziehen, bringt eine bestätigende Antwort den Gegner leicht aus der Fassung. Im Falle von »Warum müssen Frauen immer so emotional sein?« empfiehlt sich die Antwort »Stimmt, Emotionalität ist ein wichtiger Faktor im Leben. Hast du schlechte Erfahrungen damit?«.

Es kann auch kräftig zurückgefeuert werden. In Situationen unter Gleichgestellten kann eine flapsige Antwort unter Umständen die Situation entschärfen und Sympathien einheimsen. »Typisch Mann!« – »Toll, in Biologie eine Eins gehabt?« – »Glaubst du, dass du dieser Aufgabe gewachsen bist?« – »Klar doch, bin ich doch in der Baumschule groß geworden!« – Diese Strategie bietet sich unter selbstbewussten und unabhängigen Kollegen an.

Manchmal ist es auch empfehlenswert, eine blöde Bemerkung absichtlich falsch zu verstehen und ins Positive zu drehen. Auf den Vorwurf »Du glaubst wohl, du bist der Weisheit letzter Schluss« bietet sich ein »Schön, dass du meinen Intelligenzquotienten von 130 bemerkst«.

Oder auf die Bemerkung »Sie haben aber auch schon einmal bessere Arbeit geliefert!« kann die Antwort »Fein, dass Ihnen meine gute Arbeit auffällt!« den Angreifer verwirren.

Tratsch, Klatsch und Mobbing

Freundschaften am Arbeitsplatz sind gut für das Arbeitsklima. Personen, die Freundschaften innerhalb ihrer Firma pflegen, sind immer beliebter als diejenigen, welche sich abkapseln und strikt Job und Privatleben trennen. »Arroganz« ist noch das freundlichste Attribut für wenig mitteilsame Zeitgenossen.

Aber wo sind die Grenzen zwischen Offenheit den Kollegen gegenüber und Klüngelei? Wie kann man einschätzen, was man Kollegen anvertrauen soll und kann und inwieweit man sich verlassen kann, dass das Gesagte auch dort bleibt, wo man es deponiert hat? Wieweit soll und kann man Kollegen mit privatem Kummer oder Ärger belästigen?

Ärger und Kummer

Sorgen hat jeder einmal. Sowohl privat als auch geschäftlich. Und nicht jedem gelingt es, den eigenen Frust zu überspielen. Auch wenn Sie es Ihren Kollegen ruhig einmal zeigen können, dass Sie Probleme haben, dürfen Sie keinesfalls Ihre schlechte Laune an ihnen auslassen. Bemühen Sie sich daher stets, Stimmungsschwankungen in den Griff zu bekommen. Launische Menschen sind selten beliebt.

Trotz aller Wertschätzung der Kollegen sollten Sie sich vor naiver Vertraulichkeit hüten. Wahren Sie immer eine gewisse Distanz. Rechnen Sie damit, dass private Details unter Umständen nicht beim eigentlichen Adressaten bleiben, sondern die Runde machen. Denken Sie auch daran, dass bei einem Aufstieg auf der Karriereleiter frühere offenherzige Geständnisse peinlich werden könnten.

Cliquen

Die meisten Mitarbeiter arbeiten in Teams. Innerhalb dieser Gruppierungen ergeben sich über die arbeitsmäßige Verflochtenheit meist noch private Allianzen. Manchmal aber gibt es auch Gruppenbildung von Mitarbeitern, die sich gegen andere zusammenschließen. Halten Sie sich von solchen Gruppen fern und versuchen Sie, Neutralität zu bewahren. Spielen Sie nicht mit, wenn eine Truppe gezielt gegen einzelne Mitarbeiter vorgeht.

Tratsch

Der Schwatz zwischendurch hat seinen schlechten Ruf zu Unrecht: Er ist gesund und verbessert das Arbeitsklima – er ist der Kern der menschlichen Kommunikation. Der Tratsch hat den Zweck, das Zusammengehörigkeitsgefühl zu stärken, den Selbstwert aufzupäppeln und soziale Informationen auszutauschen. Außerdem signalisiert der kleine Tratsch zwischendurch, dass das Betriebsklima stimmt.

Das Arbeitsklima hat sich im letzten Jahrzehnt generell verschlechtert. Mitarbeiter kommen sich oft wie Nummern vor, Großraumbüros erinnern an Legebatterien, viele Arbeiter wissen nicht mehr, was am Ende des Fließbandes herauskommt. Daher führt Tratsch zur Vertrauensbildung und fördert die gegenseitige

Unterstützung. Das kommt im Endeffekt dem Firmenerfolg zugute. Tratsch aber darf niemals zur Gerüchteküche oder Mobbingküche werden.

Regeln für positives Tratschen:

- Begegnen Sie Ihren Kollegen respektvoll und mit positiver Einstellung.
- Reden Sie über angenehme Dinge. Gehen Sie nicht auf Schwarzseher und Miesmacher ein.
- Sprechen Sie Konflikte direkt an, anstatt über abwesende Dritte herzuziehen.
- Versuchen Sie auf innere Distanz zu gehen und überprüfen Sie, ob sich der Plausch nicht gegen abwesende Kollegen richtet.
- Geben Sie niemals Ihr Wissen über private Situationen von Kollegen preis. Tratschen Sie nicht weiter, um das »Stille Post«-Phänomen zu vermeiden.
- Spielen Sie abwesende Kollegen nie gegeneinander aus.
- Bleiben Sie beim Plaudern über Privates an der Oberfläche. Verraten Sie nicht zu intime Details über Ihr Privatleben und achten Sie stets darauf, wo Ihre persönliche Grenze ist.

Mobbing

Mobbing ist ein relativ modernes Phänomen, bei dem einzelnen Personen das Leben durch Gemeinheiten und Schikanen erschwert wird. Mobbing macht körperlich und psychisch krank und richtet volkswirtschaftlichen Schaden an. Mittlerweile wird es auch juristisch bestraft, jedoch sind derartige Aktionen meistens schwer beweisbar.

Diskriminierung von Menschen im Job wird vielfach über die Sprache ausgedrückt. Manchmal verstehen es gerade rhetorisch geschulte Menschen, ihre Sprache so verfeinert anzuwenden, dass sie treffend und vernichtend wirken kann. Die Vermeidung von verletzenden Worten erfordert große Sensibilität.

Wenn Sie Machtspiele, Intrigen, Psychoterror oder Verrat gegenüber Ihrer Person bemerken, hilft nur die Gegenoffensive.

- ▷ Schreiben Sie alle Vorfälle mit Datum und Art der Diskriminierung auf. Erkundigen Sie sich bei Ihren Kollegen, ob über Sie negative Gerüchte im Umlauf sind. Das dient als Beweis, wenn Sie eine offizielle Beschwerde einreichen.
- ▷ Sagen Sie Ihrem Kontrahenten zuerst unter vier Augen ganz sachlich, wie Sie sich bei seinem Verhalten fühlen. Fragen Sie ihn nach dem Grund seines Verhaltens und machen Sie ihm die Konsequenzen klar. Damit bringen Sie den Angreifer in eine Position, in der er sich verteidigen muss.
- ▷ Wenn das alles nichts nützt, konfrontieren Sie den Angreifer in Gegenwart von Kollegen. Sollte keine Besserung der Situation eintreten, schalten Sie Ihren Vorgesetzten und den Betriebsrat ein.

Laster

Alkohol

Laut Statistik sind rund fünf Prozent aller Österreicher alkoholabhängig, weitere fünf Prozent sind gefährdet. Angenommen die Bevölkerung wäre repräsentativ in Ihrem Betrieb abgebildet, können Sie davon ausgehen, dass fünf bis zehn Prozent der Belegschaft ein Alkoholproblem hat.

Alkoholprobleme bei Kollegen erkennen Sie an folgenden Situationen:

- gesteigerte Reizbarkeit und höhere Aggressivität,
- häufigere Krankenstände und unentschuldigtes Fernbleiben,
- empfindliches Reagieren auf Anspielungen hinsichtlich des Alkoholkonsums,
- Anlegen von Trinkvorräten im Job,
- Trinken in Stresssituationen.

Wegschauen ist nicht der richtige Weg. Je früher das Problem angesprochen wird und gemeinsam mit dem Betroffenen geregelt wird, desto seltener wird es zu einer Eskalation des Konflikts kommen. Da das Arbeitsklima durch exzessiven Konsum von Alkohol extrem in Mitleidenschaft gezogen wird und die Produktivität darunter leidet, ist Alkohol am Arbeitsplatz ein Thema, das alle betrifft.

Wussten Sie übrigens, dass:

- es ab 0,3 Promille zu einer Verschlechterung der Reaktionszeit kommt,
- bei 0,5 Promille die Unfallgefahr bereits doppelt so groß ist wie bei 0,1 Promille,
- zwischen 0,5 und 1 Promille die Selbsteinschätzung bezüglich der eigenen Leistungsfähigkeit positiv ist, obwohl es zu Leistungseinbußen um fast 400 Prozent kommt,
- mit 0,8 Promille dreimal mehr Fehler gemacht werden als nüchtern und es zu 76 Prozent Leistungsabfall kommt.

Unangenehme Gerüche

Manchmal kann einem die Arbeit stinken. Aber nicht wegen eines unsympathischen Chefs oder Kollegen, sondern deswegen, weil

der Kollege, mit dem Sie das Zimmer teilen, von der Erfindung des Deos oder von Mundhygiene noch nichts gehört hat. Er arbeitet und stinkt vor sich hin. Das Problem ist: Wie sag ich's ihm, ohne verletzend oder demütigend zu sein. Denn offensichtlich nimmt er seinen eigenen Geruch nicht wahr und Partner oder Partnerin haben sich ebenfalls an den Stallgeruch gewöhnt und schweigen.

- Versuchen Sie es zunächst mit vorsichtigen Andeutungen, bringen Sie das Gespräch auf wohlriechende Seifen oder Duschgels. Erzählen Sie ihm von einem Artikel über mitteleuropäische Hygienegewohnheiten, den Sie neulich in der Zeitung gelesen haben. So bereiten Sie den Boden vor.
- Legen Sie sich Deo und Zahnbürste in die Schreibtischlade. Putzen Sie sich demonstrativ nach den Mahlzeiten die Zähne. Zeigen Sie ihm auch, dass Sie das Deo mehrmals im Tag benutzen. Seien Sie ein Vorbild.

- Zeigen Sie dem Kollegen, dass Sie sich immer frisch machen, bevor Sie in ein Meeting gehen.
- Ziehen Sie einen Kollegen ins Vertrauen, der mit dem Stinker befreundet ist, und bitten Sie ihn, das aufklärende Gespräch zu führen.
- Wenn das nicht möglich ist, müssen Sie selbst das Gespräch suchen. Arbeiten Sie sich langsam zum Thema vor. Machen Sie keinen Hehl aus Ihrer Verlegenheit, das nimmt Ihnen den Anschein der Bevormundung oder Einmischung. Betonen Sie den Wunsch, dem anderen einen Gefallen zu tun.
- Mit ziemlicher Sicherheit werden Sie ein dankbares »Ich bin froh, dass Sie mir das gesagt haben, ich habe es einfach nicht gemerkt!« zu hören bekommen.

Privat kommunizieren

Früher hieß es: »Herr Mayer, ich habe den Eindruck, Sie telefonieren zu viel«. Heute ist »Big Brother« überall. Es entspricht dem Stand der Technik, dass eingehende und ausgehende Gespräche ebenso registriert und aufgezeichnet werden können, wie Uhrzeit und Dauer des Telefonats. Das ermöglicht natürlich eine Überwachung des privaten und dienstlichen Telefonverhaltens der Mitarbeiter. Und das ist laut einem Entscheid des Obersten Gerichtshofes auch in Ordnung. Der Arbeitgeber habe nun mal das Recht zu bestimmen, wer wann, wo und wie lange Gespräche auf seiner Telefonanlage führt. Anders könne er sich keinen Überblick über das Telefonverhalten seiner Mitarbeiter verschaffen.

Arbeitnehmer haben in der Regel kein Recht auf Verwendung des dienstlichen Telefonanschlusses für Privatgespräche. Der Arbeitgeber hat sogar das Recht, dem Arbeitnehmer Privatgespräche zu berechnen. Halten Sie sich daher immer an die in Ihrem Unternehmen geltenden Richtlinien.

Auch wenn Privatgespräche gestattet sind, sollten das ausschließlich wichtige Telefonate sein. Zum Beispiel Behörden, die nur tagsüber erreichbar sind, Terminvereinbarungen, ein kurzer Anruf beim Kindergarten oder in der Schule. Der tägliche Tratsch mit der Freundin über den neuesten Liebeskummer gehört allerdings, trotz tolerantem Arbeitgeber, nicht an den Arbeitsplatz.

Da mittlerweile die meisten Menschen private Handys besitzen, können Privatgespräche mit einem solchen geführt werden. Trotzdem sollen Sie sich vor Augen führen, dass diese Gespräche Ihrer Arbeitszeit abgehen. Halten Sie sich daher auch in diesen Fällen kurz.

Die Tendenz, das Verhalten der Mitarbeiter auf ihrem Computer zu kontrollieren, steigt. In den USA werden Surfverhalten und E-Mails bereits bei einem Drittel der Angestellten überwacht. Zum einen wird damit unterbunden, dass Mitarbeiter während der Arbeitszeit privat im Web surfen, zum anderen wird aber auch kontrolliert, ob in E-Mails Firmengeheimnisse verraten werden. Viele Unternehmen setzen immer öfter auch Filtersoftware ein, um E-Mails, die gegen die Netikette verstoßen, herauszufiltern.

Die Mails werden nach sogenannten Hitwörtern gescannt. Taucht in einem E-Mail ein anstößiges Wort auf, so wird ein kleiner Alarm ausgelöst. BBC berichtete über zwei Mitarbeiter von Hewlett Packard, welche gekündigt, und 150 Mitarbeiter, die vom Dienst suspendiert wurden. Stein des Anstoßes waren E-Mails mit zum Teil pornografischem Inhalt. Damit haben die Mitarbeiter zwar nicht gegen das Gesetz, aber gegen den Firmenanstand verstoßen.

Der Mensch als Marke

Kluge Unternehmen haben es erkannt. Mitarbeiter können im persönlichen Kontakt mit dem Kunden das abstrakte Markenversprechen verkörpern. Ich spreche nicht von oberflächlicher, angelernter Freundlichkeit oder Uniformierung. Mitarbeiter, die eine Marke gut verkörpern, müssen wie leidenschaftliche Schauspieler sein, sie müssen ihre Rolle durch ihre Persönlichkeit ausfüllen. Einfaches Rezitieren des Textes ist zu wenig. Der Erfolg dieses Konzeptes hängt nicht von der Dressur der Beschäftigten ab, sondern von der Fähigkeit des Unternehmens, seine Mitarbeiter wertzuschätzen, Sinn zu vermitteln und mit ihnen auch fair umzugehen. Die Umsetzung des Konzeptes muss glaubwürdig sein und authentisch wirken.

Für den Mitarbeiter bedeutet dieses Konzept, Serviceleistungen mit Hingabe zu liefern. Einige Firmen sind weltweit bekannt für ihre Servicekultur.

Mitarbeiter als Marken

In einer zunehmend digitalen Welt wächst der Wunsch nach individualisierten Kontakten. Kluge Unternehmer wissen, dass für eine lebenslange Bindung nicht nur das »glänzende Produkt« zählt, sondern echte Kundenorientierung.

- Wal-Mart-Mitarbeiter in den USA sind von der Begrüßung über die Beratung bis zum Einpacken und der Verabschiedung innerlich darauf eingestellt, dass jeder Kunde den Eindruck von Bequemlichkeit und Freundlichkeit mitnimmt.
- Singapore Airlines ist für Fluggesellschaften ein gutes Beispiel. Weltweit wird die asiatische Fluglinie identifiziert mit den lächelnden, charmanten und besonders zuvorkommenden Ste-

wardessen. Das »Singapore Girl« prägt die Markenwahrnehmung des gesamten Unternehmens.

- Die Fluglinie Lauda-Air stellte mit dem Slogan »Service is our Success« ebenfalls ihre Mitarbeiter ins Zentrum ihrer Marketingstrategie.
- Disney präsentiert sich in seinen Erlebniswelten vor allem auch durch seine persönlich wirkenden Mitarbeiter. Das sogenannte Disney-Smile, die unverwechselbare Weise, wie Gäste, insbesondere Kinder, behandelt werden, schafft Sympathie, Identität, Bindung und bleibenden Eindruck.

Im allgemeinen Dienstleistungssektor hat sich in den vergangenen Jahren einiges gebessert. Doch der After-Sales-Bereich ist vielfach noch Entwicklungsland. Jobs in Werkstätten, Kundendienst und Service gelten als minderwertig, sind schlecht bezahlt und sozial wenig geachtet. Kluge Unternehmen wissen, dass auch den »Blaukitteln« eine enorme Bedeutung bei der Schlacht um den Kunden zukommt, die bisher zu wenig gewürdigt wurde. Und legen auch hier Wert auf gepflegte, freundliche und zuvorkommende Mitarbeiter mit Umgangsformen.

Manchmal verkörpern charismatische Firmengründer oder überragende Manager selbst beispielhaft die Marke. Dazu gehören **Bill Gates, Frank Stronach** oder Red-Bull-Chef **Dieter Mateschitz**. Auch bei erfolgreichen Unternehmensberatungen, wie **McKinsey, Boston Consulting** oder **Spencer Stuart**, sollen die Markeninhalte im täglichen Erleben der Berater vermittelt werden.

In guten Firmen zeigt sich das im solidarischen, von internem Vertrauen getragenen Verhalten und in ständig sichtbarer Servicementalität.

Kapitel 5

Mit Menschen kommunizieren

Schön sprechen

»Es grünt so grün, wenn Spaniens Blüten blühn.« Lange hat es gedauert, bis Eliza Doolittle in »My Fair Lady« diesen Satz flüssig aussprechen konnte. Ihr Großstadt-Slang war in der feinen Londoner Gesellschaft nicht gefragt. Mentor Henry Higgins befahl ihr Stimmtraining vor dem Spiegel, bis sie durch gute Artikulation brillierte und zum Mitglied der »Upper Class« aufstieg.

Der Macht der Sprache kann sich auch im virtuellen Zeitalter niemand entziehen. Menschen, die gut artikulieren und womöglich noch eine melodische Stimmlage besitzen, werden wohlwollender aufgenommen als jene, die sich ständig verhaspeln, weil ihnen die Zunge im Weg ist.

Wer vernuschelte Ansagen auf dem Anrufbeantworter hinterlässt, bei Meetings mit monotoner Stimme brabbelt oder in Verhandlungen stottert, unterschätzt die Bedeutung der Stimme und ihres Klangs im Alltag. Stimmtrainer empfehlen folgende Strategien:

- Bewusster Stimmeinsatz erfordert Konzentration. Kraftvolle Stimmen brauchen einen Resonanzraum, also bringen schon geringfügige Veränderungen der Körperhaltung und der Atmung weitreichende Effekte. Richten Sie daher Ihren Körper gerade auf, atmen Sie langsam, gemessen und tief.

- Verändern Sie die Sprachmelodie. Gute Redner benutzen ihre Stimme wie Musiker ihr Instrument. Sie sind leise und verhalten, werden laut und fordernd, dann beschwichtigend und verständnisvoll. Aber alles in Maßen, wohldosiert eingesetzt und zum richtigen Zeitpunkt.
- Trainieren Sie Ihre Stimme, indem Sie jeden Tag einen Artikel aus der Zeitung laut, langsam und mit Betonung lesen. Das »ölt« die Stimme. Auch Selbstgespräche, rezitieren, singen, summen und lachen halten stimmlich fit.
- Reden Sie einfach, klar und verständlich. Vermeiden Sie Schachtelsätze und überlegen Sie zuerst, bevor Sie zu sprechen beginnen.
- Setzen Sie ganz bewusst Pausen. Wer es eilig hat, vergisst meistens darauf zu achten und wird daher schlechter verstanden.
- Wiederholen Sie, was Ihnen wichtig ist. Gebrauchen Sie Bilder, denn Vergleiche prägen sich ein.
- Wenn Sie einen Sprachfehler haben, gehen Sie darauf ein, bevor Sie mit einer Rede beginnen. Indem Sie aktiv darauf hinweisen, dass Sie z. B. lispeln oder stottern, nehmen Sie allfälligen Kritikern den Wind aus den Segeln.

Laudatio bei einer Graduiertenfeier

Im Rahmen einer Gratuiertenfeier, an der ich vor kurzem teilnahm, gab es unter vielen anderen Festansprachen auch die Rede einer jungen Frau im Namen des gesamten Studienlehrgangs. Als Klassenbeste hatte sie die Ehre, für alle ihre Kollegen zu sprechen.

Gemessen betrat sie das Podium. Dunkelblau gewandet und im Bewusstsein über die Bedeutung des Auftritts. Doch kaum waren die ersten Worte vorbei, begannen die Gäste im

Auditorium zu schmunzeln und zu kichern. Was war passiert? Die Gute hatte einen unüberhörbaren Sprachfehler, sie lispelte, sie raspelte, kurz und gut, ihre inhaltlich gute Rede wurde überschattet durch ihr körperliches Handicap.

Hätte sie gleich zu Beginn ihrer Rede auf ihr Problem hingewiesen und die Gäste gebeten, ihren Sprachfehler zu entschuldigen, wäre es nicht zu dieser unangenehmen Situation gekommen. Dass das Gekichere von den Gästen nicht sehr taktvoll war, ist eine andere Sache...

Hochdeutsch oder Dialekt?

Es ist seltsam: Unsere Muttersprache ist Deutsch, trotzdem verstehen wir einander nicht. Norddeutsche lächeln über die Bayern, Deutsche haben Probleme mit den Österreichern, Wiener verstehen weder Steirisch noch Vorarlbergisch. Das Wienerische klingt für fremde Ohren manchmal ganz putzig, dann wieder unverständlich und entsetzlich vulgär.

Wenn z. B. unsere nördlichen deutschen Nachbarn das Grußwort »Servus« benutzen, dann versteht das so mancher Österreicher als Anbiederung. Denn dieser Gruß kommt aus dem Sprachgebrauch der Studentenverbindungen und ist in Österreich unabdingbar mit dem vorangegangenen Austausch des Du-Wortes, also mit einer gewissen Vertraulichkeit verbunden. Man grüßt jemanden, mit dem man »per Sie« ist, einfach nicht mit »Servus«, das ist eine grobe Unhöflichkeit. Und wenn unsere Landsleute aus Vorarlberg einander mit einem flotten »Heile« begrüßen, dann läuft so manchem geschichtsbewussten Ostösterreicher ein kalter Schauer über den Rücken.

Kann ich Umgangssprache gebrauchen oder muss ich hochdeutsch sprechen? Diese Frage stellt sich so mancher Zeitgenossen spätestens ab dem Zeitpunkt, an dem er in einen neuen, ihm unbekannten Kreis gerät. Das kann eine neue Gesellschaft sein, ein neuer Job, eine neue Umgebung, die Einladung zur Teilnahme an einer Diskussion etc. Nur wenige Länder gibt es, in denen der Dialekt zur Hochsprache stilisiert wurde. Die Schweiz hat da eine gewisse Sonderkultur entwickelt.

Bis vor kurzem war Hochdeutsch die Voraussetzung in bestimmten Situationen: bei Vorträgen, Ansprachen, Diskussionen, Prüfungen oder der Vorstellung für einen Führungsjob bei einem neuen Arbeitgeber. Vielen Menschen gelingt es problemlos, von der Umgangssprache oder vom Dialekt auf eine allgemein verständliche deutsche Sprache umzusteigen. Manche aber haben ihre liebe Not damit. Dann klingt die Schriftsprache aufgesetzt, künstlich und nicht authentisch.

- Wenn Sie zu diesem Personenkreis gehören, dann empfehle ich Ihnen, bei der Form zu bleiben, bei der Sie sich sicher fühlen. Dialekt ist mittlerweile »in«. Er ist nicht mehr ein Zeichen von Unbedarftheit und Unkenntnis, sondern kann als Zeichen von Individualität durchaus kultiviert werden.

Dialekt sticht Hochdeutsch

Ein schönes Beispiel dafür ist der österreichische Moderator der »Millionenshow« **Armin Assinger**. Beim Casting hat der geborene Kärntner alle Schönsprecher ausgebootet. Jetzt kultiviert er seinen Dialekt sogar vor einem Millionenpublikum.

Ausdrücke wie: »Uijegerl, jessas, nau serwas!«(Für Nichtösterreicher: unübersetzbare Ausrufe des Erstaunens) ziehen sich durch die Sendung.

Etwas mühevoll sind hingegen die Aufzeichnungen der Show in Köln vor deutschem Publikum. Der Einheizer, der das Publikum vor der Show in die richtige Stimmung bringen soll, legt dann im saftigen Kölner Idiom los: »Jetzt kommt der Armin, der ist ganz toll!! Ihr werdet kein Wort von dem verstehen, was er sagt, und es wird vielleicht manchmal wie eine Beleidigung klingen, aber ihr werdet bitte trotzdem immer lächeln und nicken.«

Modern Talking

Wie man sich heute sprachlich ausdrückt, unterscheidet sich stark von früheren Zeiten. Was vor einigen Jahren lediglich in Kindergärten und Schulen als trendy galt, wird heute auch von der Generation der Erwachsenen übernommen. Vor einigen Jahren haben sich die Erwachsenen lediglich bemüht, das »Neudeutsch« der Jugend generation zu verstehen, heute gehört es einfach dazu, die jugendliche Ausdrucksweise anzunehmen. Im Zeichen des Jugendkultes scheuen sich auch Oldies nicht vor sprachlichen Neuschöpfungen.

»Hey, du siehst voll hammermäßig aus!« heißt: »Du bist hübsch!« »Du wirkst wie 'ne Dose Cola bei Aldi!« bedeutet: »Heute bist du nicht so perfekt gekleidet!« Alles Positive dieser Welt lässt sich an den Begriffen »mega«, »geil«, »voll«, alles Negative an »null« und »grindig« festmachen. Diese Ausdrücke sind mittlerweile feste Elemente im Sprachkosmos und zeigen den enormen sprachlichen Einfluss von Fernsehsendungen mit Millionenpublikum auf ihre Zuschauer.

- Gute Umgangsformen beinhalten auch die sprachliche Ausdrucksform. Stellen Sie sich daher immer wieder die Frage, ob die intensive Verwendung von Modeausdrücken und Sprüchen beim erwachsenen Menschen wirklich notwendig ist oder ein unreflektiertes Nachplappern von Stereotypen, die sich ohnehin bald totlaufen.

Flüche

Kraftausdrücke können in manchen Situationen recht heilsam sein. Sie bauen Aggression ab, sie befreien, sie leiten ab, sie sind gut für Körper und Seele. Es macht keinen Sinn, sich grundsätzlich gegen den fallweisen Gebrauch von Kraftausdrücken zu wehren. Es muss aber klar unterschieden werden, ob es sich um gelegentliche Ausrutscher oder um eine grundsätzliche Verrohung der Sprache handelt. Ein gelegentlicher Tabubruch kann heilsam sein, eine Beleidigung, die andere Menschen betrifft, ist abzulehnen.

Schöner sprechen

Auch die russische Regierung wehrt sich gegen die Brutalisierung der Sprache und verabschiedete kürzlich ein Gesetz, das den Gebrauch von umgangssprachlichen und verächtlichen Ausdrücken und Schimpfwörtern in allen offiziellen Angelegenheiten, in Zeitungen und Werbung strikt verbietet. Russlands Präsident **Wladimir Putin** wird sich daher mit Sätzen wie »Wir werden die tschetschenischen Rebellen aufstöbern, selbst wenn sie in ihren Scheißhäusern hocken!« in Zukunft zurückhalten müssen.

Konversation und Small Talk

Manchmal ist das Leichte besonders schwer. Das gilt auch für den Small Talk. Die Kunst der leichten Konversation ist nicht nur auf Partys, sondern auch im Berufsleben gefragt: und zwar überall da, wo man mit bisher unbekannten Menschen zusammentrifft, wo es nicht sofort ein Thema gibt oder wo man mit seinem Anliegen nicht mit der Tür ins Haus fallen will. Small Talk heißt auch Zeit gewinnen und seinem Gesprächspartner Bälle zuspielen, damit er in Gang kommt.

Ob zu zweit oder in größeren Gruppen, die Konversation ist nur dann angenehm, wenn sie für alle Beteiligten auch so empfunden wird. Da Themen von Person zu Person unterschiedlich empfunden werden, ist es klug, unverfänglichen Bereichen den Vorzug zu geben. Besonders wichtig ist natürlich auch, in welcher Runde Sie sich befinden. Gelten laut klassischer Etikette Themen wie Politik, Gesellschaft oder Religion ungeeignet für Small Talk, so ist das z. B. für eine Journalistenrunde natürlich nicht zutreffend.

Gelungene Konversation ist ein Geben und Nehmen. Perfekter Small Talk heißt, den Gesprächsball kontinuierlich umherlaufen zu lassen, den Input des Partners aufnehmen und gekonnt zurückgeben. Halten Sie sich kurz und im Ton eher geistreich-humorvoll als bieder-ernst und ziehen Sie unverbindliche Themen den speziellen vor. Small Talk ist eine wichtige Karrierestrategie, um persönliche Netzwerke zu knüpfen.

Themen für den Einstieg

- Stellen Sie sich auf Ihre Zielgruppe ein. Geschäftliche Zusammenkünfte sowie Expertenrunden lassen andere Möglichkeiten zu als Personengruppen verschiedener Herkunft und Interessen.
- Für diesen Personenkreis eignen sich Gespräche über den Grund der Zusammenkunft, das Restaurant oder Lokal, in dem Sie sich befinden.
- Sie können auch über das Ambiente, das schöne Buffet oder den geschmackvollen Blumenschmuck sprechen.
- Ein weiteres Thema ist das Essen, die Zusammenstellung des Menüs und die Qualität der Getränke. Alle positiven Bemerkungen über Lokal, Küche und Keller geben ebenfalls einen guten Einstieg ab.
- Knüpfen Sie an aktuelle Gegebenheiten an. Lesen Sie daher immer aufmerksam die Tageszeitungen, die Wirtschaftsnachrichten, die Kulturseite sowie die Feuilletons. Verfolgen Sie die Nachrichten im Rundfunk. Es kann ziemlich peinlich wirken, bei einem Abendempfang über die aktuellsten Neuigkeiten nicht informiert zu sein.

- Vermeiden Sie, entgegen vielen anderen Empfehlungen, das Wetter. Das ist in England ein Thema, wirkt bei uns aber zu künstlich und aufgesetzt.

Umstieg

- Wenn Sie zu der unterhaltsamen Spezies der Geschichtenerzähler gehören, sind Sie fein raus. Menschen, die Anekdoten erzählen können, die nicht gegen andere Personen gerichtet sind, sind geschätzte Gäste.
- Witze eignen sich nur bedingt. Oft enden Pointen in Peinlichkeit und verfehlen somit den eigentlichen Zweck.
- Finden Sie den richtigen Zeitpunkt für Ihre Selbstvorstellung. Wenn Sie zu einer Gruppe gestoßen sind, bei der Sie ein Mitglied kennt, dann sollte diese Person Ihre Vorstellung schon zu Beginn gemacht haben.
- Geben Sie Informationen zur eigenen Person. Achten Sie aber unbedingt darauf, dass Sie sich dabei nicht zu sehr in den Vordergrund stellen.
- Je ungezwungener und je interessierter Sie an anderen Menschen sind, desto leichter wird es Ihnen gelingen, mit unbekannten Personen in Kontakt zu kommen. Ehrlich gemeintes Interesse an anderen Personen ist immer eine Garantie für schöne Gespräche.
- Hören Sie genau zu, was Ihr Gesprächspartner sagt. Stellen Sie taktvolle Fragen und halten Sie somit das Gespräch in Gang. Mit ein wenig Übung werden Sie in Zukunft keine Probleme mit dem Small Talk haben.

Ausstieg

- Wenn Sie eine Small-Talk-Runde verlassen wollen, dann entschuldigen Sie sich mit einigen freundlichen Worten. Warten

Sie eine kurze Gesprächspause ab, geben Sie eventuell noch ein letztes Statement und ziehen Sie sich mit einer kleinen Redewendung zurück. »Entschuldigen Sie mich bitte, ich wünsche Ihnen noch einen schönen Abend!« oder Ähnliches genügt vollkommen.

Prinz im Fettnapf

Prinz Philipp ist dafür bekannt, oft ins Fettnäpfchen zu treten. Beim Staatsbesuch anlässlich des 50. Thronjubiläums seiner Frau, der Queen, fragte der Prinz einen Ureinwohner Australiens, der ihm im Aboriginal Culture Park vorgestellt wurde: »Bewerfen Sie sich immer noch gegenseitig mit Speeren?« Der Stammesführer reagierte mit einem nervösen Lachen auf die taktlose Äußerung, Elisabeth II. schaute traurig.

Empfang und Cocktailparty

Besonders schwierig sind Situationen, bei denen man auf Menschengruppen trifft, die bereits in einem Gespräch sind. Bevor Sie andocken, sollten Sie beobachten, ob die Gruppe von ihrer Körperhaltung her offen ist für neue Mitglieder.

- Zwei Menschen, die einander zugewandt sind, signalisieren, dass sie in ein Gespräch vertieft sind und nicht gestört werden wollen.
- Hingegen sind zwei Personen, welche wie ein gleichschenkeliges Dreieck zueinander stehen, bereit für eine dritte Person.
- Dasselbe gilt für Gruppen. Geschlossene Runden signalisieren, dass sie für sich allein bleiben wollen.
- Gruppen, die eine Lücke zwischen sich lassen, sind offen für weitere Mitglieder.

- Am leichtesten ist es, mit einzelnen Personen in ein Gespräch zu kommen. Diese sind immer dankbar für Gesprächspartner.

Wenn Sie zu einer Gruppe dazustoßen, dann hören Sie zunächst einmal eine Weile zu. Vielleicht ergibt sich schon bald eine Gelegenheit, einen rhetorischen Ball aufzufangen, der in die Runde geworfen wurde. Sie brauchen sich nicht sofort vorzustellen, wenn Sie zu einer Runde stoßen. Erst wenn das Gespräch intensiver wird, sollten Sie Ihren Namen sagen.

Handy und Telefon (SMS, MMS, UMTS)

Kein Mensch betrachtet heute mehr sein Handy als Statussymbol. Im Gegenteil: Seitdem drei Viertel aller Österreicher und Deutschen bereits eines besitzen, ist es eher zur feinen Art geworden, das Handy diskret zu tragen und diskret zu benutzen. Schrille Klingeltöne sowie lautes Reden vor anderen Personen zeichnen eher den Prolo aus. Sensibilität im Umgang mit dem Handy gehört zu den guten Umgangsformen. In Gegenwart anderer Menschen, in Restaurants, in Geschäften, in öffentlichen Verkehrsmitteln, wird nicht geplaudert, geflirtet oder Banalitäten ausgetauscht (»Du, ich komme jetzt nach Hause, was gibt es zum Essen? Nein, Nudeln haben wir doch gestern gehabt, ich hätte lieber ein Steak.«).

Heute schießen Handys digitale Fotos, läuten mit bis zu 40 Tönen gleichzeitig und versenden Bild- und Ton-Aufnahmen. Neue Technologien erobern den Markt. Aber neben dem technischen Schnickschnack von Handys zählt heute auch schickes Aussehen. Mittlerweile gibt es sogar silberne und goldene Handys auf dem Markt. Da man das Ding den ganzen Tag mit sich trägt, wollen die meisten Leute auch etwas kaufen, das gut aussieht. Das Handy ist zu einem hübschen Accessoire geworden, wie Uhr oder Sonnenbrille. Vielleicht werden wir einmal unser Handy jeden Tag passend zur Kleidung wählen.

Das Handy wird immer unauffällig getragen. Sowohl Hand- als auch Aktentaschen bieten bereits eigene Handyfächer. Die neuen Modelle sind so klein, dass sie unauffällig in der Rocktasche getragen werden können. Keinesfalls gehören sie in einer Tasche am Gürtel getragen oder offen auf den Tisch gelegt.

Kleriker-Garderobe

Das Problem, wohin mit dem ganzen Krempel, lösten kluge Franziskaner-Mönche in der italienischen Stadt Assisi. Sie bestellten bei einer italienischen Designerin Kutten mit eingenähter Handytasche. Das graue Gewand aus weichem Leinen tat es den Mönchen so sehr an, dass sie gleich 3000 Kutten orderten.

Rufton

Ruftöne sagen viel über ihren Besitzer aus. Dabei gilt: Je einfacher, desto besser. Besonders im Job sollten Sie sich für diskrete Ruftöne oder Melodien, die nicht jeder hat, entscheiden. Ansteigende Ruftöne sind weniger aufdringlich als laut dröhnende Melodien. Die diskreteste Variante ist der Vibrationsmodus.

Funkübertragene Gespräche haben bereits einen sehr hohen Standard erreicht. Daher besteht kein Grund, ein per Handy geführtes Telefonat in höherer Lautstärke abzuhalten, als Sie es für gewöhnlich mit Ihrem Festnetzanschluss tun. Das gilt auch für Ferngespräche.

Saftige Strafen

In New York soll künftig Handyverbot auf öffentlichen Plätzen herrschen. Dies sieht ein Gesetzesentwurf vor, der im Stadtparlament vorgelegt wurde. »Das Klingeln hat zu viele Theateraufführungen ruiniert«, erklärte eine Sprecherin der Broadway-Organisation. Wer das Handyausschalten vergisst, soll in Zukunft 50 Euro Strafe zahlen und das Gerät abgeben.

Internet & Co

Auch moderne Medien haben den Wunsch nach besseren Umgangsformen laut werden lassen. Denn immer mehr Personen werden gedankenlos mit Informationen versorgt und manchmal sogar damit belästigt. Bei Briefen ist die Wahrung der äußeren Form selbstverständlich. E-Mail & Co hingegen verleiten zu sorglosem Umgang und sind immer schwerer zu lesen. Schnell und bequem heißt nicht notgedrungen schlampig. Besonders signifikant ist bei elektronischen Medien auch der unterschiedliche Wissensstandard der User.

Nicht alle Teilnehmer sind vollständig mit dem Umgang zwischen Internet-Usern zufrieden. Die Umfrage einer deutschen Unternehmensberatung unter 800 Personen zeigt, dass es eine Menge Klagen gibt. Neun von zehn Personen z. B. beschweren sich über unerwünschte E-Mails.

Eine aktuelle Studie »webcheck.2002« brachte peinliche Details zu Tage. 47 Prozent aller österreichischen Top-500-Unternehmen haben einfache Produktanfragen innerhalb einer Woche überhaupt nicht beantwortet, nur 38 Prozent antworteten – wie man es bei einer E-Mail-Anfrage erwartet – innerhalb von 24 Stunden.

Wie sorglos mit der elektronischen Post umgegangen wird, zeigen folgende aus den Medien entnommene Beispiele: Die deutsche Fraunhofer-Gesellschaft verschickte neulich an alle Adressen im Verteiler eine Meldung mit einer Grafik, bei der das Herunterladen eine kleine Ewigkeit dauerte. Die Deutsche Bank wiederum informierte via Rundschreiben ihre Privatanleger. Der Kopf der elektronischen Post enthielt die E-Mail-Adressen sämtlicher Empfänger, inklusive der Mail-Adressen vieler deutscher Chefetagen...

Auch kreuz und quer herumgeschickte Jokes innerhalb von Freunden oder Kollegen können nerven. Insbesondere wenn es einige Minuten dauert, bis das Attachment geöffnet wird.

Netikette

Solche Vorkommnisse sind sicher die Ausnahme. Sie sind keineswegs absichtlich und im Sinne der Unternehmensleitungen, vielmehr sind sie auf die Sorglosigkeit der Mitarbeiter zurückzuführen. Es gehört zum guten Ton, Benimmregeln auch im Umgang mit der elektronischen Post zu beherrschen. Folgende Empfehlungen als Tipps für den E-Mailer mit guten Umgangsformen:

Kopf- und Fußzeilen

- Konzentrieren Sie sich auf ein Thema pro Nachricht und fügen Sie eine aussagekräftige Betreffzeile (Subject) hinzu. So können Nachrichten leicht wieder gefunden werden. Vermeiden Sie Bandwürmer, vor allem bei Antworten, z. B. »Aw: Aw: Ihre Mail vom ...«

- Prioritätsfunktionen sind meistens unnötig. Besonders peinlich sind sie bei unwichtigen Informationen.
- Formulieren Sie Anrede und Schlussformel genauso wie in einem Brief.
- Fügen Sie eine »Signatur« an das Ende. Diese sollte Ihren Realnamen und die elektronische Adresse enthalten und nicht länger als vier Zeilen sein. Gegebenenfalls kann sie Adresse, Telefon- und Faxnummer sowie die URL einer persönlichen Website enthalten. Kunstnamen, also »Nicknames«, sind nur in Chatrooms erlaubt.
- Bei ganz kurzen und eiligen Nachrichten ist es gestattet, nur die Betreffzeile zu verwenden, ohne einen weiteren Text hinzuzufügen. Profis kennen das und werden die E-Mail gar nicht erst öffnen.

Rechtschreibung und äußere Form

- Achten Sie auf die Rechtschreibung. Punkte und Kommas sollten selbstverständlich sein; durch Groß- und Kleinschreibung wird der Text lesbarer. Absätze lockern den Text auf. Achten Sie auf Tippfehler.
- Gängige Abkürzungen, wie z. B. MfG (mit freundlichen Grüßen) oder Smileys, sind wohldosiert erlaubt. Nachrichten mit zu vielen Abkürzungen werden unleserlich.
- »Du« oder »Sie«? Dafür gibt es keine allgemein gültigen Regeln. Im geschäftlichen Verkehr sowie bei Personen, die man nicht kennt, verwendet man das »Sie«. Nur für schüler- oder uniorientierte Mailinglisten kann man das »Du« verwenden.
- Schreiben Sie nur dann in Blockschrift, wenn Sie einen Punkt besonders hervorheben möchten, z. B. Überschriften. Sterne vor und nach einem Wort heben es auch hervor. Blockschrift außerhalb von Überschriften wird als SCHREIEN interpretiert.

- Verwenden Sie keine Umlaute, solange Sie nicht sicher sind, dass sie von der Software des Empfängers richtig interpretiert werden. Das heißt, dass in Newsgroups und Mailinglisten praktisch nie Umlaute verwendet werden dürfen.

Postings

- Posten Sie nur im Text-Format. Farben und gestalterisches Beiwerk sind nicht angebracht. HTML-Postings verlängern unnötig die Downloadzeit und werden daher von vielen Benutzern gar nicht gelesen.
- Der erste E-Mail-Kontakt sollte im NUR-TEXT oder eventuell noch im RICH-TEXT-Format stattfinden, da HTML-Inhalte oft von Unternehmensnetzwerken zu Recht als sicherheitskritisch angesehen werden und der Inhalt durch eine Spezialbehandlung eventuell unleserlich wird.
- Wenn mehr als drei Attachments beigefügt werden, ist das Zippen (Packen) in eine Datei empfehlenswert.
- VCF-Files (Elektronische Visitenkarten) als E-Mail-Attachment haben den Vorteil, dass der Kontakt nicht per Hand eingetippt werden muss. Jedoch sollten sie nur einmal übermittelt werden, denn ansonsten muss der Empfänger bei jeder E-Mail nachsehen, ob ein für ihn relevantes Attachment mitgesendet wurde.
- Versenden Sie keine Multipostings oder Crosspostings. Geben Sie beim Posten einer Nachricht nicht gleichzeitig mehrere Newsgroupnamen als Ziel an (Crossposting). Stellen Sie Ihr Posting auch nicht nacheinander in verschiedene Newsgroups (Multiposting). Das verhindert, dass User von mehreren Newsgroups immer auf dasselbe Posting stoßen.
- Es wird als extrem unhöflich angesehen, persönliche E-Mails ohne Zustimmung des Absenders an Mailinglisten oder Newsgroups weiterzugeben.

Was noch wichtig ist

- Bedenken Sie, dass die Sicherheit einer unverschlüsselten E-Mail der einer Postkarte gleicht. Passen Sie daher auf die Inhalte auf. Verschlüsselte E-Mails dürfen jedoch nur versandt werden, wenn man sich sicher ist, dass der Empfänger diese auch entschlüsseln kann.
- Verhalten Sie sich professionell und vorsichtig, wenn Sie über andere schreiben. Eine E-Mail kann leicht weitergeleitet werden.
- Halten Sie sich an Hierarchieebenen. Schicken Sie eine E-Mail nicht direkt an die »oberste Stelle«, nur weil dies möglich ist.
- Fragen Sie nicht nach, ob der Empfänger die E-Mail auch erhalten hat. Wenn Sie wissen wollen, ob die Botschaft angekommen ist, lassen Sie sich eine Empfangsbestätigung senden.
- Verschicken Sie Mails im Beruf nicht wahllos. Unwichtige E-Mails stehlen dem Empfänger nur Zeit.
- Nur bei kurzen Mails darf die ursprüngliche Nachricht zitiert werden. Längere Originalnachrichten gehören bei Retourmails gelöscht.
- Anhänge sollen niemals mehr als 0,5 Megabytes haben. Außerdem sollen sie so gespeichert sein, dass sie auf verschiedenen Systemen gelesen werden können.
- Wenn Sie eine Mail versenden und erst nachher bemerken, dass sie an die falsche Person gerichtet ist oder Fehler enthält, dann können Sie sie sowohl bei MS Outlook als auch bei AOL 6.0 nachträglich zurückrufen. Mit einem Befehl auf der Menüleiste können Sie das Corpus Delicti aus dem Briefkasten des Empfängers wieder rausholen, eventuell korrigieren und neu versenden.

Chatikette

Das Wort Chatikette listet die Benimmregeln für Besucher von Chatrooms auf. Es gibt bereits verschiedene Chatiketten im Netz. Das sind die wichtigsten Empfehlungen:

- Bevor Sie in einen Chat hineingehen, versuchen Sie erst einmal, sich mit dem Thema vertraut zu machen und die Stimmung mitzukriegen.
- Wenn Sie bei einem ernsthaften Diskussionsforum mitmachen, bemühen Sie sich, rechtzeitig vor dem festgesetzten Zeitpunkt einzuloggen. Verspätet Eintreffende stören den Gesprächsfluss mit Fragen wie: »Was habt Ihr denn schon diskutiert?«
- Jeder bezieht sich auf die Person, auf die er reagiert. Dabei können Initialen benützt werden. Zum Beispiel »Mickey Mouse« an DD (Donald Duck).
- Wenn eine Stellungnahme von allen erbeten wurde, werden alle Zwischenkommentare zurückgestellt, bis sich jeder geäußert hat.
- Halten Sie sich an die gleichen höflichen Verhaltensweisen wie im realen Leben.
- Respektieren Sie die Ideen und Haltungen anderer.
- Seien Sie nett zu Neulingen. Vergessen Sie niemals, wie unsicher Sie beim ersten Chat waren. Verzeihen Sie Fehler der anderen Teilnehmenden.
- Schreiben Sie keine langen Beiträge. Längere Ausführungen gehören in private Chats oder E-Mails.
- Achten Sie auch online auf das äußere Erscheinungsbild.
- Versuchen Sie nicht, mit Großbuchstaben oder wiederholten Ausrufezeichen die Aufmerksamkeit auf sich zu ziehen. Das wird im Allgemeinen als virtuelles Schreien abgelehnt.

- Teilnehmer, die stören, beleidigend oder ausfallend werden, sollte man am besten ignorieren.
- Wenn jemand zu sehr nervt, dann schreiben Sie eine E-Mail an den jeweiligen Chat-Administrator, sodass dieser dann weitere Maßnahmen einleiten kann.
- Denken Sie immer daran, dass ein Chat nicht privat ist. Alle Mitteilungen werden gespeichert und stichprobenartig gelesen. Die Chat-logs dienen teilweise wissenschaftlichen Untersuchungen.
- Seien Sie sich bewusst, dass Sie nicht wirklich anonym sind. Jeder Chat-Server ist fähig, Ihre IP (Rechner-Adresse) mitzuschneiden und alle Besucher in einer Log-Datei zu speichern. Ihre IP-Adresse führt zu Ihrem Internet Provider, der Informationen über Sie hat. Diese Vorgangsweise dient in erster Linie der Sicherheit.
- Denken Sie daran, dass Ihre Mitchatter nicht unbedingt die Personen sind, die sie vorgeben zu sein. Seien Sie also vorsichtig mit der Herausgabe Ihrer E-Mail-Adresse oder anderer privater Informationen, z. B. der Adresse oder Telefonnummer.

Wichtige Kürzel

Gängige Abkürzungen können Sie bis zu einem gewissen Grad verwenden. Internet-Freaks sollten jedoch niemals Abkürzungen oder Schreibweisen benutzen, die weniger Geübte nicht verstehen. In privaten Chats können Sie großzügiger mit Abkürzungen umgehen als im beruflichen Verkehr.

2L8 = too late, zu spät
4yeo = for your eyes only, vertraulich
cu = see you, auf bald
thx = thank you, danke sehr

ompl = one moment please, einen Moment bitte
tnt = (un)till next time, bis zum nächsten Mal
rotfl = rolling on the floor laughing, ich liege vor Lachen auf dem Boden
iha = I hate abbreviations, ich hasse Abkürzungen
gooml = get out of my life, hau ab
ubd = user brain damage, Gehirnschaden beim user
sc = stay cool, bleib ruhig
ta4n = that's all for now, das wäre vorläufig alles
imho = in my humble opinion, meiner bescheidenen Meinung nach
hd (gd)l = hab dich (ganz doll) lieb
hand = have a nice day, schönen Tag noch

Happy Birthday Smiley ☺

Vor kurzem feierte er seinen 20. Geburtstag. Die Rede ist vom Computer-Smiley, eines der am meisten verwendeten Symbole im Internet. Das sogenannte Emoticon ist eine Zeichenfolge auf der Tastatur, mit der Gefühle ausgedrückt werden können. Den »Ur-Smiley«, bestehend aus einem Doppelpunkt, einem Bindestrich und einem Klammer-zu-Zeichen kennt wohl jeder, der einen Computer bzw. ein Handy verwendet.

Erfunden wurde das fröhliche Gesicht vom Informatiker Scott Fahlmann. Den handschriftlichen Original-Smiley hat bereits 1963 der US-Amerikaner Harvey Ball entworfen. Für seinen Entwurf, den er seinerzeit für eine Versicherung abgeliefert hat, bekam er matte 45 Dollar.

:-Q, ☹ und :@ (Waaas? Bin traurig und enttäuscht. Außerdem sehr sauer und verärgert.)

Websites

Das Internet eröffnet uns eine neue Dimension. Menschen, die etwas auf sich halten, richten sich ihre eigene Website ein. Allein schon deshalb, weil dadurch ihr Name eine allgemeine Öffentlichkeit bekommt. Wenn Sie und Ihre Persönlichkeit zu wenig Interesse hervorrufen, dann können Sie natürlich auch andere Mittel einsetzen, um für sich zu werben. Es muss ja nicht unbedingt eine Web-Cam sein, die Ihren gesamten Tagesablauf für die Allgemeinheit zugänglich macht.

Allerdings sind Auftritte im Web nur mit interessantem Inhalt und klaren Strategien sinnvoll. Internet kann kein Ersatz, sondern nur eine Ergänzung zu bestehenden Strukturen sein. Vergessen Sie nicht, dass Informationsgehalt, Aktualität und Interaktivität wesentlich für einen gekonnten Auftritt im Web sind.

- Präsentieren Sie sich als Experte. Ganz egal, ob Ihre Leidenschaft der Kakteen- oder Orchideensammlung oder der Meerschweinchenzucht gilt. Wetten, dass Sie binnen kürzester Zeit Kontakt mit der ganzen Welt haben werden.
- Präsentieren Sie sich als der Hausbesitzer mit der extravagantesten Weihnachtsbeleuchtung in der Stadt.
- Nutzen Sie Ihr Hobby und profilieren Sie sich durch eine profunde Sachkenntnis. Ganz egal, ob Sie sich in der Heimatgeschichte Ihres Ortes oder im Leben von Elvis Presley besonders gut auskennen. Bald wird jedermann erfahren, dass Sie eine Autorität auf einem bestimmten Gebiet sind, und Sie werden bald konsultiert und zitiert werden.

Film und Fotografie

Möchten Sie gut auf Fotos aussehen? Legen Sie Wert darauf, dass Ihr Foto veröffentlicht wird? Werden Sie einmal als Teilnehmer oder Zuschauer zu einer Fernsehshow eingeladen? Gebe Sie ein Statement vor laufender Kamera ab oder werden Sie gar als Diskussionspartner in eine Sendung eingeladen? Wenn Sie dabei gut aussehen wollen, dann beherzigen Sie folgende Empfehlungen:

Besser aussehen

- Achten Sie bei Tageslicht auf die richtige Lichtintensität. Sanftes Morgenlicht oder Nachmittagslicht lässt Sie besser aussehen als starkes Mittagslicht. Diffuses Licht ist besser als direkte Sonneneinstrahlung von oben oder von vorn. Benützen Sie einen Lichtreflektor oder wenden Sie sich mit dem Gesicht einer wei-

ßen Wand zu, die auf dem Foto nicht sichtbar ist und wie ein Reflektor wirkt.

- Sowohl Männer als auch Frauen sollen unbedingt mit Concealer Augenringe sowie Unreinheiten der Gesichtshaut überdecken. Darüber kommt Transparentpuder.
- Frauen sollten für Porträtfotos sowohl im Freien als in Innenräumen unbedingt ein stärkeres Make-up auflegen, die Augenringe sowie etwaige Falten im Gesicht mit einem Concealer abdecken sowie Transparentpuder verwenden, um ihre Haut nicht glänzen zu lassen. Zum Fotografieren geeignetes Make-up ist in der Regel für den Alltag viel zu auffällig, aber ideal für die Kamera.
- Ist Ihr Gesicht zu flächig oder zu rund, dann können Sie es durch das Auftragen von dunklerem Make-up oder Rouge an den Seitenrändern oder anderen Stellen schmaler erscheinen lassen. Auch ein Tupfer auf eine zu lange Nasenspitze lässt diese optisch kürzer wirken.
- Finden Sie Ihre »Schokoladenseite«. Bei den meisten Menschen ist eine Gesichtshälfte fotogener als die andere. Sehen Sie sich eigene Fotos an, beobachten Sie sich im Spiegel und stellen Sie sich in Zukunft so, dass Sie dem Fotografen immer Ihre »schönere« Seite zuwenden. Das tun die meisten Stars, die in Wirklichkeit oft wenig Ähnlichkeit mit ihrem Konterfei in den Hochglanzillustrierten haben.
- Wenn Sie für den Firmenreport oder für eine Broschüre fotografiert werden, verlangen Sie, dass nur das von Ihnen persönlich genehmigte Foto erscheinen darf. Nur so können Sie gewährleisten, dass ein Foto zu Ihrer Zufriedenheit erscheint.

Ins Bild kommen

Viele Menschen legen Wert darauf, auch in der Öffentlichkeit ins Bild zu kommen. Der Anblick der eigenen Person in der Zeitung oder im Fernsehen ruft in der Regel Entzücken beim Fotografierten hervor.

- Bemühen Sie sich, bei Veranstaltungen, bei denen Fotografen anwesend sind, möglichst immer auch selbst aufs Bild zu kommen. Achten Sie darauf, dass Sie mit den »richtigen« und nicht mit den »falschen« Personen fotografiert werden. Auch wenn Sie lieber mit der besten Freundin tratschen, kann ein Foto, das Sie mit Ihrem Abteilungsleiter zeigt, wichtiger für Sie sein.
- Endlich einmal ins Fernsehen kommen. Einmal auf einem Foto in einer Zeitung veröffentlicht werden. Diesen Wunsch haben viele Menschen, für die meisten bleibt dieser Wunsch ein Traum. Wenn an Ihrer Person wenig Interesse ist, dann schauen Sie, dass Sie gemeinsam mit Prominenz verewigt werden. Viele Seitenblicke-Profis tun das. Im Umfeld von Kameras und prominenten Menschen gelingt es leichter, mit aufs Bild zu kommen.
- Je auffälliger und interessanter Sie aussehen, desto größer ist die Chance, fotografiert zu werden. Große Chancen haben Sie, wenn Sie sich in Begleitung eines besonders hübschen Kleinkindes oder eines niedlichen Hundes befinden.
- An einem Bild auf der Chronik-Seite der Lokalzeitung werden Sie kein Interesse haben. Denn das ist in der Regel der Platz für Familientragödien, Mord, Totschlag und Unfälle. Wenn es für die Wirtschaftsseite nicht reicht, dann bieten sich die Gesellschaftsspalten für Berichte und Fotos an. Auch wenn's niemand zugibt, erfreuen sich Klatsch- und Tratschspalten größter Be-

liebtheit. Stellen Sie sich daher gut mit dem örtlichen Society-Fotografen bzw. Klatschreporter. Mit der nötigen Geduld wird es Ihnen einmal gelingen, ins Bild zu kommen.

- Wenn Ihnen ein Rundfunk- oder Fernsehredakteur das Mikrofon vor die Nase hält und um eine Wortspende bittet, heißt das noch lange nicht, dass Ihr Beitrag auch gesendet wird. Überlegen Sie sich daher möglichst originelle »Sager«. Je unkonventioneller Ihre Antworten vor laufender Kamera sind, desto größer die Chance, dass Ihr Statement auch gesendet wird.

Gruppenfotos

- Wenn Sie für ein Gruppenfoto posieren müssen, dann achten Sie darauf, dass Sie möglichst in der Mitte der Gruppe stehen. Personen am Rand gelten leicht als Außenseiter.
- Bedenken Sie, dass bei Gruppenfotos die Personen in der ersten Reihe mit all ihren körperlichen Mängeln verewigt werden. Das heißt, Übergewicht oder zu kurze Beine sind leider sofort erkennbar. Wenn Sie keine Idealfigur haben, dann positionieren Sie sich lieber etwas weiter hinten.
- Achten Sie auf korrekte Kleidung. Schließen Sie einen Knopf Ihres Anzugs oder Ihrer Kostümjacke.
- Achten Sie besonders auf die Farben Ihrer Kleidung. Dunkle Farben strecken den Körper, kräftige Farben wirken voluminöser. Frauen mit nicht ganz idealen Beinen kommen mit dunkleren Strümpfen oder mit Hosen besser ins Bild. Wenn einzelne Frauen in Männergruppen fotografiert werden, dann heben sie sich durch Kleidung in kräftigeren Farben positiv vom Einheitslook der Männer, dem üblichen Dunkelgrau-Dunkelblau-Schwarz, ab. Dieses Phänomen können Sie sehr gut bei den Gruppenfotos nach Regierungsumbildungen beobachten.

Fernsehauftritte

In der heutigen Mediengesellschaft ist die Notwendigkeit, das eigene Unternehmen öffentlichkeitswirksam zu vertreten, allgegenwärtig. Telegenität ist daher ein Bonus, der immer bedeutsamer wird, auch für die Karriere. Das Anforderungsprofil für junge Führungskräfte hat sich in letzter Zeit ziemlich verändert. Immer häufiger werden sie in den Printmedien abgelichtet oder müssen im Fernsehen auftreten. Sie werden getrimmt, in entsprechende Trainings gesteckt und lernen, mit ausgefeilter Rhetorik eine gute Figur zu machen. Auch das Äußere ist für den TV-Auftritt wichtig.

- Vermeiden Sie bei Fernsehauftritten klein Gemustertes, wie z. B. kleine Karos oder zarte Streifen auf Hemden, Blusen und Krawatten. Da die Kameras diese kleinen Muster nicht auflösen können, flimmern diese dann auf dem Bildschirm. Unifarben sind am sichersten.
- Ein ruhiger, nicht allzu strukturierter Hintergrund ist am besten.
- Gut ist, die Hände beim Reden zu benützen. Entweder als Unterstreichung des Gesagten oder als Demonstration. Wenn Sie über etwas reden, dann zeigen Sie das auch her.
- Je schlichter die Kleidung, desto besser fürs Fernsehen. Wählen Sie Farben, die Ihnen besonders gut stehen.
- Für Frauen sind Hosenanzüge mit Strümpfen und Schuhen in derselben Farbe zu empfehlen. Das gilt besonders für Diskussionen oder Talkshows.
- Verpönt bei Fernsehauftritten sind ebenfalls blaue Hemden, die beim Einsatz einer sogenannten »Blue Box« unsichtbar gemacht werden. Die »Blue Box« ersetzt alle blauen Farben im

Raum durch ein anderes Bild, das in der Regel als Hintergrund verwendet wird.

- Tragen Sie bei Fernsehauftritten niemals Tiefschwarz oder Reinweiß, weil Details an Ihrer Kleidung, wie z. B. das Revers, am Schirm nicht sichtbar sind. Schwarz wirkt außerdem wie ein Scherenschnitt, während Weiß alles andere überstrahlt.

Videokonferenzen

Immer mehr nützen Unternehmen die Errungenschaften der Informations- und Telekommunikationstechnologie, um Reisekosten zu reduzieren. Terrorangst, gekürzte Budgets sowie verbesserte Übertragungsqualitäten lassen Videokonferenzen zur ernst zu nehmenden Konkurrenz für Flugreisen werden.

- Denken Sie daran, dass bei Videokonferenzen Ihr Aussehen genauso wichtig ist wie bei einem persönlichen Gespräch. Der optische Eindruck, sorgsam ausgewählte Kleidung, gepflegte Frisur sowie eine kontrollierte Körperhaltung, soll den verbalen Inhalt des Gespräches positiv unterstreichen.

Kapitel 6

Wenn Gäste kommen

Wenn Sie wissen wollen, ob ein Objekt Ihrer Begierde was taugt, dann sollten Sie mit ihm essen gehen. Ganz egal, ob im Restaurant oder im privaten Bereich: Stilsicherheit, Genussfähigkeit sowie Großzügigkeit werden bei keiner Gelegenheit besser enttarnt als bei einem gemeinsamen Mahl. Es gibt kaum etwas Unsinnlicheres als Frauen, die lustlos in ihrer Salatvariation herumstochern und dabei, kleinen Piepmätzen gleich, am stillen Mineralwasser nuckeln.

Ungeheures lässt sich auch erahnen, wenn der Mann im Restaurant zuerst für sich bestellt, bevor er sich um die Gelüste seiner Tischgefährtin kümmert. Abgründe tun sich ebenfalls auf, wenn er den Weinkenner mimt und den Ober anheischt, doch endlich die Flasche mit dem 15 Euro teuren Rotwein zu dekantieren.

Gemeinsames Essen ist in. Gute Restaurants haben oft tagelang keinen Tisch frei. Nur selten findet sich Zeit, zu Hause Gäste zu bekochen. Wenn das aber der Fall ist, dann kann es als eine besondere Auszeichnung gesehen werden. Denn jeder, der schon einmal Gäste bewirtet hat, weiß, wie viel Arbeit hinter einer derartigen Einladung steckt.

Gelungene Einladung

»Wer jemandem sein Heim öffnet, dem öffnet er auch sein Herz.« Dieser Spruch dokumentiert eindeutig den hohen Stellenwert einer Einladung in die eigene Wohnung. Familienfeste feiern, Freunde bewirten oder Einladung für Geschäftsfreunde? Ganz egal, Einladungen sind üblicherweise mit jeder Menge Arbeit verbunden. Abgesehen von den Vorbereitungen, die schon lange vorher begonnen haben, stehen die Gastgeber am Tag der Einladung auf dem besonderen Prüfstand. Kochen, vor allem für mehrere Personen, ist Generalstabsarbeit. Das gelingt nur mit Liebe zur Sache, mit der nötigen Intelligenz und einer ordentlichen Portion Gelassenheit.

Tipps zur Stressvermeidung

- Nehmen Sie sich nicht zu viel vor. Lieber ein dreigängiges Menü, das Sie im Griff haben, als fünf Gänge und eine entnervte Hausfrau.
- Kochen Sie nur Gerichte, die Sie schon einmal zubereitet haben und die Sie wirklich beherrschen. Gäste sind keine Versuchskaninchen. Sie vermeiden Stress, wenn Sie auf der sicheren Seite sind.
- Nehmen Sie auf Essgewohnheiten und Vorlieben Ihrer Gäste Rücksicht. Fragen Sie vielleicht schon bei der Einladung, ob es Aversionen gegen bestimmte Gerichte gibt. Abneigung gibt es nicht nur gegen ausgefallenere Speisen, wie z. B. Innereien: Ein Freund meiner Familie bringt z. B. partout kein Geflügel hinunter, obwohl er ansonsten wirklich ein Feinschmecker ist.

Einladungsmuffel

Glauben Sie nicht, dass Sie immer Freude bereiten, wenn Sie eine Einladung aussprechen. **Marcel Prawy** († 2003), österreichischer Musikexperte und Ehrenmitglied der Wiener Staatsoper, sagte einmal in einem Interview: »Am schlimmsten sind Einladungen zum Essen. Da sind Sie ja ein Sklave dessen, was Sie dort kriegen.« Der Meister aß am liebsten kalt. Salami und Extrawurst, richtige Mahlzeiten hatte er nicht gerne. Vielleicht noch eine Nudelsuppe. Aber die ließ er sich ohnehin täglich im »Hotel Sacher« servieren.

- Richten Sie das Menü nach der Jahreszeit und kochen Sie Gerichte, deren Zutaten frisch auf dem Markt angeboten werden.
- Die Fleisch- bzw. Fischqualität ist ganz entscheidend für ein gutes Gelingen. Der beste Koch nützt nichts, wenn die Zutaten nicht erstklassig sind. Bestellen Sie daher rechtzeitig vor und bestehen Sie auf beste Qualität.
- Achten Sie bei der Zusammenstellung des Menüs darauf, dass sich Zutaten, Aromen, Farben und Zubereitungsarten innerhalb der Speisenfolge möglichst nicht wiederholen.
- Je mehr Gänge Sie servieren, desto kleiner muss die Menge der einzelnen Gänge sein. Sie können ruhig eine längere Pause zwischen die einzelnen Gänge legen, vor allem bei einem vielgängigen Menü.
- Beachten Sie den gegebenen Anlass. Wenn Ihre Freunde exotische Gerichte gerne haben, heißt das noch lange nicht, dass Oma oder Opa daran Freude haben. Auch Kinder haben manchmal einen sehr reduzierten Geschmack. Akzeptieren Sie, wenn das mit Liebe zubereitete Menü verschmäht wird und »Nudeln ohne« oder »Pommes mit Mayo« geordert werden.

- Berücksichtigen Sie die technischen Möglichkeiten Ihrer Küche und versuchen Sie, möglichst alle Geräte, wie Herdplatten, Backrohr, Mikrowellengerät etc., auszunutzen. Vermeiden Sie zu komplizierte Speisen.
- Entscheiden Sie sich möglichst für Gerichte, die Sie vorbereiten können, wie z. B. Terrinen und Pasteten als Vorspeise, große Bratenstücke oder Ragouts für das Hauptgericht sowie Cremes oder Früchte- und Beerensüßspeisen als Dessert.
- Entscheiden Sie sich für »À-la-minute-Gerichte«, die frische Zubereitung erfordern, und Tellerservice nur dann, wenn Sie wirklich ein Profi sind und auch genügend Platz in der Küche

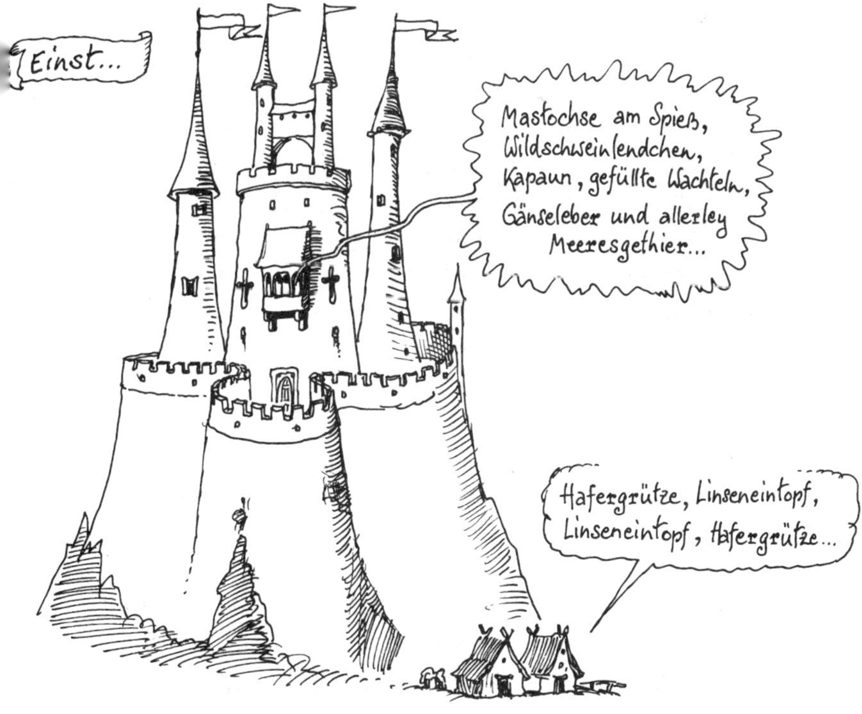

haben. Außerdem müssen Sie da sehr schnell beim Anrichten sein, damit die Speisen noch warm auf den Tisch kommen.

- Wärmen Sie auf jeden Fall die Teller im Herd, in der Mikrowelle oder mit Hilfe eines Tellerwärmers an.
- Bauen Sie das Menü geschmacklich logisch auf. Gut gewürzte, intensive Hauptspeisen vertragen auch geschmacklich intensivere Vorspeisen, ein zarter Fisch aber verträgt nur einen leichten ersten Gang. Eine Übersicht über die klassische Speisenfolge finden Sie im nächsten Kapitel.
- Überfordern Sie sich nicht selbst. Eine entspannte Gastgeberin, die im Kreise der Gäste auch selbst einige schöne Stunden verbringt, ist allemal angenehmer als ein gehetztes Nervenbündel, das die meiste Zeit in der Küche zubringt. Auch wenn Sie die Speisen vorkosten müssen, essen Sie unbedingt mit den Gästen mit. Ich habe auch schon Gastgeberinnen erlebt, die »absolut nichts mehr runterbringen, weil sie ja schon den ganzen Tag gekostet haben«. Das tötet jede Gesellschaft.
- Es gibt nichts Feineres als eine perfekt abgestimmte Menüfolge. Bei mehreren Personen aber ist ein Buffet, das in Ruhe vorbereitet werden kann, bevor die Gäste eintreffen, eine gute Alternative.

Burger für Bill

Und sollten Sie einmal Microsoft-Chef **Bill Gates**, den reichsten Mann der Welt, zu Gast haben, dann brauchen Sie sich gar keinen Stress zu machen. Als er vor einigen Monaten in der Wiener Hofburg zu Gast war, hat er doch glatt das festliche Dinner verschmäht und vom nächsten McDonald's zwei Doppelburger mit Pommes geordert. Perfekte Gastgeber erfüllen auch ausgefallene Wünsche, Hauptsache der Gast ist glücklich.

Kleiner Tischkulturführer

Zu einem gelungenen Essen gehört keineswegs nur das Essen selbst, auch das sogenannte »Drumherum« ist wichtig. Die Art, wie Gastgeber ihre Gäste bewirten, sagt viel über deren Charakter aus. Genauso wie die Wohnung und ihre Einrichtung auf deren Besitzer schließen lässt, hat die Tischkultur große Aussagekraft über die Gastgeber.

Manchmal wähnt man, beim Anblick einer prächtig gedeckten Tafel im Vorzimmer eines Chirurgen zu sein. Wie viele Beile, Messer, Zangen, Schaufeln und Löffel braucht ein gut ausgestatteter Haushalt? Unsere Esskultur hat immer auch etwas mit Handwerk und Instrumenten zu tun. Das Ganze hat sich zu einer höchst verfeinerten und oft komplizierten Angelegenheit entwickelt. Dazu

bedarf es vieles Trainings und auch etwas Humors. Wir haben es mit einem Vorgang zu tun, der ohne Konzentration und Geschicklichkeit auf keinen Fall zu meistern ist.

Manchmal werden auch recht wunderliche Dinge benötigt. Um z. B. das Fleisch aus einer Schnecke aus dem Schneckenhaus herauszuholen, muss unbedingt eine Schneckenzange her. Um Hummerfleisch sachgerecht aus den Zangen herauszuholen, ist die Hummergabel vonnöten. Diese Leistungen erfordern Geschicklichkeit und ein Lächeln, wenn's mal danebengeht.

Nicht ohne Grund macht sich **Karl Lagerfeld** über Menschen lustig, die sich den Kopf über das sachgerechte Essen von Spargel den Kopf zerbrechen. In romanischen Ländern nimmt man das Ding einfach in die Hand und kümmert sich nicht um sachgemäßes Werkzeug. Insgesamt dienen Besteck und Geschirr dazu, die Nahrungsaufnahme zu einer einigermaßen appetitlichen Sache zu machen.

Richtig aufgedeckt

Ein schön gedeckter Tisch gehört also zu einem feinen Essen genauso wie die passende Kleidung zu einem eleganten Abend. Egal, ob ein Abend zu zweit oder ein größerer Rahmen, Tischkultur gehört einfach dazu und sagt viel über den Gastgeber aus. Früher genügten Finger und Hände, um zu schmausen, heute braucht man zumindest in der westlichen Gesellschaft Schränke voll mit Utensilien für die Nahrungsaufnahme. Wo kommt das alles her, wie ist das alles entstanden?

Wie entstanden Esswerkzeuge?

Kultivierte Tischmanieren, wie wir sie heute kennen, hatten ihren Ursprung bei den ersten Jägern. Das Raubtier reißt seine Nahrung. Der Mensch tat es anfangs auch. Doch er schuf sich bald Hilfsmittel, um das gemeinsam erlegte Wild zu teilen. Es dauerte Jahrtausende, bis sich die heutige Form, den Tisch zu decken, durchgesetzt hatte.

Teller Bevor es Teller gab, nahm man große Brotscheiben als Unterlage. Es gab zwar bereits Platten aus Holz, aber dort wurde Brot draufgelegt, um damit den Bratensaft aufzufangen. Besteck kannte man noch nicht.

Löffel Unsere natürlichen »Löffel« haben wir immer schon mit uns getragen – die bloßen Hände. Die gebrauchten wir, wenn wir Wasser aus der hohlen Hand tranken. Später verwendete man Muscheln dafür. Diese Schalen wurden mit einem Griff versehen. Der Löffel war geboren. Er war das erste Essgerät, das sich durchsetzte. Es bestand aus Holz und blieb bis ins 20. Jahrhundert in armen ländlichen Gegenden das einzige Esswerkzeug bei Tisch. Ansonsten aß man wie eh und je mit den Fingern

Messer Vorläufer des Messers waren abgeschlagene Teile von Schiefer und Obsidian. Das metallene Messer hatte zunächst nur eine Funktion, und zwar als Waffe und Werkzeug. Auf den Tisch kam es erst Ende des 17. Jahrhunderts. Bei Hofe wurden im Mittelalter kostbare Messer zum Tranchieren verwendet. Beherrscht wurde die Kunst des Tranchierens von hoch bezahlten Spezialisten, die aus dem Zerlegen der Tiere einen akrobatischen Akt machten. Auf sie geht der Ausdruck »der ist ein Aufschneider« zurück. Bis ins späte Mittelalter brachten Gäste zu Einladungen das eigene Messer mit.

Gabel Am längsten brauchte die Gabel, um sich durchzusetzen. Schon 1050 wurde beschrieben, wie sich die byzantinische Gemahlin eines Dogen in Venedig von ihrem Eunuchen mit einer goldenen Gabel füttern ließ. Aber erst im 16. Jahrhundert wurde die Gabel wieder in der Literatur erwähnt. Maria von Medici führte sie am französischen Hof ein, wo sie allerdings auf kräftigen Widerstand stieß. Bei der Geistlichkeit galt sie als Teufelswerkzeug. Ludwig XIV. hatte Angst, dass sie zur Verweichlichung führe. Erst Anfang des 18. Jahrhunderts konnte sie sich neben Löffel und Messer behaupten.

Servietten Waren schon bei den Griechen gebräuchlich. Es gab für jeden Gast sogar zwei Stück, ein Tuch für den Mund und eines für die Hände. Das hatte einen guten Grund, denn Besteck gab es nicht, es wurde mit den Händen gegessen.

Platzteller, Serviette und Besteck

Die Augen haben einen wesentlichen Anteil daran, dass etwas gut schmeckt. Jeder Gast kann sich glücklich schätzen, der seinen Platz an einer liebevoll gedeckten Tafel findet. Das Decken der Tische, vor allem bei festlichen Gelegenheiten, wird heute kultiviert und gehört, ebenso wie das liebevolle Zubereiten der Speisen, zu einer gelungenen Einladung.

- Stellen Sie zuallererst die nötigen Stühle bereit und entfernen Sie eventuell überschüssige Sitzgelegenheiten. Für jeden Gast muss mindestens 60 cm^2 Fläche vorhanden sein. Als nächsten Schritt stellen Sie die Platzteller ein, darauf legen oder stellen Sie die Servietten, danach kommt das Besteck.
- Sie decken von innen nach außen. Das heißt, Sie beginnen mit dem Besteck für den Hauptgang, danach kommt der vorhergehende Gang, z. B. Fisch oder Suppe, am Schluss dann das Besteck für die Vorspeise.

- Das Besteck wird zwei Fingerbreit von der Tischkante platziert. Folgen Sie bei runden oder ovalen Tischen dem Verlauf der Tischkante.
- Gabelspitzen zeigen nach oben, Löffel liegen »auf dem Rücken«, die Schneide der Messer zeigt in Richtung der Platzteller. Bei Silberbesteck mit eingraviertem Namen oder Wappen auf der Rückseite kann auch umgekehrt eingedeckt werden.
- Decken Sie für maximal vier Gänge ein. Wenn Sie mehr Gänge servieren, ergänzen Sie das Besteck während der Menüfolge.
- Dessert- und Käsebesteck wird über dem Gedeck platziert, Messer und Löffel zeigen nach links, Gabeln nach rechts.

»Am besten, Sie essen sich von außen nach innen durch.« Diese Empfehlung bekam **Leonardo di Caprio** als **Jack Dorson** im Film

»Titanic«, als er fassungslos auf die große Anzahl von Besteckteilen am festlich gedeckten Tisch blickte.

Wenn Ihr Besteckvorrat nicht für ein mehrgängiges Menü reicht und die Gäste zum Beispiel Messer und Gabel zweimal benutzen müssen, dann gibt es zwei Möglichkeiten.

- Stellen Sie für jeden Gast ein Besteckbänkchen bereit, auf dem er das gebrauchte Besteck bis zum nächsten Gang deponieren kann.
- Die zweite, bessere Variante ist, das Besteck abzuservieren, zu reinigen und danach neu aufzudecken.

Des Kaisers letztes Geheimnis

Es war einmal vor langer, langer Zeit, als noch **Kaiser Franz Joseph** über Österreich-Ungarn regierte, da gab es zwei Bedienstete bei Hof, die ein besonderes Geheimnis hüteten: Nur sie wussten, wie die Servietten für den Kaiser gebrochen – also kunstvoll gefaltet werden. Und dieses Können wurde von Serviettenbrecherin zu Serviettenbrecherin von Mund zu Ohr weitergegeben, wie einst Druidengeheimnisse.

Wer nun glaubt, dass mit dem Kaiserreich auch das Wissen um die »Kaiserfaltung« verloren gegangen ist, der irrt gewaltig. Bei einer Führung durch das Schloss Schönbrunn oder in der Silberkammer der Wiener Hofburg kann man immer noch diese kunstvoll gebrochene Serviette sehen, die Platz für das »Kaisersemmerl« (Brötchen) bietet.

Dieser Tischschmuck wird auch heute bei österreichischen Staatsbanketten verwendet. Wenn der Bundespräsident Staatsmänner oder gekrönte Häupter empfängt, dann wird neben historischem Geschirr auch die Kaiserfaltung verwendet. Fachkräfte brauchen etwa fünf Minuten, um von der ein mal ein Meter großen Serviette den etwa tellergroßen Tischschmuck zu falten. Was das bei einem Festbankett für 200 Personen bedeutet, kann man sich leicht ausrechnen.

Zu Zeiten **Maria Theresias** wurden diese Servietten sogar zu Schwänen, Fischen und anderen Tieren gefaltet. Für ein Tier brauchte man etwa acht Stunden, aber nur dann, wenn man genau wusste, wie es ging, und keinen Fehler machte.

Gläser

Lassen Sie sich nicht von den Beschreibungen der unterschiedlichsten Anordnungen für das Aufdecken der Gläser in diversen Etikette-Büchern verwirren. Ob Sie die Gläser in einer Reihe oder versetzt zueinander aufstellen, ist im Großen und Ganzen eine Geschmacksfrage und hängt natürlich auch mit der Größe des vorhandenen Tisches zusammen.

Am perfekt gedeckten Tisch werden die Gläser rechts vom Teller, oberhalb des Bestecks, aufgebaut. Die Abfolge richtet sich nach der Reihenfolge des Gebrauchs, man trinkt sich von rechts außen nach innen durch.

- Das Richtglas (das ist das Glas für den Wein zum Hauptgericht) steht über der Messerspitze des Fleischgangs, etwa in der Höhe der Dessertgabel. Das Richtglas kann ein Rotwein-, aber auch ein Weißweinglas sein, je nachdem welcher Wein für das Hauptgericht vorgesehen ist.
- Wenn das Richtglas für den Rotwein vorgesehen ist, dann steht das Weißweinglas rechts daneben.
- Wenn ein Aperitif am Tisch gereicht wird, dann steht dieses Glas rechts vom Weinglas.
- Das passende Glas für das Dessert, also ein Sekt- oder Cham-

pagnerglas oder ein Glas für den Süßwein steht links vom Weinglas.

- Beim Wasserglas scheiden sich die Geister. Ich stelle es rechts neben das Weißweinglas, weil das eine logische Abfolge beim Einschenken ergibt. Wenn ein Aperitifglas aufgedeckt wird, steht das Wasserglas zwischen Weißweinglas und Aperitifglas.

Brot und Gebäck

- Das gut gefüllte Körbchen mit frischem Brot und Gebäck wird erst auf den Tisch gestellt, wenn der Gast Platz nimmt. Neben dem Brotkörbchen kann eine Butterschale bereitgestellt werden.
- Der Brotteller mit dem Buttermesser steht links von den Gabeln, bei weniger Platz oberhalb der Gabeln, die Schneide des Messers ist nach links gerichtet.
- Brotkörbchen, Brotteller, Messer und Butterschale werden vor dem Hauptgang abserviert und eventuell zum Käsegang wieder bereitgestellt

Zahnstocher, Salz, Pfeffer, Maggi sind auf einem einfachen Wirtshaustisch in Ordnung. Auf einer eleganten Tafel aber haben sie nichts zu suchen. Wenn ein Gast danach verlangt, dann können Sie diesen Wunsch erfüllen. Jeder ordentliche Koch aber empfindet das als eine Beleidigung seiner Künste.

Tischdekoration

- Auf kleinen Tischen, wo Gäste auf engstem Raum zusammensitzen, ist eine üppige Dekoration nur hinderlich. Stecken Sie eventuell eine kleine Blume oder einen kurzen Efeuzweig in die gefaltete Serviette. Sieht nett aus und nimmt keinen Platz weg.
- Bei kleineren Tischen können Sie Blumendekorationen entfernen, sobald die Speisen aufgetragen werden.

- Achten Sie auf jeden Fall, dass die Dekoration niedrig ist und nicht die Sicht auf das Visavis beeinträchtigt. Vermeiden Sie Blumen, die stark riechen.
- Hohe Kerzen in Augenhöhe können manchmal blenden. Verwenden Sie lieber Teelichter oder niedrige Kerzen.

Farbe auf dem Tisch

- Achten Sie auf Einfarbigkeit des Services. Gemustertes Geschirr mag zwar im Geschirrladen nett aussehen. Bedenken Sie aber, dass der Teller mit der Speise darauf meistens nicht halb so gut wirkt.
- Wenn Sie unbedingt Farbe auf den Tisch bringen möchten, dann tun Sie das bei den Platztellern und bei den großen, flachen Tellern, deren Farbe Sie auf das jeweilige Gericht abstimmen können. Ein weißes Nudelgericht auf grünen Tellern sieht hervorragend aus, Spinat hingegen ist auf Grün nicht optimal präsentiert. Bevorzugen Sie für das restliche Service Weiß. Profis tun das auch.
- Wenn Sie aber ganz zeitgeistig sein wollen, dann bleiben Sie durchwegs beim schlichten Weiß. Viele Nobelrestaurants vermeiden bereits jedes Chichi und widmen sich allein der Qualität der Speisen und der Weine sowie schlichtem, aber edlem Zubehör. Aber das ist natürlich Geschmackssache.

Glaskultur

Im letzten Jahrzehnt hat sich enorm viel in der Glaskultur verändert. Nicht nur in Privathaushalten, auch in der Gastronomie setzt man viel auf Eleganz und Sortenvielfalt bei Gläsern.

Früher reichten Rotwein-, Weißwein- und Wasserglas. Aber gepflegte Haushalte und gute Restaurants besitzen mittlerweile unterschiedlichste Gläser, die der Devise »form follows function«

folgen. Pionier dieser Glaskultur war zweifelsohne die Glasdynastie Riedel, die zum ersten Mal auch wissenschaftlich erforschte, welches Glas für welchen Wein geeignet ist. Heute ist dünnes Glas unverzichtbar für wirkliche Weinkenner. Die früher geschätzten schweren Kristallgläser sind out, sie sind nur mehr Sammlerstücke.

Machen Sie die Probe. Nehmen Sie eine Flasche Wein und schenken Sie ihn in verschiedene Gläser. Probieren Sie, und Sie werden feststellen, wie unterschiedlich ein und derselbe Wein, aus verschiedenen Gläsern genossen, schmecken kann. Meistens wird er erst in einem ganz bestimmten Glas das optimale Geruchs- und Geschmackserlebnis entwickeln.

Restaurants wissen es bereits, aber auch in immer mehr Haushalten hat sich die Überzeugung durchgesetzt, dass nur das dünnwandige Glas eine optimale Entfaltung der Geschmacks- und Aromastoffe im Glas und am Gaumen gewährleistet. Es gibt daher bereits ein reichhaltiges Angebot von sortengerechten Gläsern, die durchaus auch für den privaten Gebrauch geeignet sind. Wenn Sie Perfektion auf dem Tisch anstreben, dann sollten Sie über folgende Grundausstattung verfügen:

- Junge Weißweingläser sind schmal und tulpenförmig. Sie sind vor allem geeignet für Riesling, Grünen Veltliner, Müller-Thurgau, Welschriesling, Sauvignon blanc, Rotgipfler und Zierfandler.
- Gläser für alte und kräftige Weißweine sind etwas bauchiger und apfelförmig. Sie eignen sich ideal für Chardonnay, Frühroten Veltliner, Muskateller, Traminer, Neuburger, Roten Veltliner, Weißburgunder, Ruländer sowie ältere Prädikatsweine.
- Das Burgunderglas ist rund und pokalförmig und eignet sich

ideal zum Ausschwenken besonders bukettreicher Weine. Es eignet sich für St. Laurent, Barolo oder Pinot noir.

- Das Bordeauxglas ist ein hohes, relativ schlankes Glas, das am Boden leicht bauchig ist und sich nach oben hin verjüngt. Es eignet sich für alle klassischen Bordeauxreben, aber auch für Cabernet Franc, Sauvignon und Merlot, für Zweigelt und Blaufränkischen.
- Der Dessertwein wird in kleineren, meistens bauchigeren Gläsern serviert. Getrunken werden daraus höhere Prädikatsweine, Beeren- oder Trockenbeerenauslesen, Ausbruch und Eiswein.
- Bei Schaumweingläsern unterscheidet man drei verschiedene Formen: die Flöte, den Sekt- oder Champagnerkelch und die Sektschale. Je kleiner die Oberfläche, desto langsamer entweicht die Kohlensäure.

Wenn diese Sortenvielfalt Ihr Gläserbudget (oder auch den entsprechenden Stauraum dafür) übersteigt, dann beschränken Sie sich auf ein jeweils universelles Weiß- und Rotweinglas, am besten ein Glas für jungen Weißwein und eines für alten Weißwein und alle Rotweine. Außerdem ein Bierglas, das auch zum Trinken von Wasser verwendet werden kann. Wichtig aber ist auf jeden Fall, dass es sich um dünnwandige Gläser mit Stiel handelt, die auf Hochglanz poliert sind. Geschliffenes Kristallglas oder Ähnliches hat höchstens noch im Haushalt von Omi seine Berechtigung.

Stellen Sie auf jeden Fall einen Glaskrug für Trinkwasser bereit. Darin können Sie entweder Mineralwasser servieren oder, was heute viele Gäste lieber mögen, gutes Leitungswasser. Sehr hübsch ist es, auf den Boden des Kruges einige rund geschliffene Halbedelsteine, wie z. B. Rosenquarz oder Bergkristall, zu legen. Das sieht nicht nur nett aus, sondern verleiht dem Wasser eine gute Energie.

Rund um den Wein

Die Zeiten, in denen Wein aus Henkelgläsern oder Römern getrunken wurde, sind endgültig vorbei. Auch die Zeiten, in denen die eingeschenkte Menge mehr Bedeutung hatte als die Qualität. Mittlerweile hat sich rund um den Wein ein regelrechter Kult gebildet, der nicht nur in guten Restaurants, sondern auch in Haushalten gehobener Qualität zelebriert wird. Nichts gegen den Pizzaservice und ein Glas einfachen Rotweins dazu. Das kann mit guten Freunden, die plötzlich bei der Tür hereinschneien, einen netten Abend geben. Aber wenn Sie Lust haben, einen Abend mal so richtig zu zelebrieren, dann sollten Sie Folgendes wissen:

Dekantieren

Dekantiert werden in der Regel ältere, schwere Rotweine, vor allem Bordeaux, Burgunder, Barolo etc. Sie werden dabei auf einem Nebentisch vorsichtig in eine Glaskaraffe umgefüllt. Dabei kommt der Wein mit Luft in Berührung und kann sein volles Aroma entfalten. Ein eventuell vorhandener Bodensatz oder Weinstein, der sich altersbedingt gebildet hat, bleibt in der Flasche. Das Depot, wie der Bodensatz auch genannt wird, enthält Trübstoffe und wird nicht getrunken, weil es den Genuss mildern würde. Besonders edler Wein kann schon einige Stunden vor dem Trinken dekantiert werden.

Ein etwas altmodisches Gerät ist ein Dekantierkörbchen, in dem die Flasche schräg liegt, was den Dekantiervorgang erleichtert. Das Dekantieren des richtigen Weines ist eine edle Handlung bei Tisch. Machen Sie aber nicht den Fehler, durchschnittliche Weine dieser Prozedur zu unterziehen. Sie machen sich dabei nur lächerlich. Im Zweifelsfall dekantieren Sie eher nicht. Understatement ist auf jeden Fall besser.

Wenn Sie es nicht so zeremoniell wollen, oder auch für einfachere Rotweine, können sie einen Dekantierausgießer verwenden. Das ist ein kurzes Rohr, das direkt in den Hals der Weinflasche gesteckt wird. Mit Hilfe von Unterdruck wird der Wein mit Sauerstoff angereichert und kann somit seine vollen Geschmacks- und Aromastoffe entfalten. Der belüftete Wein kann direkt von der Flasche ins Glas gegossen werden.

Trinktemperatur

Die richtige Trinktemperatur ist eine Grundvoraussetzung für die optimale Entfaltung des Weines. Dabei gilt die Grundregel, dass weiße und einfache Rotweine kühler getrunken werden als schwere und alte Rotweine. Bei der Bestimmung der Trinktemperatur sollte man immer seinen gesunden Menschenverstand und die rein subjektive, persönliche Einstellung mitspielen lassen. Der Wein sollte beim Einschenken um zwei oder drei Grad kälter sein als die Trinkempfehlung, weil er an der Luft sofort Wärme aufnimmt.

Empfehlenswerte Trinktemperaturen sind:
- Schaumwein, Sekt und Aperitifweine: 6–8 °C
- einfache, leichte, junge, spritzige Weißweine: 8–10 °C
- schwerere Weißweine: ca. 10–12 °C
- Roséweine, Spät- und Auslesen: 11–12 °C
- leichte und junge Rotweine, Dessertweine: 12–14 °C

- mittelschwere Rotweine: 14–16 °C
- große und alte Rotweine in Spitzenqualität: 16–18 °C

In vielen Fällen werden in Restaurants einfache Rotweine bei Zimmertemperatur, also zu warm serviert. Das hängt vielfach mit den ungenügenden Lagermöglichkeiten zusammen. Dabei geht man von der Annahme aus, dass diese Weine auch bei Zimmertemperatur getrunken werden können. Diese alte Klosterregel stammt allerdings aus einer Zeit, als die Zimmertemperatur selten über 18 °C hinausging. Die heutigen, viel höheren Zimmertemperaturen lassen beinahe jeden Wein lau und fad erscheinen.

Eine zu niedrige Temperatur lässt die feinen Duftstoffe nicht mehr erkennen. Eine zu hohe Temperatur hingegen nimmt dem Wein seine Feinheit und lässt ihn leicht langweilig schmecken. Servieren Sie einen Wein lieber etwas zu kühl als zu warm, denn alle Weine erwärmen sich bei den heutigen Raumtemperaturen eher rasch.

Wenn Sie bei der Ermittlung der richtigen Trinktemperatur sicher sein wollen, können Sie sich ein Weinthermometer anschaffen. Dieses wird durch den geöffneten Flaschenhals in den Wein eingetaucht. Ebenso empfehlenswert ist ein Digital-Thermometer, das wie eine Manschette vor dem Entkorken um die Weinflasche gelegt wird und die Weintemperatur anzeigt.

Cognac schmeckt am besten temperiert. Daher können Sie Cognacgläser in der Hand erwärmen. Sie nehmen dabei den Stiel zwischen Mittel- und Ringfinger und halten den Kelch von unten mit der nach oben geöffneten Handfläche. So können Sie das Glas gut schwenken und Geruch und Geschmack des Getränks können sich besser entfalten.

Die Flasche wird beim Einschenken mit einer gefalteten Serviette umwickelt. Das Etikett sollte dabei sichtbar bleiben. An einer einfacheren Tafel genügt auch ein sogenannter »Drop Stop«, das ist eine runde Metallfolie, die in den Flaschenhals gesteckt wird und das Tropfen der Weinflasche verhindert.

Wenn immer es möglich ist, schenken Sie von rechts ein. Füllen Sie Gläser niemals voll, um genügend Platz für die Entfaltung des Buketts zu lassen. Je wertvoller der Wein ist, desto mehr Raum lässt man ihm im Glas. Große Gläser, wie beispielsweise Burgunder- oder Bordeauxgläser, werden nur zu einem Drittel oder maximal zur Hälfte befüllt. Weißwein und einfacher Rotwein wird bis maximal zwei Drittel gefüllt. Kleine, für einfache Rotweine gedachten Gläser können ebenfalls bis maximal zwei Drittel gefüllt werden.

Das Glas bleibt beim Einschenken auf dem Tisch stehen. Wenn Sie das nicht schaffen, dann können Sie natürlich im privaten Haushalt auch die Gläser vom Tisch nehmen, auf einem separaten Tisch einschenken und sie dann den Gästen von rechts servieren.

Sekt- und Champagnergläser können ebenfalls vom Tisch genommen werden. Sie sind schräg zu halten, um ein Überlaufen zu verhindern. Je nach der Größe des Glases können sie bis zu zwei Drittel gefüllt werden, schmale Flöten ganz.

Bei formelleren Einladungen schenken Sie dem ranghöchsten Gast, das kann der Ehrengast oder der älteste Gast sein, zuerst ein. Dann den Damen und dann den Herren. Die Gastgeber sind die Letzten. Wenn's locker zugeht, können Sie natürlich auch reihum einschenken.

In feinen Runden oder in eleganten Restaurants sollen Sekt- oder Champagnerkorken niemals knallen. Zu Hause oder unter

Freunden kann jeder tun, wie er will. Halten Sie die Flasche leicht schräg, die linke Hand umfasst den Korken und die rechte Hand ergreift die Flasche unten. Drehen Sie mit der rechten Hand die Flasche hin und her, die linke bleibt ruhig am Korken. Sobald sich der Korken bewegt, können Sie mit der linken Hand gegenhalten und den Korken langsam kommen lassen. Auf diese Weise verhindern Sie, dass die Kohlensäure explosionsartig entweicht.

Probierschluck

Als Gastgeber, ganz egal ob zu Hause oder im Restaurant, sollen Sie den servierten Wein zuerst verkosten, bevor er den Gästen eingeschenkt wird. Sie testen dabei, ob Farbe, Geruch, Temperatur und Geschmack in Ordnung sind.

Bei großen Weinen kann der Probierschluck zelebriert werden. Dabei heben Sie das Glas etwas, halten es am besten gegen eine Lichtquelle und prüfen den Wein auf seine Klarheit. Wenn sich schleierartige Trübungen zeigen, deutet das auf Veränderungen in der Flasche hin. Dann drehen Sie das Glas und beobachten, wie der Wein an der Glasinnenseite zurückläuft. Bei jüngeren, einfachen Weinen wird er dünn wie Wasser laufen, bei einem älteren, gehaltvolleren Wein eher »ölig«.

Glas schwenken

Beim Schwenken des Glases entfaltet sich der Geruch oder die Nase. Manchmal kann es vorkommen, dass der Wein nach dem Korken riecht, d. h. er »korkt«, auf Österreichisch, er »stoppelt«. Dann ist der Wein nicht genießbar und es muss eine andere Flasche geholt werden. Jedes gute Restaurant und auch jeder gute Winzer nimmt eine derartige Flasche zurück. Viele Leute, die

nicht zu den großen Weinkennern zählen, verwechseln einen für sie ungewohnten Geruch oder Geschmack mit »korken«. Das kann peinlich werden, wenn die nächste Flasche kommt und genauso schmeckt. Dann ist das Problem nicht der Wein, sondern der Weintrinker.

Zum Schluss nehmen Sie einen kleinen Schluck. Dabei prüfen Sie die richtige Trinktemperatur und den Geschmack des Weines. Erst wenn diese vier Kriterien geprüft und in Ordnung befunden wurden, dürfen Sie den Wein Ihren Gästen servieren.

Wie schwenkt man das Glas möglichst elegant, ohne das Tischtuch zu bekleckern? Lassen Sie das Glas auf dem Tisch stehen und bewegen sie es so, dass der Wein im Glas rotiert. Dabei fassen Sie es am Stiel und schwenken es zwei bis drei Mal entgegen dem Uhrzeigersinn. Das ist die sogenannte »Sechserschleife« und die klassische Art, den Wein dazu zu bringen, sein Aroma zu entfalten.

Tun Sie das aber bitte nur bei wirklich edlen, alten Weinen. Wer eine solche Zeremonie bei einem einfachen Landwein macht, lässt erkennen, dass er ein ahnungsloses Greenhorn ist und nur nachmacht, was er vielleicht einmal irgendwo gesehen hat.

Tiroler Hütten-Etikette

Eine originelle, aber nur bedingt zu empfehlende Form der Weinverkostung können Sie auf der legendären »Senn-Schi-Hütte« in St. Anton am Arlberg erleben. Hüttenwirt Karl pflegt, bevor er seinen Gästen die Weinflasche serviert, selbst einen kräftigen Schluck daraus zu machen. Mit den bestätigenden Worten »stoppelt nit!!« (korkt nicht) nimmt er seinen Gästen die mühevolle Prozedur des Weinverkostens ab. Danach wischt er mit seiner Wirtsschürze den Flaschenhals sauber und schenkt ein. So manch gekröntes Haupt hat sich schon über die deftige Art der Weinverkostung in den österreichischen Alpen amüsiert.

Nachschenken

Wein wird eingeschenkt, bevor das erste Gericht serviert wird. Wird der Wein mit einem neuen Gang gewechselt, dann geschieht dies ebenfalls, bevor dieser auf dem Tisch steht. Das alte Glas wird von rechts weggenommen. Das nächste Glas wird etwas nach vorn gezogen, sodass es an der Stelle des abservierten Glases steht. Wenn ein Getränkewechsel geplant ist, brauchen Sie vorher das vorangegangene Glas nicht nochmals vollzufüllen. Viele Restaurants machen das, das dient in erster Linie dem Umsatz. Wünscht ein Gast allerdings, beim gleichen Wein zu bleiben, dann sollten Sie ihm diesen Wunsch erfüllen.

Glashaltung

Weingläser und andere Gläser mit Stiel werden am mittleren Teil des Stiels und niemals am Kelch direkt angefasst. Das hat zwei logische Gründe. Erstens bleiben gerne Fingertapper am Glas zurück, was an einer schön gedeckten Tafel nicht sehr hygienisch aussieht. Zweitens kann sich die Weintemperatur durch die Wärme der Hand zu rasch verändern, was sich nicht gut auf den Geschmack auswirkt. Und drittens klingen die Gläser beim Anstoßen nur, wenn man sie am Stiel fasst.

Der Mund wird mit einer Serviette abgetupft, bevor das Glas zum Mund geführt wird. Damit wird verhindert, dass Speisereste oder Lippenstift am Glas zurückbleiben.

Weinauswahl

Keine Frage: Wein ist das ideale Getränk zu den meisten Speisen. Er regt den Appetit an, schafft eine fröhliche Stimmung und trägt viel zur Geselligkeit bei Tisch bei. Seine eigentliche Aufgabe aber ist es, die servierten Speisen vom Mund bis in den Magen freundlich zu begleiten und den Geschmack der Speisen anzuheben.

Früher war's einfach. Da gab es eine Faustregel: »Weißer Wein zu weißem und roter Wein zu rotem Fleisch.« Das gilt längst nicht mehr. Viel wichtiger als die Farbe des Weines sind seine Qualität, Säure, Restzucker und Bitterstoffe, Alkoholgehalt und die Art, wie er ausgebaut wurde. Es zählt einzig und allein, wie sehr er mit den Speisen harmoniert. Und das ist letztlich sehr subjektiv.

Einige Regeln aber gelten nach wie vor: Das beste Beispiel dafür ist, dass sich bei einem perfekten Menü die Weinfolge immer vom leichteren zum kräftigeren Wein bewegt. Dabei gibt es, wie immer, auch einige Ausnahmen, auf die ich später eingehen werde.

Heute können Sie grundsätzlich ohne Vorurteile an die Kombination von Speisen und Getränken herangehen, indem der Wein auf die Hauptgeschmacksträger der Menüfolge abgestimmt wird. Je länger Sie sich theoretisch und praktisch mit Weinen beschäftigen, desto mehr werden Sie Ihre Geschmacksnerven sensibilisieren, sodass Sie eine perfekte Harmonie von Speis und Trank erzielen. Wenn Sie diese Erfahrungen noch nicht haben, helfen Ihnen einige Grundkenntnisse der Harmonielehre bei der Auswahl.

Ob zu einer Menüfolge verschiedene Weine serviert werden, hängt von den servierten Gerichten ab. Wenn es nur ein Hauptgericht mit oder ohne Suppe gibt, dann genügt ein einziger dazu passender Wein. Ebenso wenn die Speisen im Geschmack ziemlich ähnlich sind.

Bei einem etwas anspruchsvolleren Essen mit Fisch- und Fleischgericht im kleinen Kreis genügen in der Regel zwei Weine. Das kann ein Weißwein und ein Rotwein sein. Ebenso gut aber können es zwei Weißweine oder zwei Rotweine sein. Der leichtere Wein wird zuerst serviert.

Bei einer festlichen Tafel kann man drei ausgewählte Weine auf den Tisch bringen, die harmonisch auf die Speisen abgestimmt sind und der ganzen Mahlzeit eine festliche Note geben.

Bei ganz großen Essen mit zahlreichen Gängen können natürlich auch mehr Weine kredenzt werden. Aber das wird bei einer privaten Einladung eher selten vorkommen, außer bei echten Koch- oder Wein-Freaks.

Achten Sie darauf, dass Sie genügend Wein vorrätig haben und dass dieser auch die richtige Trinktemperatur hat. Für ein Essen rechnet man pro Person mit etwa einer halben bis ganzen Flasche Wein. Vom leichteren Wein, der zu Beginn serviert wird, sollte man immer etwas mehr in Vorrat haben. Es ist unangenehm für den Gastgeber, wenn's den Gästen schmeckt und der passende Wein ausgeht.

Aperitif

Aperitifs sind Appetitanreger, die den Gaumen aufschließen und neugierig auf das Kommende machen. Dazu passen Getränke, die leicht, säuerlich, bitter oder prickelnd sind. Sie können Bier, Champagner, Sekt (eventuell gemischt mit frischem Orangensaft), trockenen Weißwein, oxidativen Wein und Sherry oder Campari servieren. Nicht geeignet sind süße Getränke (wie Cocktails) oder Hochprozentiges, d. h. Schnaps. Der Aperitif soll einen Alkoholgehalt von unter 20 Prozent aufweisen.

Der Aperitif wird üblicherweise nicht an der Tafel, sondern an einem anderen Ort, z. B. im Wohnzimmer oder im Sommer auf der Terrasse, gereicht. Das Glas wird nicht zum Esstisch mitgenommen.

Wein und Vorspeisen

Kalte Vorspeisen

Im Allgemeinen passt zu kalten Vorspeisen immer ein leichter, trockener Rosé oder Weißwein.

- **Krusten- und Weichtiere** vertragen sich mit spritzigen, reschen Weißweinen, wie z. B. Grüner Veltliner, trockener Riesling, Chardonnay, Weißer Burgunder, halbtrockener Ruländer. Sie können auch einen Chablis oder Terlaner dazu servieren.
- **Hummer und Langusten** harmonieren mit trockenen, kräftigen Weißweinen, wie z. B. Ruländer, Riesling und Riesling-Spätlesen, Chardonnay, Weißer Burgunder, Chablis, Pinot Grigio oder Soave.

- **Fische:** Zu geräuchertem Fisch serviert man leichte bis mittlere, nicht zu säureintensive, trockene Weißweine. Je fetter der Fisch, desto kräftiger sollte der dazu servierte Wein sein. Zu geräucherter Forelle z. B. serviert man einen Grünen Veltliner oder einen Welschriesling, zu Aal hingegen einen gehaltvollen, extraktreichen Wein. Zu mariniertem Fisch serviert man am besten keinen Wein.
  Zu Räucherlachs passen trockene, elegante Weißweine mit vollem Körper. Zu Gravad Lax, der mit Zucker, Dill und sonstigen Gewürzen gebeizt ist, passen halbtrockene Weine bester Qualität (z. B. Sauvignon blanc oder Weißburgunder – Pinot blanc).
- **Kaviar** wird mit trockenem Sekt oder Champagner getrunken. Unter Umständen kann man auch einen sehr trockenen Weißwein anbieten. Wenn er als Hauptspeise serviert wird, passt eisgekühlter Wodka gut dazu.
- **Geflügelvorspeisen:** Dazu serviert man trockene, blumige Weißweine.
- **Gänseleber** verlangt nach säureärmeren und extraktreichen Weinen, wie z. B. Rheinriesling oder Rotgipfler, oder nach natürlichen Süßweinen, wie Spätlesen, Auslesen oder Beerenauslesen.
- **Pasteten, Terrinen und Galantinen:** Zu Pasteten aus dunklem Fleisch (z. B. Wildpasteten) passt Rosé- oder milder bis kräftiger Rotwein, zu weißem Fleisch (Kalb- oder Geflügelpastete) ein spritziger bis trockener, vollmundiger Weißwein.
- **Austern** harmonieren am besten mit sehr trockenem Weißwein (z. B. Weißburgunder oder Chablis (oder Schaumweinen (Champagner oder Sekt). Trendige Restaurants offerieren auch leichte, frische, gut gekühlte Rotweine. Aber das ist Geschmackssache.

Warme Vorspeisen

Meistens sind Teigwaren oder Reis die Basis. Bei der Weinauswahl sollte man auf die am meisten hervortretenden Geschmacksmerkmale des Gerichtes achten.

- **Teigwaren und Reis:** Nudeln, Spaghetti, Makkaroni, Hörnchen etc., mit Butter und Käse oder Fisch sowie Risotti und Gnocchi als Vorspeise verlangen nach leichtem, trockenem Weißwein (z. B. trockenem Riesling, Welschriesling oder Silvaner oder italienischem Soave).
  Übrigens: Reichen Sie zu Nudelgerichten mit Fisch oder Muscheln niemals Parmesan. Sie werden immer ohne Käse gegessen, weil der Geschmack das zarte Aroma des Fisches verderben würde.
  Ist die Sauce gehaltvoller (z. B. Fleisch-, Rahm- oder Tomatensauce), dann passt auch ein leichter, süffiger Rotwein, wie etwa ein Südtiroler Rotwein, Valpolicella oder Blauer Portugieser.
- **Risotti:** Dazu wird grundsätzlich derselbe Wein getrunken, mit dem auch das Risotto zubereitet wurde. Wenn Fleisch enthalten ist, passen deftigere Weißweine, junge Rotweine, aber auch Roséweine. Weine mit geringer Säure serviert man zu Risotti ohne Fleisch.
- **Vorspeisen mit Gemüse oder Béchamelsauce:** Hier passen vollere Weißweine, wie z. B. Neuburger oder reifer Veltliner, Ruländer oder Müller-Thurgau.
- **Warme, gefüllte Pasteten:** Dazu serviert man am besten kräftige, bukettreiche Weiß- oder Roséweine oder zartherbe Rotweine.

Suppen

In der Regel wird zur Suppe kein Wein gereicht. Aber auch hier gibt es Ausnahmen:

- Wenn Suppen mit Wein oder Sherry oder Madeira verfeinert wurden, kann derselbe Wein dazu serviert werden.
- Auch zu kräftigen, gebundenen Suppen kann manchmal ein kräftiger Weißwein als Abrundung hervorragend passen.
- Wenn die Suppe zugleich die Hauptspeise ist (z. B. bei Fischsuppen oder einem kräftigen Suppentopf), kann Wein dazu gereicht werden.

Übrigens: Die Suppe wird immer **vor** einer warmen Vorspeise oder **nach** einer kalten Vorspeise gereicht.

Wein und Hauptspeisen

Fisch

Bei der Weinauswahl unterscheidet man nach der Art des Fisches, das heißt ob Süßwasser- oder Meeresfisch, und der Art der Zubereitung, also gekocht, gedünstet, gebraten oder gegrillt. Auch die Art der Soßenzubereitung spielt eine Rolle. Grundsätzlich begünstigt der Säuregehalt von Weißweinen den Geschmack von Fischen. Ein leichter Rotwein ohne ausgeprägtem Tannin kann aber auch harmonieren. Vor allem in Mittelmeerländern werden leichte Rotweine zu Fisch serviert und das passt wunderbar.

Leichte, trockene bis halbtrockene Weißweine (Grüner Veltliner, junger Riesling, trockener Silvaner) eignen sich für gekochten, zart gebratenen oder mit leichter, heller Soße servierten Fisch. Fisch in schwerer Soße oder mit ausgeprägterem Geschmack verträgt einen extraktreichen Weißwein (reifer Weißburgunder, trockener Traminer).

Gegrillter, gebackener, gebratener Fisch, bei dem man stark den Eigengeschmack spürt, harmoniert mit mittelschweren, trockenen, kräftigeren Weißweinen oder trockenen Rosés (Riesling, Welschriesling oder Ruländer).

Fleischgerichte

- **Geflügel:** Für helles Geflügel passt in der Regel Weißwein. Je nach Art der Zubereitung kann er trocken und vollmundig bis mild und würzig sein (Riesling, Silvaner, Rheinriesling oder Welschriesling).
- **Innereien**: Bries und Hirn harmonieren mit eher leichteren Weißweinen, wie Silvaner, Rheingau oder Grüner Veltliner. Geschmacksintensive Innereien, wie Zunge, Herz, Lunge, Leber oder Nieren, vertragen leichte bis mittelschwere Rotweine, wie z. B. blaufränkische. Auch Bier schmeckt gut dazu.
- **Kalb, Kitz, Kaninchen und Spanferkel** ist helles Fleisch und verträgt sich mit gehaltvolleren Weißweinen oder leichteren Rotweinen. Wenn helles Fleisch gegrillt oder mit Soßen serviert wird, dann passen auch mittlere Rotweine.
- **Rind und Lamm** hat dunkles, extraktreiches Fleisch und harmoniert mit kräftigen, vollmundigen Rotweinen, z. B. Blauer Spätburgunder, Blaufränkischer, St. Laurent oder Zweigelt. Wenn Rindfleisch gekocht wird, wie z. B. österreichischer Tafelspitz, dann empfiehlt sich ein kräftigerer Weißwein dazu.
- Zu **Schweinefleisch** können Sie selbstverständlich auch mal Bier servieren oder spritzigen, jungen Weißwein, wie z. B. Müller-Thurgau, Weißburgunder oder Grünen Veltliner. Zu Schweinefilet passt auch ein guter Rotwein, wie z. B. ein Blauburgunder oder ein Zweigelt.
- **Wild** hat einen intensiven Eigengeschmack und verlangt daher ebenfalls nach wuchtigeren und schwereren Rotweinen, wie z. B. Blauburgunder, St. Laurent, Barolo oder Barbaresco.

Sonstige Hauptgerichte

- **Sushi, Sashimi & Co:** Wie zu vielen asiatischen Gerichten passt am besten grüner Tee, aber auch Bier.

- **Spargel** verlangt nach entsprechend zartblumigen oder leicht aromatischen Weißweinen, wie z. B. Rheinriesling, Weißburgunder oder Müller-Thurgau.
- **Pilze** als Hauptgericht harmonieren mit kräftigen Rotweinen, wie z. B. Spätburgunder, Kalterersee Auslese, Chianti, Blaufränkisch oder Zweigelt.
  Diese Weine passen auch gut zu Deftigem, wie z. B. Kartoffel-, Kohl- oder Bohnengerichten.
- **Pasta**: Wird ein Nudelgericht als Hauptgericht gegessen, dann reiche man am besten einen kernigen, herben Rotwein. Bei Risotti wird derselbe Wein getrunken, der auch zum Kochen verwendet wurde, also ein mittlerer bis kräftiger Weißwein, wie z. B. Blauer Portugieser, Blaufränkischer oder Chardonnay.
- Zu **Käsespätzle** oder **Käseauflauf** trinkt man auch kräftige Rosé- oder Rotweine.

Wein und Käse

Der Käse kommt – das Mahl nähert sich langsam dem Ende. Zunächst zur oft gestellten Frage, was man nach dem Hauptgericht zuerst serviert: Käse und dann Dessert oder umgekehrt? Grundregel ist, dass Käse immer gleich nach dem Hauptgericht gereicht wird, erst dann folgt die Süßspeise. Das Sprichwort »Käse schließt den Magen« stimmt nur dann, wenn kein süßes Dessert gereicht wird.

Käse als Nachtisch kommt aus Frankreich und passt zu vielen mitteleuropäischen Gerichten nicht, weil diese zu schwer sind. Servieren Sie daher Käse nur nach leichten Hauptgängen, wie z. B. gegrilltem Fisch etc.

Den richtigen Wein zu den einzelnen Käsesorten zu finden, ist eine schwierige Aufgabe für jeden Gastgeber und eine besondere

Herausforderung. Denn es gibt sowohl Hunderte Käsesorten wie Hunderte Weine. Je nach der Reife und dem Fettgehalt passen leichte bis schwere rote oder weiße Weine dazu. Zu Blauschimmel- und reifem Ziegenkäse passen auch ausdrucksvolle Weißweine bis hin zu Beerenauslesen oder Portwein. Günstig ist es, einen Käse aus einer bestimmten Region mit einem lokalen Wein zu kombinieren. Da kann fast gar nichts schiefgehen.

Süßspeisen und Wein

Hier gibt es ein weites Feld an Kombinationsmöglichkeiten. Halbsüßer Sekt, Prädikatsweine sowie Spätlesen, Auslesen, Ausbruch- und Eisweine eignen sich. Ebenso spezielle Dessert- oder Süßweine. Keinesfalls eignen sich trockene Weine oder trockener Sekt für Süßspeisen oder Desserts.

Digestif und Kaffee

Digestifs sind der würdige Abschluss eines feinen Essens. Sie schließen den Magen, fördern die Verdauung der Speisen und geben den Startschuss zum Genuss von Zigarren und Zigaretten. In feinen Häusern hat man sich früher zum Digestif ins Herrenzimmer oder in die Bibliothek zurückgezogen. Da es heute solche Räume kaum mehr gibt, können Digestifs selbstverständlich auch am Esstisch oder im Wohnzimmer gereicht werden.

Digestifs können ruhig etwas gehaltvoller, süßer und alkoholischer sein. Neben klassischen Edelbränden, wie Cognac, Armagnac oder Frucht- und Obstbränden (Himbeere, Marille, Williamsbirne), eignen sich auch After-Dinner-Cocktails, die aus Bränden, Likören und Fruchtsäften gemixt werden. Gut eignen sich ferner die verschiedenen Whisky-Sorten, wie Scotch oder Malt.

Ob der Kaffee gemeinsam mit dem Dessert gereicht wird oder so, wie der Digestif, nachher, daran scheiden sich die Geister. Im klassischen Sinne kommt er nach dem Dessert, vor allem wenn es sich um einen Espresso handelt. Wenn Ihre Gäste allerdings eine »Melange«, (leichter Kaffee mit Schlagsahne), einen »Cappuccino« (großer Espresso mit aufgeschäumter Milch) oder einen »Großen Braunen« gemeinsam mit ihrer Süßspeise genießen wollen, dann sollten Sie diesen Wunsch auch erfüllen.

Da ist Vorsicht geboten!

Manche Speisen lassen Wein einfach nicht zur Geltung kommen:

- Salate und saure Gerichte: Da schmeckt Bier gut.
- Marinierter Fisch.
- Speisen mit Curry oder anderen starken Gewürzen. Dazu zählen auch viele japanische oder chinesische Speisen. Kenner trinken Tee dazu. Manchmal passt auch Bier.
- Schokoladespeisen und Gerichte mit Sahne.
- Eiergerichte.
- Zu Frischkäse passt aufgrund des »quarkigen« Geschmacks kaum ein guter Wein.
- Speisen mit Zitrusfrüchten und solche, die mit Likören oder Destillaten zubereitet sind.
- Eis und Sorbets.

Basiswissen

- Jeder zum Essen servierte Wein soll den Geschmack der gebotenen Speisen hervorheben oder ergänzen.
- Leichte Weine werden vor schweren Weinen, junge vor alten und trockene vor süßen getrunken. Sollte aber ein Ge-

richt, wie z. B. Gänseleber, einen schwereren Wein mit höherer Restsüße, z. B. einen süßen Gewürztraminer oder eine andere Spätlese, vertragen, kann trotzdem beim nächsten Gang ein leichterer, passender Wein gewählt werden. Servieren Sie allerdings dazwischen etwas Wasser oder ein Sorbet (das ist ein leichtes, auf Wasserbasis hergestelltes Eis) zur Neutralisierung der Geschmacksnerven.

- Einfache, weniger aromatische, körper- und säurearme Weine trinkt man vor qualitativ höherwertigen, aromatischen, körperreichen und säurereichen Weinen.
- Weißweine werden vor Rosé- oder Rotweinen serviert. Ausnahmen sind Prädikatsweine, wie Beerenauslesen, Eisweine oder Trockenbeerenauslesen, die auch zu bestimmten Käsesorten sowie Süßspeisen oder zu Gänseleber als Vorspeise getrunken werden können.
- Zu leichten Speisen werden leichte Weine getrunken, zu schweren Speisen gehaltvolle und alkoholreiche Weine.
- Einfache Weine passen zu einfachen Gerichten.
- Möchte man zu einem Menü nur eine einzige Weinsorte trinken, dann soll diese relativ neutral sein und nicht durch irgendwelche Geschmacksbesonderheiten auffallen. Es eignen sich alle leichten, neutral schmeckenden Weiß- oder Rotweine.
- Zu regionalen Spezialitäten sollen jene Getränke serviert werden, die aus derselben Region stammen – sie harmonieren besser.
- Wenn Ihnen ein Wein besonders gut schmeckt, dann trinken Sie ihn auch. Auch wenn Ihr Gast auf einem bestimmten Wein besteht, dann erfüllen Sie ihm diesen Wunsch. Das Wichtigste ist der persönliche Geschmack.

Das Schöne am Wein ist: Wer einmal anfängt, sich intensiv mit ihm zu beschäftigen, wird nie mehr damit aufhören. Wenn Sie schon eine gewisse Übung darin haben, in einem Lokal eine passende Weinsorte auszusuchen, dann werden Sie auch Freude daran finden, im geselligen Kreis daheim die richtige Wahl der Weine zu erproben. Es müssen nicht immer die teuersten Sorten und die erlesensten Jahrgänge sein. Die wird man in erster Linie mit Kennern genießen.

Wenn Sie wenig vom Wein verstehen, dann folgen Sie einfach Ihrem Geschmack. Wenn Sie das Getue von Weinkennern stört und Sie Kommentare wie: »Beim Abgang verspüre ich einen Hauch von Pferdesattelunterseite« oder Ähnliches schon nicht mehr hören können, dann stehen Sie dazu. Bleiben Sie bei Ihrem gewohnten Lieblingswein und machen Sie keinesfalls den Fehler, sich als Weinkenner aufzuspielen. Mit angelernten Sätzen, hinter denen kein fundiertes Wissen steckt, wie z. B. »Romané Conti 1990 ist für mich einer der größten Weine, der jemals gemacht wurde« oder Ähnliches können Sie sich höchstens blamieren.

Perfekt einladen

Der Tag der Einladung ist der Höhepunkt, aber es gibt auch ein Davor und Danach. Wenn dem nicht die gebührende Aufmerksamkeit gewidmet wird, wird das eigentliche Fest kein wirkliches Ereignis werden. Eine ganze Reihe von organisatorischen Arbeiten gehören im Vorfeld erledigt.

Ob Sie eine schriftliche oder mündliche Einladung aussprechen, hängt vom Anlass ab. Bei einem informellen Treffen im Freundes- oder Bekanntenkreis tut es eine telefonische Einladung oder eine Einladung per E-Mail selbstverständlich auch. Das, was üblicherweise auf einer gedruckten Einladung steht, wird einfach mündlich übermittelt. Für etwas formellere Einladungen wählt man die schriftliche Form. Wie diese Einladungen gestaltet werden, hängt stark von der Fantasie der Gastgeber und dem Anlass ab. Folgende acht Informationen gehören immer auf eine Einladung.

Wer lädt ein?

- Der Name des Gastgebers oder der Gastgeber steht ganz oben auf der Einladung. Sie kann im eigenen Namen, im Namen eines Paares (z. B. Rudolf und Brigitte Nagiller) oder eines Paares mit unterschiedlichen Namen (Oskar Mennel und Elisabeth Christel) erfolgen. Moderne Menschen führen akademische Titel (wie z. B. Mag., Dr. oder Dipl.-Ing.) und Berufstitel (wie z. B. Architekt oder Generaldirektor) nicht an.
- Ausnahmen gibt es im geschäftlichen Bereich und bei hohen Funktionsträgern. Da heißt es z. B.: »Max Lustig, Vorsitzender des Vorstandes der Firma Sowieso« oder »Der Bundespräsident der Republik Österreich Dr. Thomas Klestil und Frau Dr. Löffler-Klestil« laden ein.

Wen lädt man ein?

- Der Name der eingeladenen Person steht natürlich auf dem Adressfeld des Kuverts. Bei persönlich gestalteten Einladungen, und das sind Privateinladungen in der Regel, gehört der Name aber auf jeden Fall auch in den Einladungstext.
  Das kann entweder die vor dem eigentlichen Text handschriftlich hinzugefügte Anrede sein. Beispiel: »Sehr geehrter Herr Dr. Mennel, anlässlich der Promotionsfeier unseres Sohnes laden wir zu einer kleinen Feier … ein.«
  Paare werden immer getrennt angeführt. Also, z. B. »Lieber Thomas, liebe Eva, anlässlich …«

- Oder der Name der eingeladenen Person(en) wird handschriftlich in einen gedruckten Text eingefügt. Wird ein Paar eingeladen, dann werden beide Namen in die Einladung geschrieben. Das gilt auch für Ehepaare. Also z.B. »…(Herrn) Toni und (Frau) Anna Huber«. Eine Einladung, die nur an den Mann gerichtet ist und die Ehefrau als »Gattin, Gemahlin oder Begleitung« bezeichnet, ist altmodisch und degradiert die Frau als Anhängsel ihres Mannes.
- Auch bei nicht verheirateten Paaren gehören beider Vor- und Zunamen in die Einladung. Es heißt daher: »…(Frau) (Mag.)

Inge Meier und (Herrn) (Dr.) Walter Fritsch«. Bei nicht verheirateten Paaren wird der Name der Frau zuerst genannt. In Ausnahmefällen kann auch der Zusatz »... mit Begleitung« gewählt werden. Wenn Sie partout keine Ehefrau oder Partnerin orten können oder vielleicht wissen, dass der oder die Eingeladene in unterschiedlicher Begleitung kommt, dann können Sie sich mit dieser unverfänglichen Variante aus der Affäre ziehen. Natürlich kann ebenso eine Frau mit Begleitung eingeladen werden. Es bleibt dann ihr überlassen, ob sie einen Freund, Bekannten oder eine Freundin mitbringt.

- Die Bezeichnung Frau bzw. Mann sowie allfällige akademische Grade gehören auf formelleren Einladungen dazu, bei informellen privaten Einladungen im Freundeskreis können sie aber weggelassen werden.

Was ist der Anlass?

Ein Hinweis, warum die Fete stattfindet, ist eine wichtige Information für den Gast. Wenn es partout keinen Anlass gibt, dann ist das auch o.k. Geben Sie dem Gast immer jene Informationen, die er braucht, um sich auf das Ereignis richtig vorzubereiten. Stellen Sie bei diesem Punkt auch klar, ob es etwas Ordentliches zu essen gibt oder nicht. Die Information »... zu einem Abendessen aus Anlass der Beförderung von Max ...« stellt klar, dass es etwas zum Futtern gibt. Andererseits würde die Formulierung »... zu einer Cocktailparty anlässlich der Beförderung von Max« bedeuten, dass Sie wohl kleine Snacks vorbereitet haben, es aber kein richtiges Abendessen gibt. Personen, die gerade auf Diät sind, finden das vielleicht angenehm. Jene aber, die nur mit vollem Bauch angenehme Gäste sind, können ein Problem damit haben.

Missverständnisse aus diesem Hinweis können ziemlich unangenehm sein. Hungernde Gäste, die von einer Essenseinladung ausgingen, sind in der Regel keine Gäste, die sich wohlfühlen. Andererseits haben Sie sich vielleicht vergebliche Mühe mit einer sorgsam vorbereiteten Bewirtung gemacht, wenn die Gäste bereits mit vollem Bauch ankommen. Auch ein Geburtstagsfest, das nicht als solches deklariert ist, kann unangenehm für Gäste sein, die in Unkenntnis des Anlasses ohne Geschenk erscheinen.

Wann wird gefeiert?

Datum und Uhrzeit sind ebenfalls eine wichtige Information. Klar, werden Sie sagen, das weiß doch jedes Kind! Mitnichten, sage ich. Ich habe schon Einladungen erhalten, auf denen diese wichtige Information gefehlt hat oder auf denen der Wochentag mit dem Datum nicht übereingestimmt hat. Vergewissern Sie sich daher ganz genau, ob Ihre Angaben stimmen, bevor Sie die Einladung versenden.

Wenn nur die Uhrzeit ohne Zusatzinformation auf der Einladung steht, dann wird eine sogenannte »akademische Viertelstunde« als Verspätung toleriert. Es gibt auch altmodische, heute kaum mehr verwendete Zusatzinformationen, die Sie bei privaten Einladungen wohl kaum verwenden werden, die Sie aber für offizielle Anlässe kennen sollten:

- **s. t. (sine tempore)** bedeutet, dass der Beginn ganz genau mit der auf der Einladung gedruckten Uhrzeit übereinstimmt. Das kann z. B. bei Einladungen sein, an denen hohe Repräsentanten des Staates teilnehmen, oder bei akademischen Feiern. Aber auch, wenn Ehrengäste teilnehmen, sollten die übrigen Gäste schon versammelt sein, wenn der Ehrengast eintrifft.
- **»Wir bitten um pünktliches Erscheinen«** weist ebenfalls darauf hin, dass der Gastgeber auf besondere Pünktlichkeit Wert legt.
- **c. t. (cum tempore)** bedeutet, dass es mit der Pünktlichkeit nicht ganz so genau ist. Das kann z. B. bei einem Empfang sein.

Wo wird gefeiert?

Bei feierlicheren oder offiziellen Gelegenheiten sind Dresscodes unumgänglich. Aber auch bei informelleren Gelegenheiten ist eine Kleiderempfehlung ganz angenehm. Hinweise sollten aus eigenem Interesse und vor allem als Reverenz gegenüber dem Gastgeber unbedingt beachtet werden. Niemand fühlt sich wohl, wenn alle Gäste in festlicher Kleidung erscheinen und Sie selbst »underdressed« im Freizeitlook erscheinen. Aber auch umgekehrt, wenn Sie »overdressed« sind, ist die Situation unangenehm. Wenn Sie nicht ganz sicher sind, ist es jedoch noch immer besser ein wenig overdressed zu einer Veranstaltung zu kommen als umgekehrt.

Entwickeln Sie daher Sensibilität in Hinsicht auf den Anlass und die anwesenden Gäste. Personen, die immer Anzug und Krawatte tragen, fühlen sich bei der Devise »Freizeitkleidung« genauso unwohl wie Turnschuhträger, von denen man den »Abendanzug« einfordert.

Oscar-Preisträgerin **Halle Berry** löst das Problem auf ihre eigene Art: »Wenn man nicht weiß, was man zu einer Gesellschaft anziehen soll, kommt man am besten als Erste. Dann haben die anderen das Gefühl, falsch angezogen zu sein«, sagt sie und bestimmt damit auf ihre Weise den Dresscode.

Auf offiziellen Einladungen wird traditionsgemäß nur die Kleidung der Männer benannt, von den Damen wird die passende Garderobe erwartet:

- **»Casual« oder »Freizeitkleidung«:** Auch Freizeitkleidung bei Einladungen soll immer korrekt sein. Keinesfalls ist damit das Outfit gemeint, mit dem Sie an Sonntagnachmittagen auf dem Sofa herumlungern. Also niemals kurze oder Jogginghosen, sondern immer lange Hosen, eventuell Jeans. Dazu klassisches T-Shirt oder Hemd und auf jeden Fall Jacke dazu, die später abgelegt werden kann.

- **Straßenanzug:** Männer tragen formelle Tages- oder Geschäftskleidung, einen Anzug, eventuell auch eine Kombination, üblicherweise eine Krawatte. Frauen tragen Kostüm, einen nicht zu sportlichen Hosenanzug oder ein Kleid.
- **Dunkler Anzug:** Männer tragen dunklen Anzug in gedeckten Farben, einfarbige Hemden, auf jeden Fall eine Krawatte. Frauen tragen ein elegantes Kleid, Kostüm oder Hosenanzug.
- **Smoking (Cravate noire/Black Tie):** Männer tragen den Smoking immer mit Fliege und Smokinghemd. In der klassischen Form ist er schwarz oder mitternachtsblau, mit Seidenrevers am Sakko sowie aufgesetzten Längsstreifen aus Seide auf der Hose. Er wird mit schwarzer Masche, Smokinghemd mit verdeckter Knopfleiste, Doppelmanschetten mit Manschettenknöpfen sowie Kummerbund getragen. Dazu passen schwarze Lack- oder Glattlederschuhe und schwarze Seidensocken oder Kniestrümpfe. Der Smoking wird immer erst abends getragen.

Wie der Smoking zu seinem Namen kam

Die amerikanische Bezeichnung »Tuxedo« für den Smoking entstand aus einer Modesünde, die der Millionär und Dandy **Griswold Lorrilard** Ende des 19. Jahrhunderts beging. Anstatt vorschriftsmäßig im weißen Frack im New Yorker Tuxedo Club zu erscheinen, kam er mit schwarzem Jackett und zog damit missbilligende Blicke auf sich. Anfangs war es verpönt, nur wenige Jahre später galt der »Tuxedo« als besonders schick.

In den Herrensalons der britischen Upperclass bürgerte sich das besagte Kleidungsstück unter der Bezeichnung »Smoking« ein. Denn der bevorzugte Ort, an dem die ursprünglich warm gefütterte Jacke getragen wurde, war der Rauchersalon.

Ein »**Dinnerjacket**« ist ein weißes, leichtes Smokingsakko, das ursprünglich den Briten dazu diente, auch in den tropischen Kolonien zum Abendessen im Smoking erscheinen zu können. Es wird bei uns vor allem im Sommer und im Freien getragen. Leider gibt es eine große Auswahl an äußerst fantasievollen Dinnerjackets in verschiedenen Farben und Stoffarten, die aber in den wenigsten Fällen wirklich geschmackvoll sind.
Passend zum Smoking tragen Frauen ein kurzes Cocktailkleid, das typische »Kleine Schwarze«, eventuell auch ein langes Abendkleid oder einen festlichen Hosenanzug.

- **Frack (Cravate blanche/White Tie):** Wahrscheinlich werden Sie kaum in Verlegenheit kommen, einen Frack tragen zu müssen. Es sei denn, Sie kommen zum Wiener Opernball. Ohne dieses Kleidungsstück wird Ihnen der Eintritt verwehrt werden. Da gibt es kein Pardon. Aber keine Angst, es gibt in Wien Firmen, wo Sie ein derartiges Kleidungsstück ausleihen können. Es wird vorher genau passend für Ihre Figur verändert.
Der Frack ist der große Gesellschaftsanzug. Er besteht aus einer schwarzen Hose mit Doppelstreifen, einem schwarzen Jackett, das vorn bis zur Taille reicht und hinten knielange »Schwalbenschwänze« hat, dazu weißes Frackhemd, Pikeeweste, weiße Schleife sowie Manschettenknöpfe. Zum Frack wird immer eine Taschenuhr getragen.
Passend zum Frack tragen Damen ein großes Abendkleid, echten Schmuck sowie unbedingt einen langen Abendmantel.
Nur wenige Männer tragen ihn, manche lieben ihn, viele hassen ihn. Tatsache aber ist, dass der Frack auch das unscheinbarste Männchen mächtig herausputzt und wichtig erscheinen lässt. Wiener Kellner tragen ebenfalls Frack. Dieser unterscheidet sich vom klassischen Frack durch schwarze anstatt weiße Schleife und Weste.

Was wird geboten?

Die Aufzählung verschiedener Programmpunkte auf einer Einladung ist ebenfalls eine wichtige Information. Ein umsichtiger Gastgeber wird seinem Gast ankündigen, was er zu erwarten hat. So gibt es keine unangenehmen Überraschungen.

Es ist nicht jedermanns Sache, sich stundenlange Reden anzuhören, wenn er vielleicht ein ganz gemütliches Beisammensein erwartet hat. Ein Gast, der sich gerade eine strenge Null-Diät verordnet hat, findet vielleicht eine Kochorgie mit zehn Gängen im Moment nicht ganz passend und entschuldigt sich rechtzeitig. Je besser sich Ihre Gäste informiert fühlen, desto höher ist die Chance auf einen gelungen und harmonischen Abend.

Wie wird geantwortet?

Jeder Gastgeber möchte die Anzahl der Teilnehmer möglichst genau wissen. Vor allem bei gesetzten Essen müssen die zu erwartenden Gäste genau bekannt sein. Bei größeren Veranstaltungen, wenn es z. B. ein Stehbuffet bei einer Gartenparty gibt, kommt es auf ein paar Teilnehmer mehr oder weniger nicht an. Trotzdem sollen Antwortvermerke vom Gast ernst genommen werden.

- **U.A.w.g. (»Um Antwort wird gebeten«):** Dazu schreiben Sie eine Telefonnummer oder eine E-Mail-Adresse. Als Gast wird von Ihnen erwartet, dass Sie sowohl Ihre Teilnahme als auch eine eventuelle Absage telefonisch bekannt geben. Sie können auch eine Antwortkarte beilegen, mit welcher der Gast schriftlich antwortet. Das bewährt sich vor allem bei Veranstaltungen in größerem Rahmen.
- **»bis spätestens …«** erleichtert die Planung für den Gastgeber, der ja rechtzeitig einkaufen muss. Auch im beruflichen Bereich sollten Sie einen solchen Termin unbedingt einhalten. Viele

Restaurants und Cateringfirmen verlangen eine garantierte Teilnehmerzahl einige Tage vor dem Veranstaltungstermin und verrechnen auch nach dieser Personenanzahl. Daher ist es ziemlich rücksichtslos, als Gast zu spät zu antworten. Bei diesem Vermerk geben Sie ebenfalls sowohl Teilnahme als auch Absage bekannt.

- **»nur bei Zusage«:** Hier erwarten Sie eine Antwort nur, wenn der Eingeladene tatsächlich kommt.
- **R.s.v.p. und p.m.:** Beides sind veraltete Antwortvermerke. »Repondez s'il vous plaît« bedeutet »Um Antwort wird gebeten«. »Pour memoire« bedeutet, dass die schriftliche Einladung nur zur Erinnerung kommt. Der Gastgeber hat bereits telefonisch oder auf anderem Wege eingeladen und die Zusage des Gastes schon erhalten.

Antwortvermerke gehören sowohl im privaten als auch im beruflichen Bereich ernst genommen. Jeder Gastgeber muss die Dimension seiner Veranstaltung planen. Sollten Sie trotz Zusage im letzten Moment verhindert sein, so entschuldigen Sie sich auf jeden Fall persönlich beim Gastgeber. Das gilt auch im beruflichen Bereich. Ob Sie sich hier beim Gastgeber direkt oder bei seinem Sekretariat entschuldigen, müssen Sie individuell entscheiden.

Es ist nicht die feine Art, im beruflichen Bereich überall zuzusagen und diese Zusage nicht einzuhalten, was leider sehr oft vorkommt. Die Unhöflichkeit wird auch nicht geringer, wenn es nur aus Vorsorge geschickt wird, damit man nicht von den diversen Einladungslisten gestrichen wird.

Einladungsgestaltung

Die Art, wie die Einladung gestaltet wird, hängt sehr stark vom jeweiligen Anlass ab. Je wichtiger der Anlass, desto hochwertiger soll auch die Einladung aussehen.

Heute kann jeder halbwegs Begabte mit dem Computer Einladungen gestalten. Mit gescannten Zeichnungen oder Fotos und Cliparts werden sie individuell und zu jedem Anlass passend. So sind z. B. bei informellen Treffen mit Freunden oder bei einfachen Gartenfesten etc. selbst gestaltete Einladungen angesagt. Achten Sie darauf, dass Sie nicht zu viele Schriftarten und -größen wählen, sonst kann das Kunstwerk leicht zu unruhig aussehen. Bei Kindergeburtstagen oder Faschingsfesten hingegen können Sie ruhig etwas fantasievoller werden.

Selbst produzierte Karten wirken zwar persönlich, können aber selten mit einer professionell gedruckten Karte mithalten.

Drucken Sie Adresse und eventuell Absender immer direkt auf das Kuvert. Verwenden Sie niemals Klebeetiketten, denn diese sind nur für Massensendungen geeignet und werten daher Ihre Einladung ab.

Für den besonderen Anlass, wie z. B. bei Hochzeiten, lässt man Einladungen in der Regel in einem Fachgeschäft drucken. Die Qualität des Papiers von Einladungskarte und Kuvert sowie des Druckes und der Unterschied zur einfachen, kopierten Version ist auch für den Laien erkennbar. Einfache, klare Schriftbilder sind auf jeden Fall überladenen Entwürfen vorzuziehen. Entscheiden Sie sich für hochwertiges Papier, das mindestens 100 g schwer ist, oder Büttenpapier. Gute Druckereien halten Gestaltungsbeispiele bereit. Manche drucken sogar ihr eigenes Firmenlogo als Zeichen für Qualität und Prestige ein.

Wenn Sie oft Gäste haben, sind vorgedruckte, neutrale Einladungskarten mit passenden Kuverts, die Sie sich in entsprechender Anzahl auf Vorrat legen können, eine gute Möglichkeit. Lassen Sie eine Menge, die etwa Ihrem Jahresbedarf entspricht, mit Ihrem eigenen Namen vordrucken, Sie brauchen dann nur mehr die jeweiligen Details, mit der Hand geschrieben, einfügen. Diese Art von Einladung beweist, dass Sie Stil haben, besonders wenn Papierqualität und Schrift hochwertig sind. Einfaches und klares Schriftbild steht auch hier wieder für Qualität.

So kann eine Einladung aussehen. Die kursiv geschriebenen Worte sind vorgedruckt, der Rest wird handschriftlich, wenn es besonders edel aussehen soll, mit Füller eingetragen:

Rudolf und Brigitte Nagiller

bitten	Herrn Mag. Benedikt und Frau Andrea Sieberts
zu	einem Cocktailempfang anlässlich der Graduierung ihres Sohnes Bernhard
am	Montag***, dem*** 11. November 2002***, um*** 18.00 Uhr

U.a.w.g.
01/55 22 837

Kohlmarkt 4/Tür 13
1010 Wien

Die Qualität der Einladung hat immer dem Anlass zu entsprechen. Sie können wählen zwischen Schlichtheit und Kreativität. Es muss ja nicht unbedingt so vornehm wie beim französischen Modeschöpfer **Yves Saint Laurent** zugehen. Die Einladungen zu einer seiner Modenschauen waren auf schwarzem, gelacktem Holz geschrieben und wurden in schwarzen Kunststoff-Etuis versandt. Eine kreative, aufregende und extrem teure Idee, die aber absolut stimmig mit den Kreationen des Meisters war.

Treffen mit Freunden oder andere informelle Einladungen können Sie natürlich auch mündlich aussprechen. Bewährt hat sich aber in jedem Fall eine Bestätigung mittels E-Mail oder Fax, in der alle wichtigen Daten nochmals fixiert werden.

Pünktlichkeit

Höfliche Menschen sind pünktlich. Rechnen Sie daher damit, dass Ihre Gäste rechtzeitig eintreffen.

Pünktlich zum vereinbarten Zeitpunkt trifft man ein,

- wenn es sich um private oder geschäftliche Einladungen handelt, die mit einem Essen verbunden sind,
- wenn Sie als Gastgeber Ihre Gäste in ein Restaurant einladen,
- wenn ein Hinweis auf der Einladung, wie z. B. »Bitte pünktlich erscheinen«, oder eine Uhrzeit mit dem Zusatz s. t. (sine tempore) steht,
- wenn Sie an Veranstaltungen mit künstlerischem Programm teilnehmen,
- bei Konferenzen und Vorträgen,
- wenn ein Ehrengast erwartet wird,
- wenn der Kreis der Eingeladenen klein ist. Je größer die Anzahl der zu erwartenden Gäste, desto größer kann die Zeitspanne zwischen der Uhrzeit auf der Einladung und dem tatsächlichen Eintreffen bemessen werden.

Etwas später kommen können Sie,

- zu Veranstaltungen mit großem Teilnehmerkreis. Das kommt vor allem bei Firmenveranstaltungen vor. Wenn es sich um einen riesengroßen Auftrieb handelt, bei dem die Gastgeber ihre Gäste kaum wahrnehmen, können Sie sich ruhig Zeit lassen;
- wenn auf der Einladung »c. t.« (cum tempore) vermerkt ist, kann das ein sogenanntes »akademisches Viertel« bis maximal eine Stunde bedeuten;
- zu Cocktailempfängen, Ballveranstaltungen oder Vernissagen;
- bei Modenschauen. Da ist es üblich, die Gäste manchmal stundenlang warten zu lassen, was sogar Promis wie Madonna & Co geduldig über sich ergehen lassen. Hauptsache man wurde überhaupt geladen und sitzt in der ersten Reihe.

Zu früh sollen Gäste niemals kommen. Auch dann nicht, wenn sie glauben, bei Veranstaltungen mit freier Platzwahl einen besonders guten Platz zu ergattern. Das zu frühe Eintreffen ist immer unangenehm für Gastgeber, weil meistens bis zum letzten Moment noch Vorbereitungen laufen. Besonders rücksichtslos gegenüber den Gastgebern ist es, bei privaten Einladungen zu früh zu kommen, wenn die Hausfrau noch in den letzten Vorbereitungen ist oder gerade unter der Dusche steht.

Der geübte Gast bleibt in solchen Situationen ruhig noch einige Minuten im Auto sitzen oder macht einen kleinen Spaziergang, um die Gastgeber nicht in Verlegenheit zu bringen.

Gute Manieren sind anscheinend der neue Trend. Auch Stars halten neuerdings etwas von Pünktlichkeit. Unlängst kam sogar **Madonna** pünktlich zu einem Foto-Shooting. **Nicole Kidman** soll gar eine Viertelstunde zu früh bei einem Charity-Dinner gewesen sein. Auch **Giorgio Armani** kam jüngst rechtzeitig und begrüßte anlässlich der Eröffnung seines neuen Ladens in der Londoner Bond Street jeden Gast höchstpersönlich.

Arbeitsteilung

Früher gab es ein ziemlich genau fixiertes Ritual, wer bei einer formvollendeten Einladung was zu tun hatte. Die Rollenaufteilung zwischen Mann und Frau war genau festgelegt. Heute sehen wir das nicht so eng. Wer sagt denn, dass die Gastgeberin unbedingt in der Küche stehen muss? Was ist, wenn der Gastgeber kocht, weil er es einfach besser kann? Also sehen wir heute diese klassischen Etiketteregeln nur als Empfehlung und keineswegs als bindend. Die Arbeitsteilung erfolgt einfach so, dass der Abend harmonisch über die Bühne gehen kann. Wer welche Rolle übernimmt, ist nebensächlich. Hauptsache, sowohl die Gastgeber als auch die Gäste fühlen sich wohl.

Begrüßung

Nach klassischer Etikette öffnet der Gastgeber die Tür. Auch Hauspersonal, falls vorhanden, kann diese Funktion übernehmen. Wenn sie Zeit hat, kommt auch die Gastgeberin zum Empfang zur Tür, es sei denn, sie befindet sich mit den bereits anwesenden Gästen im Wohnzimmer und möchte diese nicht allein lassen.

Da heute nichts mehr so ist, wie es einmal war, es viele Singles gibt und auch manchmal die Männer in der Küche stehen, nimmt einfach derjenige die Gäste in Empfang, der im Moment gerade Zeit hat. Wenn das der Gastgeber ist, ist es fein, wenn das die Hausfrau ist, ist das natürlich auch o. k. Wenn es beide sind, dann ist das großartig. Wo die Begrüßungszeremonie stattfindet, ist natürlich auch eine Platzfrage. Wenn das Vorzimmer dafür zu klein ist, verlegt man das Ganze eventuell ins Wohnzimmer. Also, in diesem Fall kann man wirklich nur sagen »form follows function«.

Händeschütteln

Freunde werden keine Etiketteregeln bei der Begrüßung anwenden. Händeschütteln, Umarmung oder Wangenkuss, ganz wie es beliebt.

Wenn es etwas formeller zugehen soll, dann begrüßen Gastgeber von Welt zuerst die Dame, dann den Herrn. Wenn mehrere Paare zugleich eintreffen, dann werden zuerst die Damen begrüßt und dann die Herren. Laut klassischer Etikette werden dabei die älteren vor den jüngeren Personen begrüßt, was vor allem bei Damen ein Problem hervorrufen kann, wenn man sich irrt. Also ist es besser zu fragen, ob man »einfach der Reihe nach begrüßen« darf. Das erleichtert die Sache ungemein. Achten Sie auf jeden Fall darauf, dass sich die Hände beim Händeschütteln nicht kreuzen. Hauspersonal wird in der Regel nicht die Hand geschüttelt, es sei denn, es gibt eine langjährige, persönliche Beziehung.

Handkuss

Von einigen Menschen belächelt, von manchen Wiener Kavalieren der alten Schule mit Bravour zelebriert, in manchen Ländern Zentraleuropas, wie z. B. Ungarn oder Polen, eine Selbstverständlichkeit. Der Handkuss lässt keinen kalt.

Was früher als Zeichen besonderer Wertschätzung für verheiratete Frauen galt, ist heute kaum mehr gebräuchlich. Er wird von vielen jungen Frauen abgelehnt, andere aber schmelzen dahin, wenn sie einem handküssenden männlichen Wesen begegnen. Wenn ein Handkussfähiger eine Handkusswillige in festlicher Atmosphäre trifft und beide das Ritual beherrschen, dann ist das nach wie vor eine schöne Geste.

Wichtig dabei ist, dass der Herr die Hand der Dame mit den Fingerspitzen ergreift und sie bis etwa zu ihrer Brusthöhe führt. Mit einer kleinen Verbeugung wird ein Kuss auf ihre Hand gehaucht, ohne diese dabei zu berühren.

Vorsicht und Umsicht ist in jedem Fall geboten. Bei emanzipierten Frauen kann die Küsserei manchmal ins Auge gehen. **Eva Glawischnig**, Spitzenkandidatin der Grünen in Österreich, findet »dieses elende Händeküssen am ärgsten«. Sie scheut sich sogar, Händeküssern, wie z. B. ÖVP-Klubobmann **Andreas Kohl**, die Hand zu geben. »Vergiss es!«, sagt sie. »Er verweist dich schnell wieder auf den Platz, wo du als Frau hingehörst.«

Wangenküsse

Unsere südeuropäischen Nachbarn haben uns Wangenküsse gelehrt. Mittlerweile wird nicht nur im privaten Bereich kreuz und quer geküsst, sondern auch im geschäftlichen und politischen Bereich. Ob da vielfach Judasküsse dabei sind, möchte ich nicht beurteilen. Jedenfalls lassen sie keinen Hinweis auf die wirkliche Wertschätzung der geküssten Person zu. Es ist vielmehr zu einem wenig aussagenden Ritual geworden.

Regeln für die Küsserei gibt es wenige, sie ist vielfach eine Sache des Temperaments. Das kann zu einer Art Wangenreiben mit Mundverdrehung führen, was besonders seltsam wirkt, wenn Fernsehkameras die Szene aufnehmen. In der täglichen ORF-Sendung »Seitenblicke« können Sie auch manch angewiderten Blick von Männern beobachten, die kussfanatischen Damen in die Hände fallen, aber auch umgekehrt. Je prominenter die Person, desto lieber wird sie vor laufender Kamera geküsst.

Bussi-Bussi

Als Empfehlung kann vielleicht gelten, dass die ranghöhere Person mit der Küsserei anfangen sollte. Und dass darauf geachtet werden sollte, keine Lippenstiftabdrücke auf seinem Visavis zu hinterlassen. Auf den Mund geschmatzt darf auch nicht werden.

Im Betrieb und vor allem in konservativen Branchen hat die Küsserei vor allem in Gegenwart von Kunden und Gästen nichts verloren. In Branchen, in denen es etwas lockerer zugeht, wie z. B. in der Werbe- oder der Medienbranche oder in künstlerischen Berufen, wird das Geschmatze aber wahrscheinlich nicht abzustellen sein. Ebenso nicht in der Politik, wo die Küsserei durchaus auch zum Stimmenfang im Wahlkampf gehört.

Gastgeschenke

Die »Kultur des Schenkens« ist in vielen Ländern seit jeher weit verbreitet. So haben sich z. B. Häuptlinge nordamerikanischer Indianerstämme bei ihren regelmäßigen Zusammentreffen darin zu übertreffen versucht, einander möglichst großzügige Geschenke zu machen. Je wertvoller das Geschenk, desto höher das Ansehen des Schenkenden. Der Beschenkte war wiederum verpflichtet, sich mit einem noch großzügigeren Geschenk zu revanchieren. Der Brauch war also in erster Linie eine Art Tauschhandel.

Wenn Sie eine Einladung aussprechen, dann können Sie mit ziemlicher Sicherheit annehmen, dass Ihre Gäste ein kleines Geschenk mitbringen. Stellen Sie sich daher darauf ein und bereiten Sie vor allem bei einer größeren Gästeanzahl einen Tisch vor, auf dem Sie die überreichten Geschenke deponieren können. Das ist vor allem bei Geburtstagseinladungen und allen anderen Anlässen, bei denen Geschenke üblich sind, wichtig.

Sie müssen die Geschenke nicht sofort auspacken. Tun Sie das im Laufe des Abends, wenn sich die richtige Gelegenheit dafür ergibt. Oder erst, wenn die Gäste gegangen sind, was bei einer größeren Veranstaltung durchaus Sinn macht. Daher ist es günstig, wenn auf den Geschenken eine Karte mit einigen lieben Worten sowie dem Namen des Gastes angebracht ist.

Wann bringt man eins …

Schon die Weisen aus dem Morgenland haben dem Jesuskind Gastgeschenke mitgebracht. Das taten sie, ohne den »Knigge« gelesen zu haben. Gastgeschenke haben Tradition. Früher hat der Wert des Geschenkes viel über den Reichtum des Gastes und seine Wertschätzung gegenüber dem Gastgeber ausgesagt. Das ist heute nicht mehr so. Die Originalität eines Geschenkes sowie die Bedachtheit beim Aussuchen ist wichtiger als der Wert.

Richtiges Schenken erfordert Überlegung und Fingerspitzengefühl, wenn man ungetrübte Freude bereiten will. Auch ein zu teures Geschenk kann unter Umständen Unbehagen erzeugen, bringt es doch den Gastgeber in Verlegenheit, sich verpflichtet zu fühlen und sich bei einer Gegeneinladung »revanchieren« zu müssen.

Geschenke haben noch einen weiteren wichtigen Zweck: Sie schaffen soziale Bindungen oder intensivieren sie. Ein klug ausgewähltes Geschenk kann eine Atmosphäre von Intimität herstellen – vor allem, wenn Sie ein Geschenk wählen, das zeigt, dass Sie den Geschmack des Empfängers kennen.

Blumen

Mit Blumen sind Sie immer auf der sicheren Seite. Eine Umfrage der Firma Fleurop hat ergeben, dass mindestens 57 Prozent der Gäste am liebsten Blumen mitbringen. Als Gastgeber halten Sie daher eine entsprechende Anzahl von Vasen bereit, die Sie am besten schon vorher mit Wasser füllen. Auch ein Papierkorb in Eingangsnähe, in den das Einwickelpapier geworfen werden kann, ist empfehlenswert. Ihre Gäste wissen hoffentlich, dass Blumensträuße ohne Papier überreicht werden. Sollte der Strauß in durchsichtige Folie verpackt sein, dann kann das Papier bleiben. Sie können dann durchaus den Strauß mit der Folie in einer Vase parken und diese erst später entfernen.

Kreativität zählt

Hoffentlich entwickeln Ihre Gäste auch bei der Auswahl der Blumen etwas Kreativität und Ideenreichtum. Nicht die Anzahl der Blumen zählt, sondern die geschmackvolle Zusammenstellung von Blüten, Blättern und Zweigen. Ganz wenige hübsch arrangierte Blumen in einem ausgewählten Farbton wirken in der Regel eleganter als überladene, teure Sträuße.

Es kann durchaus auch ein selbst gepflückter Wiesenstrauß oder Blumen aus dem eigenen Garten sein. Keinesfalls aber sollte man sich an Blumen aus dem benachbarten Park vergreifen.

Wann und wie überreichen?

Treten die Gäste als Paar auf, dann werden die Blumen vom Herrn der Gastgeberin überreicht. Weibliche Singles tun das ebenfalls. Und was ist, wenn der Gastgeber ein kochender, männlicher Sin-

gle ist? Wenn er ein Schöngeist ist, dann wird er sich wahrscheinlich auch über einen Strauß freuen, wenn Sie sich nicht ganz sicher sind, dann wählen Sie einfach ein anderes Geschenk aus.

Besonders stilvoll ist es, die Blumen bereits vor der Einladung von der Blumenhandlung überreichen zu lassen. Da sollte unbedingt eine kleine Karte mit dem Namen dabei sein und einigen Worten, dass man sich auf den heutigen Abend besonders freut oder Ähnliches. Besonders bei einer größeren Gästezahl erspart man sich dadurch Hektik am Abend.

Blumen überreichen und entgegennehmen kann nachlässig oder mit Stil gemacht werden. Nehmen Sie immer den Strauß mit beiden Händen entgegen und sagen Sie einige nette Worte. Machen Sie es nicht so nachlässig, wie ich es vor einiger Zeit im TV beobachten konnte: als die scheidende Infrastrukturministerin **Monika Forstinger** von ihrem Nachfolger **Mathias Reichhold** vor laufender Kamera einen Blumenstrauß überreicht bekam, diesen, ohne ihn eines Blickes zu würdigen, annahm und in derselben Sekunde an den daneben stehenden Sekretär weitergab. Beiläufig sagte sie noch, wie schön die Blumen seien. Da wird eine nette Geste zu einem sinnlosen Ritual, das man sich lieber schenken sollte.

Andere Geschenke

Je näher Ihre Gäste Sie kennen, desto eher werden sie Ihre Vorlieben kennen und eine gute Idee für ein Gastgeschenk haben. Hilfreich ist es immer, Ohren und Augen offen zu halten. Manchmal fällt eine Bemerkung, die eine Idee für ein Geschenk liefern kann. Notieren Sie sich diese Bemerkungen, sie sind immer dann hilfreich, wenn man ein Geschenk besorgen muss.

Immer richtig liegen Sie mit einer Flasche guten Weins, einem Korb voll Früchten oder selbst eingekochter Marmelade aus dem Garten oder einem Mitbringsel von der jüngsten Reise. Ein nettes Mitbringsel sind auch Bücher, die Sie selbst gelesen und für gut befunden haben. Vergessen Sie nicht, eine Widmung mit einigen persönlichen Worten ins Buch zu schreiben. Schenken Sie aber niemals Bücher oder CDs, die sie »entsorgen« wollen. Eine originelle oder witzige Verpackung wertet jedes noch so kleine Geschenk auf.

Naschkatzen kann man mit feinem Konfekt oder anderen »Dickmachern« bestimmt Freude bereiten. Vermeiden Sie es aber unbedingt, Gastgebern, die gerade auf Diät sind, Süßes zu schenken.

Top und Flop zum 50sten

Zwei runde Geburtstage wurden gefeiert.

Eine liebe Freundin verbrachte diesen denkwürdigen Tag mit ihrem neuen Freund in einem Luxushotel in Zürich. Ich wollte ihr etwas Originelles, Witziges schenken und kam auf folgende Idee. In einem exklusiven Geschäft in der Wiener Innenstadt kaufte ich einen schwarzen Spitzenbody sowie feine, schwarze Strümpfe mit Strapsen und packte das Ganze besonders hübsch ein. Zum Geschenkpäckchen gab ich noch Dinge dazu, die Frau, wenn sie in die Jahre kommt, vielleicht einmal brauchen könnte. Ginseng-Tabletten fürs Gedächtnis, diverse Geriatrika, die ich in der Apotheke erstand, sowie eine Ausgabe einer Seniorenzeitschrift.

Beim Auspacken in Zürich gab es großes Gelächter. Alle hinterhältigen Anspielungen meinerseits wurden verstanden und haben zu einem gelungenen Abend beigetragen. Mein Geschenk war absolut top!

Weniger gut angekommen ist ein Geschenk, das ich einem Jugendfreund, der ebenfalls in die Jahre gekommen war, machte. Meine Überlegungen waren gut gemeint. Erfolgreicher Mensch, top im Job, nur Arbeit, viel Stress, da wird sich im Liebesleben wahrscheinlich nicht viel abspielen. Also kann eine alte Freundin dem ein wenig nachhelfen. Ich besorgte eine besonders schöne Ausgabe der »Geschichten aus tausendundeiner Nacht«. Das Innere des Buches ließ ich von einem Fachmann aushöhlen und füllte es mit vielen Kondomen. Dieses äußerst mühsam hergestellte Geschenk überreichte ich ihm unter vier Augen. Als er sah, was sich im Inneren des Buches befand, verfielen seine Gesichtszüge. Denn, was ich nicht wusste, der verheiratete Mann hatte seit kurzem eine Freundin, die ängstlich geheim gehalten wurde. Mein Geschenk verstand er als Anspielung darauf, was aber nicht den Tatsachen entsprach. So erwies sich ein kreatives und gut gemeintes Geschenk als absoluter Flop!

Achtung Falle!

Vorsicht ist bei Geschenken für echte Sammler oder Experten auf einem gewissen Gebiet geboten. Selten kann man da mithalten, es sei denn, man erfüllt einen deutlich ausgesprochenen Wunsch. Es ist mir in entsetzlich peinlicher Erinnerung geblieben, als ich einmal einer Bekannten einen Fuchsienstock mitbrachte, der mir in der Gärtnerei recht attraktiv vorkam. Als ich ankam, war das Ding von der langen Fahrt ziemlich zerzaust. Außerdem habe ich nachher erfahren, dass sie eine hervorragende Blumenkennerin ist, in der ganzen Welt herumfährt und seltene Blumensamen sammelt, die sie in ihrem eigenen Glashaus zieht. Da war ich wohl mit meinem 08/15-Gewächs ziemlich daneben.

Gefährlich können auch eigene künstlerische Kreationen, jede Art von Nippes oder Selbstgebasteltes sein. Wenn Sie hundertprozentig sicher sind, dass der selbst getöpferte Aschenbecher gefällt, dann schenken Sie ihn. Wenn nicht, dann lassen Sie es lieber bleiben. Schenken Sie niemals Dinge, die Sie selbst nicht mögen, und schon gar nicht etwas, das Ihnen selbst geschenkt wurde.

Wenn's Kinder gibt

Kinder von Gastgebern freuen sich natürlich auch über kleine Geschenke. Am besten erkundigt man sich dabei bei den Eltern, was Freude bereitet. Vorsicht ist bei Süßigkeiten geboten. Eine Großpackung Marshmallows für Kinder, die gerade auf Diät sind oder grundsätzlich vollwertig ernährt werden, kann problematisch werden und die Erziehungsgrundsätze der Eltern ad absurdum führen.

Wenn Kinder bei den Einladungen der Eltern mithelfen, indem sie servieren oder sich sonst wie nützlich machen, dann können Sie sich auch mit einem Trinkgeld als kleine finanzielle Aufbesserung des Taschengeldes erkenntlich zeigen.

Wann bringt man keins …

Manchmal kann es passieren, dass man einfach nicht dazugekommen ist, ein Gastgeschenk zu besorgen. Das ist auch kein Drama. Wenn der Abend nett war, können Sie am darauf folgenden Tag als Dank einen Blumenstrauß mit einigen Dankesworten überbringen lassen. Unter Umständen wird das mehr gewürdigt, weil man mit einigen persönlichen Zeilen auf den vorherigen Abend eingehen kann.

Wenn Sie zu einer geschäftlichen Besprechung in die Wohnung des Chefs geladen sind, bringen Sie in der Regel kein Gastgeschenk mit. Wenn sich die Frau des Chefs allerdings besonders um Sie bemüht hat, können Sie am nächsten Tag einige Blumen schicken. Handelt es sich aber um eine Einladung mit privatem Charakter in die Wohnung oder ins Haus des Chefs oder einem sonstigen Firmenangehörigen, dann ist ein Geschenk angebracht.

Auch zu Firmeneinladungen werden keine Geschenke mitgebracht, es sei denn, es handelt sich um Jubiläen oder Geburtstage.

Bei Empfängen oder Cocktailpartys können Sie ebenfalls auf die Mitnahme eines Geschenkes verzichten. Auch dann, wenn Sie in ein Restaurant eingeladen sind, es sei denn, es handelt sich um eine Geburtstagseinladung oder andere Gelegenheiten, bei denen Geschenke üblich sind, z. B. bei Graduierten- oder Promotionsfeiern. Aber dann haben die Gastgeber ja wahrscheinlich für einen Geschenketisch gesorgt.

Ehrengäste bringen kein Gastgeschenk mit. Wenn Sie also Onkel Otto anlässlich seines 70-jährigen Geburtstages zu sich nach Hause einladen, kann er ohne Geschenk erscheinen, ohne gegen die Etikette zu verstoßen.

Bei Kondolenz- und Antrittsbesuchen wird ebenfalls kein Gastgeschenk mitgebracht. Aber wer macht das heute denn noch?

Garderobe

Sorgen Sie als Gastgeber für eine Möglichkeit, die Garderobe abzulegen. Halten Sie die notwendige Menge an Kleiderhaken bereit und achten Sie darauf, dass an der Garderobenwand genügend Platz vorhanden ist. Bei einer größeren Anzahl von Gästen können Sie sich einen fahrbaren Garderobenständer kaufen, der wohlfeil in jedem Einrichtungshaus zu bekommen ist. Bei großen Veranstaltungen können Garderobenständer auch ausgeliehen

werden. Es ist nicht zu empfehlen, das Schlafzimmer als Garderobe zu benutzen und die Mäntel der Gäste auf die Betten zu legen.

Nach klassischen Benimmregeln hilft der begleitende Herr seiner Partnerin aus dem Mantel und nicht der Gastgeber. Auch älteren Herrschaften wird geholfen. Im privaten Rahmen muss es nicht so förmlich zugehen. Wer wem behilflich ist, ist nicht so wichtig. Der Gastgeber aber sollte den Gästen auf jeden Fall die Garderobe abnehmen, sie auf einen Kleiderbügel geben und verstauen.

Vergessen Sie nicht, bei Schlechtwetter für eine entsprechende Anzahl von Schirmständern zu sorgen.

Und wie ist das mit den Schuhen? Können Sie von Ihren Gästen verlangen, die Schuhe auszuziehen? Und wenn ich die Wohnung noch so geputzt habe, sage ich nein und nochmals nein! Wenn sich Gäste für einen netten Abend hübsch gemacht haben, dann kann man wirklich nicht verlangen, dass sie zur eleganten Kleidung Filzlatschen tragen. Ist aber das Wetter draußen hundsmiserabel und die Gäste wollen ihre dreckigen Stiefel gegen andere mitgebrachte Schuhe tauschen, dann ist das in Ordnung.

Und was tut man als Gast, wenn einem von der peniblen Hausfrau Hausschuhe angeboten werden. Man knirscht mit den Zähnen und zieht sie an… und denkt sich seinen Teil! Selbstverständlich haben auch die Gastgeber Schuhe an, wenn sie Gäste empfangen.

Zu-Tisch-bitten und Platzierung

Nachdem alle Gäste eingetroffen sind und der Aperitif getrunken ist, bitten die Gastgeber zu Tisch. Die Aperitifgläser werden nicht zum Esstisch mitgenommen, sondern im Wohnbereich deponiert.

Sowohl im privaten Bereich als auch bei Einladungen im Restaurant ist eine Sitzordnung empfehlenswert. Umsichtige Gastgeber überlegen sich vor allem bei großen Einladungen genau, wer wo sitzen soll. Natürlich kann man das Ganze auch dem Zufall überlassen, doch ist es für eine gelungene Atmosphäre schon auch wichtig, wer mit wem zusammensitzt. Eine nette Tischgesellschaft trägt viel zum Wohlbefinden der Gäste bei.

Auch bei kleineren Einladungen ist es für alle Beteiligten leichter, wenn sie wissen, wo sie sitzen sollen. Um zu vermeiden, dass die Gäste ratlos herumstehen, überlegen Sie sich schon vorher die Platzierung.

- Männer und Frauen werden abwechselnd gesetzt.
- In der Regel sitzt der wichtigste männliche Gast links neben der Gastgeberin, der wichtigste weibliche Gast rechts neben dem Gastgeber. Bei einigen internationalen Veranstaltungen kann es auch sein, dass der Ehrengast zur rechten Seite der Gastgeberin sitzt und der wichtigste weibliche Gast links neben dem Gastgeber.
- Achten Sie darauf, dass wichtige Gäste einen Platz bekommen, von dem aus sie den Raum am besten überblicken können.
- Paare sollten nicht zusammen, sondern getrennt sitzen. Eine Ausnahme sind junge, frisch verliebte Paare. Oder Paare, von denen man weiß, dass sie die ganze Woche aus beruflichen Gründen getrennt sind. Da kann man eine Ausnahme machen. Wichtig ist auch hier, dass Sie mit Hirn und Herz vorgehen.
- Bei größeren Gesellschaften achten Sie bitte darauf, dass Sie Vielredner und Stimmungskanonen möglichst auseinandersetzen.
- Setzen Sie Personen mit ähnlichen Interessen zusammen.
- Achten Sie vor allem bei ausländischen Gästen darauf, dass sie Tischpartner haben, mit denen sie sich unterhalten können.

- Hausfrau und Hausherr sollen Plätze einnehmen, die günstig für die Wahrung ihrer Gastgeberpflichten sind.

Start zum Essen und Trinken

Wenn die Gastgeber ihre Gäste auf die richtigen Plätze eingewiesen haben, d. h. entweder mündlich oder durch die Aufstellung der entsprechenden Tischkarten, kann Platz genommen werden. Geübte Gäste setzen sich erst nach der Aufforderung »Bitte Platz zu nehmen!« nieder. Wenn es vornehm hergeht, rücken die Herren ihrer Tischdame, das ist die Dame zu ihrer rechten Seite, den Stuhl zurecht und setzen sich erst dann.

Bei eleganten Anlässen schreiben Sie auch im Privatbereich eine oder mehrere Menükarten, auf denen Sie die Speisenfolge und die dazu servierten Weine notieren. Wenn das nicht der Fall ist, dann gibt die Gastgeberin einen Überblick, was die Gäste an kulinarischen Köstlichkeiten erwartet.

Zuerst wird der Wein (in der Regel vom Gastgeber) eingeschenkt und gleichzeitig das Essen aufgetragen (in der Regel von der Gastgeberin). Bei kleinen Runden wartet man, bis alle Gäste das Essen auf dem Teller haben, die Gastgeberin Platz genommen hat und zu essen beginnt. Vorher erhebt der Gastgeber das Glas und macht den ersten Schluck. Im Privatbereich kann die Gastgeberin ihre Gäste auch schon auffordern, mit dem Essen zu beginnen, wenn das Servieren länger dauert und die Speisen sonst kalt werden.

Laut klassischer Etikette ist die Aufgabenverteilung zwischen Mann und Frau klar geregelt. Auch wenn es konventionell zugehen soll, hält man sich daran. Sollte im Laufe des Lebens ein Teil dieser klassischen, harmonischen Partnerschaft abhandengekommen oder noch gar nicht aufgetaucht sein, dann übernimmt der geübte Gastgeber-Single einfach beide Parts oder delegiert die Hausfrauen- oder Gastgeberrolle an eine andere Person. Auch im engen Freundeskreis kann es selbstverständlich lockerer zugehen.

Tischrede

Die Indianer im brasilianischen Bundesstaat Mato Grosso hatten einst ein Rezept gegen lange Reden: Der Redner durfte nur so lange sprechen, wie er auf einem Bein stehen konnte. Das war eine glänzende Idee, denn in der Kürze liegt die Würze.

Bei feierlichen Anlässen, wie Geburtstagen, Jubiläen oder Ähnlichem, ist es die Aufgabe des Gastgebers, eine Tischrede zu halten. Was aber tun, wenn dieser keine drei geraden Sätze rausbringt, seine Partnerin hingegen rhetorisch brillant ist, oder wenn ein redewilliges männliches Wesen im Hause nicht vorhanden ist. Richtig, dann ergreift einfach die Gastgeberin das Wort. Damenreden (d. h. der Mann ergreift für die Frau das Wort) gab es früher, manchmal noch immer in sehr konservativen Kreisen. Heute aber ist das lächerlich.

Tischreden werden in der Regel zwischen dem Hauptgang und dem Dessert gehalten. Dann ist der größte Stress für die Gastgeber vorbei, die Mägen sind gefüllt, was bedeutet, dass die Gäste friedlich und bereit zum Zuhören sind. Informieren Sie vor allem im Restaurant das Servicepersonal über die geplante Tischrede. Das Küchenpersonal wird Ihnen dankbar für diese Information sein. Bevor die Tischrede beginnt, wird abserviert und noch einmal nachgeschenkt.

Was sagt man?

Sammeln Sie sich zuerst. Niemand erwartet, dass Sie wie aus der Pistole geschossen Weisheiten von sich geben:

- Sagen Sie einige Worte über den Anlass des Festes. Ein Ehrengast, z. B. bei einer Geburtstags- oder Sponsionsfeier, muss in den Mittelpunkt gestellt werden.
- Geben Sie Ihrer Freude Ausdruck, dass die Gäste der Einladung gefolgt sind.
- Halten Sie Ihre Botschaft möglichst persönlich, erzählen Sie eigene Erlebnisse.
- Versuchen Sie, witzig und anekdotenreich zu sein.
- Finden Sie den richtigen Schlusspunkt, schweigen Sie und nehmen Sie wieder Platz. Verwässern Sie Ihre Tischrede nicht im Nachhinein.
- Auch ein Gast kann den Wunsch haben, einige Worte an die versammelten Gäste zu richten. Das sollte aber mit dem Gastgeber abgestimmt sein.

Und bedenken Sie, dass 90 Prozent des Beifalls, den Sie am Ende Ihrer Ausführungen entgegennehmen, Ausdruck der Erleichterung sind. Witzige, spritzige und kurze »Toasts« tragen viel zur Atmosphäre eines gemeinsamen Essens bei, langatmige Ausführungen sollten Sie sich sparen.

Service

Was kommt von rechts?

Vorspeise, Suppe, alle Hauptspeisen mit Tellerservice sowie Desserts werden dem Gast von der rechten Seite serviert. Soweit es natürlich der Platz erlaubt. Das gilt auch für den Wein. Geübte Gäste warten, bis der Teller auf dem richtigen Platz steht, und greifen nicht selbst danach. Selbstverständlich kann man einer weniger geübten Hausfrau und im Freundeskreis zu Hilfe kommen. Aber vor allem im Restaurant und bei formelleren Gelegenheiten greift man selbst nicht zu. Auch wenn's bei Mutti zu Hause so üblich ist.

Saubere Teller und Gläser stellen Sie auch von rechts auf den Tisch. Benütztes Geschirr wird ebenfalls von rechts abserviert.

Was kommt von links?

Bei größeren Gesellschaften ist es vor allem im privaten Kreis sehr schwierig, die einzelnen Speisen auf Tellern (Tellerservice) zu servieren. Meistens fehlen die geeigneten Warmhaltemöglichkeiten während des Anrichtens, wie es sie in Restaurantküchen gibt. Da bietet sich das Plattenservice an.

In Restaurants werden Platten dem Gast von der linken Seite serviert. Das Servierpersonal legt dabei jedem einzelnen Gast die Speisen auf den Teller oder es offeriert die Platte und erwartet, dass sich jeder Gast selbst bedient. Wenn Sie kein absoluter Profi sind, wird es Ihnen schwerfallen, die Speisen mit der rechten Hand zu servieren, indem Sie das Servierbesteck wie eine Schere benützen. Mühen Sie sich daher nicht ab und verwenden Sie ruhig beide Hände.

Falls nicht die Hausfrau im privaten Bereich serviert, können auch die Gäste die Platte mit den Speisen weiterreichen. Der Gast hält dabei jeweils seinem rechten Nachbarn die Platte, damit sich dieser bedienen kann.

Brot- und Beistellteller werden ebenfalls von links eingestellt.

BesteckspRache

Benütztes Besteck wird während der Essenspausen so abgelegt, dass die Griffe nicht auf dem Tischtuch liegen. Die Gabelzinken und die Spitze des Messers zeigen aufeinander.

Gekreuztes Besteck auf dem Teller bedeutet »Ich hätte gerne noch etwas«. Das ist in Restaurants bei Tellerservice nicht möglich, sehr wohl jedoch bei Plattenservice und auch meistens in privaten Haushalten, wo ja üblicherweise nicht zu knapp gekocht wird. Die geübte Gastgeberin serviert in diesem Falle nach. Ich verwende dabei einen neuen, angewärmten Teller und lege auch frisches Besteck nach. Wenn Sie nicht genügend Besteck vorrätig haben, können Sie auch ein Messerbänkchen aufdecken, auf dem benutztes Besteck kurzfristig abgelegt werden kann.

Ein parallel auf dem Teller abgelegtes Besteck, das von rechts unten nach links oben zeigt, heißt: »Ich bin fertig, bitte abservieren!«

Verabschiedung

Es ist die Aufgabe der Gastgeber, die Tafel aufzuheben. Das heißt nun nicht, dass alle Gäste schon gehen sollen. Meistens zieht man sich an einen anderen Platz im Wohnzimmer zurück, nimmt noch einen Digestif oder raucht eine Zigarette. In vielen Haushalten ist es rund um einen schönen Tisch sehr gemütlich und es wird einfach sitzen geblieben, nachdem das restliche Geschirr weggeräumt wurde und nur mehr die Weingläser zurückbleiben. Das kann man halten, wie man will.

Der Platzwechsel ist natürlich die vornehmere Variante. Geübte Gastgeber und Gäste wissen, dass bei feineren Anlässen Getränke dabei nicht mitgenommen werden. Bei einem gemütlichen Treffen im Freundeskreis kann das schon einmal vorkommen, bei einer offizielleren Gelegenheit bereitet man frische Gläser vor. Der Platzwechsel hat auch den Vorteil, besonders bei größeren Runden, mit anderen als den beiden Tischnachbarn ins Gespräch zu kommen.

»Fertig gegessen, aufgestanden, verabschiedet« ist nicht die feine Art. Lassen Sie auf jeden Fall noch eine Weile verstreichen, bevor Sie aufbrechen. Wenn der Erste geht, bedeutet das noch nicht, dass alle anderen Gäste ebenfalls gehen sollen. Als Richtzeit für ein Abendessen mit anschließender Plauderei ist Mitternacht. Das gilt vor allem für offiziellere Einladungen.

Trifft man sich mit Freunden und kennt den Hausbrauch, dann kann es natürlich auch länger dauern. Wie bei allen anderen Gelegenheiten gilt auch hier größte Sensibilität.

Verabschieden Sie sich von den anderen Gästen und von den Gastgebern. Der Hausherr wird Sie in der Regel hinausbegleiten.

Aufmerksame Gäste greifen am nächsten Tag zum Telefonhörer und bedanken sich nochmals für den gelungenen Abend. Das gilt vor allem für Einladungen im kleineren Kreis und wenn man weiß, dass die Hausfrau zu Hause ist.

Berufstätige Personen sind vielleicht telefonisch schwer erreichbar. Hier und bei Großeinladungen unterlässt man diese Geste. Einige handgeschriebene Dankesworte auf Karte oder Brief können den verbalen Dank ersetzen. Natürlich ist bei modernen Menschen eine E-Mail-Nachricht möglich. Richten Sie bitte die Art der Dankesbezeugung nach den Gastgebern und versuchen Sie, die sinnvollste Variante zu finden.

Kleine Helferlein

Nicht jeder schafft es, eine perfekte Einladung für mehrere Personen auf die Reihe zu bringen. Wenn Sie sich aus Zeitgründen oder mangelnden Kochkenntnissen einen derartigen Abend nicht zutrauen, der Pizzaservice nicht in Frage kommt, Sie aber trotzdem eine Einladung im eigenen Haus dem Besuch in einem Restaurant vorziehen, bieten sich einige Hilfsmöglichkeiten an.

Cateringfirmen

Wenn Sie es zeitmäßig nicht schaffen oder wenn die Gästezahl Ihre Kochkünste übersteigt oder Sie sich einfach die Mühe nicht antun wollen, können Sie eine Cateringfirma beauftragen. Vor allem bei Buffets leisten diese Firmen gute Dienste. Rechtzeitig vor Beginn der Einladung werden die diversen Köstlichkeiten ins Haus gebracht. Warme Gerichte werden in Wannen, die von unten erhitzt werden und die richtige Temperatur garantieren, geliefert. Wenn Sie wollen, können Sie einige Speisen selbst zubereiten und den Rest bestellen.

Rent a Cook

Wenn Sie sich und Ihren Gästen ein außergewöhnliches Vergnügen bereiten wollen, können Sie auch einen Koch mieten. In gemütlicher und entspannter Atmosphäre können Sie sich zu Hause von einem Profikoch mit einem exquisiten Menü verwöhnen lassen. Dieser bringt sämtliche notwendigen Zutaten mit und fabriziert in Ihrer Küche ein mehrgängiges Menü, ganz nach Ihrem Wunsch. Gegebenenfalls können Sie mit ihm gemeinsam einkaufen gehen. Was viele Gastgeber selbst nicht schaffen, schafft er. Aber er zaubert nicht nur ein Haute-Cuisine-Erlebnis auf Ihren Wohnzimmertisch, er bringt auch noch den passenden Wein mit. Ein Erlebnis der besonderen Art.

Wenn es gewünscht wird, werden auch Geschirr, Gläser, Tischwäsche und Tischdekoration mitgebracht. Auf Wunsch wird Servierpersonal gestellt. Das ist bei mehr als acht Personen meistens notwendig.

Während Sie sich um Ihre Gäste kümmern können, garantiert ein Fachmann einen reibungslosen Ablauf des Abends. Kein Stress beim Einkaufen, Vorbereiten und Kochen. Und was ein weiterer Vorteil ist, die Küche bleibt in einem absolut sauberen Zustand zurück. Wenn es an den nötigen Kröten nicht fehlt, kann man nur sagen: Herz, was willst du mehr?

Gut gemeint ist auch daneben

Vor einiger Zeit war ich mit meinem Mann bei einem bekannten, mittlerweile geschiedenen Ehepaar der Wiener Society eingeladen. Der Termin stand schon lange fest, denn bei beiden Paaren handelte es sich um stark beschäftigte Leute.

Als wir eintrafen, stand im Vorzimmer ein Ober im Frack mit vier Sektgläsern. Ein Koch mit weißer Mütze werkelte emsig in der Küche. Außer uns gab es keine Gäste. Tatsache war, dass die Gastgeberin es aus Termingründen nicht schaffte, selbst zu kochen, und kurzfristig in ihrer Not Koch und Dienstpersonal orderte. Der informelle Plauderabend, bei dem die Hunde der Gastgeber durch das Wohnzimmer strichen, war durch die Anwesenheit des Kochs mit der weißen Mütze und des Obers im Frack ad absurdum geführt. Eine kurzfristige Verlegung der Einladung ins nächsten Restaurant oder die Beauftragung eines Pizzaservices hätte uns keineswegs gestört und wäre passender gewesen. Das hat auch die Hausfrau gemerkt, der das Ganze selbst etwas peinlich war.

Hilfspersonal

Es gibt diese Wunderfrauen … Sie zaubern mit Leichtigkeit ein traumhaftes Essen für zwölf Personen, sie dekorieren den Tisch wie im »Märchen aus 1001 Nacht« und stehen pünktlichst, frisch geduscht und perfekt gestylt, für ihre Gäste bereit. Während in der Küche der Braten brutzelt, plaudern sie angeregt beim Aperitif, entwischen zwischendurch kaum merkbar in die Küche, um gleich wieder fröhlich und munter zu erscheinen. Sie essen mit großem Appetit und keiner merkt etwas von vorangegangener Mühe und Arbeit.

Und dann gibt es die normalen Frauen, für die eine Einladung

Stress bedeutet und die Mühe haben, alle die Anforderungen, die eine perfekte Gastgeberin erfüllen sollte, unter einen Hut zu bringen. Das perfekte Timing macht ihnen Mühe genauso wie die Menge der zubereiteten Speisen. Nach stundenlanger Verkostung bringen sie keinen Bissen mehr runter. Sie stehen mehr in der Küche, als sie sich bei ihren Gästen aufhalten.

Nur wenige Menschen können es sich leisten, geschultes Personal als Unterstützung für Privateinladungen anzustellen. Also muss Hilfspersonal her. Aber woher nehmen und nicht stehlen. Die wenigsten Leute haben dienstbare Geister zur Hand, die mit profunden Kenntnissen die Hausfrau unterstützen. Also greift man auf die Putzfrau zurück, der man ein weißes Schürzchen umbindet. Oder auf Mutti, die bereit ist, in der Küche mitzuhelfen, wenn die Kinder eine Fete schmeißen. Hat man willige Kinder, dann sind diese unter Umständen bereit, gegen eine Aufbesserung des Taschengeldes unterstützend zur Seite zu stehen.

Wenn Sie viele Gäste einladen, ist das durchaus in Ordnung. Prüfen Sie aber auf jeden Fall, ob Sie sich damit nicht mehr Stress antun als ohne Hilfe. In jedem Fall braucht es eine genaue Instruktion, wer für welche Aufgaben zuständig ist, damit es bei der Einladung keine Pannen gibt. Im Zweifelsfall ist es aber besser und gemütlicher, die Ansprüche an sich selbst als Gastgeber herunterzuschrauben und die Qualität der Einladung auf ein Niveau zu bringen, das man selbst schafft.

Auf jeden Fall können Sie bei der Garderobe ein kleines Körbchen oder Silbertablett hinstellen. Geben Sie einen Geldschein in der Höhe von fünf Euro als kleinen Hinweis hinein. Geübte Gäste wissen, dass sie einen entsprechenden Betrag an Trinkgeld für das Personal hinterlassen sollen. Und das haben sich die hilfreichen Geister auch verdient.

Gästebücher

In manchen Häusern ist das Führen eines Gästebuches eine schöne Sitte. Nach größeren Essenseinladungen oder bei Übernachtungsgästen werden die Gäste um eine Eintragung gebeten.

- Als Gastgeber schreiben Sie auf den Kopf der Seite das Datum und den Anlass der Einladung, also z. B. »Geburtstagsessen für Martin« oder »Abendessen anlässlich Promotion von Georg« oder Ähnliches. Manche Gastgeber ergänzen später dieses Gästebuch mit Fotos von den Gästen oder der Menükarte.
- Als Gast genügt im Allgemeinen ein Satz mit Dank für den netten Abend sowie die Eintragung des Namens. Notfalls genügt auch nur der Vor- und Zuname.
- Wenn Ihnen etwas Nettes oder Originelles einfällt, dann können Sie das natürlich auch verewigen. Gastgeber freuen sich meistens über persönliche Eintragungen. Wenn Sie reimen können oder wenn Sie zeichnerisch begabt sind, ist Ihnen ebenfalls der Dank der Gastgeber gewiss.

Freude bereiten Sie meistens auch, wenn Sie gemeinsam mit Gästen in alten Gästebüchern blättern. So können Sie vergangene Erlebnisse wieder ins Gedächtnis rufen. Tun Sie das aber nicht, wenn Sie Ihre Privateinladungen nicht jedem lückenlos darlegen wollen. Wenn Müllers beleidigt sind, weil Meiers öfter eingeladen sind als sie selbst und das im Gästebuch schwarz auf weiß belegbar ist, oder wenn Kollege Martin nicht wissen soll, dass Sie Ihren Vorgesetzten bekocht haben, dann hat das Gästebuch seinen Zeck verfehlt.

Auch bei offiziellen Einladungen liegt manchmal ein Gästebuch auf. Die Gäste werden schon beim Eintreten in den Veranstaltungsraum um eine Eintragung gebeten. Hier genügt der

Name und das Datum der Einladung. Ehepaare tragen sich separat ein.

Zusätzlich zu einem Gästebuch oder statt eines solchen hat sich auch die Anlage einer Gästekartei bewährt. Darin notiert sich der Gastgeber, wen er wann mit wem eingeladen hat, was es zu essen gab und welche Besonderheiten die betreffenden Gäste haben. Notieren Sie Essensvorlieben, wie z. B. Vegetarier, oder Unverträglichkeiten, wie z. B. Allergien gegen bestimmte Lebensmittel, Antialkoholiker und Ähnliches. Machen Sie Aufzeichnungen über harmonische Gästegruppen ebenso wie Gruppen, in denen Streithähne den ganzen Abend geschmissen haben.

Eine Gästekartei ist eine empfehlenswerte Hilfe bei weiteren Einladungen. Vielleicht möchten Sie ein Jahr später wieder mal dasselbe kochen, weil die Gäste so voll des Lobes waren. Vielleicht aber wollen Sie Abwechslung, und da hilft eine Dokumentation über vergangene Ereignisse sehr.

Bello, Waldi & Co

Um es gleich vorwegzunehmen. Auch ich habe einen. Keinen Vogel, aber einen zauberhaften, reizenden, tyrannischen und nicht ganz perfekt erzogenen kleinen Vierbeiner. Dieser ist ein geselliges Kerlchen und liebt Gäste über alles. Auch wenn er sonst stundenlang in seinem Körbchen liegt und pennt, läuft er zur Höchstform auf, wenn Besuch angesagt ist. Fremde Menschen im Wohnzimmer bedeuten für ihn Rudelerweiterung und somit neue Spielgefährten. Mit ungeheurer Penetranz holt er angesabberte Bällchen herbei, ohne darauf Rücksicht zu nehmen, dass sich vielleicht jemand davor grausen könnte. Zu seiner Verteidigung sei gesagt, dass er mit seinen fünf Kilogramm eher eine Miniaturausgabe eines Hundes ist, und daher eher Entzücken denn Entsetzen hervorruft.

Nichtsdestotrotz können Haustiere sowohl im eigenen Haushalt als auch in Restaurants ein Problem sein. Denn wir Tierliebhaber können nicht erwarten, dass es andere Menschen automatisch auch sind. Das bedeutet, dass Menschen mit Tieren besondere Rücksicht in Gegenwart von Menschen ohne Tiere nehmen müssen.

Tiere im Restaurant

Modeschöpfer **Rudolf Mooshammer** tat es, **Jean-Paul Belmondo** ebenfalls. Und viele andere, weniger berühmte Menschen tun es auch. Sie nehmen ihren Hund ins Restaurant mit. Zu diesem Thema gibt es unterschiedliche Standpunkte. Viele Feinschmecker sind der Meinung, dass Hunde grundsätzlich nicht ins Restaurant gehören. Ich bin nicht ganz dieser Meinung, denn es kommt stark darauf an, wie gut der Hund erzogen ist und ob er die Hunde-Etikette beherrscht oder nicht.

Zu unterscheiden ist auch, welches Restaurant aufgesucht wird. In einem Restaurant der Luxusklasse ist ein Hund nicht angebracht, da sollte er lieber zu Hause gelassen werden. Wenn Sie aber nach einem Sonntagsausflug mit Kind und Kegel in Begleitung von Waldi in einem Ausflugsrestaurant einfallen, wird kaum jemand etwas dagegen sagen können. Vorausgesetzt, Waldi kann sich benehmen und beherrscht das Basiswissen der Hunde-Etikette.

Etiketteregeln für den Hund

- Er lässt vor dem Restaurantbesuch Herrchen oder Frauchen anrufen, ob Hunde akzeptiert sind. Gegebenenfalls nimmt er auch mit einem etwas abgelegeneren Tisch vorlieb, sodass andere Gäste möglichst ungestört sind.
- Der wohlerzogene Hund verhält sich im Restaurant möglichst unauffällig. Er bleibt angeleint auf dem ihm zugewiesenen Platz, genießt die Anwesenheit von Herrchen oder Frauchen und regeneriert bei einem Schläfchen.
- Er kläfft nicht und bettelt auch nicht um Futter.
- Er negiert eventuell sonstige anwesende Hunde und lässt sich keinesfalls auf eine Rauferei ein.
- Er verkneift es sich, das Maul oder gar die Vorderpfoten auf den Tisch zu legen.
- Keinesfalls läuft er frei herum, auch nicht bei Gartenbetrieb.
- Er schnappt nicht nach vorübergehenden Hosenbeinen.
- Er vergisst, dass er ein toller und dominanter Rüde ist und verkneift sich das Markieren diverser Eckpfeiler.
- In einem einfachen Lokal oder bei Gartenbetrieb nimmt er huldvoll die ihm dargebotene Wasserschüssel an. In einem feinen Lokal lässt er sich bei Bedarf den Wassernapf in einem anderen Raum, z. B. in einem nicht benutzten Nebenzimmer oder im Vorraum der Toilette servieren.

Kein Restaurantbesitzer und auch kein Gast, der am Nebentisch sitzt, kann wissen, ob es sich um einen braven und wohlerzogenen Vierbeiner handelt. Wenn Sie Ihren Hund unbedingt ins Restaurant mitnehmen wollen oder müssen, nehmen Sie daher besondere Rücksicht auf die anderen Gäste.

Bei offiziellen Einladungen haben auch wohlerzogene Hunde

nichts zu suchen. Reifere Damen mit kleinen Kokottenpinschern à la Irma la Douce im Arm wirken in der Regel etwas befremdlich.

Tiere im privaten Bereich

Hunde und Haustiere werden von ihren Besitzern oft wie Kinder geliebt. Tierbesitzer sollten sich darüber im Klaren sein, dass sie diese Einstellung im besten Fall mit anderen Tierliebhabern teilen, nicht aber mit der Allgemeinheit. Wer einmal mit seinem kranken Liebling im Vorzimmer eines Tierarztes gesessen ist und dabei die anderen Menschen beobachtet hat, weiß, wovon ich rede. Erwachsene Männer, die liebevolle Gespräche mit ihrem Kätzchen führen, Frauen, die beruhigend auf den auf ihrem Schoß sitzenden, bibbernden Neufundländer einreden, mit ihren Meerschweinchen schmusende Großväter und Ähnliches.

Sollten Sie in einem Privathaushalt eingeladen sein, dann fragen Sie unbedingt, ob Sie Ihren Hund mitbringen dürfen. Wenn Sie mit Bello oder Rex willkommen sind, dann gelten dabei dieselben Regeln, wie bei einem Restaurantbesuch. Akzeptieren Sie in jedem Fall eine negative Antwort. Auch wenn wir Tierliebhaber das nicht verstehen können. Hundebesitzer können nicht automatisch damit rechnen, dass sie immer in Begleitung ihres vierbeinigen Lieblings erwünscht sind. Manche Menschen leiden unter Hundeallergie, manche haben schlicht und einfach Angst, Menschen mit feiner Nase wieder können den typischen Hundegeruch nicht ausstehen. Manche Leute aber haben selbst einen Hund und möchten den Zoff mit dem unbekannten Nebenbuhler vermeiden. Auch Gastgeber mit kleinen Kindern sind manchmal nicht besonders erfreut, wenn Gäste mit Hunden erscheinen.

Wenn Sie eine Einladung zu Sich nach Hause aussprechen, dann checken Sie vorher, wie viel Tier Sie Ihren Gästen zumuten können. Lassen Sie sich aber bitte nicht von wohlerzogenen Gästen täuschen, sondern beurteilen Sie, ob die Toleranz eine echte ist oder nur gespielt.

Halten Sie auch Ihre andere Menagerie möglichst von Ihren Gästen fern. Der Gast im schwarzen Anzug ist vielleicht nicht besonders entzückt, wenn er auf der Wohnzimmercouch Platz nimmt und der zutrauliche Perserkater seine weißen Haare an den Hosenbeinen abstreift. Auch der Papagei, der sich jedem ankommenden Gast auf die Schulter setzt und liebevolle Nasenstüber austeilt, ist nicht jedermanns Sache. Seien Sie daher höflich, überlegen Sie genau, wie viel Tierliebe Sie Ihren Gästen zutrauen können. Gehen Sie lieber auf Nummer Sicher und vermeiden Sie unangenehme Belästigungen. Seien Sie besonders vorsichtig bei Gästen, die Sie noch nicht gut kennen.

Hunde im Hotel

Manche Hotels akzeptieren Hunde, manche nicht. Hundefreundliche Hotels verlangen manchmal eine separate Gebühr für den übernachtenden Hund. Nehmen Sie nur dann einen Hund mit, wenn er gut abgerichtet ist und aufs Wort gehorcht. Lassen Sie Beller auf jeden Fall zu Hause, nehmen Sie vertrautes Hundefutter mit und achten Sie darauf, dass Teppichböden keinesfalls beschmutzt werden. Füttern Sie den Hund im Vorraum oder im Badezimmer und stellen Sie den Napf auf jeden Fall auf ein mitgebrachtes Tablett.

Dass Sie Ihren Hund nicht im Gästebett schlafen lassen, braucht wohl nicht eigens erwähnt zu werden. Die meisten Hundebesitzer reagieren entrüstet auf die Frage, ob ihr Hund ins Bett darf. Bei

wenigen Themen wird so viel gelogen wie bei diesem. Untersuchungen zeigen, dass die meisten Hunde zumindest dann und wann zu Herrchen oder Frauchen ins Körbchen dürfen. Also, ganz egal, welche Freiheiten Waldi zu Hause hat, in fremden Betten hat er nichts zu suchen. Da gehört er nachts auf eine eigene Decke und auf den Boden. Punktum.

Hunde auf der Straße

»Manderl oder Weiberl? Er tuat eh nix.« (Übersetzung für Nichtösterreicher: »Männchen oder Weibchen? Mein Hund ist wohlerzogen und greift nicht an.«). Das ist die übliche Begrüßungsfloskel zwischen zwei einander begegnenden Wiener Tierbesitzern.

- Viele Gemeinden haben genau festgelegte Regeln, wie Tiere auf der Straße zu führen sind. Halten Sie sich auf jeden Fall an diese Richtlinien, um nicht unnötigerweise in Unannehmlichkeiten zu geraten.

- In den meisten Gegenden gibt es Leinenzwang, auch in öffentlichen Parks und Grünanlagen. Manche Parks haben eigene Hundezonen, wo die Tiere frei laufen dürfen. In öffentlichen Verkehrsmitteln gilt auch Beißkorbzwang.
- Wohlerzogene Hunde wissen, wo sie ihren Haufen machen dürfen. Sollte Bello mal just auf dem Gehsteig »müssen« und es gelingt Ihnen nicht, ihn ins Rinnsal zu locken, dann ist es Ihre Pflicht als Hundehalter, das Malheur zu beseitigen. In manchen Städten räumen Hundebesitzer sogar Haufen aus öffentlichen Parks weg. Im riesigen New Yorker Central Park z. B. sieht man Hundebesitzer mit Schaufel und Plastiksack. Das Beseitigen ist Vorschrift und es droht umgehend eine saftige Strafe, wenn man dagegen verstößt.
- Auf Kinderspielplätzen und in Sandkisten haben Hunde nichts verloren. Halten Sie daher Ihren Liebling grundsätzlich davon fern.

Kapitel 7

Im Restaurant

Business Lunches

Essen mit Geschäftspartnern sind die beste Gelegenheit zum Kennenlernen oder für informelle Aussprachen. Sie haben den Zweck, trockene geschäftliche Themen durch ein angenehmes und stilvolles Ambiente mit vorzüglichem Essen in einer aufgelockerten Atmosphäre besser lösen zu können. *Hard facts* werden dabei nur am Rande gestreift. Für das Aushandeln von Verträgen, für knifflige Verhandlungen sind Büros besser geeignet als Restaurants.

Damit die Geschäfte im Sinne des Gastgebers gelingen, wird dem Geschäftsfreund oder Informanten alles bezahlt, vom Aperitif bis zur Zigarre. Doch ganz von selbst und nur mit Hilfe einer spendablen Brieftasche allein läuft es in der Regel nicht. Das angenehm entspannte Ambiente will gekonnt genutzt, die aufgebaute Atmosphäre stimmig, die Betreuung professionell sein. Kurz, ein paar Regeln sollte der Gastgeber beherrschen.

Tischkultur und eine gewisse Kenntnis der Kulinarik gehören zum grundlegenden Wissen und machen das gemeinsame Mittagessen zum festen Bestandteil einer guten Geschäftskultur. Beim gemeinsamen Essen soll nicht die Geschäftigkeit, sondern der bewusste Genuss vorrangig sein. Daher sollte der Gastgeber vor allem das Wohl seiner Gäste im Auge haben, sich auf der Speise- und Weinkarte ein bisschen auskennen und für eine möglichst persönliche Atmosphäre sorgen.

Ihr Verhalten und das Verhalten Ihrer Gäste richtet sich immer nach dem Stil des Restaurants. In einem einfachen Lokal verlangt niemand von Ihnen die Zelebrierung der großen Etikette, der Umgang kann durchaus etwas lockerer sein. In einem Lokal der Spitzenklasse sollten Sie allerdings alle Regeln beachten, die einen perfekten Auftritt garantieren.

Wählen Sie als Gastgeber im Job immer nur Restaurants, die Sie bereits kennen. Ausflüge ins kulinarische Neuland sollten Sie privat machen. Wer mit dem japanischen Business-Gast stilecht in einem abgeschlossenen Tatami-Raum ohne Schuhe und auf Reismatten ein japanisches Menü zelebrieren will, sollte das vorher üben, um eine Blamage zu vermeiden. Abgesehen davon, dass ausländische Gäste einem regionalen Restaurant ohnedies den Vorzug geben.

Eintreten

Schon beim Betreten und Durchqueren des Lokales unterscheidet sich der sattelfeste vom ahnungslosen Gast. Wenn Sie als Gastgeber zwar wissen, wie es geht, aber Ihre Begleitung nicht hinreichend informiert ist, können Sie durch Bemerkungen, wie z. B. »Darf ich vorgehen?« oder »Bitte nach Ihnen!«, das Procedere beeinflussen.

Türe öffnen

- Wenn ein Paar das Lokal betritt, dann öffnet der Mann die Türe, die Frau betritt zuerst das Lokal, dann folgt der Mann und schließt gleichzeitig die Tür hinter sich. Achten Sie beim

Türöffnen, dass Sie Ihr Gesicht der Person, die durch die Tür geht, zuwenden und die Türe so lange offen halten, bis der oder die Betreffende passiert hat.

- Bei Geschäftsessen öffnet der Gastgeber die Türe und lässt seine Gäste vorgehen.
- Wenn mehrere Personen gemeinsam ein Lokal betreten, so hält der rangniederste Herr die Türe für alle auf. Das gilt vor allem auch für Geschäftsessen.

  Beispiel: Sie sind Assistent der Geschäftsleitung und besuchen mit Ihrem Boss und einigen Kunden ein Restaurant. Es ist dann Ihre Aufgabe, die Türe für alle anderen Gäste zu öffnen.
- Wenn Sie mit Freunden ausgehen, dann hält einer der männlichen Gäste die Türe für die Damen auf. Nachdem die Damen passiert haben, drücken die nachfolgenden Männer einander die Türe in die Hand.
- Bei Drehtüren geht der Herr vor der Dame. Bei mehreren Personen macht ein Herr den Anfang, dann folgen die Damen, zum Schluss die restlichen Herren.

Zum Tisch gehen

Nachdem alle Gäste die Türe passiert haben, übernimmt der Gastgeber wieder die Führung. In der Regel werden Sie einen Tisch reserviert haben. Nach einem Blick auf die Reservierungsliste wird Sie der Ober zum Tisch führen. Dabei gilt folgende Reihenfolge:

- Bei einem Paar geht zuerst der Ober, dann folgt die Dame, dann der Herr.
- Bei mehreren Personen geht zuerst der Ober, dann die Damen. Zuletzt folgen die Herren.
- Wenn Sie keine telefonische Reservierung gemacht haben, dann klären Sie noch vor dem Ablegen der Mängel, ob es freie

Plätze gibt. Wenn der Ober vorausgeht, um Ihnen den Tisch zu zeigen, dann gelten oben stehende Regeln, wenn das nicht der Fall ist, halten Sie sich bitte an folgende Empfehlungen.

- Bei einem Paar geht der Herr voraus, hinter ihm die Dame.
- Wenn mehrere Personen ohne Tischreservierung das Restaurant betreten, dann geht ein Herr voraus, danach die Damen, die restlichen Herren bilden den Schluss.

Garderobe

Bei vornehmeren Restaurants befindet sich die Garderobe beim Eingang des Lokals, in einfacheren Gaststätten gibt es Ablagemöglichkeiten in der Nähe des Tisches.

- Der Herr hilft zuerst der Dame aus dem Mantel und legt dann erst seine Garderobe ab. Männer sind für die Garderobe der eigenen Partnerin zuständig. Der Ober kann die Garderobe zwar übernehmen, das »In-und-aus-dem-Mantel-Helfen« aber ist die Aufgabe des jeweils zuständigen Partners. Beim Rausgehen passiert das Ganze in umgekehrter Reihenfolge. Zuerst wird der Dame in den Mantel geholfen, dann zieht sich der Herr an.
- Wenn Damen ohne Partner in einer Gruppe ein Lokal besuchen, dann helfen die anwesenden Herren selbstverständlich, nachdem sie ihrer Partnerin zur Seite gestanden haben. Um zu vermeiden, dass sich selbstbewusste junge Frauen allein ihrer Garderobe entledigen, sollten die anwesenden Herren durch eine Bemerkung, wie z. B. »Ich helfe Ihnen sofort«, klarstellen, dass sie hilfsbereite Kavaliere sind.

Leider beherrschen nur wenige Männer die Kunst des »In-den-Mantel-Helfens«. Lassen Sie sich immer Zeit und üben Sie. Bald werden Sie nicht mehr unsicher sein und die Bewegung wird harmonisch und flüssig gelingen.

Damen anziehen

Die richtige Vorgehensweise ist folgende. Nehmen Sie den Mantel der Dame, halten Sie ihn mit der Rückseite vor sich und greifen Sie von oben leicht in die beiden Ärmelöffnungen hinein. Dann bieten Sie ihr die rechte Ärmelöffnung etwa auf Ihrer Brusthöhe an. Sobald sie hineinschlüpft, führen Sie den Ärmel samt Mantel leicht nach oben. Dann verfahren Sie mit dem linken Ärmel genauso.

Bei Tisch

Hinsetzen

Wählen Sie Ihren eigenen Sitzplatz so, dass Sie Blickkontakt mit dem Ober halten können. Sitzplätze, die den Blick ins Lokal möglich machen, sowie bequeme Plätze sind für die »würdigeren« Gäste bestimmt. Das kann die Dame sein oder auch z. B. ein Ehrengast.

Wenn mehrere Gäste an der Tafel sitzen, dann überlegen Sie sich eine Sitzordnung. Wenn es möglich ist, sollten Männer und Frauen abwechselnd gesetzt werden. Partner werden dabei getrennt.

Warten Sie mit dem Platznehmen, bis alle Gäste hinter Ihrem Sessel stehen. Damen setzen sich zuerst hin, ihre Tischpartner, das sind die Männer an ihrer linken Seite, rücken ihnen dabei den Stuhl zurecht. Bei Männergruppen setzt sich der würdigste Mann, das kann der Ehrengast oder der älteste Mann, aber auch der Firmenboss sein, zuerst.

Bestellung

Souveräne Gastgeber lenken den Gang der Dinge. Das ist nicht ganz einfach. Denn einerseits wollen sie ihre Gäste nicht bevormunden, zum anderen möchten diese keine ungebührlichen Ansprüche stellen. Gut läuft es, wenn der Gastgeber mit Bestimmtheit und trotzdem sensibel die Fäden zieht.

Vorerst muss sowohl den Gästen als auch dem Ober gegenüber klargestellt werden, wer der Einladende ist, um zu vermeiden, dass es beim Zahlen Unstimmigkeiten gibt. In der Regel bringt das Bedienungspersonal die Menükarten für jeden einzelnen Gast. Sollte das nicht der Fall sein, dann ist es der Gastgeber, der den Ober um die Karte bittet.

Wenn Sie die Rechnung teilen, dann sollten Sie das sofort bei der Bestellung dem Ober mitteilen, damit er die Bestellungen getrennt aufnehmen und separat bonieren kann.

Ist Ihre eigene Zeit oder die Ihres Gastes limitiert, dann geben Sie gleich bei der Bestellung den Zeitrahmen für das Essen ab. In der Regel wird man vor allem für Arbeitsessen mit 1½ Stunden hingekommen. Essen mit Bekannten oder Freunden sowie Abendeinladungen dauern natürlich länger.

Speisen

Es ist die Aufgabe des Einladenden, Vorschläge aus der Karte zu machen. Damit signalisiert er zugleich, in welcher Preiskategorie sich die Gäste bewegen dürfen. Wenn er z. B. als Vorspeise Gänseleber oder Hummer vorschlägt, dann ist das ein Hinweis für die anderen Tischteilnehmer, dass sie sich nicht mit dem Tagesteller begnügen müssen. Er erspart damit auch seinen Gästen die peinliche Frage »Ja, was isst den du!«, die nur dazu dient, sich auf das richtige Preisniveau einzupendeln.

Die Anzahl der konsumierten Gänge sollte bei allen Personen am Tisch gleich sein. Das garantiert einen harmonischen Ablauf. Wenn jemand partout weniger essen möchte, dann kann er ja bewusst etwas ganz Leichtes, also z. B. eine klare Bouillon oder einen kleinen Salat nehmen.

Koordinierte Auswahl

In einfachen Restaurants, wo die meisten Speisen fertig in der Küche auf den Service warten, ist es kein Problem, wenn jeder Gast am Tisch ein anderes Gericht bestellt. In Spitzenrestaurants allerdings ist es üblich, dass jedes Gericht separat gekocht wird. Daher empfehle ich, sich bei mehr als vier Personen am Tisch auf ein bis zwei Varianten eines jeden Ganges zu beschränken. Das entlastet die Küche und bringt mehr Qualität, außerdem erleichtert es die Weinauswahl.

Jeder Gast bestellt für sich selbst, dabei haben die Damen den Vorrang, dann kommen die Herren, der Gastgeber bestellt für sich zum Schluss. Wenn man nur zu zweit ein Restaurant besucht oder wenn sich alle Gäste am Tisch für das gleiche Menü entschieden haben, dann kann auch der Gastgeber bestellen.

Bestecksprache

Das Besteck gibt in Zeichensprache an, ob man den Gang beendet hat oder ob man nachgelegt haben möchte. Ein gekreuztes Besteck auf dem Teller bedeutet: »Ich hätte gerne noch etwas«. Das ist aber nur bei Plattenservice und nicht bei Tellergerichten möglich. Ein parallel auf dem Teller abgelegtes Besteck, welches von rechts unten nach links oben zeigt, bedeutet: »Ich habe den Gang beendet, bitte abservieren.« Geübtes Servierpersonal serviert erst ab, wenn alle Gäste am Tisch ihr Essen beendet haben.

Benutztes Besteck soll niemals das Tischtuch berühren. Während einer eventuellen Essenspause wird das Besteck in Form eines umgekehrten V (=Λ) auf dem Teller abgelegt.

Getränke

Übereifrige Ober tendieren dazu, sofort nachdem sie die Menükarte gebracht haben, nach den Getränkewünschen zu fragen.

Einen Aperitif können Sie, falls Sie einen nehmen wollen oder ihn nicht an einem anderen Ort getrunken haben, schon bestellen. Mit der Bestellung des Weines zu den Speisen sollten Sie sich noch Zeit lassen, weil der passende Wein erst nach der Auswahl des Menüs ausgesucht werden kann.

Bei Business Lunches muss nicht unbedingt Wein getrunken werden. Gastgeber aber sollten niemanden zu Mineralwasser nötigen. Geben Sie daher immer eine Empfehlung für eine gute Falsche oder ein gutes Glas Wein ab. Wenn Sie kein Weinkenner sind, dann lassen sie sich eine Empfehlung des Hauses geben. Lassen Sie sich aber auf jeden Fall den empfohlenen Wein auf der Karte zeigen, um zu vermeiden, dass der Ober die teuerste Flasche aus seinem Keller empfiehlt.

Der Gastgeber bekommt den Probeschluck eingeschenkt. Er prüft dabei, ob die Temperatur, der Geruch und der Geschmack des Weines passen. Was dabei sonst noch wichtig ist, können Sie im vorigen Kapitel nachlesen.

Arbeiten und Essen

Zahlenkolonnen, Prospekte und Exposés müssen warten, bis das Essen vorbei und die Tafel frei ist für Papier, Dessert und Mokka. Andernfalls hätte es ja gereicht, sein Gegenüber im Büro aufzusuchen.

Puristen sind gar der Meinung, dass Umsatzkurven und Ähnliches nichts an einem gedeckten Tisch zu suchen haben. Während sich **Attila Dogudan** in seinem Restaurant am Wiener Stefansplatz großzügig gibt und nichts gegen Papierkram am Tisch hat, ist Starkoch **Reinhard Gerer** vom »Corso« beleidigt, wenn seine hochwertige Küche durch Aktenordner entweiht wird. »Die Leute sollen entweder ihre Geschäfte abschließen oder zu Mittag essen. Aber wenn ich erleben muss, dass man das vermischt, bekomme ich Bauchweh – und das ist ja die typische Managerkrankheit«, sagt er.

Was sonst noch wichtig ist

- Bedenken Sie, dass Gespräche in Restaurants niemals geheim bleiben. Vertrauliche Gespräche gehören daher ins Restaurant nur dann, wenn Sie dafür ein Extrazimmer bekommen. Bedenken Sie, dass die typischen Business-Lunch-Lokale von Gästen aus der Wirtschaft besucht werden, die oft wissen, was läuft bzw. Begegnungen richtig oder falsch interpretieren können.
- Handys gehören bei Tisch immer ausgeschaltet. Wenn Sie wirklich ein dringendes Gespräch erwarten, dann kündigen Sie das Ihrem Gast an und ziehen sich für das Gespräch in einen ungestörten Bereich zurück.
- Gastgeber haben die Aufgabe, darauf zu achten, dass es allen Gästen gut geht. Reklamationen geben Sie mit freundlichen Worten an das Bedienungspersonal weiter.
- Souveräne Gäste gehen höflich mit dem Bedienungspersonal um und können auch unterscheiden, ob es sich um Hilfskräfte in einfachen Restaurants handelt oder um gut ausgebildete Ober in der gehobenen Gastronomie. Während man in guten Restaurants selbstverständlich vom Ober verlangt, dass dieser Wein nachschenkt, können das der Gastgeber bzw. die anwesenden Herren in einfacheren Lokalen auch selbst tun.
- Das Geschirr wird nach dem Essen immer auf dem Tisch stehen gelassen und nicht weggeschoben oder aufeinandergestapelt, um dem Ober Arbeit zu ersparen. Helfen kann man nur

in einfachen Lokalen oder wenn man sieht, dass sich z. B. junge Menschen, die noch in der Ausbildung stehen, schwer tun.

- Sollten Sie auf Bekannte in einem öffentlichen Lokal treffen, dann genügt es, einander zuzunicken. Natürlich können Sie Aufforderungen von Freunden, am selben Tisch Platz zu nehmen, folgen. Wenn Sie aber keine Lust haben, dann können Sie auch dankend ablehnen und eventuell anbieten, am Schluss der Mahlzeit noch einmal vorbeizuschauen.
- Wenn Sie den Tisch wechseln, dann nehmen Sie nur Ihre persönlichen Gegenstände mit. Weinflaschen oder Gläser wird das Servierpersonal nachbringen.

Bezahlen

Wenn der Gastgeber seine Rolle schon im Vorhinein definiert hat, dann wird es mit dem Bezahlen kein Problem geben. Nach der Aufforderung »Kann ich bitte die Rechnung haben!« wird diese auf einem Teller, zugedeckt mit einer Serviette oder in einer sonstigen Hülle, gebracht.

Bargeld

Der Gastgeber legt den entsprechenden Betrag und ein Trinkgeld (das sich in der Höhe von sieben bis zehn Prozent des Rechnungsbetrages bewegen sollte) auf den Teller. Der Ober wird das Wechselgeld und die Rechnung zurückbringen. Die Rechnung nimmt der Gastgeber an sich, der als Trinkgeld vorgesehene Betrag bleibt auf dem Teller liegen. Dabei sollte die Höhe der Geldtransaktion nicht unbedingt von den Gästen wahrgenommen werden.

Wenn Sie zu zweit sind und die Dame ihren Teil partout selbst bezahlen will, dann hat sie die Möglichkeit, ihre eigene Rechnung zu verlangen. Mit dem Hinweis »Mir bitte auch eine Rechnung!« stellt sie klar, dass sie nicht eingeladen werden möchte. Natürlich kann auch die Frau Gastgeberin sein und die Gesamtrechnung begleichen. Sie übernimmt daher alle jene Aufgaben, die auch dem Mann zustehen. Die Zeiten, in denen Frauen ihren Partnern verschämt ihre Geldtasche unterm Tisch zugesteckt haben, sind endgültig vorbei.

Rechnung teilen

Wenn die Rechnung geteilt wird, dann sollte das schon am Anfang klargestellt werden und dem Ober bekannt sein. Es gibt nichts Peinlicheres, als bei der Bezahlung herumzufeilschen, wer was konsumiert hat. Wenn Freunde miteinander ein Restaurant besuchen, dann sollten sie die Gesamtrechnung durch die Anzahl der anwesenden Paare bzw. Personen teilen. Denn in der Regel lohnt sich die detaillierte Aufrechnung nicht und ein wenig Großzügigkeit hat noch niemandem geschadet.

Für den Fall, dass es am Restauranteingang eine Kasse gibt, zahlen Sie dort. Das Trinkgeld hinterlassen Sie in diesem Falle am besten diskret auf dem Tisch.

Kreditkarte

Bei Bezahlung mit Kreditkarte wird diese anstatt des Bargeldes auf den Teller mit der Rechnung gelegt. Der Ober bringt den Kreditkartenbeleg, die Kreditkarte und die Rechnung zurück. Wenn auf dem Beleg eine Zeile mit »Tipp« oder »Service« vorgesehen ist, dann wird das Trinkgeld mit der Hand dazugeschrieben. Wenn nicht, dann wird der Kreditkartenbeleg unterschrieben und das Trinkgeld in bar dazugelegt.

Bei einer größeren Personenanzahl ist das Kontrollieren der Rechnung etwas aufwändig. Daher empfehle ich, mit dem Ober zu vereinbaren, dass Sie nicht am Tisch, sondern in einem anderen Raum bezahlen. Sie haben damit die Möglichkeit, in aller

Ruhe die Rechnung zu kontrollieren und außerhalb der Blicke Ihrer Gäste die Transaktion vorzunehmen.

Klären Sie schon bei der Tischbestellung, ob Kreditkarten akzeptiert werden. Nicht nur viele einfachere Gasthäuser, sondern auch manche Restaurants der gehobenen Qualität akzeptieren nur Bargeld. Es ist besonders peinlich, wenn Sie zu wenig Bargeld mithaben und Kreditkarten nicht akzeptiert werden.

Hinausgehen

Beim Verlassen des Lokals gelten folgende Regeln:

- Wenn es sich um ein Paar handelt, geht die Dame voran, der Herr folgt. Der Herr öffnet die Türe beim Hinausgehen.
- Bei zwei oder mehreren Paaren gehen die Damen voraus, die Herren folgen. Ein Herr öffnet die Türe, die Damen gehen hinaus, dann folgen die Herren.
- Bei Geschäftsessen gehen die Gäste voran, der Gastgeber folgt zum Schluss. Der Gastgeber oder ein in der Hierarchie niedrigerer Mitarbeiter öffnet die Türe.

Nachbearbeitung

Vergessen Sie weder bei privaten noch bei geschäftlichen Einladungen die entsprechende Nachbearbeitung.

- Bei privaten Einladungen danken Sie dem Gastgeber am nächsten Tag mündlich oder schriftlich. Damen können Sie gerne auch einen Blumenstrauß mit einigen persönlichen Worten zustellen lassen. Bringen Sie niemals Blumen direkt ins Restaurant mit, es sei denn, es handelt sich um eine Feier, wie z. B. einen Geburtstag oder Ähnliches. Da rechnet man mit Geschenken und bereitet in der Regel einen entsprechenden Geschenketisch vor.

▷ Bei geschäftlichen Einladungen sollte sich auch der Gastgeber bedanken. Fassen Sie die Gesprächsergebnisse zusammen oder halten Sie mit einigen Zeilen nächste Schritte, Vorhaben oder Termine fest. Sparen Sie dabei nicht mit Lob, wenn die Atmosphäre entspannt war, und bedanken Sie sich für die nette Gesellschaft. Kleine Gesten sind auch hier der Ausdruck von besonderer persönlicher Wertschätzung, die auch Business-Lunch-Gäste gerne zur Kenntnis nehmen.

Pannen

Pannen können immer und überall vorkommen. Beim Koch, beim Ober und auch beim Gast. Soll man darauf überhaupt rea-

gieren, und wenn, wie soll man das tun? Was tut man, wenn sich Personen danebenbenehmen oder wenn man selbst in einen gehörigen Fettnapf springt?

Besonders wichtig ist es, ein Gefühl dafür zu entwickeln, ob und inwieweit man reagieren soll. Die Reaktion muss immer dem Anlass entsprechen. Ihre Entschuldigung darf nie über- oder unterdimensioniert sein. Außerdem müssen Sie immer einschätzen, wann der richtige Zeitpunkt für eine Entschuldigung gegeben ist. In den meisten Fällen wird das sofort sein, manchmal etwas später unter vier Augen und hie und da tut man sich mit einer schriftlichen Entschuldigung leichter. In wenigen Fällen tut man gar nichts.

Pannen des Personals

- Manchmal schleichen sich Fehler ein. Wenn das Gericht versalzen ist, das Fleisch zäh oder sich am Tellerrand ein Haar befindet, dann können Sie dezent und höflich den Ober darauf aufmerksam machen und ihn bitten, das Gericht auszutauschen. Das sollten Sie aber bereits nach dem ersten Bissen tun. Das Gericht aufzuessen und sich erst nachher zu beschweren, macht keinen Sinn.
- Wenn das Getränk nicht richtig gekühlt ist oder der Wein »korkt«, dann haben Sie ebenfalls das Recht, beim Ober zu reklamieren. In guten Restaurants wird das Problem sofort beseitigt, der Wein in die richtige Trinktemperatur gebracht bzw. die Flasche ausgetauscht werden.
- Auch Korkreste im Wein müssen Sie nicht akzeptieren. Versuchen Sie erst gar nicht, mit Gabel oder Messer im Glas herumzustochern, sondern bitten Sie einen Ober, das Problem zu lösen.
- Schmutziges Besteck oder Lippenstiftreste am unbenutzten

Glas dürfen in guten Restaurants eigentlich nicht vorkommen. Versuchen Sie niemals selbst, das Problem zu beseitigen, sondern bitten Sie ohne viel Tamtam nach sauberem Besteck oder sauberen Gläsern.

Pannen von Gästen

- Geraten Sie nicht in Panik, wenn Sie ein volles Weinglas auf der Tafel umstoßen. Entschuldigen Sie sich kurz bei Ihren Tischnachbarn. Legen Sie die eigene Serviette über den angerichteten Schaden. Geben Sie dann dem Bedienungspersonal ein Handzeichen, es wird umgehend den Tisch wieder in Ordnung bringen. Greifen Sie niemals als unbeteiligter Dritter in solche Situationen ein, das macht die Sache nur noch schlimmer.
- Wenn Sie die Kleidung eines Tischnachbarn mit Wein oder Essen beschmutzen, dann unterlassen Sie es, an ihm herumzuputzen. Entschuldigen Sie sich höflich und bieten Sie an, die Kosten für die Reinigung zu übernehmen. Wenn Sie die Stoffbezüge einer Bank beschmutzen, dann ist das in der Regel von der Versicherung gedeckt.
- Wenn Ihnen ein Besteckteil oder die Serviette zu Boden fällt, dann winken Sie den Ober herbei und bitten ihn um neues Material. Suchen Sie keinesfalls auf dem Boden danach.
- Wenn Sie niesen oder husten müssen, dann tun Sie es. Sie brauchen sich dabei auch nicht vom Tisch abzuwenden. Bei Anfällen verlassen Sie kurz die Tafel und nehmen, wenn Sie wieder Luft kriegen, mit einer Entschuldigung Ihren Platz wieder ein. Wenn fremde Personen an einer Tafel niesen, wird das von den übrigen Gästen taktvoll übergangen.
- Wenn Sie jemandem im Gespräch verletzten, dann ist es am besten, Sie bereinigen die Situation nicht vor allen Gästen, sondern zu einem späteren Zeitpunkt unter vier Augen. Manchmal

ist es einfacher, am nächsten Tag eine schriftliche Entschuldigung zu formulieren.

Sonstige Misslichkeiten

- Wenn der Lippenstift nachgezogen oder die Nase neu gepudert gehört, dann macht man das keinesfalls bei Tisch, sondern sucht die Toilette auf. Versuche von schminkwilligen Damen, sich ohne Spiegel »nur mal schnell die Lippen nachzuziehen« gehen in der Regel blamabel aus. Auch die Angewohnheit, sich mit Puderdose und Lippenstift neben dem Tisch hinunterzubeugen und sich »diskret« zu verschönern, gehört nicht zur feinen Lebensart.

Buffets

Viele Leute lieben Buffets, denn sie bieten einige Vorteile gegenüber gesetzten Essen. Jeder Gast kann aus einer großen Anzahl von kalten und manchmal auch warmen Speisen wählen, da findet jeder etwas für seinen persönlichen Geschmack. Vielesser fühlen sich genauso wohl wie Personen, die gerade auf Diät sind, Vegetarier haben in der Regel auch nichts zu meckern, denn etwas Gemüse wird sich schon finden lassen.

Im Gegensatz zu einer Tafelgesellschaft, wo die Plätze ja meistens vorgegeben sind, sind Buffets auch zwanglos. Man kann sich seine Tisch- und Gesprächspartner selbst aussuchen, kurz und gut, man ist ein selbstbestimmter souveräner Mensch. Und das ist jeder gerne!

Doch Buffets sind nicht ganz so zwanglos, wie sie scheinen. Im Gegenteil, sie stecken voller Tücken, die der vollendete Gast wissen muss.

Hier eine Rekapitulation der wichtigsten Regeln:

Richtig starten

- Gäste warten so lange, bis der Gastgeber das Buffet eröffnet hat. Erst nach der offiziellen Freigabe darf gegessen werden. Üblicherweise gibt es am Anfang ein ziemliches Gedränge. Daher empfiehlt es sich zu warten, bis der erste Ansturm vorbei ist. Da meistens die Speisen nachgelegt werden, braucht niemand zu befürchten, zu kurz zu kommen.
- Beginnen Sie auf der richtigen Seite, also dort, wo Besteck, Teller und Servietten liegen. Auch wenn der Tisch bereits eingedeckt ist, Reservebesteck liegt immer bereit. Bei großen Buffets erleichtert man sich die Auswahl, wenn man einen Blick auf das Angebot wirft.
- Bedienen Sie sich nach der klassischen Menüfolge. Zuerst kommen die Vorspeisen, dann die Suppen, dann die Hauptspeisen (Fischgerichte kommen vor Fleischgerichten), dann kommt der Käse, zum Schluss folgen die Desserts. Bedienen Sie sich so, dass Sie sich jeden Gang separat auf einem eigenen Teller nehmen.

Bedienung

- Wenn Sie sich selbst bedienen, dann nehmen Sie die Speisen vom Rand und achten Sie darauf, dass Sie das schöne Arrangement der Speisen nicht zerstören. Gönnen Sie auch Ihren Nachfolgern einen appetitlichen Anblick.
- Warme Hauptspeisen werden üblicherweise vom Personal angerichtet. In der Regel stehen Köche hinter den dampfenden Töpfen und Gefäßen und bedienen die Gäste. Nehmen Sie diese Dienstleistung in Anspruch und bedienen Sie sich nicht selbst.
- Sie brauchen nicht mit dem Essen zu warten, bis alle Personen am Tisch anwesend sind. Lediglich auf den zu Ihnen gehörenden Tischpartner sollten Sie warten.

Getränke

Getränke werden entweder vom Ober eingeschenkt oder stehen in Flaschen auf dem Tisch bereit. Wenn dies der Fall ist, können Sie sich, so wie Ihre Tischnachbarn auch, selbst bedienen. Lassen Sie Ihr Glas auf dem Tisch stehen, wenn Ihnen eingeschenkt wird. Wenn Sie selbst einschenken, dann achten Sie darauf, dass die Gläser nicht vollgeschenkt werden. Weißwein wird bis maximal zwei Drittel, Rotwein nur bis zur Hälfte eingeschenkt.

Zu vielen Buffetbesuchern passt der bekannte Wiener Ausspruch »Die Gier is a Luader« (Die Gier ist ein Luder). Honorige Menschen, welche die Gläser bis zum Rand füllen und die Teller vollladen, sind leider keine Seltenheit. Der Gesellschaftskolumnist einer Wiener Tageszeitung hat neulich sogar einen berühmten Wiener Opernsänger beobachtet, der zwei Brötchen in seiner Tasche verschwinden ließ. Nein, so was!

Was Sie vermeiden sollten

- Laden Sie sich nicht den Teller kunterbunt voll, um sich einen Weg zu ersparen. Viele Leute nehmen an, was sich im Magen wieder trifft, könne man durchaus miteinander essen.
- Nehmen Sie niemals einen bereits gebrauchten Teller mit zum Buffet, um ihn neu zu beladen. Lassen Sie beschmutzte Teller auf dem Tisch stehen, sie werden vom Personal abserviert.

Luxusbuffet

Neulich nahm ich an einem Empfang teil. Einmal unter Leute, nicht nur den ganzen Tag allein im Büro sitzen, das tut gut, dachte ich mir.

Zuerst gab's einen Aperitif, den mag ich nicht, weil ich nicht gerne auf leeren Magen trinke. Ich nahm aber einen, weil ich dachte, er würde mich lockerer machen inmitten der vielen Menschen, die ich nicht kannte. Jemand hielt eine Rede, das Buffet wurde eröffnet, im Nu bildete sich eine lange Schlange. Ich mag keine Schlangen, ich hasse Drängeln und Schieben. Aber es gab Kellner, die fleißig Wein einschenkten. Den trank ich. Ist genug zu essen da, dachte ich, warte den ersten Ansturm ab.

Buffets bringen das Fieseste im Menschen zum Vorschein, schamlose Gier und gemeine Rücksichtslosigkeit, dachte ich mir. Ein Kellner kam und schenkte Wein nach. Lieber hätte ich einen Happen gegessen als getrunken, aber alles kann man nun einmal nicht haben. Neben mir stand ein einsamer Mann, der mit affenartiger Geschwindigkeit seinen vollgeladenen Teller leerte. Er tat mir leid, denn allein essen macht wahrlich keinen Spaß. Ein Kellner brachte Wein. Nur traurige Menschen trinken allein, ohne zu essen. Also widerstand ich seinen Versuchen nachzuschenken. Rund um mich herum standen Leute, die Teller und Gläser balancierten. Manche versuchten, gleichzeitig zu reden, zu rauchen oder sich zu küssen. Die Schlange vor dem Buffet wurde nicht kürzer. Seltsamerweise sah ich dieselben Gesichter, welche ich schon vor einer halben Stunde dort gesehen hatte.

Menschen mit Selbstbeherrschung stürzen sich nicht auf Buffets, das ist würdelos, dachte ich mir. Es ist wie in der freien Wildbahn, zuerst fressen die Löwen, dann die Schakale, am Schluss die Geier. Und ganz zum Schluss die Ameisen und so fühlte ich mich auch.

Gerade als ich begann, den Wein im Kopf zu spüren, kam freudestrahlend ein Bekannter auf mich zu. »Wie schön, dich zu sehen! Du hast sicher auch schon gegessen. Da hinten an der Bar gibt's einen Schnaps. Der wird uns nach dem vielen Essen guttun!« Ja, hörte ich mich sagen.

Irgendwann ging ich. Zu Hause öffnete ich den wohlgefüllten Kühlschrank und gab meinem ausgehungerten Magen das, was er stundenlang vermissen musste.

Cocktailpartys

Stehbuffets oder Cocktailpartys sind die einfachere Form des Buffets. Das Speisenangebot ist bescheidener, es gibt keine Tische mit Sitzmöglichkeiten, sondern lediglich sogenannte »Lümmeltische«, das sind hohe runde Tischchen, auf denen man Teller und Gläser abstellen kann. Servicepersonal geht mit Platten, auf denen kleine, mundgerechte Häppchen angerichtet sind, durch die Menge. Jeder Gast kann sich davon selbst etwas nehmen. Manchmal werden dafür kleine Teller bereitgestellt, manchmal gibt es nur Servietten als Tellerersatz.

Cocktailpartys sind eine gute Gelegenheit, mit vielen Menschen in Kontakt zu kommen. Man kann herumgehen, nach bekannten Gesichtern Ausschau halten, aber auch Geschäftspartner gezielt suchen oder mit fremden Personen Kontakte knüpfen. Sie dienen daher in erster Linie der Kontaktpflege, die Befriedigung des Hungers ist zweitrangig. Cocktailpartys ersetzen daher niemals ein vollständiges Abendessen, sie sind eher als Auftakt für eine eigentliche Mahlzeit gedacht.

Essen im Stehen ist nicht wirklich ein Genuss. Teller in der linken, Glas in der rechten Hand, dabei noch Leute begrüßen und Hände schütteln, das ist selten ein wirkliches Vergnügen. Geübte Partygänger begnügen sich daher mit einem Weinglas in der linken Hand. So ist die rechte Hand für Begrüßungen frei. Beim Trinken wird es in die rechte Hand genommen.

Personen, die aus beruflichen Gründen eine Cocktailparty besuchen, sollten daher die Kontaktaufnahme in den Vordergrund stellen. Erst dann, wenn die wichtigsten Leute begrüßt und die wichtigsten Gespräche geführt sind, kann man selbst ein paar Happen zu sich nehmen.

Achten Sie vor allem darauf, dass Sie bei Ansprachen keine Gläser oder Teller in der Hand haben. Denn meistens wird am Ende applaudiert und dann ist keine Hand dafür frei.

Kapitel 8

Family Affairs

Feierlichkeiten gehören üblicherweise zu den angenehmen Seiten des familiären Lebens. Doch bergen derartige Feste oft auch Konfliktpotenzial in sich. Wer kennt nicht die Situation, dass sich ein Familienmitglied oder auch mehrere um ein schönes Fest bemühen, das dann von miespetrigen Onkeln, nörglerischen Tanten oder frechen Kids boykottiert wird. Toleranz und Rücksichtnahme innerhalb der Familie sowie gegenseitige Wertschätzung garantieren, dass familiäre Ereignisse würdig gefeiert werden können.

Verliebt – verlobt – verheiratet

Verlobung

Offensichtlich sind Verlobungen im klassischen Sinne heutzutage ziemlich »out«. Die Zeiten, als der junge Mann mit einem Blumenstrauß um die Hand der Tochter anhielt, sind vorbei. Wenn die Tochter anmerkt: »Übrigens, Mathias und ich wollen im nächsten Jahr heiraten, Ihr habt doch nichts dagegen?«, dann können sich Eltern ja schon glücklich schätzen und stolz sein auf das gut erzogene Kind. In der Regel bekommen Eltern zwischen Tür und Angel beiläufig mitgeteilt, »dass wir uns vor ein paar Tagen verlobt haben«.

Also erübrigt sich in den meisten Fällen die Diskussion, welche Etikette-Regeln bei Verlobungen zu berücksichtigen sind. Für romantische Seelen und Kinder aus Familien, welche die Tradition hochhalten, kurz eine Rekapitulation der klassischen Verlobungsetikette.

Traditionelle Brauteltern erwarten, dass der zukünftige Schwiegersohn offiziell um die Hand der Tochter anhält. Das hat seine Berechtigung, wenn die Tochter noch sehr jung ist und zu Hause wohnt. An einem gemeinsam festgelegten Termin erscheint der junge Mann und bespricht mit den Eltern die künftigen Pläne des jungen Paares.

Wenn es weniger traditionell zugeht oder wenn der künftige Bräutigam bereits seit längerem in der Familie ein und aus geht, dann wird der Entschluss zu heiraten im Rahmen eines kleinen Familienfestes gefeiert werden. Wenn sich die Familien des Paares noch nicht kennen, dann sollte man das spätestens jetzt nachholen. Sich gegenseitig zu »beschnuppern« in Form einer kleinen Verlobungsfeier, zu Hause oder im Restaurant, ist daher angesagt. Die Eltern der Braut oder das junge Paar laden dazu ein. Das richtet sich immer nach den privaten Umständen der jeweiligen Familie.

Zur klassischen Verlobung gehört der Verlobungsring. Das können die künftigen Eheringe sein, die vor der Hochzeit am linken und nach der Hochzeit am rechten Ringfinger getragen werden. Die künftigen Eheringe werden gemeinsam gekauft. Der wohlerzogene junge Mann aber kennt den Ausspruch »Diamonds are a girl's best friend« und beglückt seine künftige Braut mit einem eigenen Verlobungsring.

Es muss ja nicht gleich eine Smaragd-Diamant-Brosche von Bulgari sein, wie sie seinerzeit **Richard Burton** seiner **Elizabeth**

Taylor zur Verlobung schenkte. Oder ein Ring für mehr als 100 000 Euro, den »Oscar«-Preisträger **Russel Crowe** seiner Angebeteten **Danielle Spencer** überreichte. Er verlobte sich ganz altmodisch mit seiner Freundin und erklärte, er träume von einem harmonischen Ehe- und Familienleben. Wer hätte das vom »Gladiator« gedacht.

Wer auf gesellschaftliche Formen Wert legt, kann eine Verlobungsanzeige verschicken. Diese erfolgt in Form eines gedruckten Billetts, auf dem »Wir haben uns verlobt« sowie Name und Adresse des Mannes und der Frau stehen.

Eltern und Kinder können die Verlobung auch jeweils allein anzeigen, jeder auf einer eigenen Karte. Das geschieht, wenn die beiden Verlobten im Beruf stehen und einen vollkommen anderen Bekanntenkreis als die Eltern haben. Die Anzeige kann in der regionalen Zeitung geschaltet werden, aber auch in gedruckter Form an Verwandte und Freunde des Paares versandt werden.

Auf Verlobungsanzeigen wird mit einer schriftlichen Gratulation geantwortet.

Ein offizieller Verlobungsempfang ist für Menschen, die es förmlicher lieben, empfehlenswert. Er kann in der Wohnung der Braut oder der Brauteltern stattfinden. Zum Verlobungsempfang können Geschenke und Blumen mitgenommen werden. Im Anschluss daran kann auch eine Verlobungsfeier in Form eines festlichen Essens stattfinden. Daran nehmen in der Regel nur die Eltern des Paares sowie die nächsten Verwandten teil. Dabei gilt dieselbe Sitzordnung wie an der Hochzeitstafel.

Der Verlobungsring wird bei dieser Gelegenheit offiziell, und zwar nach der Tischrede des Brautvaters und nach dem Toast auf das junge Paar, angesteckt.

Szenen einer Verlobung

Es war wie das alte Märchen von Aschenputtels Happy End. **Jennifer Lopez**, Superstar und Traum aller Männer zwischen acht und 80, wurde von **Ben Affleck**, dem angeblich »sexiest man alive«, gebeten seine Frau zu werden.

In einem Interview, ob es denn einen Heiratsantrag gegeben hätte, antwortet »J.Lo« wörtlich: »Wir sind zu seiner Mutter nach Boston gefahren. Als wir ankamen, waren die Einfahrt und der Vorgarten von Kerzen erleuchtet. Als sie die Tür öffnete, bin ich fast in Ohnmacht gefallen. In der Mitte des Wohnzimmers lag eine Decke, die mit Rosenblättern übersät war, überall gab es Vasen mit roten Rosen. Mein Song ›Glad‹ kam aus dem Lautsprecher. Ben kniete auf der Decke und fragte mich, ob ich seine Frau werden möchte. Ich habe zum ersten Mal in meinem Leben vor Glück geweint. Ich antwortete nur ›ja, ja, ja!‹«

Na, da behaupte doch noch mal einer, es gäbe heute keine Romantik mehr, auch wenn aus der glänzenden Hochzeit dann doch nichts geworden ist.

Hochzeit

Nach den starken Rückgängen an Eheschließungen in den letzten Jahren ist Heiraten nun wieder gefragt. Trotz erschreckender Statistiken, die besagen, dass mittlerweile jede zweite Ehe auseinandergeht, wagen wieder mehr junge Leute das Abenteuer Ehe. Und welche Frau will nicht das schönste Kleid, den ausgefallensten Kopfputz, den exquisitesten Blumenschmuck, die edelsten Ringe und den elegantesten Bräutigam – kurzum: eine Hochzeit mit Stil!

Der Polterabend ist der Abschied vom Junggesellenleben. Daher geht's da meistens rund. Der klassische Tag für den Polterabend ist der Tag vor der Hochzeit. Um den Tag der Hochzeit frisch und ausgeruht und nicht optisch um Jahre gealtert zu verbringen, sollte da aber spätestens um 23 Uhr Schluss gemacht werden. Manchmal wird dieser Tag schon einige Tage vor dem eigentlichen Fest gefeiert. Im klassischen Sinn poltert das Paar gemeinsam.

Gepoltert wird auch, um denjenigen Freunden, die nicht zum Hochzeitsessen geladen werden können, Gelegenheit zur Gratulation und Überreichung des Hochzeitsgeschenkes zu geben.

Manchmal aber feiert das Brautpaar den Abschied vom Junggesellenleben auch getrennt, das kann oft sogar lustiger sein. Die Kleidung ist meistens leger. Zum Polterabend können auch Leute kommen, die nicht eingeladen sind. Es gibt eine Menge regional verschiedener Bräuche, die dem Paar Glück für die Zukunft bringen sollen. Beim Poltern wird Porzellan, das die Gäste mitbringen, zerschlagen. Die Aufgabe des Brautpaares ist es, die Scherben wieder zu beseitigen. Der Schabernack soll aber auf jeden Fall so ausgelegt sein, dass das Brautpaar am nächsten Tag weder sachliche Probleme, wie z. B. eine Wohnung voll Müll und zersägte Betten, noch emotionale Probleme hat.

Vermählungsanzeigen

Die klassische Bekanntgabe der Hochzeit erfolgt in schriftlicher Form. Bei jungen Paaren geben die Eltern des Paares die Hochzeit ihrer Kinder bekannt. Hochzeitsanzeigen gelten nicht automatisch als Einladung zur Hochzeit. Nur wenn Datum, Uhrzeit und Ort der Vermählung angegeben sind, kann die Anzeige auch gleichzeitig als Einladung betrachtet werden. Sie enthält folgende Details:

- Namen der Brauteltern sowie der Eltern des Bräutigams,
- Name der Braut sowie des Bräutigams,
- Datum und Uhrzeit der Hochzeit,
- Ort der Trauung.

Paare, die nicht mehr blutjung sind, voll im Beruf stehen und sich daher ihre eigene Hochzeit selbst finanzieren oder es einfach nicht so konventionell wollen, können die Hochzeitsanzeige auch einfach im eigenen Namen machen. Es ist auch möglich, dass es zwei verschiedene Vermählungsanzeigen gibt. Eine im Namen der Eltern und eine zweite, welche sich das Brautpaar für den persönlichen Freundeskreis drucken lässt.

Manche Paare wollen still und heimlich heiraten und haben keine große Lust zum Feiern. Manche heiraten auch im Ausland. Dann kann auch im Nachhinein auf das Ereignis aufmerksam gemacht werden, ohne dass jemand beleidigt sein darf.

Hochzeitsempfang

Vor der Trauung

Wenn es vor der Trauung noch einen Hochzeitsempfang für ausgewählte Gäste gibt, dann wird zu diesem entweder mit einem separaten gedruckten Billet oder mündlich eingeladen. Es ist auch ein handschriftlicher Vermerk auf den Vermählungsanzeigen möglich. Dabei werden Datum, Uhrzeit und Ort des Empfanges angegeben.

Da meistens nicht alle Personen, die in die Kirche geladen sind, auch bei der Hochzeitstafel erwünscht sind, muss die Einladung zum Essen separat erfolgen. Daher legt man eine separate Einladung zum Hochzeitsessen bei. Das kann auf neutralem Boden, wie z. B. auch das Haus der Brauteltern sein. Die Einladung erfolgt im Namen der Brauteltern, der Eltern des Bräutigams sowie des Brautpaares. Wenn das junge Paar selbst das Hochzeitsfest veranstaltet, dann lädt es selbstverständlich im eigenen Namen ein. Auf der Einladung wird in jedem Fall der Name des Gastes handschriftlich eingetragen.

Nach der Trauung

Ein Hochzeitsempfang kann auch zwischen der Trauung und dem festlichen Essen stattfinden. Er kann im Haus der Brauteltern oder in einem Restaurant stattfinden. Es ist durchaus möglich, zum Hochzeitsempfang mehr Leute als zum Essen einzuladen.

Beim Hochzeitsempfang werden Getränke und kleine Cocktailbissen serviert. Ein Tisch für Geschenke soll auf jeden Fall, genauso wie beim Hochzeitsessen, vorbereitet werden.

Gästeliste

Jeder, der nicht heimlich, still und leise den Bund der Ehe antreten will, muss sich mit der Erstellung einer Gästeliste beschäftigen. Für die Trauungszeremonie wird das kein Problem sein, denn Kirchen sind groß und fassen viele Leute. Wer allerdings zum Hochzeitsempfang und zur Hochzeitstafel geladen wird, das bedarf schon größerer Überlegung. Denn das ist nicht nur eine Frage, wer mit wem »kann«, sondern auch eine Frage des Budgets. Fangen Sie daher bei einem großen Freundes- und Verwandtenkreis rechtzeitig mit der Planung an und ziehen Sie möglichst viele Familienmitglieder zur Beratschlagung bei.

Outfit und Accessoires

Braut

Bodenlang und Weiß ist Tradition. Ob schmal geschnittenes Kleid oder üppiger Rock und Schleppe wie eine Prinzessin, das hängt von Figur und Geschmack ab. Reinweiß jedoch macht die meisten Frauen blass und steht nur Schneewittchen-Typen. Daher ist ein gedecktes Off-White, Champagner oder zartes Pastell für das Brautkleid in den meisten Fällen günstiger.

Modern heiraten kann man auch im kurzen Kleid oder im edlen Hosenanzug. In manchen ländlichen Gebieten bietet sich auch Trachtenkleidung an.

Der klassische Kopfschmuck der Braut ist der Schleier, der am schönsten mit langen, zurückgesteckten Haaren wirkt. Avantgardistische Stylingprofis getrauen sich auch an Hüte. Wenn Hut, dann aber bitte ausgefallen, denn sonst kann das leicht bieder wirken. Vorsicht, dass der Hut nicht beim obligaten Kuss in der Kirche stört. Daher muss die Kusstauglichkeit unbedingt vorher ausprobiert werden.

Ehering

Der Ehering kann aus Gelb- oder Weißgold sein. Er kann auch mit Brillanten geschmückt sein. Dann ist in der Regel der Ring des Bräutigams pur. Beim Schmuck gilt generell: Weniger ist mehr. Wenn Steine, dann sollten das ausschließlich Brillanten sein. Perlen sollten bei Hochzeiten nicht getragen werden, weil sie Tränen bedeuten. Besonders schön sind natürlich alte Erbstücke. Die Braut trägt auf jeden Fall ihren Verlobungsring – falls sie einen hat.

Brautstrauß

Der modische Brautstrauß ist klein und wirkt wie frisch gepflückt. Buchsbaum und Myrte sind klassisch. Kleine Maiglöckchensträuße oder Gardenien sind besonders hübsch. Pompöse Steckgebilde sind veraltet. Besonders hübsch sind farblich zueinander passender Brautstrauß und Blumendekoration in der Kirche.

Probieren Sie auf jeden Fall die Frisur sowie das gesamte Styling vorher aus. Es kann sein, dass Sie sich in Ihrem Hochzeits-Outfit wie eine Prinzessin fühlen. Es kann aber auch sein, dass Sie sich wie für ein Faschingsfest verkleidet vorkommen. Vor allem Friseure tendieren dazu, Hochzeitsfrisuren zu künstlichen, starren Gebilden zu formen. Wenn Sie eine Stunde brauchen, um Haarspray, Gel und Lack aus Ihrer Frisur zu entfernen, kann das unter Umständen negative Auswirkungen auf Ihre Hochzeitsnacht haben.

Bräutigam

Klassisch heiratet Mann im festlichen, dunklen Anzug. Das sollte am besten ein Einreiher sein. Besonders nobel wirkt ein Stresemann (schwarzes, hüftlanges Sakko mit dunkelgrau gestreiften Hosen) oder ein Cut (schwarzer Rock mit Schößen und dunkelgrau gestreiften Hosen), der bei großen Hochzeiten getragen wird. Keinesfalls aber darf es ein Smoking oder ein Frack sein. Denn diese dürfen erst abends getragen werden.

Ins Knopfloch gehört unbedingt eine Blume, die sogenannten »Boutonnières«. Klassisch sind Myrthe oder weiße Nelke, hübscher sind z. B. kleine, hellblaue Traubenhyazinthen. Die klassische Krawatte ist silbergrau, möglich ist aber auch zartes Pastell, z. B. Hellrosa.

Das Hemd ist unbedingt weiß. Schwarze, glatte Schnürschuhe ergänzen das hochzeitliche Outfit und sollten niemals an diesem Tag zum ersten Mal getragen werden.

Brautjungfern und Gäste

Die Farbe Weiß ist der Braut vorbehalten, daher kleiden sich Brautjungfern in Pastellfarben. Die Kleidung der wichtigsten weiblichen Gäste sollte unbedingt vorher besprochen werden, um zu vermeiden, dass nahe Anverwandte, z. B. beide Mütter, in derselben Farbe erscheinen. Damen dürfen bei Hochzeiten niemals schwarze Kleidung tragen.

Die Trauzeugen passen sich der Kleidung des Brautpaares an, keinesfalls aber dürfen sie sich festlicher als das Brautpaar kleiden. Allzu Dekolletiertes und Ausgeschnittenes soll vermieden werden. Wenn die Braut im kurzen Kleid heiratet, dann dürfen Gäste keinesfalls »lang« gekleidet sein. Weiblichen Hut-Freaks bietet die Hochzeit eine gute Gelegenheit, ihren Kopfschmuck auszuführen. Auf Männerköpfen haben Hüte bei Hochzeiten jedoch nichts verloren. Der männliche Hochzeitsgast trägt lediglich die eigene Haarpracht, falls vorhanden.

Trauung

Standesamt

Eine staatlich rechtskräftige Eheschließung bedarf der Trauung vor einem Standesbeamten. Die standesamtliche Trauung findet daher immer vor einer konfessionellen Eheschließung statt. Entweder am selben Tag wie die kirchliche Zeremonie oder eine geraume Zeit vorher.

Das Brautpaar meldet sich gemeinsam einige Wochen vor dem Hochzeitstermin unter Beibringung diverser Dokumente beim Standesamt der Wohngemeinde für die Trauung an. Dabei wird das Aufgebot bzw. die Anmeldung zur Eheschließung erstellt. Zwei Trauzeugen können bereits bei der Bestellung des Aufgebots bekannt gegeben werden, sie können aber auch erst unmittelbar vor der Trauung genannt werden. Trauzeugen sind meistens gute Freunde oder Geschwister des Brautpaares. Sie gehen keine Pflichten ein, sondern bezeugen lediglich mit ihrer Unterschrift die Heirat des Paares.

Am Standesamt können die Brautleute ihre kirchliche Hochzeitsgarderobe tragen, vor allem wenn die kirchliche Trauung unmittelbar danach ist. Wenn die Trauung an einem anderen Tat stattfindet oder genügend Zeit zum Umziehen ist, trägt die Braut ein Kostüm, ein Complet oder einen Hosenanzug in beliebiger Farbe. Dazu können auch ein Hut sowie eine Tasche getragen werden. Der Mann trägt einen dunkelgrauen oder dunkelblauen Anzug mit weißem Hemd und Krawatte. Bei formellen Hochzeiten kann auch Stresemann oder Cut getragen werden.

Namen

Ehefrauen übernehmen heute nicht mehr automatisch den Nachnamen des Mannes. Sowohl für Frauen als auch Männer ist ein Doppelname möglich. Es besteht auch die Möglichkeit, dass beide Brautleute ihren eigenen Namen behalten. Selbstbewusste Männer nehmen manchmal auch den Namen der Frau an, vor allem dann, wenn er phonetisch besser klingt.

Zeremonie

Im Festsaal des jeweiligen Standesamtes findet die Feierlichkeit statt. Sowohl die Gäste als auch das Hochzeitspaar sitzen. Die Personalien werden verglichen, dann wird der Trautext gesprochen, anschließend gibt es eine kleine Ansprache. Wer vermeiden möchte, dass bei dieser Gelegenheit Belangloses geredet wird, der spricht über den Inhalt vorher genau mit dem Standesbeamten. Für Nichtromantiker ist es auch möglich, den Standesbeamten zu bitten, von einer Rede abzusehen.

Nach der Rede kommt es zum entscheidenden »Ja«, dann werden die Ringe gewechselt, es folgt der erste eheliche Kuss. Die jungen Eheleute unterschreiben die Heiratsurkunde, hoffentlich mit dem neuen Namen. Ebenso die Trauzeugen. Dann ist die Amtshandlung erledigt. Ein Fotograf hält in der Regel das denkwürdige Ereignis fest, manchmal gibt es im Anschluss an die Zeremonie noch einen Fototermin im Freien oder in einem Studio. Überlegen Sie sich schon vorher, welche Ihre »Schokoladenseite« ist, und instruieren Sie den Fotografen genau. So vermeiden Sie enttäuschende Hochzeitsbilder.

Kirchliche Eheschließung

Der »schönste Tag im Leben« von jungen Menschen ist die kirchliche Trauung. Ein perfekter Ablauf muss daher gründlich vorbereitet werden. Das Aufgebot wird unter Beibringung der Dokumente mindestens drei bis vier Monate vorher erstellt. Bei besonders attraktiven Terminen (z. B. Samstagen im Monat Mai) oder besonders attraktive Daten (z. B. 20.4.2004) eventuell auch früher.

Alle Gäste, welche nicht am Brautzug teilnehmen, versammeln sich schon rechtzeitig vor dem Eintreffen des Brautpaares in der Kirche. Das kirchliche Zeremoniell ist regional und konfessionell unterschiedlich. Daher können keine allgemein gültigen Regeln aufgestellt werden.

Brautzug

Im ländlichen Raum beginnen die Feierlichkeiten oft mit einem Hochzeitszug vom Haus der Braut weg. In der Großstadt wird mit dem Auto vor der Kirche vorgefahren. Den Brautzug bilden die Eltern, die Geschwister und die engsten Verwandten sowie Brautführer und Brautjungfern. Beim Einzug gehen die Frauen links und die Männer rechts, beim Auszug ist es dann umgekehrt, die Frauen verlassen an der rechten Seite des Mannes die Kirche. Der Brautzug ordnet sich vor der Kirche oder in der Sakristei zu folgender Formation:

- Der Bräutigam bildet mit seiner Mutter die Spitze des Brautzuges. Die Mutter führt ihren Sohn vor den Altar, wo er mit dem Rücken zum Altar auf die Braut wartet. Die Mutter nimmt in der ersten Reihe Platz.
- Dann folgt der Vater des Bräutigams mit der Mutter der Braut.
- Anschließend gehen männliche und weibliche Verwandte

paarweise. Je näher die Verwandtschaft, desto weiter vorn geht sie.

- In der Folge kommen Kranzlherren und Brautjungfern.
- Den Schluss des Brautzuges bildet der Vater der Braut mit der Braut. Er bringt sie zum Altar und nimmt dann ebenfalls in der ersten Reihe Platz.

Wenn Eltern aus irgendwelchen Gründen nicht an der Trauung teilnehmen können, dann werden ihre Plätze von rangnächsten Familienmitgliedern eingenommen. In Ermangelung eines Brautvaters oder auf besonderen Wunsch kann die Braut aber auch gemeinsam mit dem Bräutigam in die Kirche einziehen. Das macht vor allem Sinn, wenn das Brautpaar schon etwas älter ist oder bereits einige Zeit zusammen wohnt. So geschehen bei der Hochzeit von **Mette-Marit** und **Kronprinz Haakon von Norwegen**.

Der Zug verlässt in umgekehrter Reihenfolge wie beim Einzug die Kirche. Also zuerst Blumen streuende Kinder, dann das Brautpaar, gefolgt von Kranzlherren und Brautjungfern, dem Brautvater mit der Mutter des Bräutigams, dem Vater des Bräutigams mit der Mutter der Braut und allen übrigen Paaren in derselben Reihenfolge wie beim Einzug. Jetzt gehen die Herren auf der linken, die Damen auf der rechten Seite. Die übrigen Gäste schließen sich an.

Trauzeugen

Die Trauzeugen stehen vor dem Altar, einige Schritte hinter dem Brautpaar. Sie gehen nicht mit dem Brautzug mit, sondern warten vorher auf das Paar. Mit der Unterschrift auf der Heiratsurkunde in der Sakristei und der Eintragung ins Kirchenregister bezeugen die Trauzeugen die Hochzeit.

Die Eheringe werden dem Geistlichen vom Bräutigam oder von den Trauzeugen bereits vor der Trauung übergeben. Nach der Segnung stecken sich die Brautleute gegenseitig die Ringe an. Dann gibt's den Brautkuss.

Erkundigen Sie sich auf jeden Fall nach den regionalen und konfessionellen Gepflogenheiten, die von den oben gegebenen Empfehlungen abweichen können.

Es geht auch anders

Nicht immer ist die klassische Trauung gefragt. Eine Ehe ist bereits gültig, wenn sie vor dem Standesbeamten plus zwei Zeugen geschlossen wurde. Das müssen nicht unbedingt Freunde sein. Gegen entsprechendes Trinkgeld sind Magistratsbeamte gerne bereit, ihre Unterschrift auf die Trauungsurkunde zu setzen. Auch bei der kirchlichen Trauung würde der Geistliche, das Brautpaar und zwei Zeugen genügen.

Manche Brautpaare haben es lieber still oder haben keinen Bock auf die Verwandtschaft. Oder sie möchten eine Hochzeit, die aus dem Rahmen fällt. Sie heiraten in Las Vegas, auf einer Bergspitze oder unter Wasser. Alles ist möglich. Für die Dauer einer Ehe hat die Art der Zeremonie wenig Bedeutung. Der Wunsch der Brautleute allein zählt und sollte auch von der übrigen Verwandtschaft akzeptiert werden.

Auch wer zum zweiten Mal heiratet, also z. B. verwitwet ist, möchte das vielleicht in aller Stille tun. Da kann man sich auch zu Hause oder in der Sakristei trauen lassen. In jedem Fall muss die Öffentlichkeit über den Schritt ins gemeinsame Glück in Form einer Anzeige informiert werden. Schon allein aus dem Grund, um zu wissen, wer nun welchen Namen trägt.

Die klassische Hochzeitsetikette setzt immer eine intakte Familie voraus. Das ist aber oft nicht der Fall. Die leiblichen Eltern des Brautpaares gehören selbstverständlich zur Hochzeitszeremonie eingeladen, auch wenn ein Elternteil schon einen anderen Partner hat. Ihnen steht sowohl in der Kirche als auch bei der Festtafel der Ehrenplatz zu. Wenn das Verhältnis der ehemaligen Eheleute untereinander unverkrampft ist, wird das kein Problem sein. Auf alle Fälle gehört von beiden Seiten Toleranz und Fingerspitzengefühl aufgebracht, um eine angenehme Atmosphäre des Festes möglich zu machen. Die Hochzeit ist ein Fest für das junge Paar, familiäre Zwistigkeiten haben dabei nichts zu suchen.

Schwangere Bräute versuchten früher, ihr Bäuchlein möglichst zu verstecken. Weiß heiraten und gleichzeitig Babybauch haben war ziemlich undenkbar. Heute können Sie auch im neunten Monat im weißen Brautkleid heiraten. Auch können die eigenen Kinder die Blumen streuen. Den Myrtenkranz, das Symbol für die Jungfräulichkeit, sollten Sie aber in diesem Fall nicht tragen.

Hochzeitsbräuche

Rund um die Hochzeit gibt es regional unterschiedliche Bräuche:

- »Something old, something new, something borrowed, something blue.« Die Braut sollte am Hochzeitstag etwas Altes, Neues, Geliehenes und Blaues tragen. Das ist ein schöner Brauch aus England, der Glück bringt.
- Ein Geldstück im Brautschuh bewirkt, dass das Geld in der Ehe nie ausgeht.
- Der Schleier darf nicht vor dem Hochzeitstag ins Haar der Braut gesteckt werden. Außerdem darf er von niemandem anprobiert werden, denn das bringt Unglück.
- Traditionell darf der Bräutigam das Hochzeitskleid vor der Trauung nicht sehen.

Nach der Hochzeit

- Wenn die Jungvermählten beim Verlassen der Kirche mit Reiskörnern beworfen werden, kann in der Ehe wirklich nichts mehr schiefgehen. Außerdem sichert dieser Brauch reichen Kindersegen, Glück und Wohlstand.
- Blumenkinder tragen kleine Körbchen mit bunten Blüten, die zu Ehren des Brautpaares nach der Zeremonie gestreut werden. Durch diesen Brauch sollen die Fruchtbarkeitsgötter angelockt werden, die für reichen Kindersegen sorgen.
- Nach der Trauung wird der Brautstrauß in die Menge geworfen. Wer ihn fängt, heiratet als Nächstes.
- Ein Trost für alle, wenn's regnet. Das gilt als echter Glücksbringer für das Brautpaar.

Beim Festessen

- Braut und Bräutigam zersägen nach der Trauung einen Baumstamm als Zeichen für gemeinsames Handeln voller Glück.
- Braut und Bräutigam schneiden gemeinsam die Hochzeitstorte an als Zeichen für ihren Zusammenhalt und die Einigkeit in der Ehe. Wer beim gemeinsamen Anschneiden die Hand obenauf hat, soll der Herr bzw. die Frau im Haus sein auf ewig.
- Beim alten Brauch des Schleierabtanzens versuchen die Freundinnen der Braut beim Abklingen der Musik ein Stück des Brautschleiers zu bekommen. Wer das größte Stück bekommt, wird die nächste Braut.
- In manchen Regionen gibt es die »Brautentführung«. Enge Freunde entführen die Braut und der Bräutigam muss versuchen, seine Braut wiederzufinden. Sind die Entführer von Gasthaus zu Gasthaus gewandert, so muss er die Zeche bezahlen. Wenn Sie Initiator einer solchen Aktion sind, achten Sie darauf, ob das Brautpaar auch bereit ist, bei dieser Aktion mitzu-

machen. Eine Braut, die den Hochzeitsabend lieber an der Seite ihres jungen Ehemannes verbringen möchte, bringt vielleicht wenig Verständnis für Trinkgelage in diversen Gaststätten auf. Ebenso ist ein Mann, der keine Lust hat, seine soeben angetraute Frau zu suchen, nicht unbedingt förderlich für die Stimmung innerhalb einer Hochzeitsgesellschaft.

- Falls der Bräutigam stark und die Braut nicht übergewichtig ist, kann sie über die Schwelle der gemeinsamen Wohnung getragen werden.

Brautgeschenk

Das Brautpaar schenkt sich gegenseitig am Hochzeitsmorgen ein ganz persönliches Geschenk. Das Geschenk unterm Kopfkissen bedeutet noch viele glückliche Ehetage.

Mitgift

Die »Mitgift«, also ein gewisses Vermögen, das der Braut von den Eltern mit in die Ehe gegeben wurde, diente früher als Ausgleich für das Kapital, das die Eltern des Bräutigams in dessen Ausbildung gesteckt haben, damit er die Familie ernähren kann. Da Männer und Frauen mittlerweile die gleiche Ausbildung haben, erübrigt sich diese Sitte. Trotzdem unterstützen auch heute noch die meisten Eltern das junge Paar bei ihren ersten Anschaffungen.

Hochzeitsessen

In vielen Ländern, wie z. B. in Griechenland, in Ungarn und in Polen, wird tagelang gefeiert. Vor allem im ländlichen Raum. Auch finanziell schlechter gestellte Familien sparen und helfen innerhalb der Verwandtschaft zusammen, ein möglichst großes und lange andauerndes Fest für das junge Paar auszurichten. In Österreich und Deutschland findet das Hochzeitsessen üblicherweise nach der kirchlichen oder standesamtlichen Trauung statt und erstreckt sich über einige Stunden. Im Elternhaus der Braut, im Gasthof oder Restaurant, im eleganten Ambiente eines Palais oder im Schloss, draußen oder drinnen – je nach Jahreszeit –, alles ist möglich und eine Frage der persönlichen Vorlieben und natürlich auch des vorhandenen Budgets.

Hochzeitstafel

Die klassischen Hochzeitsfarben bei der Tischdekoration sind Weiß, Grün, Silber und Gold sowie zarte Pastells für die Blumengestecke. Auch die Stühle des Brautpaares werden gerne mit Blumengirlanden extra geschmückt. Wenn der Brautstrauß nicht zu voluminös ist, kann er der Mittelpunkt der Blumendekoration sein. Festliche Menükarten werden aufgelegt, Tischkarten zeigen die Sitzordnung an und dürfen keinesfalls vertauscht werden.

Sitzordnung

Das Brautpaar bekommt den Ehrenplatz in der Mitte einer langen Tafel. Die Braut sitzt rechts vom Bräutigam. Neben dem Bräutigam sitzt die Brautmutter, neben der Braut der Vater des Bräutigams. Gegenüber dem Brautpaar ist der Platz des Vaters der Braut und der Mutter des Bräutigams. An der Seite der Brautmutter sitzt dann der Ehrengast, in der Regel der Geistliche. Diese Sitzordnung hat den Vorteil, dass die Mitglieder der »neuen« Familie während der Tafel miteinander sprechen können.

Die übrigen Verwandten und Freunde werden bunt gemischt platziert. Ehepaare sitzen nicht nebeneinander, Verlobte und frisch verliebte Paare schon. Je näher die Verwandtschaft, desto näher soll sie beim Brautpaar sitzen, wobei die beiden Familien möglichst gemischt werden sollten. Das Wichtigste aber ist die gute Unterhaltung. Außerdem sollte man darauf achten, Leute zusammenzusetzen, die sich gut miteinander verstehen.

Das ist ziemlich einfach, wenn man eine klassische Bilderbuchfamilie sein Eigen nennt. Aber wer hat das heute schon. Leiblichen Müttern und Vätern steht ein prominenter Platz an der Tafel zu. Sie sitzen daher in unmittelbarer Nähe des Brautpaares.

Tischreden

Glückwünsche und Tischreden gehören zu jeder Hochzeit. Längere Ansprachen sollten Sie erst nach dem Hauptgang vorsehen. Kurze Toasts können zwischen den Gängen, der erste schon nach der Suppe, ausgebracht werden. Die richtige Reihenfolge für Ansprachen ist:

- der Geistliche,
- der Vater der Braut,
- der Vater des Bräutigams,

- dann folgen alle anderen Hochzeitsgäste, die ebenfalls etwas zu sagen haben.

Je kürzer und launiger die Reden sind, desto besser. Das Brautpaar braucht nichts zu erwidern, aber wenn Bräutigam oder Braut Lust haben, können sie ebenfalls einige Worte sagen. Nach jeder Rede wird auf das Wohl des Brautpaares getrunken. Dabei stehen die Herren inklusive des Bräutigams auf. Die Damen dürfen sitzen bleiben. Sollte nur auf die Braut getrunken werden, dann erheben sich auch die Damen. Die Braut darf sitzen bleiben. Wenn auf die Brauteltern oder auf die Eltern des Bräutigams getrunken wird, dann erhebt sich auch das Brautpaar.

Informieren Sie aber auf jeden Fall die Küche, wann die Reden geplant sind, um einen reibungslosen Ablauf zu gewährleisten.

Hochzeitstanz

Der erste Tanz gehört dem Brautpaar, dieses darf auch die entsprechende Melodie aussuchen. Tanzmuffel sollten miteinander vorher üben, um ein elegantes Bild abzugeben. Tragen Sie beim Üben auf jeden Fall einen ähnlich geschnittenen Rock wie Ihr Hochzeitskleid. Wer noch nie einen Linkswalzer im langen Kleid getanzt hat, sollte das vorher ausprobieren. Wenn Sie es gar nicht schaffen, dann können Sie sich auch einen einfachen Tanz wünschen.

Die nächsten Tänze gehören dem jeweiligen Elternteil. Also tanzt die Braut mit ihrem Vater, der Bräutigam mit der Mutter. Das Brautpaar kann sich danach klammheimlich verdrücken und muss sich nicht von den Gästen verabschieden.

Hochzeitsgeschenke

Moderne Paare legen eine Hochzeitsliste auf, aus der sich jeder, der etwas beisteuern möchte, ein passendes Geschenk aussuchen kann. Verschiedenste Preisklassen ermöglichen sinnvolle Geschenke für jeden Geldbeutel. Für größere Geschenke können eventuell mehrere Familienmitglieder Geld zusammenlegen.

Gäste können ihr Geschenk auch direkt zur Hochzeitsfeier mitbringen. Zu diesem Zweck wird ein großer, weiß gedeckter Tisch im Restaurant vorbereitet, an dem das Paar steht, um die Geschenke in Empfang zu nehmen. Auch eine entsprechende Anzahl von Vasen darf da nicht fehlen. Ein Mitglied der Familie kümmert sich darum, dass die Geschenke in die Wohnung des Paares gebracht werden.

Grundsätzlich dürfen die Geschenke auch gleich ausgepackt werden. Dafür wählt man einen günstigen Zeitpunkt nach dem Essen. Wenn es viele Gäste gibt, kann sich auch ein Familienmitglied um den Geschenketisch kümmern. Achten Sie darauf, dass bei Blumen und Päckchen eine Namenskarte dabei ist. Wenn nicht, dann machen Sie Notizen, damit richtig gedankt werden kann.

Praktisch veranlagte Paare dürfen sich auch Geld wünschen. Das kann diskret in einem Kuvert, witzig verpackt, eventuell gemeinsam mit Blumen übergeben werden. Natürlich kann auch ein Bankkonto angegeben werden.

Danksagung

Spätestens nach der Hochzeitsreise bedankt sich das Brautpaar bei den Hochzeitsgästen für Glückwünsche, Blumen und Geschenke. Das kann eine vorgedruckte Karte sein oder ein handgeschriebener Brief. Hochzeitsfotos können beigefügt werden. Vorgedruckten Karten sollen auf jeden Fall einige persönliche Worte hinzugefügt werden.

Auch die Gäste bedanken sich unmittelbar nach der Hochzeit schriftlich oder mündlich beim Einladenden, das sind in der Regel die Brauteltern oder das Brautpaar.

Moderne Aschenputtels

Seit Prinzessin Dianas Tod hat Europa keine »Königin der Herzen« mehr. Weder Sophie, Ehefrau von Prinz Edward, noch Mathilde an der Seite des belgischen Thronfolgers Philippe konnten in der Öffentlichkeit ihren Platz einnehmen. Doch jetzt gibt es zwei Anwärterinnen auf diesen inoffiziellen Titel: **Mette-Marit**, Ehefrau von Norwegens stillem Thronfolger Haakon, und **Máxime Zorreguieta**, verheiratet mit dem niederländischen Kronprinzen Willem-Alexander.

Das Märchen Aschenputtel ist moderne Realität. Mette-Marit, Tochter einer Hausfrau und eines Sozialhilfeempfängers, Frau mit Drogenvergangenheit und unehelichem Sohn, eroberte mit ihrem Charme das Herz des blaublütigen **Haakon** und der ganzen Königsfamilie. Das ehemalige Disco-Girl hat schnell gelernt und zeigt sich in internationaler Gesellschaft sicherer als so manches geborene Königskind.

Auch Máxima wurde wegen ihrer argentinischen Junta-Vergangenheit anfangs strikt abgelehnt, hat aber die Herzen der spröden Niederländer buchstäblich im Sturm erobert. Ihre Natürlichkeit und ihr herzliches Lachen haben sie schon jetzt auf der Beliebtheitsskala vor ihrer königlichen Schwiegermutter **Beatrix** platziert und auch ihren Ehemann, der bisher als etwas langweilig und nicht besonders klug galt, populär gemacht. »Prinz Pils« hat für sie sogar acht Kilo Bierbauch abgespeckt.

Sowohl die fröhliche »Tango-Prinzessin« Máxima als auch die nordisch-kühle Mette-Marit wurden durch untrügliche Stilsicherheit zum modischen Vorbild. Mit Charisma und Charme haben sie nicht nur ihre Märchenprinzen, sondern auch deren Familien sowie das ganze Land überzeugt.

Freudige Familienfeste

Manche Ereignisse werden in größerem familiärem Rahmen gefeiert. Das bietet die Gelegenheit, Onkeln und Tanten, Neffen und Nichten, Cousins und Cousinen wiederzusehen. Familienfeste zeugen von Zusammenhalt und Gemeinschaft. Auch wenn man ansonsten vielleicht im Clinch mit einigen Familienmitgliedern liegt, an Festtagen ist das vergessen. Da wird der fröhliche Anlass gefeiert.

Taufe

Die Taufe, bei dem ein Mensch in die christliche Gemeinde aufgenommen wird, ist ein solches Familienfest. Die Eltern entscheiden, ob neben dem Paten auch Verwandte und Freunde eingeladen werden. Dem Taufpaten kommt eine wichtige Bedeutung zu, und daher sollte er sorgfältig ausgewählt werden. Er soll das Vertrauen beider Elternteile haben und dem Heranwachsenden im späteren Leben ein verlässlicher Berater sein. Die Kirche möchte natürlich auch, dass er dazu beiträgt, das Kind im christlichen Sinne zu erziehen.

Täuflinge sind nicht immer Neugeborene. Oft lassen sich die Eltern mit der Taufe Wochen oder Monate Zeit, da spielt vielleicht die Gesundheit von Mutter und Kind eine Rolle oder die Jahreszeit. Der Zeitpunkt sollte daher immer mit Rücksicht auf Mutter und Kind ausgewählt werden. Schlafenszeiten des Kindes sowie Stillzeiten müssen dabei berücksichtigt werden.

Dresscode für Täuflinge

Mr. oder Mrs. Täufling trägt zum würdigen Anlass nicht sein übliches Hennes-&-Mauritz-Outfit, sondern ein besonderes Taufkleid. Wer ein Familienerbstück besitzt, der wird immer modisch up to date sein. Das Elternpaar sowie die Gäste tragen dem Anlass entsprechend elegante Kleidung, also dunkler Anzug für die Herren sowie festlichere Kleidung für die Damen.

Taufgeschenke

Die Taufkerze, welche in der Kirche angezündet wird, wird aufgehoben. In manchen Familien wird sie in schweren Tagen angezündet und soll bei Krankheit und Not helfen. Anlässlich der Taufe wird der Täufling vom Paten beschenkt. Das Geschenk soll vor allem symbolischen Charakter haben. Das kann das erste Besteck in Silber sein oder ein kleiner Silberlöffel, auf dem das Geburtsdatum eingraviert ist. Auch Goldkettchen, Golddukaten, der sogenannte Tauftaler oder Sparbücher als Startkapital fürs künftige Leben sind möglich. Verwandte sowie alle anderen Gäste können natürlich ebenfalls ein Geschenk für das Kind mitbringen. Das ist keine Pflicht, sondern beruht auf freiwilliger Basis.

Eine besonders schöne Sitte ist es, zur Geburt eines Kindes einen Baum zu pflanzen. Dieser verbindet das Kind sein ganzes Leben auf magische Weise mit der Natur. Das ist eine schöne Erinnerung daran, dass jeder Mensch ein Stück Natur ist und dass er ihr auch sein ganzes Leben lang verpflichtet sein soll.

Taufessen

Nach der Taufe sitzt man bei einem Essen gemütlich zusammen. Das kann in einer privaten Atmosphäre, z. B. im Haus der Eltern oder der Großeltern, sein, aber auch in einem Restaurant. Der Pfarrer wird selbstverständlich dazu eingeladen und bekommt den Ehrenplatz neben der Mutter. Mit Rücksicht auf die Mutter und das Baby sollte die Feier nicht allzu lange dauern. Es empfiehlt sich daher ein Aufbruch spätestens eine Stunde nach Abschluss des Essens.

Außerdem bedanken Gäste sich nachher mündlich oder schriftlich bei den Eltern für die Einladung. Da kann man auch noch einige Blumen mitsenden.

Wahl des Vornamens

Jedes verantwortungsvolle Elternpaar bedenkt, welche Bedeutung der Vorname des Kindes für sein künftiges Leben hat. Während der Familienname infolge Heirat noch verändert werden kann, bleibt der Vorname das ganze Leben erhalten. Vornamen unterliegen Moden und Trends. Was man bei der Namensgebung manchmal noch als exklusiv wählt, kehrt sich spätestens beim Eintritt in die Volksschule ins Gegenteil. Heute wimmelt es da von Florians, Michaels, Daniels und Simons sowie Julias, Annas, Sarahs und Lauras.

Der Vornamen sollte auch phonetisch zum Nachnamen passen. Ein Marvin Pospischil, eine Jacqueline Hirnreiter oder eine Gwendolin Nowotny sind, zumindest was ihren Namen betrifft, nicht zu beneiden. Als mir vor kurzem auf einem Spielplatz die laute Stimme einer erzürnten Mutter: »Tschennifaa! I botz da oane!« (Übersetzung für Nichtösterreicher: »Jennifer, du bekommst eine Maulschelle!«) entgegenschallte, hatte die Kleine auf der Schaukel mein vollstes Mitleid.

Erstkommunion, Firmung und Konfirmation

Religiöse Feste der Kindheit und der Jugend sind in der Regel stille und nachdenkliche Feste, an die man sich das ganze Leben lang erinnert. Aufwand und Trubel gehören woanders hin.

Erstkommunion

Die Erstkommunion zählt zu den sieben Sakramenten in der katholischen Kirche. Sie ist meistens das erste religiöse Fest, an das sich Kinder erinnern können. Es findet im 6. oder 7. Lebensjahr statt. Vor diesem Ereignis nehmen die Kinder an einem Erstkommunionsunterricht teil.

Bei der eigentlichen Zeremonie haben die Mädchen kurze oder lange weiße Kleider an und tragen einen Blumen- oder Myrtenkranz im Haar. Buben tragen dunkle Anzüge und ein kleines Myrtensträußchen im Knopfloch. In vielen Gemeinden tragen die Erstkommunikanten Einheitskleidung, eine Art Kutte, die stark an die Kleidung der Mönche erinnert. Diese Gepflogenheit soll verhindern, dass die Erstkommunion zu einem modischen Wettbewerb, wer wohl das schönste Kleid trägt, wird. Väter und männliche Gäste tragen dunkle Anzüge, Mütter und weibliche Gäste elegante Kleidung, eventuell mit passendem Hut.

Nach dem Kirchgang kann eine kleine Feier im privaten Rahmen oder in einem Restaurant stattfinden. Eingeladen dazu werden auf jeden Fall die engeren Verwandten sowie die Taufpaten des Kindes. Der Geistliche in der Regel nicht, denn er hat an diesem Tag immer viele Schützlinge und die Entscheidung, wem er die Ehre gibt, wäre schwierig und könnte zu Problemen führen.

Das Kind sitzt auf dem Ehrenplatz, die Menüfolge sollte auf seinen Geschmack abgestimmt sein, denn schließlich ist es ja sein Fest. Eine Tischrede hält üblicherweise der Vater nach dem Hauptgang. Geschenke können, müssen aber nicht sein. Auf jeden Fall aber bekommt das Kind eine Kommunionskerze, die während der Zeremonie in der Kirche angezündet wird. Diese Kerze ist meistens ein Geschenk des Taufpaten und wird aufbewahrt. Wenn es andere Geschenke gibt, sollen diese Erinnerungsstücke fürs Leben sein und kein Tand für den raschen Konsum.

Nach der Feier bedankt sich das Kind für die Geschenke sowie die Gäste für die Einladung mündlich oder schriftlich.

Firmung

Kinder mit katholischem Glaubensbekenntnis werden zwischen dem 13. und 16. Lebensjahr mit der Firmung gesegnet. Der Firmpate hat ebenso wie der Taufpate die Aufgabe, dem Jugendlichen ein christlicher Begleiter durchs künftige Leben zu sein. Traditionellerweise übernimmt er die Kosten der Veranstaltung und überreicht auch dem Firmling ein wertvolles Geschenk. Da das früher die erste, manchmal sogar goldene Uhr war, war es vor allem für ärmere Familien wichtig, einen »reichen Firmpaten« zu finden, der sich diese Ausgaben leisten konnte.

In Zeiten von »Swatch«- und anderen Billiguhren, die einem ständigen Modewechsel unterliegen, hat die Bedeutung der »goldenen Firmungsuhr« ziemlich nachgelassen. Ein Firmungsgeschenk soll aber nicht nur von bleibendem Wert sein, sondern auch Freude bereiten. Daher empfiehlt es sich, mit den Eltern oder Jugendlichen vorher darüber zu sprechen. Auf jeden Fall bedankt sich der Beschenkte persönlich mündlich oder schriftlich für erhaltene Präsente.

Konfirmation

Kinder mit evangelischem Glaubensbekenntnis werden ebenfalls in diesem Alter mit der Konfirmation gesegnet. Sie werden damit endgültig in die Gemeinschaft der Gläubigen aufgenommen. In beiden Fällen handelt es sich um ein hohes familiäres Fest. An die Zeremonie schließt meistens ein Festessen für die Paten, die Verwandten, zu dem die Eltern des Konfirmanden einladen. Im

Gegensatz zur katholischen Firmung sind bei der evangelischen Konfirmation keine Geschenke üblich.

Traditionell kleiden sich Mädchen zu diesem Anlass in Dunkelblau oder Dunkelgrau, in seltenen Fällen in Weiß, ob Kleid, Kostüm oder Hosenanzug ist egal. Auf jeden Fall soll das Gewand dezent sein. Die Burschen tragen schwarzen oder dunkelblauen Anzug. Für die Gäste ist, ähnlich wie bei der Taufe, elegante Tageskleidung angesagt.

Sponsion und Promotion

Sponsion und Promotion sind der lang ersehnte Abschluss einer akademischen Laufbahn. Sie sind ein wichtiges Ereignis im Leben eines jungen Menschen und gehören gebührend gefeiert. Im Rahmen einer akademischen Feier werden die jungen Akademiker geehrt und erhalten eine offizielle Urkunde, mit der bescheinigt wird, dass sie das Studium erfolgreich abgeschlossen haben und nunmehr berechtigt sind, einen akademischen Titel zu tragen.

Sponsions- und Promotionsfeiern sind feierliche Ereignisse mit zahlreichen Reden und musikalischen Einlagen. Die Geehrten werden einzeln aufgerufen, das Thema ihrer Diplomarbeit genannt sowie allfällige besondere Studienerfolge erwähnt. Mütter und Großmütter vergießen dabei oft ein Tränchen der Rührung über das tüchtige Kind. Nicht selten ist auch Erleichterung dabei.

Die Kleiderordnung ist festlich. Dunkle Anzüge bzw. Kostüme oder Hosenanzüge für die jungen Akademiker, festliche Tageskleidung ebenfalls für die anwesenden Gäste. Aber auch bei diesen Gelegenheiten kann man Dinge erleben, die zwar aus dem Rahmen fallen, aber durchaus Klasse haben.

Magister in Lederhosen

Bei der Sponsion meines Sohnes, der ein Wirtschaftsstudium an einer Fachhochschule abgeschlossen hatte, fiel ein junger Mann in außergewöhnlicher Kleidung auf: In kurzer Lederhose, Trachtenjoppe und weißen Stutzen sprang er auf die Bühne und nahm sein Diplom zum Thema »Marketingaktivitäten im österreichischen Fremdenverkehr am Beispiel von Zürs am Arlberg« entgegen. Nicht nur, dass die Kleidung stimmig zu seinem Diplomthema war, er war auch der Einzige, den man sich aus der großen Anzahl von dunkelblau und schwarz gekleideten Menschen im vornehmen Ambiente eines Wiener Ringstraßenpalais merkte. Dass er von Marketing etwas versteht, hatte er mit dem für diesen Anlass ziemlich ungewöhnlichen Outfit bewiesen.

Im Anschluss laden die Eltern oder die jungen Akademiker zu einem festlichen Essen ein. Dazu sind entweder nur der enge Familienkreis oder auch Verwandte, Bekannte und Freunde geladen. Ob die ältere Generation mit der jungen gemeinsam feiert oder ob die Jugend unter sich sein möchte, das ist Geschmackssache. Auf jeden Fall ist der Wunsch des Studienabgängers zu respektieren.

Die Geehrten freuen sich natürlich auch über Geschenke. Die bringt man aber nicht zum Festakt mit, denn da ist in der Regel die Aufregung und Hektik groß, sondern übergibt sie bei der anschließenden Feier. Das gilt auch für Blumen.

Traurige Anlässe

Niemand kommt daran vorbei. Krankheit gehört zum Leben einfach dazu. Den einen trifft's seltener, den anderen öfter. Manchmal sind Krankenhausaufenthalte unumgänglich. Mit Ausnahme von freudigen Ereignissen, wie z. B. bei Geburten, kenne ich wenige Menschen, die gerne ins Krankenhaus gehen, weder als Patient noch als Besucher. Atmosphäre, Geruch, das Leid der Menschen, die einem begegnen, das Ausgeliefertsein an die Kunst der Ärzte und an den lieben Gott machen uns deutlich, dass das Leben nicht nur ein Fest ist.

Krankenbesuche

Kranke brauchen immer mehr Rücksicht als gesunde Menschen. Bei länger dauernden Krankheiten sowie bei Spitalsaufenthalt freut man sich in der Regel über Besuch. Der Besuch von engen Familienangehörigen sowie direkten Bezugspersonen wird immer geschätzt werden, Freunde, Bekannte oder Geschäftskollegen hingegen sollten folgende Empfehlungen beachten.

Besuchszeiten

- Durch Ihr Kommen signalisieren Sie dem Patienten, dass Sie an ihn denken und er Ihnen wichtig ist. Aber dehnen Sie den Besuch nicht zu lange aus. Genesende brauchen Ruhe und ermüden rascher als gesunde Menschen. Achten Sie daher auf Ermüdungserscheinungen des Patienten und verlassen Sie ihn rechtzeitig. Eine halbe Stunde ist für einen Höflichkeitsbesuch ausreichend.
- Platzen Sie nicht unangemeldet ins Krankenzimmer. Stimmen Sie mit den nächsten Angehörigen oder mit dem Patienten

direkt ab, ob ein Besuch erwünscht ist. Direkt nach einer Operation sind die meisten Menschen nicht bereit, Besucher zu empfangen. Ebenso sollten Sie Tage meiden, an denen sich bereits andere Besucher angesagt haben.

- Halten Sie sich an vorgeschriebene Besuchszeiten, vor allem wenn der Kranke das Krankenzimmer noch nicht verlassen darf. Ist der Kranke gehfähig und kann Sie in einem Besucherzimmer oder in einer Cafeteria des Krankenhauses empfangen, brauchen Sie sich nicht an die vorgeschriebenen Besuchszeiten halten.
- Kommen Sie niemals zu Essenszeiten. Bedenken Sie, dass Mahlzeiten in Kliniken viel früher als üblich serviert werden. Mittagessen zwischen 11 und 12 Uhr und Abendessen um 17 Uhr sind keine Seltenheit.

Rücksichtnahme

- Nehmen Sie Rücksicht auf kranke Zimmerkollegen. Sprechen Sie leise.

- Im Falle von ärztlichen Visiten im Krankenzimmer verlassen Sie dieses bitte umgehend. Diagnosen oder Gespräche über den Verlauf der Krankheit sind nie für fremde Ohren bestimmt.
- Beweisen Sie Sensibilität in der Gesprächsführung. Lassen Sie den Kranken reden, wenn er will, aber bedrängen Sie ihn nicht. Formulieren Sie Ihre Gespräche positiv und geben Sie dem Kranken Hoffnung, zeigen Sie Mitgefühl, aber kein Mitleid.
- Chronisch kranke Patienten freuen sich über wiederkehrende Besuche. Lieber kurze Besuche, dafür öfter.
- Beim Besuch von Vorgesetzten im Krankenhaus ist vorher genau zu überlegen, ob dieser Besuch auch willkommen ist. Kranksein bedeutet auch, etwas von seiner Intimität preiszugeben, das kann im geschäftlichen Umgang nicht unbedingt gewünscht sein. Nicht jeder Boss begegnet seinen Mitarbeitern gerne angeschlagen und im Pyjama. Unter Umständen ist ein persönlicher Brief, ans Krankenbett gesandt, die bessere Variante.
- Akzeptieren Sie den Wunsch, keinen Besuch zu erhalten, ohne beleidigt zu sein. Senden Sie schriftlich Genesungswünsche, eventuell mit einem Blumenstrauß, ins Krankenhaus.
- Beachten Sie in jedem Falle das strikte Rauchverbot in Krankenhäusern.

Geschenke

- Bringen Sie dem Genesenden vernünftige Geschenke mit. Einfach ist es, wenn irgendwelche Wünsche geäußert werden. Fragen Sie daher immer den Patienten direkt oder nahe Angehörige, was gewünscht wird. Essbares kann, muss aber nicht immer Freude bereiten. Süßigkeiten sind keine gute Idee. Leichter Lesestoff ist immer willkommen. Falls der Patient einen Walkman oder CD-Player bei sich hat, freut er sich sicher auch über eine passende Kassette oder CD mit aufbauender Musik oder Hörspielen.

- Blumen bereiten meistens Freude. Wählen Sie helle und freundliche Sträuße in den Farben Gelb oder Orange aus. Denn diese wirken nachweislich stimmungsaufhellend und gesundheitsfördernd. Schenken Sie niemals stark duftende Blumen. Auch keine Lilien oder Chrysanthemen, denn diese gelten als Todesblumen. Wegen der Infektionsgefahr dürfen keine Blumenstöcke in Töpfen geschenkt werden.

Beerdigungen

Nichts ist im Leben so sicher wie der Tod. Leider wird er in unserem Kulturkreis oftmals verdrängt. Der Tod eines nahestehenden Menschen ist immer ein arger Schlag für die Hinterbliebenen. Ganz egal, ob dieser plötzlich und unerwartet eingetreten ist oder als Erlösung nach einem langen Leiden.

Der Tod eines Angehörigen wird mit einer Todesanzeige bekannt gemacht. Entweder durch eine öffentliche Anzeige in der Zeitung oder eine sogenannte Parte, die an Bekannte und Freunde des Toten versandt wird.

Öffentliche Anzeigen

Öffentliche Anzeigen sollen sachlich formuliert werden und folgende Punkte enthalten:

- Namen und Alter des Verstorbenen, bei Frauen auch Mädchen- bzw. Witwennamen. Titel und Ehrenzeichen können, müssen aber nicht angeführt werden.
- Der Beruf des Verstorbenen, vor allem dann, wenn dieser stolz darauf und eng mit seiner Persönlichkeit verknüpft war.

- Datum des Todes.
- Datum, Uhrzeit und Ort der Bestattung, Trauerfeier oder Totenmesse.
- Namen der nächsten Familienmitglieder (Ehepartner oder Lebensgefährten, Kinder dem Alter nach mit Ehepartnern und Enkeln bzw. Urenkeln, eventuell noch lebende Eltern und Schwiegereltern, danach die Geschwister mit Ehepartnern). Möglich ist auch die Formulierung »Im Namen aller Angehörigen« oder »Im Namen der Familie«.
- Eventuell ein Hinweis auf eine Seelenmesse.

Manchmal ehren Firmen verdienstvolle verstorbene Mitarbeiter durch eine Todesanzeige in der Zeitung. Diese enthält noch Hinweise über die Position, die der Verstorbene innerhalb der Firma innehatte bzw. über erworbene Verdienste.

Wenn die Anzeige die genauen Daten der Bestattung enthält, kann man davon ausgehen, dass eine Teilnahme erwünscht ist. Möchte man nicht, dass fremde Personen an der Bestattung teilnehmen, dann kann die Anzeige auch nach dem Begräbnis mit dem Hinweis »Auf Wunsch des Verstorbenen fand die Beisetzung in aller Stille statt« oder »Wir haben uns von … in aller Stille verabschiedet« erfolgen.

Möglich ist auch der Hinweis »Wir bitten von Kranz- und Blumenspenden abzusehen. Auf Wunsch des Verstorbenen bitten wir um Spenden zugunsten …« Diesem Wunsch sollten Sie unbedingt entsprechen.

Persönliche Todesanzeigen

Mit einer Parte, wie die gedruckten Todesanzeigen in Österreich heißen, zeigen die engsten Familienangehörigen den Freunden, Bekannten und Kollegen den Todesfall an. Sie wird auf weißem

Papier mit schwarzem Rand gedruckt und im schwarz geränderten Briefumschlag versandt. Das Kuvert wird immer mit einer Briefmarke versehen. Der Inhalt ist derselbe wie bei einer öffentlichen Anzeige. Sie kann unter Angabe des Bestattungsortes vor der Beerdigung oder nachher versandt werden, wenn die Angehörigen eine stille Beerdigung wünschen.

Wenn auf der Parte Datum, Uhrzeit und Ort der Beerdigung angeführt sind, kann der Empfänger dieser Anzeige persönlich zur Bestattung kommen oder Blumen bzw. Kranzspende an den Ort der Aufbahrung senden. Ist der Kontakt zum Verstorbenen nicht so eng gewesen, dann genügt es, einen Kondolenzbrief zu schreiben. Den Wunsch, von Kranzspenden abzusehen, sollte man auf jeden Fall erfüllen. In diesem Fall kann man einige Blumen zum Begräbnis mitnehmen, die mit einer Hand voll Erde auf den Sarg geworfen werden.

Trauerkleidung

Die offizielle Trauerkleidung ist schwarz für die nächsten Angehörigen bzw. dunkel für die sonstigen Teilnehmer an Beerdigungen. Frauen gehen hochgeschlossen und mit langen Ärmeln. Strümpfe werden auch bei höchsten Sommertemperaturen getragen. Schwarze Strümpfe sind heute kein »Muss« und wenn, dann werden sie nur von den nächsten Verwandten getragen. Männer tragen weiße Hemden und schwarze Krawatten.

Die nächsten Verwandten trugen früher einen Trauerflor am linken Arm des Mantels, den sie auch noch einige Zeit nach dem Begräbnis beibehielten. Diesen Brauch sieht man nur noch selten. Auch die früher übliche Volltrauer für hinterbliebene Ehepartner, d. h. schwarze Kleidung vom Hut bis zu den Schuhen, die mindestens ein halbes Jahr getragen wurde, wird heute, vor allem in den Großstädten, nicht mehr gepflogen. Geblieben ist, dass die nächsten Verwandten des Toten in den ersten Monaten nach der Bestattung allzu kräftige Farben bei der Kleidung vermeiden.

Die schwarze Brille ersetzt heute oft den früher üblichen schwarzen Schleier für weibliche Hinterbliebene. Sie verbirgt die verquollenen Augen vor unerwünschten Blicken. Achten Sie aber bitte unbedingt darauf, dass die Brille nur leicht getönt ist, sodass Ihre Augen noch irgendwie erkennbar sind und Ihr Gegenüber nicht in »tote Augen« blicken muss.

Nehmen Kinder an Beerdigungen teil, genügt es, wenn sie festlich gekleidet sind. Sie müssen nicht in Schwarz erscheinen.

Trauerrede

In der Regel wird die Trauerrede von einem Geistlichen gehalten. Wenn dieser den Verstorbenen persönlich gekannt hat, wird ihm das ohne weitere Informationen möglich sein. Kennt er den Verstorbenen nicht, dann müssen ihm die engsten Familienmitglieder alles Wissenswerte über den Toten erzählen. Überlegen Sie daher genau, welche Informationen Sie dem Redner geben, damit die Persönlichkeit des Verstorbenen authentisch wiedergegeben wird.

Persönlicher ist es natürlich, wenn eine nahestehende Person die Trauerrede hält. Wenn dies der Fall ist, dann beachten Sie folgende Empfehlungen:

- Je persönlicher Sie die Rede gestalten, desto mehr wird sie das Herz der Trauergemeinde erreichen. Erzählen Sie von der Herkunft und dem Leben des Verstorbenen, beschreiben Sie sein Wesen und seine Verdienste. Streichen Sie seine Persönlichkeit hervor.
- Sprechen Sie so, als ob Sie den Toten persönlich ansprechen würden.
- Machen Sie eine Pause, wenn Ihre Stimme versagt. Die Unter-

brechung darf etwas länger sein als bei einer normalen Rede. Im Publikum werden alle mit Verständnis und Sympathie reagieren.

- Zeigen Sie ruhig Ihre Gefühle. Wenn Ihnen ein Weiterreden nicht möglich ist, brechen Sie ab. Die Wirkung ist häufig stärker, als wenn Sie unbeirrt fortführen.
- Überlegen Sie sich auf jeden Fall eine Formulierung, mit der Sie die Rede abschließen – und wenn es nur ein einziger Satz ist!

Beerdigung

Selten werden Verstorbene heutzutage zu Hause aufgebahrt. Meistens verabschiedet man sich in einer Aufbahrungshalle, einer Kapelle oder der Kirche. Am Eingang liegt ein Buch, in dem sich die Besucher einzeln eintragen. Das ermöglicht den Verwandten einen Überblick über die Gäste und gibt eine Information, wem sie für die Anteilnahme danken müssen.

Blumenspenden

Blumen- oder Kranzspenden werden direkt vom Gärtner an den Aufbahrungsort gebracht. Sie tragen schwarze Schleifen, auf denen einige Abschiedsworte sowie der Name des Spenders stehen. Wenn Sie Blumen zur Beerdigung mitbringen, achten Sie bitte darauf, dass Sie mindestens 20 Minuten vor Beginn der Trauerfeierlichkeiten am Aufbahrungsort sind, damit Ihr letzter Blumengruß noch beim Sarg arrangiert werden kann.

Wenn Sie den Verstorbenen gut gekannt haben und nicht die Möglichkeit besteht, an der Beerdigung teilzunehmen, dann senden Sie auf jeden Fall ein Kondolenzschreiben an die nächsten Verwandten.

Trauerzug

Nachdem man sich vom Toten verabschiedet hat, die Trauerreden, die Gebete und die Einsegnung vorbei sind, begibt sich der Trauerzug zum Begräbnisort, wo der Tote bestattet wird. Der Trauerzug wird vom Geistlichen angeführt, ihm folgen die Sargträger mit dem Sarg, dann die nächsten Angehörigen des Verstorbenen, danach die übrigen Trauergäste. Begegnet man einem Trauerzug, bleibt man stehen und lässt den Trauerzug passieren. Herren nehmen dabei den Hut ab.

Nachdem der Sarg versenkt wurde, gehen die Trauergäste einzeln am Grab vorbei und werfen eine Schaufel Erde, manchmal auch einige Blumen auf den Sarg. In Wien gibt es die peinliche Sitte, dem Beamten, der die Schaufel mit Erde reicht, einen Geldschein zuzustecken. Das kommt Fremden zu Recht pietätlos vor. Geübte Begräbnisgeher jedoch haben sich an diese Unsitte gewöhnt und halten schon ein entsprechendes Trinkgeld bereit.

Nachdem die Besucher nochmals am offenen Grab dem Toten die letzte Reverenz erwiesen haben, spricht man den nächsten Verwandten des Toten sein Beileid aus. Das sollen einige persönliche Worte der Anteilnahme und des Mitgefühls sein. Man umarmt sie oder drückt ihnen die Hand, je nachdem wie nahe das Verhältnis zu ihnen ist.

Feuerbestattung

Zu einer Feuerbestattung gehört das Urnenbegräbnis. Die offizielle Verabschiedung findet in der Regel vor der Feuerbestattung statt. Sie verläuft ebenso wie bei einem konventionellen Begräbnis. Anstatt den Sarg in die Erde zu lassen, wird er nach der Verabschiedung in den Boden versenkt. Die Bestattung der Urne erfolgt dann zu einem späteren Termin im Beisein der nächsten Verwandten.

Leichenschmaus

Traditionellerweise wird eine Beerdigung mit einem gemeinsamen Essen, dem sogenannten »Leichenschmaus« abgeschlossen. Dieses Zusammentreffen dient nicht nur dem Gedenken an den Verstorbenen, sondern hat auch eine psychologische Komponente. Die Hinterbliebenen lösen sich vom Druck des traurigen Anlasses und kehren sozusagen »wieder ins Leben zurück«. Wenn üppiges Essen und Trinken nicht gewünscht werden, dann treffen sich die Gäste meistens zu einem kleinen Imbiss in einem Gasthaus in der Nähe des Friedhofs oder im Trauerhaus. Die Kosten für die Bewirtung werden von der Trauerfamilie übernommen.

Beileidsbriefe und Dank

Wenn Sie eine Todesanzeige bekommen und nicht am Begräbnis teilnehmen, dann kondolieren Sie schriftlich. Hinterbliebene können Äußerungen des Mitgefühls und des Trostes immer gut gebrauchen. Die Anteilnahme kann in Form einer vorgedruckten Beileidskarte oder eines persönlich gehaltenen Briefes sein. Sie können nur aus ein paar Worten bestehen, aber auch ausführlicher sein. Je persönlicher Sie den Inhalt formulieren, je mehr Sie auf Ihre eigenen Erlebnisse mit dem Verstorbenen eingehen, desto tröstlicher wird er von den Angehörigen aufgenommen werden. Kondolenzschreiben dürfen niemals über Fax oder E-Mail erfolgen.

Die Angehörigen bedanken sich bei den Trauergästen für Blumen und Kränze sowie für Beileidsschreiben. Da unmittelbar nach einem Begräbnis viel zu tun ist, kann man sich ruhig einige Wochen damit Zeit lassen. Es können auch gedruckte Dankeskarten versandt werden. Für besonders persönliche oder herzliche Beileidsbriefe sollte man ebenfalls persönlich danken. Manchmal wird ein Gedenkblatt für den Toten beigelegt. Das zeigt ein Foto des Verstorbenen mit Namen und Lebensdaten, ergänzt durch ein Gebet oder ein Bibelzitat.

Gesellschaftliche Ereignisse

Wer geht nicht gerne aus? Ganz egal ob Tanzveranstaltung, Theater, Konzert oder Kino. Einen schönen Abend, eine nette Unterhaltung mit Freunden, schöne Musik hören, eine anregende Story im Theater oder im Kino genießen. Gesellschaftliche Ereignisse gehobener Art erfordern die Kenntnis einiger Regeln:

Tanzveranstaltungen

Tanzen ist ein Ausdruck von Fröhlichkeit und Vergnügen. Es wird geplaudert und gescherzt. Bälle sind gesellschaftliche Ereignisse, die unterschiedlichen Etikettereegeln unterworfen sind. Veranstaltungen in einfacherem Ambiente, also in einem Gasthaus, im Festsaal einer Gemeinde, in einer Schule oder in einem Volksbildungshaus werden eher gemütlich sein. Personen, die auch bei diesen Gelegenheiten die passenden Umgangsformen anwenden, werden besser ankommen als unbedarfte Rüpel. Manch andere aber, wie die traditionsreichen Wiener Bälle, bieten Gelegenheit, die »hohe Etikette« zu zelebrieren.

Der erste Tanz gehört immer der eigenen Partnerin, dann dürfen die Paare wechseln. Obwohl es die sogenannten »Pflichttänze« nicht mehr gibt, sollten Männer darauf achten, mit jeder Dame am Tisch oder in einer kleinen Gesellschaft mindestens einmal getanzt zu haben. Paare, die den ganzen Abend aneinanderkleben, tragen nicht gerade zum Gelingen einer Veranstaltung bei.

Auffordern

Der Mann von Welt schnipst nicht mit dem Finger, wenn er eine Dame zum Tanzen auffordert, sondern tritt vor sie hin, macht eine leichte Verbeugung und fragt: »Darf ich bitten?«. Wenn die Dame in Begleitung eines Herrn ist, wird dieser vorher mit einem kurzen »Gestatten Sie« um sein Einverständnis ersucht. Der formvollendete Begleiter der Dame steht auf, wenn diese mit ihrem Tanzpartner zur Tanzfläche geht, und auch, wenn sie wieder zurückkommt. Tanzpartnerinnen werden mit einem kleinen »Danke schön« und einer Verbeugung wieder an den Ort oder zur Gruppe zurückgebracht, wo sie abgeholt wurden. Haben sich die restlichen Tischgenossen zwischenzeitlich verkrümelt, dann bietet der formvollendete Kavalier der Dame einen Drink an der Bar oder einen kleinen Spaziergang an.

»Abengagieren« direkt von der Tanzfläche ist auf dem einfachen Dorffest in Ordnung, keinesfalls aber auf einem eleganten Ball.

Schwierig wird es, wenn absolute Nichttänzer in der Gruppe sind. Wenn sie partout nicht aufs Tanzparkett zu bekommen sind, dann sollten sie sich zumindest um die restlichen Damen am Tisch kümmern. Mit Höflichkeit und Sensibilität lassen sich diese Situationen immer gut meistern.

Damenwahl

Auf einfachen Tanzveranstaltungen herrscht mittlerweile Gleichberechtigung. Selbstbewusste Frauen führen das Objekt ihrer Tanzbegierde auch ohne das Stichwort »Damenwahl« aufs Parkett. Manch scheinbarer Tanzmuffel hat sich nach einer kleinen Aufforderung schon als Supertänzer geoutet. Wenn man miteinander bekannt ist, genügt ein kleines »Hast du Lust, mit mir zu tanzen?«. Diese Bitte sollte nicht abgelehnt werden. Ein miserabler Tänzer wird ohnedies rasch retourniert werden.

Bei eleganteren Bällen wird auf das Stichwort »Damenwahl« gewartet. Erst dann dürfen Damen fremde Männer zum Tanzen auffordern. Sitzt der gewünschte Partner am selben Tisch, dann darf die Dame bei der Aufforderung sitzen bleiben.

»Kuriositäten auf dem Wiener Opernball«

Das absolute Highlight der Wiener Ballsaison ist der Opernball. Wer nicht Frack und große Robe trägt, wird erbarmungslos abgewiesen. Auch wenn er dem Billeteur die sündteuren Eintrittskarten unter die Nase hält.

Aber nicht nur Wirtschaftskapitäne, Künstler sowie in- und ausländische Politiker tummeln sich in den Logen und auf dem Parkett. Auch manches Sternchen sorgt für mediale Aufregung.

Unter anderen bewies sich Sex-Ikone **Pamela Anderson** zum gegebenen Anlass kniggefit. Sie habe sich sehr genau auf dieses Ereignis vorbereitet. Sie habe im Internet darüber gelesen und sich über das protokollarische Procedere informiert. Außerdem habe sie ihre Walzerkünste aufgefrischt. Das hätte sie sich ersparen können. Denn aufgrund des Journalistenandranges konnte sie ihre Loge ohnehin nicht verlassen. »Der Opernball ist ein so großartiges Ereignis. Ich möchte ihm die Aufmerksamkeit und den Respekt zollen, den er verdient«, sagte sie zur ungeteilten Freude ihrer Gastgeber. Eine rote Robe, die ihren Silikon-Vorbau nur knapp verhüllte, tauschte sie unmittelbar vor dem Ball gegen ein züchtigeres, graues Modell.

Pamelas Begleiter **Kid Rock** tat sich indes bei den Umgangsformen schon ein wenig schwerer. Beim Dinner konnte er mit den vielen Besteckteilen nichts anfangen und ließ sich von seinen Gastgebern über den Gebrauch unterweisen. In der Loge wurde er dann gesichtet, wie er direkt aus der Flasche trank.

Doch manch Besucher, der die Etikette nicht ganz beherrscht, lernt dazu. So schmückte etwa beim vergangenen Opernball Sturm-Fußballpräsident **Johannes Kartnik** seine Frackbrust noch mit falschen Orden. Außerdem trug er Armbanduhr, wo er doch wissen sollte, dass ein Mann »comme il faut« zum Frack nur Taschenuhr trägt. Kann es sein, dass er das ganze Spektakel nicht so ganz ernst nimmt?

Auch **DJ Ötzi**, Österreichs Pop-Aushängeschild, hat Nachhilfestunden in Etikette genommen. In seinem ersten Jahr legte er den weißen Seidenschal, der üblicherweise zum schwarzen Cape getragen wird, auch auf der Tanzfläche nicht ab. Beim nächsten Besuch ließ er den Schal in der Garderobe und nahm sogar sein weißes Käppchen während der Bundeshymne ab.

Doch das sind nur Kuriositäten. In der Regel ist das Opernball-Publikum elegant, gewandt und absolut kniggefit.

Dresscode

Bei den meisten Ballveranstaltungen ist ein Dresscode vorgegeben, der unbedingt eingehalten werden muss. »Abendkleidung« bedeutet dunkler Anzug, Hemd und elegante Krawatte sowie schwarze Schuhe für den Herrn und ein elegantes kurzes oder langes Kleid, eventuell einen festlichen Hosenanzug für die Dame. Auch der Hinweis »Trachtenkleidung« hat bei manchen Bällen Tradition und ist zu befolgen. Smoking oder gar Frack sind die elegantesten Versionen der Gesellschaftskleidung für den Mann und erwarten von der Dame ebenfalls elegante bzw. große Abendkleidung (siehe Seite 221 ff.).

Handschuhe

Handschuhe haben auf Bällen eine besondere Bedeutung. Oft werden die Männer mit den weißen Handschuhen, wie sie in den noblen Wiener Tanzschulen getragen werden, belächelt. Doch das Ganze ist eine sehr sinnvolle Einrichtung. Welche Dame drückt denn gerne ein verschwitztes Händchen beim Tanz, ein Baumwollhandschuh ist daher eine durchaus hygienische und sinnvolle Sache. Lob und Preis dem legendären Rittmeister Elmayer-Vestenbrugg, Begründer der renommierten Wiener Tanzschule, der keinen jungen Mann ohne Handschuhe auf die Tanzfläche ließ.

Ballhandschuhe für Damen, die meistens bis zum Ellenbogen reichen, werden während des gesamten Abends angelassen. Beim Essen allerdings werden sie ausgezogen, um sie nachher wieder anzulegen.

Theater, Konzertsaal, Oper, Kino

Häufige Theaterbesucher, Stammgäste und Abonnementbesitzer können ein Lied davon singen. Da freut man sich auf einen schönen Abend in eleganter Atmosphäre und daneben sitzt ein abgerissener Typ, der bestenfalls auf dem Fußballplatz eine gute Figur machen würde. Sind Theaterbesucher Snobs? Sind sie intolerant und engstirnig? Ist es nicht in London egal, was man in der Oper anhat? Und legt man nicht sogar in der vornehmen New Yorker »Metropolitan Opera« den Mantel über's Knie?

Fragen über Fragen, die gar nicht so einfach zu beantworten sind. Fest steht aber, dass die richtige Kleidung von der Art des Theaters bestimmt wird. Und das sagt eigentlich schon alles. Wenn Sie in ein kleines Kellertheater gehen, dann sind Jeans und Pullover stimmig. Wenn Sie allerdings in der Wiener Staatsoper sind, dann verlangt die Schönheit und die Bedeutung des historischen Ortes nach der passenden Kleidung. Und da ist eben festliche Kleidung angesagt. Wenn es sich um eine Galavorstellung oder eine Premiere handelt, dann wird die Kleidung festlicher und eleganter sein als für eine Nachmittagsvorstellung oder eine Matinée. Das Äußere des Besuchers soll zur Atmosphäre der Umgebung passen.

Pünktlichkeit

Theater pflegen pünktlich zu beginnen. Darauf sollte sich der Zuschauer einstellen und rechtzeitig kommen. Wenn Sie Karten in der Mitte einer Reihe haben, sollten Sie besonders früh da sein, damit die anderen Gäste nicht aufstehen müssen, wenn Sie zu Ihrem Platz gehen. Wenn Sie an Gästen vorbeimüssen, dann sagen Sie »Entschuldigung« und »Danke« und wenden ihnen beim Vorbeigehen das Gesicht und nicht das Hinterteil zu.

In manchen Theatern und Konzertsälen wird Ihnen der Eintritt verweigert, wenn die Vorstellung schon begonnen hat. Sie müssen dann auf einen passenden Augenblick warten, bis Sie zu Ihrem Platz dürfen. Aber auch wenn Sie kein Angestellter daran hindert, warten Sie auf eine Pause, bis Sie zu Ihrem Platz gehen, wenn Sie zu spät kommen.

Essen und trinken

Der Verzehr von Bonbons oder Popcorn gehört ins Kino, keinesfalls in Konzertsaal, Theater oder Oper. Aber auch im Kino sollte man allzu störendes Papierrascheln vermeiden. Selbstverständlich nimmt man den Müll, den man produziert hat, nach draußen mit und deponiert ihn in einem Abfallkübel. Keinesfalls wirft man leere Bonbonpackungen und Getränkebecher auf den Boden.

Handy

In manchen Theatersälen werden die Gäste vor Beginn der Vorstellung daran erinnert, das Handy abzuschalten. Es sollte selbstverständlich sein, dass Sie selbst daran denken. Nichts ist peinlicher, als bei laufender Vorstellung in der Handtasche nach seinem läutenden Handy zu kramen und die wütenden Blicke der Umgebung zu ertragen.

Applaus

Künstler brauchen den Beifall wie die Pflanzen das Licht. Also wird geklatscht, üblicherweise im Sitzen. Wenn die Begeisterung besonders groß ist, kann aufgestanden werden und den Künstlern mit »Standing Ovations« gehuldigt werden. Wenn's nicht gefallen hat, hält man sich beim Applaus zurück. »Pfui-« und »Buh«-Rufe sollte man sich sparen.

Für den Applaus ist der richtige Zeitpunkt wichtig. Im Theater wird üblicherweise nach jedem Akt applaudiert. Wenn es zwischendurch besonders gute Darbietungen gibt, kann es auch »Szenenapplaus« geben.

Im Konzertsaal wird grundsätzlich erst am Ende des Musikstückes applaudiert. Hier erkennt man oft ahnungslose Zuhörer, die zwischen den einzelnen Sätzen von Symphonien zu klatschen beginnen. Wenn Sie kein Musikprofi sind, dann warten Sie mit dem Applaus, bis die anderen Zuhörer damit beginnen. So vermeiden Sie eine Blamage. Als kleiner Hinweis kann gelten, dass sich Dirigenten dem Publikum zuwenden, wenn das Stück aus ist. Das ist auch das endgültige Signal, dass das Stück wirklich zu Ende ist und applaudiert werden kann.

Bei Passionsspielen und bei Messen wird üblicherweise auch nicht geklatscht. Aber auch da kann es Ausnahmen geben. Als bei einer Messe anlässlich des Erntedankfestes meines Heimatortes

Perchtoldsdorf die Kapelle zum Abschluss eine flotte Polka spielte, hat die Kirchengemeinde vor Begeisterung zu applaudieren begonnen. Ich bin sicher, der liebe Gott hat sich sehr darüber gefreut… Bei Kirchenkonzerten ohne Messen kann in jedem Fall applaudiert werden.

Garderobe

Manche Besucher verlassen sofort ihren Platz, wenn der Vorhang fällt bzw. das Stück zu Ende ist. Sie wollen damit dem Gedränge an der Garderobe entgehen. Das ist aber eine grobe Unhöflichkeit gegenüber den Künstlern. Sie müssen nicht bis zum Ende des Applauses bleiben, vor allem wenn einige Fans die Künstler immer wieder vor den Vorhang holen. Aber für eine angemessene Dauer des Applauses muss Zeit sei.

Drängeln Sie nicht an der Garderobe. Unnötige Hektik gehört nicht zu einem schönen Abend. Fassen Sie sich daher in Geduld, die Garderobieren tun ohnedies ihr Möglichstes. Wenn Sie als Paar unterwegs sind, dann lassen Sie Ihren männlichen Partner ins Gedränge. Er wird Ihnen hoffentlich zuerst in den Mantel helfen, bevor er in seinen eigenen schlüpft.

Falls Sie die Schuhe wechseln möchten, weil es draußen schneit, regnet oder sonst unwirtlich ist, dann tun Sie das bitte diskret in der Toilette und nicht vor den Augen aller anderen Personen.

Kapitel 9

Beziehungsweise

Gutes Benehmen bestimmt auch das emotionale Klima von Beziehungen. Höflichkeit ist in vielen Fällen ein Aphrodisiakum. Fragen Sie sich doch selbst einmal: Mit wem fühlen Sie sich bei Tisch wohler, mit dem, der lümmelt und rülpst, oder mit einem, der sich gut benimmt? Und mit wem unterhalten Sie sich lieber? Mit einer, die nicht zuhört und unterbricht, oder mit einer, die aufmerksam ist und Sie sagen lässt, was Sie sagen wollen.

Rücksicht und Höflichkeit sind Garantien dafür, dass Ihre Wünsche nach Wertschätzung und Nähe, aber auch nach Distanz respektiert werden. Und das sind die besten Voraussetzungen für ein langes, gemeinsames Leben. Gutes Benehmen ist nicht nur ein mechanisches Regelwerk, es gehört auch die Freiheit dazu, mit Regeln zu brechen. Aber nur, wenn Sie selbst bestimmen können, wann und mit wem das passiert.

Powerpaare

»Hinter jedem erfolgreichen Mann steht eine starke Frau.« Eine besondere Gratwanderung bei den Umgangsformen erfordert die Partnerschaft zwischen Personen, bei denen einer oder sogar beide eine bedeutende Position innehaben. Die klassische Variante war seit jeher, der Mann ist bedeutender. Nun haben sich im Laufe der letzten Jahrzehnte auch Frauen berufliche Spitzenplätze erobert. Wer stärkt ihnen dabei den Rücken? Und wo trifft der gesellschaftliche Wandel das männliche Ego? Daraus entsteht die schwierigere Variante: Die Frau ist erfolgreicher oder berühmter.

Sobald einer von den beiden sich über mehrere Jahre aus dem Berufsleben ausklinkt, verliert er seine Feldkompetenz. Das heißt, dass er oder sie manchmal nicht weiß, wovon die Rede ist, und auf lange Sicht ein unattraktiver Gesprächspartner für den wird, der den interessanten Job hat. Die Gefahr ist, dass sich zwei Welten auseinanderentwickeln, die nicht mehr kommunikativ verbunden sind. Das gegenseitige Verständnis fehlt.

Der Schlüssel für Stabilität in der Partnerschaft basiert immer auf Gerechtigkeit. Kein Partner darf das Gefühl haben, zu viel bezahlt oder etwas aufgegeben zu haben. Wenn einer in den sauren Apfel beißen muss, dann funktioniert das nicht. Damit wird er zum Loser, was meist in einer Trennung endet.

Wenn allerdings Paare es schaffen, sich Zeit für diesen Austausch zu nehmen, um zu wissen, was beim anderen los ist, haben sie gute Karten. Außerdem entwickeln Paare, die ihr Leben außerhalb konventioneller Beziehungsmuster gestalten, einen gemeinsamen Stolz auf ihr Modell, was ziemlich zusammenschweißen kann. Nehmen wir einige Beispiele aus der Öffentlichkeit:

Erfolgreiche Männer

Erfolgreiche Männer marschieren oft im Alleingang durchs Leben, aber sie setzen gerne ihre Partnerinnen als Sympathieträgerinnen ein. Das war schon von jeher so. Denken Sie an Kaiserin Elisabeth von Österreich, genannt »Sissi«, die mit dazu beigetragen hat, das rebellische Königreich Ungarn wieder mit dem Kaiserreich zu vereinen.

Präsident George Bush und Laura

Als die Bushs Anfang 2001 ins Weiße Haus einzogen, da erwartete niemand, dass Laura oft in der Öffentlichkeit auftreten würde. Ein Putzteufel sei sie, wisperten Freundinnen, ein stilles Heimchen am Herd. Ganz anders als ihre Vorgängerin Hillary Clinton. Man hielt sie für die stille Frau im Hintergrund.

Jetzt hat sich das Blatt gewendet. **Laura Bush** ist nicht nur eine souveräne Gastgeberin, sondern taucht in letzter Zeit immer öfter in Radio und Fernsehen mit Ansprachen auf. Auch die Printmedien berichten immer häufiger von der veritablen Mutter der Nation. Sie sei »durch ihre Ruhe und zugleich Geschlossenheit eine Quelle der Stärkung für ihn«, schwärmte Bush neulich in einem Interview. Er könne es sich nicht vorstellen, wie es wäre, wenn Laura hysterisch oder übertrieben emotional wäre. »Die Frau ist o. k.«, meinte er trocken. Da hat er doch Glück gehabt, oder?

▷ **Fazit:** Frauen wachsen oft mit ihrer Aufgabe. Was man ihnen anfangs nicht zugetraut hat, erledigen sie mit Bravour. Sie werden oft als heimliche Beraterin und stille Kraftquelle geschätzt.

Kanzler Schüssel und Gigi

Politiker stehen stets im Rampenlicht. Und schon gar, wenn es sich um den österreichischen Bundeskanzler handelt. Im Gegensatz zu vielen anderen Frauen, die sich im Glanz ihres Partners sonnen, liebt Ehefrau Gigi, eine diplomierte Psychotherapeutin, die Anonymität. Während frühere Kanzlergattinnen zu allem und jedem meinten, etwas sagen zu müssen, übt sie sich in vornehmer Zurückhaltung. Nur selten begleitet sie ihren Mann zu öffentlichen Ereignissen. Und es kann auch schon einmal vorkommen, dass sie sich vorzeitig still und heimlich verdrückt. Wenn sie sich langweilt, zum Beispiel.

▷ **Fazit:** Selbstbewusste Frauen brauchen die Macht des Mannes nicht unbedingt für ihr eigenes Ego. Sie ziehen sich von der Öffentlichkeit zurück und gehen unverdrossen ihren eigenen Weg.

Erfolgreiche Frauen

Einige Exemplare der neuen Männergeneration halten von der eigenen Karriere und alten Beziehungsmustern nicht viel und praktizieren eine Konstellation, bei der das klassische Rollenverhältnis einfach umgedreht wird.

Politikerin Madeleine Petrovic und Antun

Die österreichische Grünpolitikerin Madeleine Petrovic praktiziert mit ihrem Mann Antun, einem promovierten Politikwissenschaftler, dieses Modell. Er übernahm die Kinderbetreuung und ließ seiner Frau in Sachen Karriere den Vortritt. Bereut hat er diesen Schritt nie. Jetzt versucht er, wieder beruflich einzusteigen, und erfährt das, wovon viele Frauen ein Lied singen können. Er sei offensichtlich nicht »berufsorientiert« – so die Personalbüros –, was immer das schon heißen möge. Also versucht er sich auf eigene Faust als selbstständiger Besitzer einer Bio-Bar, moralisch unterstützt von seiner Frau.

▷ **Fazit:** Frauen spüren, dass der Mann ein eigenes Bestätigungs- und Faszinationsfeld haben muss, wenn die Partnerschaft auf Dauer funktionieren soll. In dieser Beziehung sind manche erfolgreiche Frauen moderner als Männer.

Starköchin Johanna Maier und Dietmar

Johanna Maier ist eine der besten Köchinnen Europas. Neben vier Kindern hat sie neuerdings auch vier Hauben, verliehen von Gault Millau. Sie und ihr Mann haben das gängige Rollenbild getauscht. Sie ist der gefeierte Superstar, ihr Mann Dietmar bedient und betreut die Gäste. Die steile Karriere der Frau brachte auch für die Ehe große Änderungen. Früher hat er alles entschieden, heute managt er seine Frau, ob es um Werbeverträge oder öffentliche Auftritte geht. »Ich profitiere ja durchaus vom Ruhm meiner Frau«, sagt er. »Und er hat, wie man so schön sagt, die Hosen an und ist der Herr im Haus. Das möchte ich auch so«, sagt die kluge Johanna Maier. Zumindest in der Öffentlichkeit.

▷ **Fazit:** Auch wenn die Frau in der Öffentlichkeit erfolgreicher als der Mann ist, gibt sie ihm zu verstehen, dass er der Herr im Haus ist. Das lässt ihn seine Position leichter ertragen und tut seinem Ego gut.

Elisabeth II. von England und Philip

Bei Paaren, die in der Öffentlichkeit stehen, sehen wir immer nur einen Teil der Wirklichkeit. Das ist auch hervorragend am Beispiel von Königin Elisabeth und Philip zu illustrieren. Bei offiziellen Anlässen geht der Gemahl der englischen Königin immer ein paar Schritte hinter ihr. Wenn sie allerdings auf die Jagd gehen, dann drehen sich die Rollen um. Wenn Philip schießt, hat die Queen nichts zu sagen. Dann wird sozusagen zum klassischen Modell übergegangen. Er ist der Macher, sie die dezente Frau im Hintergrund.

▷ **Fazit:** Die öffentliche ist nicht immer mit der privaten Rolle identisch. In manchen Situationen lässt die kluge erfolgreiche Frau ihn den Boss spielen.

Beatrix von Holland und Prinz Claus

Die Rolle des königlichen Ehemannes hat Prinz Claus († 2002) nie wirklich bekommen. Laut Protokoll hatte er fortan hinter Beatrix die zweite Geige zu spielen und sich in ein gnadenloses Protokoll pressen zu lassen. Vielleicht hat diese schwierige Rolle mit zu seiner Depression beigetragen. Vielleicht war sie auch Auslöser seiner vielen späteren Krankheiten, wie Parkinson, Nierenprobleme, Herzinfarkt, Lungenembolie, Prostatakrebs. Vor einiger Zeit ist der einstige Buhmann und spätere Liebling der Nation verstorben.

▷ **Fazit:** Die Belastung, innerhalb einer Partnerschaft permanent die zweite Geige spielen zu müssen, kann Depressionen und andere Krankheiten auslösen. Neben Prinz Claus ist auch der Selbstmord von Hannelore Kohl ein Beispiel dafür.

Erfolgreiche Paare

Hillary und Bill Clinton

Auch sie gehört zur Sorte von Politikerfrauen, die sich lange Zeit der Karriere ihres Mannes untergeordnet haben. Einmal trat sie sogar zum Kekse-Wettbacken auf, nur um ihrem Mann zu nützen. Politischer Gegenwind wehte ihr entgegen, als sie sich in der Regierung ihres Mannes wie eine Entscheidungsträgerin verhielt. Erst als sie infolge »Monicagate« zur Betrogenen wurde, also eine klassische Frauenrolle einnahm, schossen ihre Umfragewerte in die Höhe. Nachdem Bill abgedankt ist, startet auch sie politisch durch. Nebst einem Sitz im Senat werden ihr gute Chancen auf die nächste oder übernächste Präsidentschaft eingeräumt.

▷ **Fazit:** Manche Frauen ordnen ihre eigene Kariere der ihres Mannes unter. Erst wenn dieser seine bedeutende Position verlässt, können sie echt durchstarten.

Margot Klestil-Löffler und ihr HBP

Sie ist Spitzendiplomatin und First Lady. Er ist der österreichische Bundespräsident und ihr Ehemann. Die Frau weiß, was sie will. Präzise und mit zäher Disziplin verfolgt sie ihre Ziele. Sowohl im Beruf als auch im Privatleben, wobei die Trennlinien zwischen beiden Bereichen verschmelzen. Bis zur Hochzeit hatte sie eine steile Karriere erklommen. Danach ging es bergab. Attraktive Posten wurden ihr bisher mit dem Argument, es handle sich um Protektionsjobs, vergällt. Und Protektionsjobs hat sie wahrlich nicht nötig. Also wartet sie, bis ihr Mann nicht mehr der erste Mann im Staat ist. Und wird dann ihre unterbrochene Karriere fortsetzen.*

▷ **Fazit:** Die Heirat mit einem erfolgreichen Mann kann unter Umständen eine Verzögerung der eigenen Karriere bedeuten.

Patricia Riekel und Helmut Markwort

Bei »Bunte«-Chefredakteurin Patricia Riekel und ihrem Lebensgefährten, »Focus«-Chefredakteur Helmut Markwort, herrscht Gleichgewicht in der Beziehung. Sie erzielt sensationell hohe Auflagen. Und hängt ihn damit ziemlich ab. In einem Interview in der »Süddeutschen Zeitung«, wie denn ihr Lebensgefährte ihren großen Erfolg ertrage, sagt sie, was kluge Frauen zu allen Zeiten immer schon gesagt haben: »Ich bitte Sie. Mein Erfolg ist doch so klein im Vergleich zu der Jahrhunderterfindung Focus. Herr Markwort

* Nach dem Tod ihres Mannes im Juli 2004 nahm Margot Klestil-Löffler den Posten als Botschafterin Österreichs in Tschechien an.

freut sich natürlich darüber. Aber in jeder Beziehung kann es nur einen Star geben Bei uns ist er der Star, auch zu Hause.«

▷ **Fazit:** Wenn beide erfolgreich sind und die Frau dem Mann die Show stiehlt, dann tendieren auch kluge Frauen dazu, dem Mann in seiner Bedeutung den Vorzug zu geben.

Umgangsformen und Partnerschaft

Jeder Topf findet seinen Deckel. Manchmal hält der Deckel das ganze Leben lang. Und Frau und Mann geben ein perfektes Doppel zu Hause und in der Öffentlichkeit. Doch wer kennt nicht die Ehemänner, die in der Öffentlichkeit anderen Frauen die Türen öffnen, ihnen in den Mantel helfen und überhaupt den personifizierten Kavalier spielen, der eigenen Ehefrau aber mit einer Rüpelhaftigkeit begegnen, dass es einer Sau graust. Wer kennt nicht die Ehefrauen, die geschminkt und gesalbt, parfümiert und onduliert in Gesellschaft auftreten, zu Hause aber vor den Augen der Familie bis Mittag ungewaschen und im Morgenrock herumschlurfen.

Gute Manieren und gepflegte Umgangsformen gehören auch in den Alltag. Partnerschaft ist kein »benimmfreier« Raum. Natürlich benimmt man sich im eigenen Heim nicht genau so wie in einer fremden Umgebung. Gegenseitige Toleranz und Akzeptanz der Eigenheiten des anderen sind ein wichtiges Kriterium. Es gibt gewisse Mindeststandards, die beachtet werden sollten.

Liebevolles Miteinander

Höflichkeit macht nicht nur zu Beginn einer Beziehung Sinn, auch in langjährigen Partnerschaften soll ein liebevoller Umgang miteinander selbstverständlich sein. Gegenseitige Höflichkeit sowie Bemühen um gutes Benehmen reguliert die Beziehung zweier Menschen und schafft Lust auf Intimität.

Es sind die kleinen Gesten, die das Leben angenehm machen. Vergessen Sie nicht das »Bitte« und »Danke«. Kündigen Sie an, wann Sie etwa nach Hause kommen. Wenn Sie sich wirklich verspäten, dann rufen Sie an. Wenn Sie unvorhergesehen aus dem Haus müssen, hinterlassen Sie eine kleine Nachricht, wo Sie sind und wann Sie wiederkommen. Es geht nicht um die lückenlose Kontrolle, wo sich wer wie lange aufhält, sondern darum, zu verhindern, dass sich der andere Sorgen um Sie macht.

Seien Sie aufmerksam und merken Sie, wenn der andere überlastet ist. Nehmen Sie ihm in diesen Zeiten eine Arbeit ab, für die er normalerweise zuständig ist. Je unauffälliger und selbstverständlicher Sie das tun, desto weniger wird Ihr Partner von Gewissensbissen geplagt werden.

Es ist nicht unbedingt notwendig, innerhalb von Partnerschaften genau die gleichen Eigenschaften oder Hobbys zu haben. Gute Partnerschaft bedeutet nicht, wie siamesische Zwillinge durchs Leben zu gehen. Am Anfang einer Beziehung ist das o. k. Da gibt es die große Sehnsucht nach Zweisamkeit und Nestwärme. Doch in vielen Partnerschaften wird es verabsäumt, den Zeitpunkt zu erkennen, zu dem man vom siamesischen Zwilling wieder zum selbstständigen Menschen wird.

Das unbewegliche Verharren im gemeinsam Gewohnten ist oft auch der Grund für zerbrochene Partnerschaften. In Zeiten der ersten Verliebtheit macht man mit großer Begeisterung bei allem mit, was der Partner vorschlägt. Doch sobald die erste Verliebtheit vorbei ist, ist der Zeitpunkt der Emanzipation gekommen. Akzeptieren Sie, wenn Ihr Partner Freizeitbeschäftigungen hat, die Ihnen keinen Spaß machen. Wenn Sie partout keinen Bock auf seine Hobbys haben, dann lassen Sie ihm doch die Freude und vermiesen Sie es ihm nicht durch grantige Miene oder Nörglerei. Gehen Sie in der Zeit eben einer Tätigkeit nach, die Sie interessiert. Die Zeit, die Sie miteinander verbringen, wird dadurch umso wertvoller werden.

Versuchen Sie, in einem gemeinsamen Gespräch eine Regelung für Ihre unterschiedlichen Interessen zu finden, mit der Sie beide leben können. Partnerschaft darf nicht auf Verzicht basieren. Lassen Sie dem anderen genügend Freiraum, den Sie sich aber auch selbst zugestehen sollten. Partnerschaft bedeutet nicht, alles über den anderen zu wissen, lückenlos sein Seelenleben zu kennen sowie Rechenschaft über jede Minute abzuliefern. Auf freiwilliger Basis ist es in Ordnung, unter Zwang wird es auf Dauer nicht funktionieren.

Geheimnisse muss es auch innerhalb von Partnerschaften geben. Wo sich Partner stets ein wenig fremd sind, da bleibt auch Spielraum für Lebendigkeit. Also seien Sie froh, wenn Ihr Partner geheimnisvoll bleibt, daraus kann eine Wachheit entstehen, die sensibel macht für alle Möglichkeiten der Liebe und genügend Platz für Überraschungen bietet.

Kleidung im Privatleben

Bequemlichkeit zu Hause ist o. k., Schlampigkeit weniger. Und da gibt es einen großen Unterschied. Niemand verlangt von Ihnen, dass Sie sich zu Hause so kleiden wie im Job. Aber Ihre äußere Erscheinung spiegelt Ihre Persönlichkeit wider, nicht nur außer Haus, sondern auch innerhalb der eigenen Familie. Schauen Sie in den Spiegel, gefällt Ihnen das, was Sie sehen? Sind Sie sicher, dass Sie diesen Anblick Ihrem Partner oder Ihrer Partnerin zumuten können? Lassen Sie sich daher auch zu Hause nicht gehen.

- Achten Sie auf Körperpflege, duschen Sie regelmäßig, putzen Sie die Zähne nach jeder Mahlzeit und achten Sie darauf, dass Ihr Atem in Ordnung ist. Waschen Sie die Haare regelmäßig. Wenn Frau Make-up trägt, dann macht sie sich auch zu Hause etwas zurecht.
- Tragen Sie gepflegte Kleidung. Ziehen Sie sich nach der Hausarbeit um und machen Sie sich hübsch, für sich selbst und für Ihren Partner. Je älter Sie werden, desto mehr Augenmerk müssen Sie auf Ihre Kleidung und auf die Pflege Ihrer Persönlichkeit aufwenden. »Slim, clean and well-dressed« lautet das Credo für Leute, die in die Jahre kommen. Mehr noch als für die jüngere Generation gilt diese Empfehlung.
- Kleiden Sie sich auch zu Hause immer so, dass Sie ohne Bedenken vor die Augen fremder Menschen treten können. Öff-

nen Sie daher auch dem Briefträger oder der Nachbarin nicht im Morgenrock die Tür.

Miese Zeiten

Auch in der Partnerschaft ist nicht immer alles Wonne und Waschtrog. Glücklichen Zeiten folgen Perioden, in denen es nicht so gut läuft. Konflikte treten auf und bedürfen einer Klärung, Eifersucht kann entstehen. Auch diese Zeiten gehören stilvoll überwunden. Auf schlechte werden wieder gute Tage folgen. Mit entsprechendem Anstand lassen sich auch häusliche Konflikte leichter lösen.

Permanent gut gelaunte Menschen sind geschätzt. Natürlich ist man lieber von ausgeglichenen, freundlichen Menschen umgeben als von mürrischen Zeitgenossen. Aber nicht jedem strahlenden Menschen geht's wirklich immer gut. So tun, als wäre alles paletti, bringt meistens einen zusätzlichen Stressfaktor. Vielfach steckt nur Selbstbeherrschung dahinter.

Gute Laune taucht die Welt in Sonnenschein. Die Welt ist in Ordnung, nichts nervt, es geht einem gut. An Schlechte-Laune-Tagen sieht die Sache allerdings ganz anders aus. Da ist die eigene Welt mausgrau, nichts bringt den Kick und die neue Haarfarbe oder die Shopping-Orgie hilft auch nicht.

Laut Robert Thayler von der California State University kann man anhand der eigenen Körperzustände erkennen, wenn's kritisch wird:

- Ist man entspannt und energetisch zugleich, sind Atmung und Herzschlag ruhig, aber leicht erhöht. Die Laune ist bombig.

- Im entspannt-müden Zustand fühlen wir uns immer noch gut. Aber nur, solange wir in Ruhe gelassen werden.
- Ist man angespannt und energiegeladen zugleich, wird's kritisch. Man ist körperlich fit, aber geistig völlig verausgabt. Die Muskeln im Schulterbereich verkrampfen, der Herzschlag beschleunigt sich.
- Ganz schlimm wird es, wenn man in den angespannt-müden Zustand rutscht. Man ist zwar total geschafft, kann aber nicht abschalten. Die Laune sinkt auf den Nullpunkt.
- Kurioserweise gibt's dann einen Kick, wenn wir so geschlaucht sind, dass einfach gar nichts mehr geht. Dann kann die Stimmung wieder paradoxerweise in unerreichte Höhen klettern. Das Hirn produziert die besten Ideen. Der Körper gibt ein letztes Mal alles, bevor er zusammenklappt.

Wie aber gehen Menschen mit Stimmungsschwankungen mit ihren Familienmitgliedern um? Sich einfach gehen lassen oder Beherrschung? Das Wichtigste ist, dass Sie sich selbst zu Ihrer schlechten Laune bekennen und gleichzeitig feststellen, dass diese nichts mit dem Partner zu tun hat. Die Toleranzschwelle der übrigen Familienmitglieder wird höher sein, wenn klargestellt ist, dass sie mit der miesen Stimmung nichts zu tun haben.

Das hilft

Psychologen raten Menschen mit schlechter Laune zu folgenden Tätigkeiten:

- Sehr gut ist: Sport treiben, z. B. joggen, Fahrrad fahren oder ins Fitnessstudio gehen, spazieren gehen, mit Kindern spielen.
- Gut ist: meditieren, schlafen, ein gutes Buch lesen, zum Friseur gehen, sich etwas Schönes kaufen.

- In Ordnung: Hausarbeit erledigen, etwas Gutes essen, mit Freunden oder der Familie reden, beruhigende Musik hören.
- Bedingt hilft: Fernsehen, in den Supermarkt gehen, ausgehen, Auto fahren.
- Ganz schlecht ist: Alkohol trinken, das macht das Stimmungstief noch tiefer.

Unterstützung

- Lassen Sie Ihren Partner in Ruhe und gehen Sie bewusst auf Distanz.
- Vermeiden Sie Tröstendes, wie z. B. »Na, das wird schon wieder.« Blöde Sprüche, mit dem Sie Ihren Partner zum Lachen bringen, sind meistens besser.
- Frauen werden ganz einfach gerne mal in den Arm genommen.

Konflikte

Auch in harmonischen Ehen kann es zu Streitigkeiten kommen. Besser als immer allen Ärger stillschweigend zu schlucken und irgendwann einmal zu explodieren ist es, Konflikte rechtzeitig und mit Stil auszutragen.

- Konflikte gehören zwischen denjenigen Menschen ausgetragen, die sie betreffen. Für andere Augen und Ohren sollten sie tabu sein. Weder Nachbarn noch andere Gäste in einem Restaurant oder Freunde gehören da mit hineingezogen.
- Es wird nicht ganz unumgänglich sein, Konflikte manchmal in Gegenwart der eigenen Kinder auszutragen. Wenn das nicht zu verhindern ist, dann sollten Sie sachlich bleiben und bedenken, dass Kinder nichts so sehr ängstigt, als wenn ihre Eltern streiten.
- Versuchen Sie, bei Konflikten fair zu bleiben. Vermeiden Sie

beleidigende Worte. Greifen Sie den Partner nicht persönlich an, sondern sprechen Sie über sich und Ihre Gefühle.
- Lernen Sie auch, sich wieder zu versöhnen.

Eifersucht

Eifersuchtsgefühle kennt fast jeder. Sie gehört zur biologischen Grundausstattung des Menschen. Wird die Sucht aber krankhaft, dann kann sie zerstörerisch wirken. Pathologisch ist sie dann, wenn die eigene Lebensqualität oder die des Partners, auf den sich die Eifersucht konzentriert, darunter leidet. Mehr als 90 Prozent aller Frauen und Männer kennen dieses Symptom. Krankhaft eifersüchtig sind meistens Menschen mit herabgesetztem Selbstwertgefühl.

Krankhafte Eifersucht bleibt auch Ihren Mitmenschen nicht verborgen. Sowohl die Familie als auch der Job können darunter leiden.

Wenn Symptome von Eifersucht auftreten, dann helfen folgende Strategien:

- Überprüfen Sie, ob Ihre eigenen Fantasien überhaupt den Tatsachen entsprechen.
- Nicht der Partner macht Sie eifersüchtig, sondern Sie selbst. Verhaltensweisen des Partners beruhen nicht auf persönlicher Ablehnung und sind kein Beweis, dass Sie für ihn nicht gut genug sind.
- Besprechen Sie ernsthaft mit Ihrem Partner Ihre Gefühle und weihen Sie ihn in Ihre Gedankenwelt ein. Tragen Sie das Problem nicht mit sich allein herum, dadurch wird es nur größer. Die offene Aussprache hilft, Ihre eigene Gedankenwelt zu korrigieren.

- Manchmal hilft auch, das Problem mit dem besten Freund oder der besten Freundin zu besprechen, sofern diese in der Lage sind, die Situation neutral zu betrachten.

Was Sie für sich selbst tun können

- Stärken Sie Ihr Selbstbewusstsein. Gesundes Selbstvertrauen ist das beste Mittel gegen Eifersucht. Wer sich selbst mag und von sich überzeugt ist, vermutet nicht hinter allem und jedem Feinde oder Rivalen.
- Geben Sie nicht alles für den Partner auf, sondern verfolgen Sie Ihre eigenen Interessen. Pflegen Sie Ihren eigenen Freundeskreis und machen Sie sich nicht vom Partner abhängig.
- Passen Sie die eigenen Bedürfnisse aus Angst vor dem Verlassenwerden niemals zur Gänze an die des Partners an.
- Achten Sie auf Liebeszeichen des Partners. Werden diese ständig übersehen, dann wird er oder sie irgendwann entnervt aufgeben.

Das sollten Sie niemals tun

- Kontrollieren Sie Ihren Partner nicht. Das führt zu nichts und dient lediglich dazu, sich selbst zu quälen und der Lächerlichkeit preiszugeben.
- Verlieren Sie niemals den Respekt vor dem Partner, auch wenn Wut und Angst noch so groß sind.

Trennung

Beziehungen können auseinandergehen. Immer weniger sind Paare bereit, Partnerschaften aufrechtzuerhalten, wenn die Harmonie abhandengekommen ist. Haben Sie daher die Größe, auch Beziehungen mit Stil, Würde und Respekt zu beenden.

Schlechter Stil ist, die Beziehung ohne Klarstellung des Grundes einschlafen zu lassen, nicht mehr anzurufen, sich am Telefon verleugnen zu lassen, ohne Kommentar zu verschwinden etc. Fies ist auch, dem früheren Partner bei zufälligen Begegnungen auszuweichen, ihn nicht mehr zu grüßen oder auf die andere Straßenseite zu gehen.

Ebenso für schlechten Stil spricht, per SMS oder E-Mail das Ende einer Beziehung anzukündigen. Sie glauben, das gibt es nicht? Dabei kommt das auch bei prominenten Personen vor. Via E-Mail servierte Ex-Spice-Girl **Geri Halliwell** ihren Freund **Damian Warner** ab. »Ich hätte es verdient, dass sie mir das persönlich sagt!« verkündete der zu Recht Gekränkte über die Medien.

Privatsphäre und Partnerschaft

Mit Partnern, ganz egal ob auf Lebensdauer oder temporär, werden Tisch, Bett und Schulden geteilt. Dennoch haben Mann, Frau und auch Kinder das Recht auf Privatsphäre, die auf jeden Fall von den anderen Familienmitgliedern respektiert werden sollte. Dieser Freiraum darf nur dann verletzt werden, wenn das Einverständnis der betroffenen Person eingeholt wurde.

Post

Das Briefgeheimnis gilt auch innerhalb der eigenen Familie. Persönlich adressierte Poststücke sind daher dem Adressaten ungeöffnet auszuhändigen. Dazu zählen natürlich auch die eigenen Kinder. Hingegen können Poststücke, die an die »Familie…« gerichtet sind, von jedem Familienmitglied, solche, die an »Herrn und Frau…« gehen, von beiden Partnern geöffnet werden.

Das betrifft auch persönliche Kreditkartenabrechnungen sowie Bankauszüge, die ebenfalls für den Partner tabu sein sollten, es sei denn, man vereinbart etwas anderes.

Telefon und Handy

Festnetztelefone sind in der Regel Anschlüsse für die ganze Familie. Wenn es mehrere männliche oder weibliche Familienmitglieder gibt, dann melden Sie sich immer mit Vor- und Zunamen, sodass der Anrufer sofort merkt, mit wem er es zu tun hat. Oft ähneln sich Stimmen von gleichgeschlechtlichen Familienmitgliedern enorm, das kann daher leicht zu Irrtümern führen.

Handys sind persönlich zugeordnete Telefone. Anrufe ähneln daher persönlich adressierten Poststücken. Sie können, aber Sie müssen sich nicht mit dem Namen melden. Wenn Sie den Namen gespeichert haben und den Anrufer am Display erkennen können, können Sie ihn schon mit dem Namen begrüßen. Anstatt den eigenen Namen oder »Hallo« zu sagen, begrüßen Sie den Anrufer mit »Hallo, Herr Martin« oder »Hallo, Renate«.

Auch innerhalb der Familie hat der Einzelne das Recht, ohne Zuhörer zu telefonieren. Seien Sie daher nicht beleidigt, wenn sich Ihr Partner für ein Telefonat zurückzieht.

Ein klingelndes Handy hebt derjenige ab, dem es gehört. Nur auf ausdrücklichen Wunsch oder Vereinbarung mit dem Besitzer sollte ein anderes Familienmitglied rangehen.

Erwähnen möchte ich auch noch, dass es nicht zu den guten Umgangsformen zählt, wenn Sie nachsehen, mit wem Ihr Partner oder Ihre Kinder zuletzt telefoniert haben. Das gilt auch für die Wahlwiederholung beim Festnetz. Verkneifen Sie sich daher diese Art von Kontrolle, auch wenn sie noch so aufschlussreich wäre …

Terminkalender

Neben dem beruflichen führen die meisten Menschen auch einen privaten Terminkalender. Diese Aufzeichnungen sollten tabu für die übrigen Familienmitglieder sein. Zugegebenermaßen handelt es sich dabei um eine interessante Informationsquelle, die neben einem Nachweis, wo der Liebste oder die Liebste den Tag verbracht hat, meistens auch noch Notizen und Telefonnummern enthält. Also alles, was einen neugierigen und vor allem misstrauischen Menschen interessieren könnte. Stöbern Sie daher nicht ungefragt im Terminkalender des Partners herum, sondern nur, wenn klargestellt ist, dass kein Einwand dagegen besteht.

Legen Sie sich eventuell einen Kalender an, in dem Sie diejenigen Termine eintragen, die für beide Partner sowie für die ganze Familie wichtig sind. Dort können Sie die Ferien der Kinder, den eigenen Urlaub sowie gemeinsame Einladungen etc. vermerken.

Hand- und Aktentaschen

Hand- und Aktentaschen sind ein Stück tragbare Intimsphäre. Sie haben ein Innenleben, das für die Umwelt ein streng gehütetes Geheimnis bleibt. Die Handtasche ist das eigene Territorium, in dem Eindringlinge nicht erwünscht sind. Daher sind sie nicht für den freien Zugriff anderer Familienmitglieder bestimmt. Wenn Sie mal rangehen müssen, dann fragen Sie bitte zuerst, ob kein Einwand dagegen besteht. Die einzigen Mitglieder unserer Gesellschaft, die ungestraft in Handtaschen kramen dürfen, sind kleine Kinder, die nach den Süßigkeiten oder Malbüchern in Muttis Schatztruhe suchen.

Erwähnen möchte ich noch, dass in fremden Mantel- oder Kostümtaschen nicht gekramt wird. Es sei denn, Ihr Partner bittet Sie, das betreffende Kleidungsstück in die Reinigung zu bringen. Dann sollten Sie natürlich nachschauen. Wenn er dabei einen verfänglichen Gegenstand vergessen hat, ist er wirklich selbst schuld.

Geldangelegenheiten

Umgangsformen in der Partnerschaft betreffen auch Geldangelegenheiten und hier empfiehlt es sich ebenfalls, die persönliche Sphäre zu achten. Gegenseitiges Vertrauen und fairer Umgang miteinander sind wichtig, jedoch hat jedes Familienmitglied auch hier das Recht auf einen privaten Bereich.

In partnerschaftlichen Beziehungen haben Mann und Frau Zugang zum gemeinsamen Geld. Dazu zählt die beiderseitige Vollmacht über ein Familienkonto. Oder eine Vereinbarung, wer welche Ausgaben für das tägliche Leben bestreitet. Kleinliche Abrechnungen sowie die Zuteilung von Haushaltsgeld gehören auf jeden Fall der Vergangenheit an.

Trotz vertrauensvollem Umgang in Geldangelegenheiten gibt es einige Grenzen, welche innerhalb von höflichen Partnerschaften beachtet werden sollten:

Portemonnaies

Geldbörsen sind private Angelegenheiten. Diese Privatsphäre sollte auch vom Partner respektiert werden. Denn außer Geld befinden sich darin meistens noch andere Dinge, wie Rechnungen, Ausweise oder Kreditkarten. Fragen Sie daher immer, ob Sie sich einen Geldschein oder eine Münze aus der Geldbörse eines Familienmitglieds nehmen können, und bedienen Sie sich niemals ungefragt.

Bankauszüge und Kreditkartenabrechnungen

Bankauszüge, Wertpapierdepotauszüge, Kreditkartenabrechnungen sind, sofern es sich nicht um Gemeinschaftskonten handelt, vertraulich zu behandelnde Unterlagen. Regeln Sie daher innerhalb der Familie, ob Sie auf die vertrauliche Behandlung Wert legen oder ob Sie damit einverstanden sind, dass auch der Partner Einsicht nehmen kann.

Besetzte Badezimmer

Besetzte Badezimmer und Klos sind grundsätzlich für alle Familienmitglieder tabu. Bei jungen und frischen Partnerschaften wird die Zusammengehörigkeit auch oft dadurch dokumentiert, dass alles, aber wirklich alles, vor den Augen des anderen geschieht. Der eine putzt sich die Zähne, der andere pinkelt ins Klo, das stärkt die Gemeinsamkeit. Einer löffelt den Joghurt, der andere schneidet sich daneben die Zehennägel, zwischendurch gibt es Küsschen und die Welt ist rosarot und in Ordnung.

Was am Anfang noch als Zeichen enormer Verliebtheit gesehen wird, kann im Laufe eines langen Lebens zu einer Zumutung für den anderen werden. Das gilt vor allem, wenn man älter wird. Das bedeutet nicht, dass es eine Tragödie ist, wenn der andere einmal bei einer intimen Verrichtung stört, aber es sollte nicht zur Selbstverständlichkeit werden.

Nackt vor den Kindern

Nacktheit ist im Allgemeinen heute kein Problem mehr zwischen Eltern und Kindern. Achten Sie aber auf den Zeitpunkt, ab dem es nicht mehr angebracht ist, völlig ungeniert nackt vor den Kindern herumzulaufen. Das ist in der Regel vor Beginn der Pubertät, wenn Kinder beginnen, sich im Badezimmer einzuschließen. Achten Sie diesen Wunsch nach Intimsphäre und nehmen Sie ihn zum Anlass, auch selbst etwas zurückhaltender mit Ihrer Freizügigkeit zu sein.

Geschlossene Türen

Verschlossene Türen bedeuten, dass man ungestört sein möchte. Das ist im Job selbstverständlich. Genauso selbstverständlich sollte das innerhalb der eigenen Familie sein. Das gilt für Badezimmer und Toilette genauso wie für ein Arbeitszimmer oder das Schlafzimmer.

Geschlossene Türen bedeuten: »Bitte, lass mich jetzt einmal allein und respektiere meinen Wunsch, ungestört zu sein!« Wenn Sie dennoch aus einem dringenden Grund reinwollen, dann klopfen Sie bitte an, genauso wie Sie es in einer fremden Umgebung tun würden. Das gilt auch für die Kinderzimmer.

Ist die Tür nur angelehnt, dann können Sie ohne zu klopfen eintreten. Die angelehnte Tür demonstriert, dass Störungen willkommen sind.

Auch geschlossene Schreibtischladen gehören respektiert und keinesfalls aus Neugier geöffnet. Familienmitglieder haben auch hier das Recht auf Privatsphäre.

Partnerschaft und Öffentlichkeit

Wie viel Intimität verträgt die Öffentlichkeit? Was können Sie fremden Personen zumuten? Wie das Austragen von Konflikten gehört auch allzu Intimes nicht in die Öffentlichkeit.

Unsere Kultur ist freizügig geworden. Das merken wir nicht nur an der Kleidung, sondern auch daran, wie ungeniert sich viele Leute in der Öffentlichkeit bewegen. Da wird geknutscht, was das Zeug hält, Sie sitzt ihm in der Straßenbahn auf dem Schoß, die Hände verschwinden in seinen Klamotten und umgekehrt.

Es hat nichts mit Prüderie zu tun. Aber Menschen, die gut in einer Gemeinschaft leben wollen, müssen lernen, sich zu beherrschen. Sie zeigen Gefühle, aber nicht ungehemmt. Gefühle können auch mit sparsamen Zeichen und Gesten ausgedrückt werden und müssen nicht unbedingt als Beinahekoitus vor den Augen der Öffentlichkeit enden. Manche junge frisch verliebte Paare neigen dazu, die Umwelt und ihre gute Kinderstube zu vergessen.

Nicht nur die Jugend legt fallweise jede Hemmung ab. Auch der deutsche Exminister Rudolph Scharping ist letzten Endes über seine freizügigen Plantsch- und Knutschbilder am Beckenrand mit seiner adeligen Freundin gestolpert.

Kosenamen

Eine »Muschi« ist **Karin Stoiber**, Ehefrau des bayerischen Ministerpräsidenten Edmund Stoiber. Eine »Schnuffel« die österreichische Exvizekanzlerin **Susanne Riess-Passer**. Der frühere Bundeskanzler **Franz Vranitzky** wird in aller Öffentlichkeit von seiner Frau »Manndi« gerufen. Das ist nett und das ist niedlich. Nur, wer will denn in der Öffentlichkeit nett und niedlich sein? Vor allem wenn er in einer Spitzenposition steht?

Kosenamen sind eine intime Angelegenheit. Aber diesen Eindruck hat man vielfach in der Öffentlichkeit nicht. Statt Vornamen gibt es »Mausis« sonder Zahl. Frau Baumeisterin **Christina Lugner** ist eine, die Frau von **Peter Weck,** dem früheren Intendanten der Vereinigten Bühnen Wien, ebenfalls. Auch Frau **Serafin**, die Gattin des Intendanten der Mörbischer Festspiele gehört zur Gattung der niedlichen Nagetiere.

Jeder Mensch hat Kosenamen für seine Herzallerliebsten. Vor allem in Zeiten der allerersten Verliebtheit kommt niemand ohne ihn aus. Kosenamen sind eine intime Angelegenheit und gehören auch dorthin. In die private Sphäre, bestenfalls noch in die Gegenwart von guten Freunden. Überall anders wirken sie skurril und lächerlich. Die Partnerin ist auch nicht die »Mutti«, der Partner ist nicht der »Papa«. Menschen haben Vornamen, verwenden Sie diese und verhindern Sie damit, Ihren Partner der Lächerlichkeit preiszugeben.

Stillen

Stillen ist »in«. Im Gegensatz zu den Müttern der siebziger und achtziger Jahre wissen die heutigen jungen Frauen um die Wichtigkeit der Muttermilch für ihre Kinder. Kinder hängen heute manchmal so lange an der mütterlichen Brust, bis das Geschwisterchen da ist. Manchmal teilen sich Kinder auch noch Mamas Busen. Das ist weise und das ist gut – solange der Stillvorgang nicht für Demonstrationszwecke missbraucht wird.

Stillen ist ein intimer Akt zwischen Mutter und Kind. Und das soll er auch bleiben. Niemand hat etwas dagegen, wenn im Familien- oder Freundeskreis oder im Kreis von Frauen gestillt wird. Das demonstrative Auspacken der Brust vor den Augen fremder Menschen, auf Parkbänken oder in öffentlichen Verkehrsmitteln gehört nicht zum guten Ton. Wenn Sie unterwegs sind und Ihr Kleines gefüttert werden muss, dann ziehen Sie sich bitte auf einen Platz zurück, der nicht von allen Menschen eingesehen werden kann.

Büroaffären

Knapp zehn Jahre ist es her, dass sich die glutäugige **Demi Moore** im Hollywood-Blockbuster »Enthüllung« am Schreibtisch über ihren Arbeitskollegen **Michael Douglas** hermachte. Was danach kam, ist Filmgeschichte. Der Kerl verweigerte den Vollzug, die Sache kam vor Gericht, das geschäftliche Fundament der gesamten Company geriet ob dieses erotischen Ausrutschers ins Wanken und der ganzen Welt war klar: Liebe und Sex am Arbeitsplatz sind keine gute Sache.

Das gilt auch heute noch, vor allem wenn es sich, wie im obigen Beispiel, um Ausübung von Macht, um unerwünschte »Anmache«, um »sexual harassment« handelt.

Partnerbörse Büro

Doch immer mehr Menschen nutzen heute das Büro als Partnerbörse. Auch viele Unternehmen haben erkannt, dass Liebesbeziehungen am Arbeitsplatz förderlich für den Output einer Firma sein können. Manche Unternehmen fördern sogar die Beziehungen unter Mitarbeitern. So hat z. B. die Fluggesellschaft Southwest Airlines einen »Club der einsamen Herzen« gegründet. Mehr als 800 Ehepaare soll es bereits geben.

Der Arbeitsplatz ist also ein unerschöpfliches Revier. Das Geschlechterverhältnis ist ausgeglichen, die Auswahl ist daher groß wie nie. Im Job kann man auch einen potenziellen Liebespartner auf seine Vorzüge und Nachteile abklopfen. Nirgendwo sonst lernt man den anderen mit der Zeit so kennen, wie er wirklich ist. Der Job ist außerdem ein ideales Flirtrevier.

Liebes-Umfragen

- Das deutsche Meinungsinstitut Forsa kommt zu dem Schluss, dass 45 Prozent aller Beamten mindestens ein Mal eine Liaison am Arbeitsplatz gehabt haben.
- Eine Gallup-Umfrage in Österreich ergab, dass zwölf Prozent der Werktätigen ihren derzeitigen Partner bei der Arbeit kennengelernt haben.
- Weitere elf Prozent bekannten sich zu einer Liebesbeziehung im Büro – offenbar eine zu niedrige Zahl. Die österreichische Sexualforscherin Gerti Senger glaubt, dass mindestens jeder zweite Österreicher bereits amouröse Erfahrungen im Job gemacht hat. Viele möchten aber nicht darüber sprechen.
- Laut Gallup hätten zwei Drittel der Österreicher keinerlei Probleme, mit ihrem Lebenspartner im selben Büro zu arbeiten.

Verhaltensregeln für Pärchen

Affären und Liaisonen zwischen einigermaßen gleichgestellten Kollegen haben also großes Potenzial. Dennoch gibt es einige Verhaltensregeln für die Liebe im Büro.

- Wahren Sie zumindest am Anfang die Diskretion. Warten Sie zwei bis drei Monate, ob die Sache auch hält.
- Vermeiden Sie den Austausch von Zärtlichkeiten am Arbeitsplatz, auch wenn es manchmal schwerfällt.
- Isolieren Sie sich nicht zu sehr von Ihren Kollegen, auch wenn Sie beide allein sein wollen.
- Tragen Sie private Meinungsverschiedenheiten nie im Büro aus, das vergiftet jedes Arbeitsklima.
- Treten Sie mit Ihrem Partner nicht nur als Doppelpack auf.
- Längere Beziehungen bleiben niemals geheim. Außerdem kos-

tet Geheimnistuerei auf die Dauer Kraft. Wenn die Angelegenheit eine Perspektive hat, bekennen Sie sich dazu.

- Klären Sie mit dem Partner, wie Sie nach einer eventuellen Trennung im Job miteinander umgehen werden.
- Gewöhnen Sie sich daran, dass über Bürobeziehungen getratscht wird, und leben Sie damit.

Wenn die Beziehung am Arbeitsplatz nicht unter gleichgestellten Kollegen besteht, sondern ein Partner der Vorgesetzte des anderen ist, ist die Sache weit sensibler und birgt einige Gefahren. Das sollte jeder bedenken, der sich auf eine solche Situation einlässt.

- Sobald der rangniedere Partner einen Karriereschub oder andere Erfolge hat, bleibt immer der Verdacht, nur aufgrund der Beziehung mit dem Boss bevorzugt zu werden. Auch aufgrund der bevorzugten Stellung kann es Probleme mit den Kollegen geben.
- Ist die Beziehung einmal beendet, dann läuft der Rangniedere Gefahr, vom Ex schikaniert und eventuell sogar aus der Firma geekelt zu werden.
- Ein Gespräch, »was danach passiert«, ist daher in solchen Fällen besonders wichtig.

Gute Nachbarschaft

Freunde kann man sich aussuchen, die Nachbarn leider nicht. Trotzdem ist die gute Nachbarschaft ein wesentlicher Bestandteil für das Leben unserer eigenen Familie und stellt hohe Anforderungen an die eigene Kommunikationsfähigkeit. Kein Familienleben kann harmonisch verlaufen, wenn man mit Nachbarn in Streit lebt.

Freundlichkeit, Toleranz und Rücksichtnahme ist die Basis guter Nachbarschaft. Aber wie sieht es mit dem oft zitierten Satz: »Das tut man nicht, was würden die Leute dazu sagen« aus? Vielleicht kennen Sie diesen Satz aus Ihrer Kindheit. Die Meinung der Familie war weniger wert als das, »was die Nachbarn dazu sagen«.

Wir leben nicht für die Meinung der Leute. Alles, was wir tun, tun wir für uns, für unseren Partner, für unsere Kinder, aber keinesfalls für Herrn und Frau Nachbarin. Wenn wir uns für eine Handlungsweise entschieden haben, dann geht das, außer uns, keinen etwas an. Entschuldigung für eine Handlung ist daher nur angebracht, wenn Sie den Nachbarn wirklich persönlich gestört oder verletzt haben.

Oft entwickeln sich mit den Nachbarn Freundschaften. Das kann, aber muss nicht immer sein. Meistens sind die Begegnungen von freundlicher Distanz geprägt. Wie aber geht man neutral, aber höflich mit seinen Nachbarn um? Wo ist die Schnittstelle zwischen »seine Nase in anderer Leute Angelegenheiten stecken« und totaler Ignoranz?

Neue Wohnung

Wenn Sie eine neue Wohnung oder ein neues Haus beziehen, machen Sie sich mit Ihren unmittelbaren Nachbarn bekannt. Das kann im Rahmen einer zufälligen Begegnung im Stiegenhaus oder vor dem Gartenzaun sein. Ebenso möglich ist ein kurzer Besuch, den Sie vorher telefonisch angekündigt haben. Selbstverständlich können Sie auch Ihre Nachbarn zu einem kleinen Umtrunk in die neue Wohnung einladen.

- Nachbarn müssen wissen, wie Sie heißen, wer Sie sind und welche Personen zu Ihrer Familie gehören. Stellen Sie beim ersten

Kontaktgespräch fest, dass Sie Wert auf gute Nachbarschaft legen und dass Sie bitten, allfällige Probleme direkt mit Ihnen zu besprechen.

- Weisen Sie auf Dinge hin, die Nachbarn eventuell stören könnten. Das kann der Trompete übende Sohn sein oder die Riesendogge, mit der man fünfmal täglich Gassi gehen muss.
- Mit Leuten, die man persönlich kennt, geht man in der Regel freundlicher um. Je freundlicher der persönliche Erstkontakt ist, desto eher werden Ihre Nachbarn bereit für kleine Hilfsdienste, wie z. B. ein Paket übernehmen, den Briefkasten im Urlaub leeren oder Ähnliches, sein.
- Tauschen Sie eventuell Telefonnummern aus.

Umgang im Alltag

Ob es bei einem losen, freundlichen Kontakt bleibt oder ob die nachbarschaftliche Beziehung intensiviert wird, hängt davon ab, wie Sie sich miteinander verstehen und wie viele gemeinsame Lebensumstände Sie haben, z. B. die gemeinsame Schule der Kinder oder Ähnliches. Provinz schafft in der Regel mehr Nähe als die Großstadt. Auf dem Land und in der Kleinstadt ist die Freundschaft unter Nachbarn üblicher als in der Anonymität der Metropolen. Hier einige Ratschläge für ein friedvolles Nebeneinander.

- Grüßen Sie bei einer Begegnung und achten Sie auch darauf, dass Ihre Kinder das tun. Wechseln Sie hin und wieder ein paar freundliche Worte.
- Halten Sie Stiegenhäuser, Aufzug und Gemeinschaftsräume sauber. Achten Sie darauf, dass Sie den Platz, auf dem die Müllkübel stehen, nicht verunreinigen. Lassen Sie keinesfalls Werbematerial, das für Sie bestimmt ist, neben dem Briefkasten liegen.
- Lassen Sie den Nachbarn ihr Eigenleben. Beobachten Sie aber dennoch genau, ob Sie helfen können. Vor allem alte Leute scheuen sich oft, Hilfe anzunehmen. Greifen Sie daher vor allem alten und alleinstehenden Menschen unter die Arme. Bieten Sie z. B. an, beim Einkauf etwas mitzunehmen, oder tragen Sie die Einkaufstasche bis zur Wohnung. Es geht um ein paar freundliche Worte und um das Signal: »Wir sind da, wenn Sie Hilfe brauchen.« Manchmal genügt schon ein freundliches Wort.
- Kündigen Sie Situationen, die möglicherweise stören könnten, wie z. B. eine größere Lärm oder Schmutz verursachende Renovierung oder ein Fest, an.

- Halten Sie Hunde an der Leine und nehmen Sie zur Kenntnis, dass die Toleranz gegenüber Tieren von Mensch zu Mensch sehr unterschiedlich sein kann. Achten Sie darauf, dass Wuffi nicht im Stiegenhaus oder an das Tor des Nachbarn pinkelt.

Gute Nachbarn – und was davon bleibt

(Aus »Die Presse«, 8. Oktober 2002, Weiberrede von Bettina Steiner)

Vermutlich haben Sie es ja längst bemerkt: Ich bin vor 15 Jahren zugereist. Aus der Vorarlberger Provinz in die Großstadt: Wo ich herkomme, da konnte man die Milch noch vom Bauern um die Ecke holen. Die Familie links von uns züchtete Kaninchen, und wenn man beim Einkaufen schusselig war, konnte man nebenan klopfen und sich das Nötige borgen. Als wir in unser Reihenhaus einzogen, brachten unsere neuen Nachbarn nicht nur Brot und Salz vorbei, sondern halfen auch tatkräftig beim Möbelausladen. So war's! Wie ich darauf komme? Also: Neulich hatte Viola eine Bitte. Sie fahren nämlich für zwei Wochen nach Berchtesgaden. Ob ich in der Zwischenzeit ihre Zimmerlinde gießen könne? Und es bereitet mir auch kein Problem, in der Zeit, die sie mit Mann und Kind zu den Großeltern fährt, ihren Postkasten zu leeren. Ich würde sogar die Katze füttern – wenn sie eine hätte. Schließlich wohnt Viola gerade einmal zehn Gehminuten von mir entfernt. Trotzdem war ich über ihre Bitte etwas erstaunt: Immerhin gibt es in Violas Haus 24 Parteien. Und da weiß sie keinen, der zweimal die Woche nach dem Rechten sieht?

»Komisch«, sagt Viola: »Aber wir kennen wirklich niemanden!«

Nachdem ich mir überlegt hatte, dass wir eigentlich auch

nur zu einem einzigen Mieter in unserem Haus Kontakt haben, musste ich an Vorarlberg denken, an all die Nachbarn. Mäsers, die luden damals alle zum Kaninchenessen ein. Ich war angewidert: Am Vortag hatten wir mit den Tieren noch gespielt! Längles verbreiteten tatsächlich das Gerücht, wir liefen nackt im Haus herum! Was das Borgen betrifft: Meine Mutter hat sowieso nie etwas vergessen.

Wissen Sie was? Ich denke, ich habe es in Wien gar nicht so schlecht getroffen. Darum werde ich meine Nachbarn weiterhin freundlich mit »Guten Tag« begrüßen – und nur im äußersten Fall ein unverbindliches »Kalt, heute« oder »Wird Zeit, dass der Regen aufhört!« hinzufügen.

Und sollte ich eines fernen Tages einsam in meiner Wohnung vor mich hin modern: Dann wird mich das auch nicht weiter stören. Ich merke davon ja nichts. Das riechen nämlich nur die Nachbarn.

Freundliche Distanz

- Lassen Sie sich Zeit mit Verbrüderungen und engeren Freundschaften. Erkunden Sie vorerst genau, ob Sie wirklich dieselbe »Wellenlänge« haben. Wenn Sie einen stressigen Job haben oder immer in Zeitnot sind, kann eine freundliche Nachbarin, die Ihnen täglich den neuesten Klatsch aus der Umgebung erzählt, ziemlich nerven.
- Seien Sie hilfsbereit, aber lassen Sie sich nicht ausnutzen. Entscheiden Sie selbst, wie weit Ihre Hilfsbereitschaft geht. Grenzen Sie sich rechtzeitig ab, wenn Sie das Gefühl haben, überfordert zu werden.

Konflikte regeln

- Besprechen Sie ruhig und sachlich die Situation, wenn Sie sich durch Ihre Nachbarn gestört fühlen. Stauen Sie Ihren Ärger niemals auf, sondern klären Sie in einem offenen Gespräch Ihr Problem. Achten Sie dabei auf eine neutrale Umgebung, in der Sie ungestört sind und niemand anderer zuhören kann. Stiegenhäuser oder Gartenzäune sind für derartige Aussprachen nicht geeignet.
- Prüfen Sie vorher, ob Sie das Problem vielleicht ignorieren können oder ihm durch eine Veränderung der eigenen Verhaltensweise ausweichen können. Manchmal genügt es schon, kleine Andeutungen zu machen, und die Nachbarn merken »wo es langgeht«. Schöpfen Sie vorher alle Möglichkeiten aus, bevor Sie es auf eine offene Konfrontation ankommen lassen.
- Wenn Sie Gefahr laufen, dass es bei einer Aussprache zu Streit kommt, dann formulieren Sie einen freundlichen Brief. Schließen Sie immer positiv und mit der Hoffnung auf eine gemeinsame Lösung. Wenn keine Reaktion auf Ihr Schreiben kommt, sprechen Sie Ihre Nachbarn einige Tage nach dem Brief an.

Mittags- und Nachtruhe

- Beachten Sie unbedingt die Mittags- (meistens zwischen 13 und 15 Uhr) und Nachtruhe (zwischen 22 und 7 Uhr). Vermeiden Sie in dieser Zeit Lärm, wie z. B. Rasenmähen oder Klavierüben. Jüngeren und im Beruf stehenden Menschen scheint diese Regelung oft sinnlos. Ältere Menschen hingegen machen mittags oft ein Nickerchen, gehen zeitig zu Bett oder können schwer einschlafen. Sie würden durch Lärm ziemlich gestört werden.

- Wenn Sie beabsichtigen, ein Fest zu feiern, kündigen Sie das vorher in der Nachbarschaft an und bitten Sie um Verständnis für eine eventuelle Lärmbelästigung. Bieten Sie vielleicht an, kurz auf ein Glas vorbeizuschauen. Hat es besonders lange gedauert und die Nachbarn besonders strapaziert, bedanken Sie sich am nächsten Tag nochmals für die erwiesene Geduld und bringen Sie eventuell ein kleines Geschenk, eine Flasche Wein oder einige Blumen, mit.

Kein Sinn für Klassik

Ich wohnte einige Jahre in einer Terrassenwohnung in der Tiroler Landeshauptstadt Innsbruck. An einem schönen Sommerabend hatte ich liebe Freunde geladen. Anlass dafür war der Besuch eines Freundes, eines Konzertpianisten aus Los Angeles, der auf Europatournee war und einige Tage bei uns wohnte. Die Freude bei mir war groß, ihn als Gast in meiner Wohnung zu haben.

Nie und nimmer dachte ich daran, dass ich in den Genuss kommen würde, einige Musikstücke von ihm zu hören. Viel zu minder schien mein kleines Pianino für den großen Meister, der »Steinway« und »Bösendorfer« gewohnt war.

Aber es kam anders. Der Abend war besonders nett, die Gäste haben sich prächtig unterhalten und auch mein Gast war bester Laune, offensichtlich hervorgerufen durch ein tolles österreichisches Essen, das ich ihm zu Ehren gekocht hatte.

Es war eine Minute vor 22 Uhr. Plötzlich stand der Meister auf, klappte den Deckel meines Pianinos auf und begann die fis-moll-Polonaise von Frédéric Chopin zu spielen. Ich strahlte übers ganze Gesicht. Dasselbe taten meine Gäste. Doch die Freude war von kurzer Dauer. Eine Minute nach 22 Uhr läutete das Telefon. Es waren die Nachbarn unter mir, die mit Hinweis auf die Nachtruhe in forschem Ton forderten, den »Lärm da oben« einzustellen.

Geistesgegenwärtig erklärte mein Mann rasch die Situation und erbat sich eine halbstündige »Schonfrist«. Da ich meinem Gast die Situation und die Intoleranz meiner Nachbarn nicht erklären konnte und wollte, konnte ich ihn mit dem Hinweis, wie sehr wir uns alle über seine Darbietung gefreut hatten, und gleichzeitigem Auftischen eines wundervollen Apfelstrudels als Nachtisch vom Klavier weglocken.

Toleranz

In den meisten Etikettebüchern wird immer nur von der klassischen Konstellation innerhalb der Familie gesprochen. Da gibt es Mami, Papi und ein oder mehrere wohlerzogene Kinderlein. Selbstverständlich von amtierender Mami geboren und amtierendem Papi gezeugt. Katz und Hund, Wellensittich und Meerschweinchen dürfen auch nicht fehlen. Diese klassische Bilderbuchfamilie hätten wohl alle gerne, aber die Realität schaut oft anders aus. Da gibt es Familienmitglieder, die mehrmals verheiratet waren, mit Kindern, die von verschiedenen Partnern stammen, sowie gleichgeschlechtliche Partnerschaften mit oder ohne Kinder.

Patchwork-Familien

Manchmal gibt es auch Märchen. Die Scheidung ist irgendwie vorbei und aus mehreren kaputten Familien wächst wieder ein neuer, glücklicher Clan zusammen. Das passiert zwar oft, aber meistens nur im Film.

Patchwork-Familien sind mittlerweile schon Standard. Sie sind groß und bunt und es kommen laufend neue Mitglieder dazu. Die erotisch entsorgten vormaligen Partner gehören selbstverständlich mit zum Familienclan. Manche Familienmitglieder verabschieden sich in andere Patchwork-Familien, selbstverständlich ohne Hader und Groll. Frauen verlassen die Männer, aber behalten die Schwiegermutter als Oma und Freundin. Da kommt eine neue Oma dazu, manchmal kommen auch zwei, und der erwachsene Sohn des Lebensgefährten aus erster Ehe gehört natürlich auch noch irgendwie dazu.

Manchmal mag man einander wirklich, in der Regel hat man einfach gelernt, damit zu leben, und akzeptiert die einzelnen Mitglieder mit vielen Seufzern in der Großfamilie. Die meisten Menschen aber geben sich sehr viel Mühe, das alles zu verkraften. Besonders an hohen Feiertagen, wie z. B. Weihnachten, und bei

Familienfesten, wie Hochzeiten, erfordert diese neue Art von Großfamilie besondere Rücksichtnahme und Toleranz von allen Seiten.

Gleichgeschlechtliche Partnerschaften

Gleichgeschlechtliche Partnerschaften, egal ob schwul oder lesbisch, gibt es mehr als man denkt. Mittlerweile gibt es in manchen Ländern schon vom Staat anerkannte, eingetragene Partnerschaften, die amtlich die Lebensgemeinschaft dieser Paare dokumentiert.

Wie geht Otto Normalverbraucher mit solchen Partnerschaften um? Wer ist Mann und wer ist Frau? Heterosexuelle müssen einsehen, dass homosexuelle Paare in der Regel solche traditionellen Rollen nicht annehmen. Da kann es bei Hochzeiten vorkommen, dass ein Mann oder auch manchmal beide Männer einen Brautstrauß tragen. Auch die Arbeitsteilung zu Hause sagt nichts über eine geschlechterspezifische Zuordnung aus. Die Tatsache, dass ein Partner den Haushalt versorgt, heißt noch lange nicht, dass er die »Frau« in der Partnerschaft sein muss.

Lernen Sie daher, mit solchen Gegebenheiten möglichst unverkrampft umzugehen. Die beiden, egal ob männlich oder weiblich, sind ein Paar. Das bedarf keiner »männlichen« oder »weiblichen« Zuordnung.

Tatsache ist, dass homosexuelle Männer in der Regel zu den aufmerksamsten und liebevollsten Gastgebern und Gesprächspartnern gehören. Und dass sich jede Frau nur wünschen kann, einen solchen Freund zu haben. An deren Liebenswürdigkeit könnte sich so mancher Hetero-Mann ein Scheibchen abschneiden.

Ziemlich geschockt zeigte sich vor kurzem Opernballorganisatorin **Elisabeth Gürtler** auf einen Vorschlag des Vereins »Austrian Gay Professionals«. Sie möge doch ein Zeichen des Anerkennens zeitgemäßer Lebensrealitäten setzen und bei der Eröffnung des Opernballes auch gleichgeschlechtliche Paare mittanzen lassen. Man wolle keineswegs Drag Queens schicken, sondern zwei Männer – einer im weißen, einer im schwarzen Frack. Frau Gürtler, ganz Dame von Welt, wurde nur kurz blass und hat dann dankend abgelehnt.

Behinderte Menschen

Viele Menschen haben Probleme im Umgang mit behinderten Menschen. Übersehen ist die eine Methode, mitleidiges Getue die andere. Keine von beiden ist richtig. Achten Sie daher auf einen unverkrampften Umgang und die richtige Wortwahl bei behinderten Menschen.

- Behinderte Menschen sind keine »Sorgenkinder«, sondern normale Menschen wie du und ich.
- Drücken Sie Ihr Interesse und Ihr Mitgefühl aus, aber vermeiden Sie es, »Mitleid« zu haben. Behinderte Menschen brauchen das nicht, sie meistern ihr Leben und sind in der Regel stärker als Nichtbehinderte.
- Wenn Nichtbehinderte von »Behinderten« sprechen, dann bedeutet das für viele eine Abwertung. Sprechen Sie daher von »behinderten Menschen« oder »Menschen mit Behinderungen«.

- ▷ Niemand ist an den Rollstuhl »gefesselt«. Rollstühle sind Hilfsmittel. Sie ermöglichen behinderten Menschen mehr Bewegungsfreiheit.
- ▷ Vermeiden Sie herablassende Bezeichnungen, wie »Krüppel«, »Zwerge« oder »Mongoloide«. Die korrekten Bezeichnungen lauten z. B. »Spastiker«, »Kleinwüchsige« oder »Menschen mit Down-Syndrom«.
- ▷ Trainieren Sie Ihre Sensibilität, überwinden Sie Ihre Scheu und gehen Sie aktiv auf diese Personen zu. Zeigen Sie Interesse an der Krankheit sowie an den technischen Hilfsmitteln, die manchmal benützt werden, und man wird Ihnen bereitwillig Auskunft geben.

In der Schnellbahn

Viele Jahre fuhr ich täglich mit der Schnellbahn von meinem Wohnort am Stadtrand in mein Büro in die Wiener City. Viele Jahre blickte ich morgens in verschlafene, mürrische und stumme Gesichter. Keiner sprach mit dem anderen, niemand sah den anderen an. Alle saßen in sich gekehrt, stumm und freudlos.

Manchmal befand sich in dem Zug auch eine Gruppe von taubstummen Jugendlichen. Das waren die einzigen Menschen, die schwatzten und fröhlich waren. Mit bewegtem Gesichtsausdruck und reicher Gebärdensprache unterhielten sie sich angeregt während der gesamten Bahnfahrt. Sie hatten es anscheinend lustig miteinander und freuten sich offensichtlich auf den kommenden Tag. Ich konnte sie zwar nicht verstehen, aber ihre Lustigkeit war so ansteckend, dass ich manchmal schmunzeln musste, ohne den Sinn ihrer Unterhaltung wirklich verstehen zu können.

Ältere Menschen

Älteren Menschen wird oft vorgeworfen, sie hätten kein Verständnis für junge Leute, sie seien intolerant und unflexibel. Das mag manchmal stimmen, aber auch umgekehrt lassen die Umgangsformen von jungen Leuten gegenüber der älteren Generation zu wünschen übrig. Dieselbe Toleranz, die Sie für sich selbst beanspruchen, sollten Sie auch reiferen Menschen angedeihen lassen.

- Hüten Sie sich auf jeden Fall vor Pauschalurteilen, wie z. B. »na ja, die heutige Jugend« oder »die ewig Gestrigen haben ja keine Ahnung, wie es heute auf der Welt wirklich zugeht«. Es gibt in jeder Gruppe unterschiedlich aufgeschlossene, höfliche, rücksichtsvolle und hilfsbereite Menschen.
- Akzeptieren Sie, dass sich im Laufe des Lebens gewisse Gewohnheiten verfestigen. Erwarten Sie deshalb nicht von älteren Menschen, dass sie lieb gewonnene Gewohnheiten ablegen.
- Respektieren Sie deren Gepflogenheiten, auch wenn diese in Ihren Augen altmodisch sind. Die Wahrung von Tradition ist eine wichtige kulturelle Leistung. Vielleicht sehen Sie manche Dinge im fortgeschrittenen Alter etwas anders.
- Ältere Menschen schätzen in der Regel gepflegte Umgangsformen mehr als jüngere. Sie können daher viel Freude bereiten, wenn Sie besonders höflich, zuvorkommend und rücksichtsvoll sind.
- Glauben Sie nicht, dass ältere Personen automatisch altmodisch sind. Viele Senioren sind in Geist und Gehaben jung geblieben. Diese Personen wie senile Greise zu behandeln, wäre besonders unsensibel.

Kavaliere stehen immer hoch im Kurs, doch manche Gesten kommen besonders bei älteren Damen an. Laut einer aktuellen Umfrage schätzen beinahe alle Frauen über 60 Jahre Türen-Aufhalten, Aus-dem-Mantel-helfen, Autotüre-Öffnen sowie Aufstehen bei der Begrüßung. Das hängt natürlich auch damit zusammen, dass ältere Menschen nicht mehr ganz so beweglich sein können und daher kleine Hilfestellungen immer dankend annehmen.

Kapitel 10

Kinder und Umgangsformen

Das Gejammer über die Jugend ist uralt. Schon in Pyramideninschriften und Dokumenten aus dem alten Griechenland hat man sich über das Benehmen der Jugend mokiert – es ist zu allen Zeiten das Gleiche.

Wer kennt nicht den täglichen Stress mit der Brut. Wenn der kleine Liebling schon längst zum Schulweg aufbrechen sollte und das Haargel nicht findet oder wenn er plötzlich vor dem Schlafengehen den »Urhunger« hat, bekommen Mütter und Väter regelmäßig Schweißausbrüche. Inwieweit kann man hier eingreifen, ohne dass später ein sozial inkompetenter Erwachsener aus ihm wird? Ist es gestattet, ihm ein knappes »Du nervst!« entgegenzuschleudern? Und wenn ja, welche Tonlage ist dabei noch vertretbar. Diese und viele andere Gewissenskonflikte weisen auf die große Frage aller Eltern hin: Wie soll man seine Kinder erziehen, damit aus ihnen glückliche und möglichst nicht neurotische Erwachsene werden?

Umgang zwischen den Generationen

Die autoritären Ideale unserer Großvätergeneration sind passé, die antiautoritäre Erziehung der 68-Generation gilt mittlerweile ebenfalls als überholt. Jetzt herrscht nur noch Unsicherheit.

Stress mit Kindern

Ist es angebracht, dem Fünfjährigen den Fruchtzwerg zu entziehen, weil bereits der dritte Rülpser über den Tisch hallt? Was tut der verantwortungsvolle Erzieher, wenn der Erstklässler den Sitznachbarn mit »Hallo, Arschgeige« begrüßt?

Wir Erwachsene reagieren in den meisten Fällen entweder nach angelernten Mustern oder aus dem Bauch heraus. Wir stellen Regeln auf, wir sprechen Mahnungen aus, wir lassen Freiheiten zu, wir sind der beste Freund unserer Kinder. Noch nie wurde der Elterngeneration so viel abverlangt wie heute. Aber egal, was wir tun, es ist falsch.

Auch Väter und Mütter müssen akzeptieren, dass sie Dinge falsch machen. Ein wesentlicher Erziehungsfaktor ist, zu der eigenen Brut mit all ihren Fehlern zu stehen. Selbstverantwortung für die Kinder, Gelassenheit der Eltern und die Erkenntnis, dass man auch einen gehörigen Anteil daran hat, wenn das Kind etwas verbockt, erleichtern die Erziehung ungemein. Kinder haben viele Rechte, es liegt aber an den Eltern und Erziehern, daran zu erinnern, dass es auch Pflichten gibt.

- Eltern versuchen, bei ihren Kindern Verständnis dafür zu wecken, dass ihnen die Schule nützt. Gleichzeitig aber müssen Kinder wissen, dass gute Noten nicht unbedingt die Basis für jede Zukunft sind. So manchem schlechten Schüler oder Schulabbrecher gelingt später die große Karriere.
- Eltern akzeptieren die individuellen Ansichten ihrer Kinder, behalten aber trotzdem ihre eigenen Werte. Auch Eltern können von den Kindern lernen. Sie sind keinesfalls bei ihrer Erziehungsarbeit allwissend.
- Eltern nehmen ihr Kind ernst und lassen auch seine Mei-

nung gelten. Kinder wissen manchmal auch, was gut für sie ist.

- Kinder haben das Recht, ihre Eltern in Frage zu stellen und sich von ihnen abzugrenzen. Das stärkt das Selbstbewusstsein. Kinder müssen nicht die Klone ihrer Eltern sein.
- Kinder dürfen manchmal schwindeln. Was bei Erwachsenen als »soziale Intelligenz« gilt, muss auch für Kinder gelten.
- Kinder müssen nicht immer brav sein. Die schlimmsten Kinder werden oft vernünftige Erwachsene und umgekehrt.
- Kinder dürfen auch Blödsinn machen. Kinder im Vorschulalter haben das Recht darauf, ihren Tatendrang zu entwickeln und dafür nicht immer getadelt zu werden. Allerdings soll das Wort »Rücksichtnahme« schon bei kleinen Kindern ein Thema sein.

Themen für Kids

So manche Eltern überlegen sich, ob sie ihren Kindern eigentlich einen Gefallen tun, wenn sie diese zu Höflichkeit, Rücksicht und Freundlichkeit erziehen, während draußen der Konkurrenzkampf tobt und die Ellenbogenmentalität die größten Erfolge feiert. Kann es sein, dass heute Rücksichtnahme und Höflichkeit Wettbewerbsnachteile sind? Kälte und rauer Umgangston in unserem Alltag soll uns nicht mehr kaltlassen. Es ist an der Zeit, unsere seit einem Vierteljahrhundert nicht mehr hinterfragten Ansichten über Erziehung zu überprüfen.

Toleranz

Es gehört manchmal ein wenig Überwindung und Willenskraft dazu. Kinder sollen wissen, dass sie sowohl anderen Menschen als auch sich selbst mit Achtung begegnen sollen. Egal welches Alter und Aussehen, welche Hautfarbe und Religion, welche Herkunft und welcher soziale Standard. Jeder Mensch ist ein Individuum und hat das Recht, geachtet zu werden.

Dasselbe gilt für die Familie und für die eigene Person. Selbstachtung und Toleranz zählen mehr als vermeintliche Perfektion.

Verantwortung

Kinder sollen möglichst früh wissen, dass sie für ihr Leben selbst verantwortlich sind. Je früher sie damit konfrontiert werden, desto leichter werden sie es als Jugendlicher und auch als Erwachsener haben. Eltern können Hilfestellung leisten, aber nur dann, wenn Kinder mit einer Situation absolut nicht allein fertig werden. Den Kindern jede Entscheidung abzunehmen, in jeder Situation helfend einzugreifen, produziert unselbstständige Jugendliche und unselbstständige Erwachsene.

- »Keinen Bock auf die Schule«: Okay, aber das bedeutet auch, etwas zu versäumen, es nachholen zu müssen, nachher mehr Stress zu haben.
- »Es kotzt mich an«: Kinder müssen rechtzeitig lernen, sich aus ihrem Tief selbst herauszuziehen. Die Stimmung bessert sich meist umgehend, wenn man sich selbst im Spiegel freundlich anlächelt. Ein freundlicher Gesichtsausdruck wird meist auch freundlich erwidert.
- »Bis Mitternacht vorm Fernseher oder Computer lungern: Mag ja ganz spannend sein, aber wie sieht der nächste Tag aus? Ausgeruht beginnt auch der nächste Schultag freundlicher.

Kluger Hund

Verantwortungsbewusstsein kann man sogar von Hunden lernen. Mein fünf Kilogramm schwerer Yorkshire-Terrier »Max« verhält sich angeleint wie Rambo. Bedenkenlos legt er sich mit Rottweilern und Pitbulls an. Frei laufend schätzt er sein Gegenüber weitaus realistischer ein. Er begegnet anderen Hunden mit Vorsicht und Rücksicht. Er beurteilt seine Rangordnung viel vorsichtiger als angeleint und verhält sich dementsprechend verantwortungsbewusst.

Vertrauen

Kinder müssen spüren, dass ihre Eltern ihnen uneingeschränktes Vertrauen entgegenbringen. Vertrauen stärkt das Ego, macht selbstbewusst. Es trägt auch dazu bei, ehrlich und aufrichtig zu sein. Kinder merken sehr gut, inwieweit die Eltern einander vertrauen. Wenn die Elternteile einander ständig kontrollieren, dann werden sie das auch bei ihren Kindern tun. Das ist nicht der Humus, auf dem Vertrauen wächst.

Rücksichtnahme

Das Kind steigt in die U-Bahn. Der Walkman ist so laut aufgedreht, dass alle im Wagon mithören können. Knallt sich auf den Sitz und legt die Füße hoch. Das Handy läutet. Der Kaugummi wird auf den Boden gespuckt. Es folgt endlos lautes Palaver. Eine alte Frau steigt in den überfüllten Wagon zu. Kind schaut teilnahmslos und palavert weiter.

Hier endet die elterliche Toleranz. Gegenüber anderen Personen sind Umgangsformen unumgänglich und Rücksichtnahme auf die jeweilige Umgebung ist unerlässlich. Ein Kind muss rechtzeitig darauf hingewiesen werden, dass es nicht allein auf der Welt ist. Und dass es seiner Umgebung nicht auf die Nerven fallen sollte. Das gilt innerhalb und außerhalb der eigenen Familie.

Ebenso sollen Sie mit Ihrem Kind über den rücksichtsvollen Umgang mit hilfsbedürftigen Personen, mit alten und gebrechlichen Menschen, mit schwangeren Frauen, mit Müttern und Kleinkindern, mit behinderten Personen sprechen. Ein Jugendlicher soll auch die Sensibilität entwickeln zu unterscheiden, ob ein müder und abgearbeiteter 50-jähriger Arbeiter nicht eher einen Platz in der U-Bahn verdient als ein rüstiger Rentner, der nach einem Tennismatch einsteigt.

Pflichten

Kinder sollen sich grundsätzlich um ihren eigenen Kram kümmern. Ab dem Schulalter sollen Kinder für das Chaos im eigenen Zimmer selbst verantwortlich sein. Die Kleidung des jeweiligen Tages wird selbst aus dem Kasten genommen und auch wieder verstaut. Die Schmutzwäsche landet im Wäschekorb und auch kleine Hilfeleistungen im Haushalt, wie Tisch abräumen oder Spüler ausräumen, gehören dazu. Wer sich wie ein Kleinkind benimmt, wird als solches behandelt. Viele Kinder beklagen sich, dass sie nicht für voll genommen werden. Ein Hinweis auf mangelnden Einsatz innerhalb der Familie lässt so manches Kind erkennen, warum das so ist.

Kinder kann man schon im Vorschulalter (unter Aufsicht) in der Küche werkeln lassen. Man kann sie auch durchaus mal bitten, Blumen zu gießen oder den Postkasten auszuleeren. Keineswegs aber sollte Zwang ausgeübt werden oder Dienstleistungen mit Vergünstigungen oder gar mit Geld belohnt werden. Papi kriegt ja auch nicht zehn Euro, wenn er sonntags den Rasen mäht, oder?

Geld

Geld ist eines der häufigsten Streitthemen innerhalb einer Familie. Der verantwortungsvolle Umgang damit muss Kindern schon in frühen Jahren beigebracht werden. Vorbild im Umgang mit Geld ist die beste Methode, um Kindern Eigenverantwortung in Gelddingen zu lehren.

Familiengeld

Als mein Sohn zwölf Jahre alt war, haben sowohl ihn als auch mich die monatliche Taschengeldzuteilung genervt. In unserer Familie gab es seit jeher eine gemeinsame Kasse und totale Offenheit in Geldangelegenheiten. Warum sollte es also bei meinem Kind anders sein. Ich erklärte ihm daher, dass er als vollwertiges Familienmitglied freien Zugriff auf unsere Geldbörsen hatte. Wenn er Geld brauchte, dann könne er sich jederzeit davon nehmen. Die Methode funktionierte. Niemals wurde diese Großzügigkeit missbraucht. Das Vertrauen, das in ihn durch diese Aktion gesetzt wurde, hat ihn zu einem Menschen gemacht, der verantwortungsvoll mit Geld umgehen kann.

Klamotten

Jeder Mensch hat seinen eigenen individuellen Geschmack. Bei Kleinkindern können noch Eltern bestimmen, was sie tragen. Aber bereits im Vorschulalter entwickeln viele Kinder ihren eigenen Geschmack. Zum Glück gibt es heute keine wirklichen Modediktate oder Kleiderverordnungen wie früher. Grundsätzlich sollen Kinder das anziehen, was ihnen gefällt, soweit die Kosten im Familienbudget enthalten sind. Manchmal müssen Eltern auch akzeptieren, dass momentan etwas »in« ist, was man selbst als abscheulich empfindet.

Kinder sollen aber auch lernen, dass es immer wieder Situationen gibt, in welchen man sich puncto Kleidung anpassen muss. Der achtzigste Geburtstag der konservativen Tante muss ja nicht unbedingt in Sneakers ohne Schuhbänder und Schlabberhosen mit Hosenboden in Kniehöhe gefeiert werden. Auch wenn's nervt, solche Situationen müssen innerhalb der Familie besprochen und liebevoll ausdiskutiert werden.

Körperpflege

Wer mieft, ist out! Wer sich pflegt und sauber kleidet, findet viel leichter Freunde. Besonders wenn Jugendliche in die Pubertät kommen, verändern sich die Ausdünstungen der Körper, und damit auch die notwendige Pflege. Kinder müssen wissen, dass man die eigenen Ausdünstungen meistens nicht wahrnimmt, aber Schweiß und unangenehme Gerüche bei anderen Personen sofort die Nase beleidigen.

Wenn die Vorbilder innerhalb der eigenen Familie nichts nützen, dann nützt vielleicht ein diskreter Hinweis auf Menschen in öffentlichen Verkehrsmitteln als abschreckendes Beispiel.

Parfums und Deos auf ungewaschene Körper, Nagellack über Trauerränder, ungepflegte Zähne und übler Mundgeruch sind eine Zumutung für den Rest der Familie und die sonstige Umwelt. Gepflegt sein ist in! Das ist ein Gebiet, bei dem die Eltern durch Beharrlichkeit konsequent sein müssen.

Backfische von anno dazumal

Zum Thema Dusche: Wenn sie bisher nur als Zierstück des Badezimmers gedient haben sollte, so wollen wir sie von heute an zu einem täglichen Gebrauchsgegenstand machen. Die Achselhöhlen werden besonders gründlich gewaschen und ebenso das »untere Stockwerk«, die heikle Stelle zwischen den Beinen. Wir können ruhig darüber sprechen – wir sind ja unter uns –, dass dies die beiden kritischen Punkte sind.

(Rosemarie Schittenheims Benimmbuch von 1953 »Von morgens bis abends«)

Tischsitten

Selten bleibt mir die Spucke weg. Aber immer dann, wenn ich in einem italienischen oder französischen Restaurant sitze und sehe, wie Kinder im Vor- oder Volksschulalter gesittet und manierlich an der Tafel sitzen und sich durch ein fünfgängiges Menü durchessen, auch Muscheln und Hummer nicht scheuen. Genießend – sittsam – still, wie kleine Erwachsene.

Ob das erstrebenswert ist, möchte ich nicht beurteilen. Tatsache aber ist, dass Kindern aus mediterranen Ländern anscheinend eine höhere Wertschätzung des gemeinsamen Familientisches und des Essens überhaupt mitgegeben wird.

Familientafel

Die Familientafel ist die ideale Spielwiese, um gute Essmanieren ganz selbstverständlich zu lernen. Wichtig dabei ist die Vorbildfunktion der Eltern. Bei gemeinsamen Mahlzeiten wird das Wir-Gefühl in der Familie gestärkt. Gleichzeitig lernen die Kinder teilen, Rücksicht nehmen sowie jeden zu Wort kommen lassen. Hier sollten die Eltern bestimmte Regeln aufstellen und mit ihren Kindern befolgen.

Das gemeinsame Beginnen und Beenden der Mahlzeit ist dabei ein Muss. Fernseher und Handy sollten während der Mahlzeiten ausgeschaltet bleiben.

Was aber kann man dem eigenen Kind in Sachen Tischmanieren mitgeben? Wenn in Ihrer Familie zumindest fallweise ein gemeinsames Essen zur Tagesordnung gehört, wird es leichter sein.

- Kinder sollen unterscheiden können, bei welchen Gelegenheiten welche Tischsitten gefragt sind. Sie müssen wissen, dass es bei McDonald's anders zugeht als bei der Promotionsfeier des großen Bruders in einem feinen Lokal.
- Kinder im Vorschul- und Volksschulalter sind oft Zappelphilipps. Es ist daher meistens eine Qual für sie, während eines mehrgängigen Menüs am Tisch sitzen zu bleiben. Mit kleineren Kindern sollte man also eine Vereinbarung treffen, zumindest während der Hauptspeise am Tisch sitzen zu bleiben. Zu viel Zwang und Drill verleidet meistens die Lust am Essen. Daher rate ich ab, extremen Druck auszuüben.
- Kinder sollen gemeinsame Mahlzeiten als Erlebnis sehen. Vor allem aber müssen sie auch wissen, dass der Essensvorgang auch für die Tischnachbarn ein ästhetischer Anblick sein sollte. Lümmeln, schmatzen, schlürfen oder mutwillig herumkleckern sollte nicht der Normalfall sein.
- Andererseits aber soll man Kindern die Angst vor Pannen bei Tisch nehmen und großzügig darüber hinwegsehen, wenn wirklich einmal »etwas passiert«. Nur wer keine Scheu vor Pannen hat, wird Essen als lustvolle Angelegenheit inmitten der Gemeinschaft empfinden.

- Kinder müssen nicht alles essen, was auf den Tisch kommt. Sie müssen auch nicht fünf Gänge lang reglos am Tisch sitzen. Wenn sie sich zwischendurch im Garten oder Kinderzimmer ergehen wollen, dann ist das auch in Ordnung. Sogenannte Katzentische, das ist ein Extratisch für Kinder, sind eine lobenswerte Einrichtung. Da sind sie unter sich, es ist weniger formell gedeckt und sie können sich verdrücken, ohne dass sich eine penible, alte Tante über das Benehmen der heutigen Jugend mokiert.
- Es ist fein, mit den Fingern zu essen. Kinder müssen wissen, dass das an der Pommesbude oder im Biergarten o. k. ist. Auch die Pizza auf dem Pappteller darf mit der Hand gegessen werden. Bestellt man allerdings diese in einem Restaurant, dann wird sie manierlich mit Messer und Gabel gegessen.

Ab dem 10. Lebensjahr kann man schon etwas mehr von Jugendlichen erwarten. Kinder in diesem Alter müssten im Restaurant eigentlich sitzen bleiben können, bis das Dessert serviert wurde. Eine Ausnahme sind natürlich mehrgängige, lange dauernde Menüfolgen mit Pausen dazwischen. Hier kann man schon eine Ausnahme machen. Und wenn ein pubertierender 14-Jähriger partout keine Lust hat, dann lässt man ihn eben zu Hause oder in seinem Kinderzimmer, bevor er einen netten Abend versaut.

Fluchen

»Arschloch«, »Wichser«, »Scheiße«, das Repertoire an Flüchen bei Kindern ist grenzenlos. Je öfter solche Worte verboten werden, desto interessanter werden sie, desto mehr Varianten tauchen auf. Gebrauchen wir Erwachsene nicht auch manchmal Schimpfwörter? Ist es vielleicht manchmal ganz befreiend, einen kleinen Fluch oder ein derbes Wort loszulassen?

Es ist läppisch, sich über den Gebrauch von »Scheiße & Co« zu erregen. Aber die Brutalisierung des Alltags beginnt mit der Brutalität der Sprache. Deshalb müssen Kinder unterscheiden lernen, ob es sich bei der Verwendung von Kraftausdrücken um einen heilsamen Tabubruch, der durchaus geduldet werden kann, oder um eine Beleidigung handelt.

Umgangsformen für Jugendliche

Kinder, die bereits im Volksschulalter die Basis für gute Umgangsformen gelernt haben, werden sich auch als Jugendliche leichttun. Allerdings kommt die Zeit der Pubertät, die von Kindern und Eltern gleichermaßen viel Kraft verlangt. Selbstbewusstsein ist die höchste Tugend, die man in dieser Zeit seinen Kindern vermitteln kann. Ein Jugendlicher muss allerdings imstande sein, über Situationen, Menschen und deren Verhalten zu reflektieren. Er muss auch wissen, dass sein eigenes Verhalten Einfluss auf das Verhalten seiner unmittelbaren Umgebung hat.

Tempel der tausend Spiegel

Es gibt einen Tempel der tausend Spiegel. Eines Tages kommt ein Hund und betritt den Tempel. Als er in den Saal der tausend Spiegel kommt, sieht er tausend Hunde. Er sträubt das Fell, knurrt furchtbar und fletscht die Zähne. Und tausend Hunde sträuben das Fell, knurren furchtbar und fletschen die Zähne. Voll Panik rast der Hund aus dem Tempel und weiß ab nun: Die Welt besteht aus knurrenden, gefährlichen und bedrohlichen Hunden.

Noch ein Hund kommt zum Tempel. Im Saal der tausend Spiegel sieht auch er tausend andere Hunde: Da wedelt er erfreut mit dem Schwanz, springt fröhlich hin und her und fordert die Hunde zum Spielen auf. Und tausend Hunde wedeln ebenfalls mit dem Schwanz, springen fröhlich hin und her und wollen ebenfalls spielen. Dieser Hund verlässt den Tempel aufgebaut: Er hat soeben tausend Freunde gefunden.

Jugendliche können nach und nach mit den Umgangsformen und Benimmregeln für Erwachsene bekannt gemacht werden. Je vertrauter der Umgang, desto leichter wird der Einstieg ins Erwachsenenleben werden. Auch im Berufsleben bedeuten gepflegte Umgangsformen Sicherheit und Souveränität und einen großen Marketingvorteil gegenüber ahnungslosen Mitbewerbern.

Feste und Partys

Wenn die Zeit der Feste und Partys anbricht, bedeutet das meistens eine besondere Zerreißprobe für die Eltern. Was kann man von den eigenen Kindern verlangen, ohne verzopft und altmodisch zu sein. Auch hier ist wieder Vertrauen angesagt, und zwar in beiden Richtungen. Sowohl von Eltern zu Jugendlichen als auch umgekehrt.

Ein ganz wichtiger Punkt ist die Verlässlichkeit. Termine, die gemeinsam vereinbart werden, gehören eingehalten. Bei Verspätungen sollen Kinder auf jeden Fall Bescheid sagen. Eltern müssen aber auch akzeptieren, dass viele Veranstaltungen, wie Partys oder Clubbings, erst zu einer Zeit beginnen, wo früher schon Heimkehr angesagt war. Allerdings müssen sowohl Eltern als auch Kinder wissen, dass sie bei Veranstaltungen, die bis nach Mitternacht dauern, mit dem Gesetz in Konflikt kommen könnten. Eltern haben das Recht, die Grenzen für ihre Kinder enger zu ziehen. Aber sie dürfen offiziell diese Grenzen nicht überschreiten.

Für Veranstaltungen sind die gesetzlichen Jugendschutzbestimmungen einzuhalten:

- Öffentliche Tanzveranstaltungen, z. B. Discos oder Lokale sind Kindern bis zum 14. Lebensjahr nur mit Aufsicht erlaubt. 14- bis 18-Jährige dürfen laut Gesetz bis 24 Uhr teilnehmen. Die Zeitbegrenzung kann durch die Begleitung eines Erziehungsberechtigten aufgehoben werden. Aber welches Kind möchte denn, dass seine Eltern mit in die Disco gehen?
- Ins Kino dürfen Jugendliche bis 16 Jahre laut Gesetz bis 22 Uhr, zwischen 16 und 18 Jahren bis 24 Uhr. Dabei gilt wieder, dass die Zeitbeschränkung durch Begleitung eines Erziehungsberechtigten aufgehoben werden kann.

- In Lokale dürfen Jugendliche bis 16 Jahre nur in Begleitung eines Erziehungsberechtigten, zwischen 16 und 18 Jahren darf es wieder bis Mitternacht dauern, es sei denn, Mami, Papi oder eine sonstige Aufsichtsperson kommt mit.

Uns allen ist bewusst, dass wir bestenfalls ein mitleidiges Lächeln ernten werden, wenn wir unsere Kinder auf derartige Gesetze aufmerksam machen. Dennoch gehört klargestellt, dass Ausgehzeiten gesetzlich geregelt sind und eine Überschreitung nicht im Sinne des Erfinders ist. Da Erziehungsberechtigte die Verantwortung für ihre Kinder haben, ist ein offenes und klärendes Gespräch im gegenseitigen Vertrauen eine wichtige Sache.

Wer ist eine Aufsichtsperson?

- Der Erziehungsberechtigte oder
- Personen ab dem vollendeten 18. Lebensjahr, denen im Einvernehmen mit Erziehungsberechtigten die Aufsicht beruflich, vertraglich oder vorübergehend anvertraut wird, oder
- Personen, die im Rahmen einer Jugendorganisation mit der Führung betraut worden sind.

Alk, Rauch und Drogen

Warum nur gilt das Rauchen als cool? Immer mehr Jugendliche, vor allem immer mehr Mädchen greifen nach dem Glimmstängel. Klar, wenn innerhalb der Familie gepafft wird, was das Zeug hält, wird es schwierig sein, seinen Kindern die Gefährlichkeit von Tabak klarzumachen. Dasselbe gilt für den Alkohol.

Wenn Eltern hingegen Alkohol und Nikotin strikt ablehnen, birgt das ebenfalls Gefahr in sich, denn Verbotenes wird besonders interessant. Eltern haben daher die Pflicht, ihre Kinder neben der gesundheitlichen Aufklärung darauf hinzuweisen, dass Alkohol- und Tabakkonsum von Jugendlichen durch den Gesetzgeber geregelt sind und sowohl sie als auch ihre Kinder in Schwierigkeiten kommen könnten, wenn sie dagegen verstoßen.

Es gelten folgende Jugendschutzbestimmungen:

- Bis 14 Jahre sind Alkohol und Tabak grundsätzlich verboten.
- An Jugendliche bis 16 Jahre ist die Weitergabe nicht erlaubt. Also keine Chance, sich öffentlich eine Schachtel Marlboro und ein Bier zu bestellen.
- Ab 16 Jahren dürfen Tabakwaren und Alkohol (außer gebrannte alkoholische Getränke, wie z. B. Schnäpse) ausgegeben werden.

Jugendliche müssen auch wissen, dass die Zonen mit generellem Rauchverbot (wie z. B. U-Bahn, Flugzeuge, Arztpraxen und Hospitäler, bestimmte Zonen in Restaurants etc.) strikt eingehalten werden müssen. Ebenfalls muss die Rücksichtnahme auf Nichtraucher thematisiert werden und dass in einer Tischgesellschaft erst nach dem Dessert geraucht werden darf.

Selbstbewusste Jugendliche haben die Stärke, zu gestehen, dass ihnen das Zeug nicht schmeckt und dass sie ihr Geld lieber für andere Dinge ausgeben. So kann keine Abhängigkeit entstehen und sie ersparen sich später den mühevollen Entzug.

Das Gleiche gilt für Drogen. Verantwortungsvolle Eltern diskutieren mit ihren Kindern die These »Von einem kleinen Joint wird man nicht süchtig«. Aufklärung, Diskussion und auch das gemeinsame Ansehen von TV-Dokumentationen zu diesem Thema kann diesem Problem vorbeugen. Ohne ihre Kinder zu bevormunden, ist Eltern anzuraten, bei diesen Themen besonders wachsam zu sein und geringsten Anzeichen für Drogenkonsum sofort nachzugehen.

Umgangsformen für Eltern

Kinder und Privatsphäre

Auch Kinder haben ein Recht auf Privatsphäre. Eltern haben kein Recht, unbegründet in persönliche Bereiche von Kindern einzudringen. Dazu gehören folgende Situationen:

- Bei geschlossenen Kinderzimmertüren klopfen Eltern kurz an, bevor sie eintreten.
- Sanitärräume, wie Toilette und Badezimmer, werden von Eltern nicht betreten, wenn sich Kinder darin einschließen.
- Schultaschen und Schreibtischladen sind Privatbereich. Nur in Ausnahmefällen bzw. nach vorherigem Fragen sollen Eltern drangehen. Wenn man ein Problem ortet, ist es besser, darüber zu sprechen, als herumzuschnuffeln.
- Handys und Telefone sind eine interessante Informationsquelle. Die gespeicherten Namen bzw. die Nachrichten auf der Mailbox können unter Umständen Eltern sehr interessieren, geben sie doch Aufschluss über den Umgang der Kinder. Trotzdem haben Eltern kein Recht, hier Kontrolle auszuüben. Wenn Kinder exzessiv telefonieren und das kostenmäßig für die Familie nicht tragbar ist, dann ist es angebracht, das Problem zu thematisieren und Kostenlimits zu setzen.

Hotel Mama

Es gibt immer mehr Nesthocker. Viele bereits berufstätige Jugendliche ziehen es vor, weiterhin zu Hause zu wohnen. Das ist kostengünstig und bequem. Gefüllte Kühlschränke, warme Mahlzeiten, gereinigte Kleidung und Gratisdienstleistungen (»Mama, kannst du den Brief zur Post bringen«, »Mama, die Hose gehört gebügelt« etc.) findet man nicht einmal in Luxushotels.

Laut der von Fessel-GfK veröffentlichten Studie Jugend online 2002 haben 45 Prozent der 22- bis 24-Jährigen nicht vor, aus dem »Hotel Mama« schnellstmöglich auszuchecken. Die meisten Stammgäste sind Männer. Mag es an der Unfähigkeit zur Emanzipation liegen oder hat es andere Gründe? Tatsache ist, dass heute junge Männer kaum von ihren Partnerinnen verlangen können, dass sie sich um ihre Wäsche kümmern. Mama tut das aber allenthalben und meistens auch noch mit Freude.

Wie schafft man aber das Zusammenleben von Eltern und erwachsenen Kindern, ohne sich ständig in die Haare zu geraten?

- Eltern akzeptieren, dass ihre Nesthocker erwachsen sind und keine Rechenschaft ablegen müssen, wohin sie gehen, mit wem sie sich treffen und wann sie nach Hause kommen.
- Eltern akzeptieren strikt die Privatsphäre von Telefon (ein eigener Telefonanschluss ist empfehlenswert), Handy, Schreibtisch, Hand- und Aktentaschen, PCs, Brieftaschen etc.
- In einem gemeinsamen Haushalt aber haben alle Mitglieder die Pflicht, einander über Unregelmäßigkeiten zu informieren. Die Information: »Heute kann es sehr spät werden« oder »Ich fahre für drei Tage weg und komme wahrscheinlich Mittwochabend

zurück. Sollte es später werden, melde ich mich«, ist kein Eingriff in die Privatsphäre, sondern ein vernünftiges Verhalten innerhalb einer Gemeinschaft.

- Auch wenn es der Familie finanziell gut geht, ist ein Beitrag zum Haushaltsbudget angebracht.
- Im Sinne eines partnerschaftlichen Zusammenlebens sollen von Nesthockern auch gewisse Pflichten innerhalb des Haushaltes übernommen werden.
- Logiergäste werden nur nach Absprache mit den Eltern eingeladen. Es ist ihnen nicht zuzumuten, des Morgens unbekannte Gesichter im Badezimmer oder am Frühstückstisch vorzufinden.
- Wenn es sich um einen Nichtraucherhaushalt handelt, werden die Gäste der Kinder gebeten, ebenfalls nicht zu rauchen.
- Bei aller Großzügigkeit sind gefüllte Kühlschränke nicht das Eigentum des ganzen Freundeskreises.
- Alle Aktionen, die das Leben der restlichen Familie beeinträchtigen, wie z. B. dröhnende Musik oder lautstarke Partys, sind zu vermeiden.

Kapitel 11

Kultiviert reisen

Gereist wird aus unterschiedlichen Anlässen. Für viele Geschäftsleute ist es Pflicht und gehört zur täglichen Jobroutine. So wie unsereins täglich die S-Bahn zum Office in die Innenstadt besteigt, besteigen Mitarbeiter bestimmter Branchen den täglichen Flieger. 200 Flugtage pro Mann und Jahr sind keine Seltenheit.

Was für den einen Pflichtprogramm, ist für den anderen Vergnügen. Reiselust, Reisefieber – wer ist nicht von ihnen gepackt? Eintauchen in fremde Länder bedeutet für viele Menschen die Er-

füllung ihrer Träume. Auf fremdem Terrain herrschen aber andere Regeln als zu Hause. Aber bevor es losgeht, heißt es zuerst einmal, den ganzen Krempel, der während der Reise gebraucht wird, gut zu verstauen.

Perfekt Koffer packen

Fertigkeit im Kofferpacken garantiert, dass die Garderobe am Ziel unbeschadet ankommt. Ein perfekt gepackter Koffer garantiert, dass Geschäftsmann/frau auch nach einer langen Reise gepflegt aussieht. Wie also werden Hose, Hemd und Co. knittervermeidend gefaltet und geschlichtet?

Das Hemd

Alle Knöpfe werden geschlossen. Es wird mit dem Rücken nach oben auf eine ebene Fläche gelegt. Sowohl die linke als auch die rechte Hemdseite werden etwa zwei Fingerbreit vom Kragen entfernt nach innen umgeschlagen. Die Ärmel werden umgeklappt und längs über die umgeschlagenen Hemdteile gelegt. Der Stoff soll dabei glatt bleiben, das Hemd muss nun wie ein Rechteck aussehen. Das untere Drittel wird nach oben geklappt und das obere Drittel darüber geschlagen. Beim Packen wird das erste Hemd flach in den Koffer gelegt und das nächste umgekehrt mit dem Kragen nach unten darauf gelegt.

Das Sakko

Die Knöpfe öffnen. Der rechte Schulterpolster wird nach innen gestülpt, sodass das Innenfutter nach außen zeigt. Nun wird die linke Schulterpartie in die umgeschlagene rechte gesteckt. Die Ärmel liegen nun parallel aufeinander, das rechte Sakko-Innenfutter befindet sich darüber. Der Kragen wird vorsichtig zusammengelegt und das Sakko quer in der Hälfte gefaltet.

Die Hose

Dafür gibt es zwei optimale Methoden. Entweder alle vier Beinnähte übereinanderlegen, danach beide Hosenbeine an der Fußseite nehmen, das untere Drittel nach oben schlagen, dann das obere Drittel darüber. Oder: Den Hosenbund in die Mitte des Koffers legen, die Hosenbeine aus dem Koffer hängen lassen, den Koffer packen und als Letztes die Hosenbeine umschlagen.

Der Rock

Kurze Röcke müssen in der Regel nicht gefaltet werden, sondern können flach in den Koffer gelegt werden. Lange Röcke werden in die Mitte des Koffers gelegt, der untere Teil hängt heraus, der Koffer wird gepackt, zum Schluss wird der Rest des Rockes umgeschlagen.

Wenn die Garderobe am Zielort doch etwas zerknittert ankommt, kann sie mittels Wasserdampf geglättet werden. Hängen Sie am Zielort die Garderobe im Badezimmer auf, drehen Sie das Heißwasser auf und schließen Sie die Badezimmertür. Kleine Knitterfalten hängen sich so von selbst wieder aus.

Eigenheiten von Gastländern

Für die meisten Menschen bedeutet Urlaub »frei sein«, also auch frei sein von allen Anstandsregeln. Das ist in Ordnung, aber nur solange man sich in geschützten touristischen Bereichen befindet. Hotelangestellte in touristischen Zentren sind den Umgang mit

Gästen gewohnt und stellen sich auf deren Gehabe in der Regel ein.

Sobald Reisende aber in die Welt der Einheimischen eindringen, gelten andere Maßstäbe. Da sind immer die Regeln des Gastlandes verbindlich. Das heißt, der Gast hat sich auf das Gastland einzustellen und sich den dortigen Sitten und Gebräuchen anzupassen. Er trägt die volle Verantwortung für sein Verhalten gegenüber dem fremden Kulturraum. Respekt vor der anderen Kultur ist die wichtigste Grundhaltung jedes Reisenden.

Die Einstellung auf die jeweilige Umgebung bedeutet jedoch keinesfalls eine totale Angleichung. Wie in vielen anderen Lebensbereichen kommt es auch da auf das Gespür für das richtige Maß an äußerer Anpassung und an Individualität an.

Öffentlicher Bereich

Unangebrachte Kleidung ist der häufigste Grund des Anstoßes am Verhalten von Touristen. Reisende sollen sich daher schon beim Kofferpacken überlegen, welche Kleidung der öffentlichen Moral des Reiselandes am besten entspricht und was als anstößig empfunden wird. Kleidung ist nicht nur Schutz, sie ist auch ein Ausdruck von Prestige, Position und Sittenvorstellungen.

Nicht nur Touristen treten ins Fettnäpfchen. Der ehemalige österreichische Außenminister **Alois Mock** wird heute noch belächelt, wenn Fotos von ihm auftauchen, auf denen er in Shorts bei einem offiziellen Besuch in Jordanien zu sehen ist.

Frauen

Miniröcke, Shorts und freizügige Oberteile sind generell in Entwicklungsländern und auch innerhalb Europas beim Besuch von religiösen Stätten unpassend. Besonders im islamischen Bereich und in Dritte-Welt-Ländern gelten freizügig gekleidete Frauen als Freiwild bei der männlichen Bevölkerung. Weite, luftige Kleider oder Hosen, bedeckte Arme sowie unauffälliges Verhalten schützen vor Belästigungen.

Achten Sie auch auf die Farben Ihrer Kleidung. Wenn die Leute auf der Straße generell in dunkle, unauffällige Farben gehüllt sind, wird ein knallrotes T-Shirt vielleicht unangenehm auffallen. In Ländern mit politischen Spannungen ist von militärischen Farben abzuraten.

Männer

Kurze Hosen und Unterhemden ohne Ärmel sind immer problematisch. Lange Baumwoll- oder Leinenhosen sind genauso luftig, sehen besser aus und verhindern lächerliches Aussehen.

Gilt für beide

Gepflegte Kleidung ist vor allem im Süden ein Statussymbol. Touristen in abgerissenen, verschmutzten Gewändern werden daher immer Verachtung ernten. Unter Umständen kann der schäbige Aufzug auch als Verspottung der eigenen Armut interpretiert werden. Da Touristen automatisch der reichen Oberschicht zugeordnet werden, werden auch entsprechende Umgangsformen und angemessene Kleidung erwartet.

Schuhe sind vor allem beim Betreten von sakralen Gebäuden und manchmal auch beim Betreten von Wohnungen auszuziehen.

Viele Touristen kaufen gerne traditionelle Kleidung des Urlaubslandes ein. Überlegen Sie immer eingehend, ob es angebracht ist, derartige Kleidung auch zu tragen. Während das Tragen des Tschadors in fundamentalistischen islamischen Staaten für weibliche Touristen eine Notwendigkeit sein kann, sieht der indische Sari oder der japanische Kimono an europäischen Touristinnen eher lächerlich aus und bedeutet eine Verunglimpfung des Gastlandes.

Trip durch Europa

Große Augen machte ich, als ich vor kurzem auf eine japanische Touristengruppe in der Wiener Innenstadt stieß. Eine seltsam kostümierte Frau war darunter. Auf dem Kopf trug sie einen breitkrempigen rosa Hut mit riesengroßen Blumen, dazu einen Schottenrock und eine reich bestickte Bauernbluse. Um den Hals geschlungen hatte sie ein Seidentuch mit Lipizzanern, den klassischen Pferden der Wiener Hofreitschule. Ihre Füße steckten in derben Bergschuhen, darunter trug sie gestrickte weiße Halbstrümpfe mit grünen Troddeln. Gegen den

Regen schützte sie ein Schirm mit Noten der »Kleinen Nachtmusik« und einem Antlitz von Wolfgang Amadeus Mozart.

Die Reiseroute war vollkommen klar: Die Gute war auf Europatrip und hatte sich anscheinend auf ihren Stationen England/Schottland, Paris, München, Salzburg, Budapest und Wien mit Souvenirs eingedeckt, die sie alle auf einmal anhatte. Ihr Outfit war so schrill, dass sogar die englische Modeschöpferin Vivienne Westwood ihre Freude daran gehabt hätte.

Baden

Nacktbaden ist in vielen Ländern verboten. Auch Bikinis gelten vielerorts als Reizwäsche. Am Strand von Nizza ist »oben ohne« kein Thema. Auch die Angestellten in türkischen Touristenhotels sind mittlerweile nicht mehr schockiert und können damit umgehen. Zeigt Frau sich aber an öffentlichen türkischen Stränden unbekleidet, dann wird damit ein Tabu verletzt. Wenn die weiblichen Familienmitglieder einer türkischen Großfamilie sich bedeckt vom Hals bis zu den Zehen im Wasser vergnügen, dann sind mitteleuropäische nackte Frauen die reinste Provokation.

Aber auch in den Vereinigten Staaten ist »oben ohne« an den öffentlichen Stränden nicht gestattet. In Kalifornien droht sogar Gefängnisstrafe dafür. Auch für busenlose kleine Mädchen wird das Tragen eines BHs vorgeschrieben.

Religiöse Kultstätten

Religiöse Kultstätten sind für Gläubige und nicht für Touristen gedacht. Besichtigen Sie diese daher nur mit Zustimmung eines Verantwortlichen und außerhalb der Gebetszeiten.

Beim Betreten einer Moschee oder Pagode werden die Schuhe ausgezogen. Besonders beim Besuch von Moscheen wird von

Frauen erwartet, dass sie ihr Haar mit einem Tuch verhüllen. Berühren Sie niemals religiöse Gegenstände. Fotografieren ist manchmal verboten, oft braucht man eine zusätzliche Genehmigung dafür. Richten Sie Ihre Kamera niemals auf betende Menschen. Das ruhige Beobachten der Gläubigen und der Atmosphäre gelingt besser, wenn man den Fotoapparat vergisst.

Auch religiöse Zeremonien sind in erster Linie für die Einheimischen gedacht. Obwohl sie oft als Krönung einer exotischen Reise vom Reiseveranstalter angeboten werden. Gewisse Riten fallen unter Abbildungsverbot, seien Sie daher besonders vorsichtig beim Gebrauch der Kamera und erkundigen Sie sich vorher genau.

Statussymbole

Reichtum soll niemals zur Schau gestellt werden. Was für den normalen Mitteleuropäer Standard ist, kann in armen Ländern den Monatslohn eines Familienvaters kosten. Vermeiden Sie daher das demonstrative Tragen von teuren Gewändern, protzigen Uhren, echtem Schmuck oder teuren Kameraausrüstungen.

Tragen Sie immer etwas Geld für kleinere Einkäufe in der Tasche. Zücken Sie niemals prall gefüllte Geldtaschen, denn das könnte Begehrlichkeit erwecken.

Zärtlichkeiten

Eng umschlungene, knutschende Pärchen werden seitens der Bevölkerung meist nur auf Grund finanzieller Erwartungen toleriert. Die »sittenlosen« Fremden aber hinterlassen durch ihr Gehabe ein schlechtes Bild ihres Heimatlandes. Im Urlaub ist man zwar meistens »inkognito«, doch allzu sorglos sollte man auch da nicht sein. Die heimatlichen Benimmregeln sind hier keineswegs aufgehoben, meistens gelten noch strengere Regeln als zu Hause.

Hingegen sind zärtliche Gesten zwischen Männern besonders in islamischen Ländern üblich und keineswegs Ausdruck von Homosexualität.

Einladungen

Schlagen Sie die Einladung zu einem gemeinsamen Essen niemals aus. Je abgelegener das Reiseziel, desto herzlicher werden oft Fremde aufgenommen. Aber Touristen werden nicht nur aus Uneigennützigkeit eingeladen. Die Einladung nützt auch dem Prestige und manchmal auch für eine hilfreiche Kontaktadresse aus dem Ausland. Einladungen werden auch oft für das Anbieten von Waren genutzt. Überlegen Sie daher schon vorher Ihr Verhalten in bestimmten Situationen.

Auch wenn lokale Spezialitäten manchmal nicht dem europäischen Geschmack entsprechen, sollte man wenigstens scheinbar begeistert zugreifen, um dem Gastgeber Anerkennung und Dank zu vermitteln. Wenn jedoch Gefahr besteht, dass Sie den Maden-Eintopf in die Mitte der Festtafel kotzen, dann rettet der Gebrauch einer äußerst freundlich vorgebrachten Notlüge, wie z. B. Magenschmerzen, die Situation. Menschen, die, wie ich vor vielen Jahren im schwarzafrikanischen Busch, gärendes Bananenbiergebräu aus einer reihum gereichten Kalebasse ohne bemerkenswerten Schaden überstanden haben, wissen um die Faszination solcher Erlebnisse.

Ob man nun für die verursachten Kosten als Gast aufkommen muss oder nicht, bedarf großer Sensibilität. Manchmal wird ein kleiner Geldbeitrag gerne genommen, manchmal wird das als Affront betrachtet. Versuchen Sie daher behutsam herauszufinden, ob und was als Gegenleistung von Ihnen erwartet wird.

Fotografieren

Fotografieren gehört zu Reisen wie Beten zur Kirche. Jede Menge Fotos bzw. Videofilme gehören zur Trophäe vieler Urlauber. Solange Sie Ihre eigene Familie auf den Fotos verewigen, ist das o. k. Sobald Sie aber fremde Personen ablichten wollen, ist Vorsicht und Rücksicht angebracht. Meistens geht die Jagd nach tollen Motiven auf Kosten der unfreiwilligen Opfer. Im besten Fall lassen sie mit geduldiger Miene diese Entwürdigung über sich ergehen, manchmal bleibt ihnen aber nur die Flucht, im extremen Fall können allerdings schon einmal Steine fliegen. Ist mir selbst etwa im Rahmen einer kleinen Gruppe im afrikanischen Burundi passiert.

Wenn es sich bei Ihrem Fotomotiv um »Folklore« handelt, dann brauchen Sie keinerlei Bedenken zu haben. Die Darsteller sind dabei meistens Profidarsteller, die gegen Bezahlung Touristen gerne zur Verfügung stehen.

Verhaltensregeln:

- Fragen Sie fremde Menschen immer um Erlaubnis, bevor Sie die Kamera zücken. Bekommen Sie keine Zustimmung, dann verzichten Sie auf die Aufnahme und danken trotzdem höflichst.
- Wenn Sie Kinder fotografieren, fragen Sie, soweit dies möglich ist, die in der Nähe stehenden erwachsenen Personen. Kindern allerdings sollte man niemals Geld geben, um die Bettelei nicht zu fördern.
- Wenn für Fotos Geld verlangt wird, dann müssen Sie abwägen, ob der Handel für Sie vertretbar ist. Kaufen Sie Händlern oder Handwerkern als Gegenleistung eine Kleinigkeit ab oder bedanken Sie sich wenigstens mit einer Zigarette. Sprechen Sie einige Worte mit den fotografierten Personen.

- Beachten Sie alle Fotoverbote, vor allem die bei militärischen Anlagen. Fotografieren Sie auch niemals kritische Situationen, wie z. B. Militäraktionen oder Polizeihandlungen.
- Fotografiert werden bedeutet in einigen Kulturen Entehrung bzw. Persönlichkeitsberaubung. Verzichten Sie auf die Dokumentation von Armut und Elend. Ebenso sollen Sie das Fotografieren von religiösen Handlungen vermeiden.
- Manchmal wird man um einen Abzug des Fotos gebeten. Wenn Sie eine derartigen Zusage machen, halten Sie sich auch daran.

Zwischenmenschlicher Bereich

Egal, wohin Sie reisen, bemühen Sie sich immer, einige Gruß- und Höflichkeitsformeln der jeweiligen Landessprache zu erlernen. Dafür werden Sie eine Wertschätzung ernten, die einem Sprachenmuffel verwehrt bleibt. Diese Kenntnisse in Kombination mit Gesten geben den Weg in eine erlebnisreiche neue Welt frei. Ansonsten sollten Sie sich mit den unterschiedlichen Gepflogenheiten im zwischenmenschlichen Bereich vertraut machen, bevor Sie reisen.

Begrüßungszeremonien

In Europa schüttelt man Hände, in Asien legt man die Hände vor der Brust zusammen, in einigen Ländern, wie z. B. in manchen schwarzafrikanischen Ländern oder auch in China, gibt der Mann der Frau keinesfalls die Hand zur Begrüßung. Machen Sie sich daher schon vor Antritt einer Reise in unbekannte Gefilde über die dortigen Gepflogenheiten schlau, bevor Sie in einen Fettnapf treten.

Auch Freundlichkeit kann unterschiedlich interpretiert werden. Eine europäische Reisende, die in konservativen arabischen

Ländern einheimische Männer anstrahlt, könnte als werbende Prostituierte missverstanden werden. Ein Mann, der öffentlich eine Frau freundlich um Auskunft bittet, kann in den Augen der Familie die »Ehre« der Frau beschmutzen und sie in arge Bedrängnis bringen, weil sie ja unter Umständen das Verhalten provoziert haben könnte.

Blickkontakt

In jeder Kultur gibt es unterschiedliche Regeln, wie man jemanden anzublicken hat. Im europäischen Raum ist der offene Blick in die Augen des Gesprächspartners ein Zeichen guter Umgangsformen. In anderen Kulturen hingegen wird der direkte Blickkontakt als aufdringlich, bedrohlich oder manchmal gar als sexuelle Aufforderung empfunden.

Es ist empfehlenswert, Sonnenbrillen vor allem im Umgang mit Respektspersonen, wie z. B. Militär, Zoll, Polizei etc., abzunehmen, denn man könnte sonst meinen, Sie wollten Ihre Augen verstecken.

Zurückhaltung

Reisende sind gut beraten zuzuhören und zu beobachten, anstatt ihre eigenen Weisheiten zu versprühen. Üben Sie daher Zurückhaltung in der Kleidung, in den Gesten, in Ihren verbalen Äußerungen und lautstark geäußerten Vorurteilen. Sie minimieren dadurch das Risiko, etwas Unpassendes zu sagen und den Gastgeber zu verletzen.

Die große Kunst des Reisens besteht auch darin, Widersprüche eines Landes zuzulassen und für die dahinter liegenden Probleme sensibel zu werden. Vermeiden Sie daher Klischees und Vorurteile.

Selbstbeherrschung

Auch in Stresssituationen kommen Sie mit Lächeln weiter als mit Wutausbrüchen. Egal, ob Sie unnütz warten müssen, bei Pannen oder offensichtlichen Schikanen. Menschen sind mit Wutanfällen selten zu beeindrucken. Sie verlieren nur Ihr Ansehen und verschärfen das eigentliche Problem.

Lächeln

Ein strahlendes Gesicht wirkt auf andere Menschen meist positiv. Doch nicht immer ist eine solche Mimik angebracht.

- In aufgeheizten Situationen wirkt ein Lächeln provozierend. Ihr Gegenüber kann es als Grinsen interpretieren, und damit als eine Geringschätzung seiner Person.
- Dauerlächeln wirkt aufgesetzt und angelernt. Ehrlichen Leuten ist es unmöglich, den ganzen Tag grinsend durchs Leben zu gehen, auch wenn sie noch so gut drauf sind.
- Im Tierreich wird das »Lächeln« oft als Drohgebärde eingesetzt. Das kann auch für Menschen gelten. Das Entblößen der Zähne drückt eine überlegene, herablassende Haltung aus. Durch ein solches Grinsen können sich andere Menschen verletzt fühlen.

Sicherheit auf Reisen

Mangelnde Kenntnis lokaler Sitten und Bräuche sind die häufigste Ursache für unpassendes Verhalten vieler Urlauber, die den Kontakt zur einheimischen Bevölkerung suchen. Wer z. B. verträumt durch die »romantische Armut« der Slums von Kapstadt schlendert, bekommt die untouristische Realität in aller Härte zu spüren. Missverständnisse können im günstigsten Fall nur den zwischenmenschlichen Kontakt stören, im Extremfall aber das Leben kosten. Solche Gefahren sind zwar nicht zur Gänze vermeidbar, das Risiko aber wird gemindert, indem man sich auf ein Land gezielt vorbereitet.

Die Reise hat daher zuerst im Kopf zu beginnen. Je mehr man weiß, desto mehr sieht man. Je mehr Vorbereitung, desto besser kann man Gefahren einschätzen und rechtzeitig ausweichen.

Diese Überlegungen sind nicht nur für Fernreisen in Dritte-Welt-Länder empfehlenswert, sondern können durchaus auch für Reisen in sogenannte »zivilisierte« Länder angestellt werden.

Auch hoch entwickelte Länder und Städte haben Bereiche und Gebiete, die gefährlich sein können. Zum Beispiel kann ein nächtlicher Spaziergang durch bestimmte Bereiche des Central Parks in New York wirklich nicht empfohlen werden. Folgende Fragen sollen Sie vor Antritt einer Reise klären:

- Ist die Region wegen Armut, politischer Krisen oder Konflikten sowie strenger Sitten oder Epidemien gefährlich?
- Was können Sie vermeiden? Gibt es besondere Jahreszeiten, z. B. mit klimatischen Extremen, die gefährlich sein könnten, oder religiösen Festen, bei denen Fremde nicht gerne gesehen werden?
- Welchen Personen oder Personengruppen müssen Sie besonderen Respekt zollen oder mit Vorsicht begegnen. Bedenken Sie dabei soziale, politische, religiöse oder ethnische Zugehörigkeiten.
- Was können Sie unterlassen? Hierzu zählen Bekleidung, Attribute von Reichtum, wie Schmuck, Fotoapparate etc., das allgemeine Auftreten und das Verhalten gegenüber dem anderen Geschlecht.

Gefährliche Themen

Es ist fein, als Fremder von neuen Bekanntschaften in ein Gespräch verwickelt zu werden. Dabei ist mit Sorgfalt zu entscheiden, zu welchen Fragen man bedenkenlos eine eigene Meinung vertreten darf. Sehr leicht kann es passieren, dass man die Gefühle seines Gesprächspartner verletzt, wenn man einen gänzlich anderen Standpunkt vertritt. Bei politischen, religiösen sowie sexuellen Themen ist besondere Vorsicht geboten.

Politische Themen

Kritik an der politischen Lage in fremden Ländern ist unangebracht. Erstens fehlt es uns meistens an Detailkenntnissen und zweitens kann es vorkommen, dass unser Gesprächspartner nicht frank und frei seine Meinung sagen kann. Das passiert oft in tota-

litären Systemen ohne Meinungsfreiheit. Manchmal besteht auch die Gefahr von Spitzelei, was unter Umständen alle Gesprächsteilnehmer in eine unangenehme Situation bringen könnte.

Hingegen können Sie alle unrealistischen und verklärenden Bilder über Ihr eigenes Land korrigieren. Auch Europa hat zahlreiche Schattenseiten, von denen Menschen in der Dritten Welt nichts wissen. Vielleicht können Sie damit den Eindruck vom grenzenlosen Reichtum der Europäer ins rechte Licht rücken.

Religiöse Themen

Basiskenntnisse der wichtigsten Weltreligionen sind für Reisende wichtig. Vor allem in islamischen Ländern werden Fremde gerne nach den eigenen religiösen Ansichten gefragt. Wenn Sie Christ sind, dann können Sie sich in allen Religionen, die Christus als Prophet akzeptieren, deklarieren. Dazu gehören u. a. auch der Islam oder die Bahais. Auch manche asiatischen Religionen wie Hinduismus oder Buddhismus sind tolerant gegenüber anderen Glaubensbekenntnissen.

Wenn Sie Atheist sind, dann vermeiden Sie es, die Existenz Gottes in Zweifel zu ziehen, wenn Sie mit einem gläubigen Menschen sprechen. Sie könnten seine religiösen Gefühle verletzen. Am besten, Sie hören und lauschen und widersprechen nicht.

Sexuelle Themen

Gerade im Bereich der Sexualität gibt es noch viele Tabus, die in jeder Kultur unterschiedlich behandelt werden und oft einen religiösen Hintergrund haben. Zurückhaltung bei derartigen Themen ist daher immer empfehlenswert.

Lassen Sie Ihre eigenen Weisheiten zu Hause, sollten Ihre Gastgeber das Thema anschneiden, dann hören Sie lieber zu und lernen. Bedenken Sie, dass sogar die hoch entwickelten USA bei sexuellen Themen bedeutend prüder sind als Mitteleuropa. Wenn eine junge Frau ihren Verlobten übers Wochenende ins Haus ihrer Eltern mitbringt, ist es z. B. selbstverständlich, dass dieser ein eigenes Gästezimmer bekommt. Stellen Sie sich vor, welches Sittenbild von Europa Ihre Gastgeber bekommen, wenn Sie erzählen, dass Ihr eigener Sohn regelmäßig Mädels anschleppt, deren unbekannte Gesichter Ihnen des Morgens im Badezimmer entgegenmüffeln.

Prostitution

Manches, was in westlichen Augen als Prostitution verdammt wird, kann in anderen Ländern die sexualisierte Form eines kommerziellen Austausches oder auch eine spezielle Auffassung von Gastfreundschaft sein. Seien Sie daher vorsichtig bei der Beurteilung derartiger Aktionen. So mancher Job als Prostituierte führt z. B. in Thailand junge Frauen zu mehr Unabhängigkeit und zu Ansehen als Familienversorger.

Da Europäer als reich gelten, ist Sex mit »Weißen« in manchen afrikanischen oder asiatischen Ländern eine Prestigesache. Daneben geht es auch um eine Verbesserung der eigenen finanziellen Lage. Manche Menschen in armen Ländern sehen eine solche Beziehung als Chance. Beachten Sie daher, dass es in vielen Kulturen eine völlig normale Denkweise ist, Partner nach ökonomischen Kriterien auszuwählen.

Trinkgelder

In vielen Ländern stellte Trinkgeld an Stelle eines Gehalts die eigentliche Einkommensquelle für Dienstleistungen dar. In manchen Ländern, wie z. B. Kuba, war früher das »Tipping« verpönt. Als Folge des Tourismusbooms ist auch hier Trinkgeld zu einer wichtigen Einnahmequelle geworden. Trinkgeld wird also fast überall erwartet und auch benötigt.

Als Faustregel kann, wie auch in unseren Bereichen, gelten, dass guter Service belohnt wird und schlechter nicht. Allerdings ist anzuraten, auch bei gutem Service die Großzügigkeit nicht zu übertreiben und sich nach der Einkommenssituation des jeweiligen Landes und nach dem Standard des gewählten Hotels bzw. Restaurants zu richten. Das heißt in einem Luxushotel werden die Trinkgelder naturgemäß reichlicher ausfallen als in einer einfachen Unterkunft.

Besorgen Sie sich schon am Anfang jeder Reise genug Kleingeld. Sie werden rasch als kleinlicher Geizkragen eingeschätzt, wenn Sie aus Mangel an Münzen kein Trinkgeld geben können. Dollars werden fast überall gerne genommen.

Im Restaurant

In Restaurants sind Trinkgelder in der Höhe von fünf bis zehn Prozent üblich. In amerikanischen und auch in manchen englischen Restaurants ist der Service nicht in der Rechnung inkludiert. Sie müssen daher auf jeden Fall mindestens zehn Prozent aufschlagen. Das ist das Haupteinkommen des Personals. Für besonders guten Service geben Sie entsprechend mehr.

Im Hotel

- Wenn Sie Restaurantkosten auf die Hotelrechnung setzen lassen, vergessen Sie nicht das Trinkgeld für das Servicepersonal. Runden Sie daher die Gesamtrechnung um bis zu 10 Prozent des Betrages für den Verzehr auf.
- Ein entsprechender Betrag für die gesamte Servicemannschaft kann ebenfalls bei der Abrechnung an der Rezeption hinterlegt werden. Dieser wird dann nach einem Schlüssel auf das Perso-

nal verteilt. Wenn ein Mitarbeiter besonders aufmerksam war, können Sie das selbstverständlich gesondert und persönlich honorieren.

- Kofferträger im Hotel bekommen in etwa ein bis zwei Euro pro Gepäckstück. Manche Gepäckträger, vor allem an Bahn- und Flughäfen, haben Festpreise. Erkundigen Sie sich vorher, um nicht unangenehme Überraschungen zu erleben.
- Wenn man mit der Leistung zufrieden war, lässt man im Hotelzimmer etwa ein bis zwei Euro pro Tag für das Reinigungspersonal zurück.
- Für besondere Dienstleistungen, z. B. Taxi oder Theaterkarten besorgen, erwarten Hotelmitarbeiter an der Rezeption einen kleinen Betrag.
- Wenn Sie Zimmerservice in Anspruch nehmen, geben Sie fürs Frühstück ein Euro, für andere Mahlzeiten etwas mehr. Pendeln Sie sich bei ca. zehn Prozent der bestellten Speise ein.

Taxi, Bus, Zug

- Taxifahrten werden bis ca. zehn Prozent des Betrages aufgerundet. Sofern der Fahrer freundlich war, sich ums Gepäck gekümmert hat, nicht gefahren ist wie eine gesengte Sau und auch keine meilenweiten Umwege gemacht hat. Wenn er das Auto mit Rauch vollqualmt, obwohl Sie gebeten haben, dass er nicht rauchen soll, und wenn das Auto wie eine Müllkippe aussieht, dann bekommt er nichts.
- Fahrer, die man über Reiseagenturen gebucht hat und die zuverlässig und freundlich waren, erhalten ebenfalls pro Tag ein Trinkgeld von ein bis drei Euro.
- Bei Gruppenreisen erwarten sich sowohl Reiseleiter wie auch Fahrer einen entsprechenden Betrag. Kalkulieren Sie ebenfalls pro Mann und Tag einen Betrag von ein bis drei Euro ein.

Manchmal hat man Bedenken, einem sehr arrivierten Reiseleiter ein unpersönliches Trinkgeld zu geben und weicht gerne auf ein Geschenk aus. Ein kleines persönliches Geschenk kann man ohne weiteres zusätzlich geben, aber eine finanzielle Anerkennung nehmen auch arrivierte Reiseleiter gerne an.

- Zugbegleiter bekommen üblicherweise kein Trinkgeld. Es sei denn, Sie bringen Getränke und Speisen ins Abteil. Sobald Sie Servicedienste in Anspruch nehmen und auch im Speisewagen geben Sie ca. zehn Prozent.
- Schlafwagenschaffner freuen sich ebenfalls über einen kleinen Betrag. Wenn sie Ihnen z. B. über das Übliche hinaus beim Gepäck geholfen haben oder für Sie die Passformalitäten erledigt haben, sodass Sie ungestört schlafen konnten. Und auch dann, wenn Sie Getränke oder Speisen in Ihr Abteil servieren, geben Sie ebenfalls ca. zehn Prozent Trinkgeld.

Schiff

Im Preis für die Schiffspassage sind Trinkgelder meist nicht inbegriffen und richten sich nach der Schiffsklasse, der Dauer der Fahrt und der Art des Schiffes. Das Personal auf Luxuslinern erwartet großzügigere Gaben als das auf Fährschiffen. Kabinen und Restaurantstewards gibt man in etwa drei Euro pro Tag und Passagier für übliche Dienstleistungen. Wenn Sie die Dienste des Personals außergewöhnlich stark in Anspruch nehmen, ist es auch üblich, mehr zu geben. Gut bewährt hat sich schon bei Beginn der Seereise eine kleine Anzahlung.

Besichtigungen

Wenn nach einer Führung im Schloss oder Museum der Museumsführer ostentativ beim Ausgang stehen bleibt, heißt das, dass er einer kleinen Gabe nicht abgeneigt ist. Seien Sie daher großzügig und verdrücken Sie sich nicht schon vorher klammheimlich.

Toilette

Schummeln Sie sich nicht an Klofrauen vorbei. Seien Sie froh, dass es Menschen gibt, die für saubere Töpfchen sorgen. Geben Sie ca. 50 Cents. Wundern Sie sich nicht, wenn die Klofrau mehrfach »Thank you, Madam, thank you very much, have a nice day…« sagt, wie mir es neulich passiert ist. Denn später kam ich darauf, dass ich ihr, in Unkenntnis der fremden Münzen, einen Betrag von ca. vier Euro ins Tellerchen geworfen hatte. Daher der ungewöhnliche Gefühlsausbruch.

Privathaushalt

- Wenn Sie in einem Privathaushalt übernachten, in dem eine Haushaltshilfe das Zimmer in Ordnung bringt, geben Sie ebenfalls Trinkgeld. Die Höhe hängt von der Dauer des Aufenthaltes ab und sollte etwa fünf Euro pro Tag betragen. Bei längerem Aufenthalt kann der Betrag reduziert werden.
- Wenn Sie zu einem Essen eingeladen sind und es wird Hilfspersonal beschäftigt, geben Sie dann Trinkgeld, wenn im Vorraum ein Körbchen oder ein Tablett bereitgestellt ist, in dem bereits ein Geldbetrag liegt. Geben Sie ab fünf Euro pro Person bzw. Paar. Liegt kein Geld drinnen, dann legen Sie Ihre Visitenkarte ins Tellerchen. Das kommt manchmal bei größeren Einladungen vor, bei denen die Gastgeber nicht alle Gäste kennen.

Kapitel 12

Öffentliche Verkehrsmittel

Im Auto

Autofahren bereitet Stress. Tagtäglich ärgern wir uns über Staus, verstopfte Autobahnen und mangelnde Parkplätze. Ebenfalls Ärger bereiten uns andere Straßenbenützer. Rüpelhafte Gesellen, die unseren Wagen schneiden oder uns nah auf die Pelle rücken oder Menschen, die uns den Vogel zeigen, wenn wir in einer unbekannten Gegend etwas langsamer fahren, um die richtige Straße zu finden. Die Straßenverkehrsordnung erfordert zwar Vorsicht und gegenseitige Rücksicht, aber in der Praxis schaut die Sache meist etwas anders aus.

Tipp:

Potenzielle Lebensabschnittspartner sollen immer vor der endgültigen Entscheidung ob ihres Verhaltens im Straßenverkehr beobachtet werden. Ist er höflich und rücksichtsvoll oder stur und unnachgiebig? Rastet er aus, wenn jemand vor ihm zu langsam fährt oder wenn sich eine alte Dame auf seinen Kotflügel stützt, weil sie sonst eventuell das Gleichgewicht verliert? Hupt er, wenn er Sie abholt, und lässt er den Motor bei jedem Start aufheulen? Pflügt er bei Schlechtwetter durch Pfützen und schert sich nicht um vorbeigehende Fußgänger?

> Ist das Innenleben seines Autos ein Saustall oder pflegt er es penibel und mit Hingabe mehr als seinen eigenen Leib? Fährt er VW oder Maserati? Es gibt nichts Aufschlussreicheres über einen Menschen als die Art, wie er mit seinem Auto umgeht.

Parkplatz

Haben Sie sicher schon erlebt. Endlich ein freier Parkplatz auf der linken Straßenseite in Sicht. Vorschriftsmäßig setzen Sie den Blinker und geben dem Längsverkehr Vorrang. So schnell kann man manchmal gar nicht schauen, und ein anderer Autofahrer presst sich hinein, ohne Ihr Blinkzeichen zur Kenntnis zu nehmen. Der Schnellere hat gesiegt. Das rüpelhafte Benehmen ist kein Thema.

- Lassen Sie demjenigen das Recht auf den Parkplatz, der ihn zuerst entdeckt hat und das durch Blinken anzeigt.
- Verlieren Sie nicht die Nerven, wenn der Autofahrer vor Ihnen etwas langsamer fährt, weil er nach einem Parkplatz Ausschau hält. Wenn Ihnen das Überholen unmöglich ist, machen Sie sich bewusst, dass die kleine Verzögerung nicht die Welt kostet.
- Schrägparker mit Umgangsformen achten darauf, dass sie so einparken, dass der rechts stehende Autofahrer noch seine Türe öffnen kann.
- Parken Sie so ein, dass Sie wirklich nur einen Parkplatz benutzen, und lassen Sie genügend Platz für ein weiteres Fahrzeug.
- Auch wenn es gestattet ist, beim Parken einen Teil des Gehsteiges mitzubenutzen, achten Sie, dass vorbeigehende Personen (auch Menschen im Rollstuhl oder Personen mit Kinderwagen) genügend Platz haben.

Zebrastreifen

Fußgänger haben auf dem Zebrastreifen Vorrang. Die wenigsten Autofahrer aber halten sich daran. Beobachten Sie daher den Straßenrand. Halten Sie Ihr Fahrzeug an und zeigen Sie Fußgängern mit einer kleinen höflichen Geste, dass sie überqueren können. Als Fußgänger danken Sie einem freundlichen Autofahrer mit einem freundlichen Nicken oder einer Handbewegung, wenn er stehen bleibt und Ihnen das Überqueren der Straße ermöglicht.

Abstand

Wer auf Autobahnen seinem Vorfahrer zu sehr auf die Pelle rückt, wird bereits polizeilich geahndet. Abgesehen von der Gefährlichkeit eines derartigen Verhaltens, ist es auch noch besonders flegelhaft. Auch im Stadtverkehr halten Menschen mit guten Umgangsformen den nötigen Sicherheitsabstand zum vorderen Auto.

Fluchen, Schimpfen, Gesten

Warum werden die nettesten Menschen zu aggressiven Rambos, sobald sie hinter dem Steuer sitzen? Ist die umgebende Blechhülle gleichzusetzen mit einer schützenden Ritterrüstung, unter der man sich alles erlauben kann?

Üben Sie sich in Großzügigkeit und Toleranz. Sehen Sie über Fahrfehler anderer Straßenbenützer mit Gleichmut hinweg. Schonen Sie Ihre Nerven und sparen Sie Ihre Kraft für wichtigere Dinge. Bedenken Sie, dass verbale Kraftausdrücke und diskriminierende Gesten gerichtlich geahndet werden können.

Autoradio

Offene Fenster und das Autoradio so laut aufgedreht, dass man es meilenweit hört – besonders im Sommer eine bekannte Situation. Nerven Sie niemals andere Straßenbenützer durch Ihren eigenen

Lärm und regulieren Sie die Lautstärke Ihres Radios oder CD-Players auf ein vernünftiges Maß.

Telefonieren

Obwohl es gesetzlich verboten ist, Handys ohne Freisprecheinrichtung im Auto zu benützen, ist es nach wie vor gang und gäbe. Im Sinne Ihrer eigenen Sicherheit und der Sicherheit der anderen Straßenbenützer vergessen Sie nicht, Ihre Freisprecheinrichtung anzustecken, wenn Sie die Absicht haben, im Auto zu telefonieren.

Beifahrer

Autofahrer mit guten Umgangsformen öffnen ihren Beifahrern, vor allem wenn es Damen, ältere oder gebrechliche Personen oder Gäste sind, die Autotüre, schließen diese und steigen dann erst selbst ein. Dabei wird vor dem Wagen herumgegangen.

Beurteilen Sie selbst, wem Sie behilflich sein sollen und wem nicht. Junge, selbstbewusste Frauen lehnen diese Höflichkeitsgeste manchmal ab. Sie empfinden es als eine Art ungehörige Bevormundung, weil sie ja durchaus allein imstande sind, eine Autotüre zu öffnen. Beachten Sie bitte auch die jeweilige Situation: Wenn Sie mit Ihrer Partnerin zum Supermarkt fahren, ist diese Geste sicherlich unpassend. Fahren Sie aber z. B. zu einer vornehmen Ballveranstaltung oder in ein feines Restaurant, dann ist die Gelegenheit passend.

Dasselbe gilt auch beim Aussteigen. Vor dem Wagen herumgehen, dem Beifahrer die Türe öffnen, aussteigen lassen. Türe zumachen. Ist doch ganz einfach, oder?

Sitzposition

Wenn Sie zu zweit im Wagen sitzen, ist es klar: Der Beifahrer sitzt neben Ihnen. Wenn mehrere Personen im Wagen sitzen, sitzt die wichtigste Person neben Ihnen, die zweitwichtigste hinter dem Beifahrersitz. Die vierte Person hinter dem Fahrer.

Wenn Sie mit Chauffeur unterwegs sind, dann sitzen Sie hinter dem Fahrer, die wichtigere Person neben Ihnen. Ein weiterer Beifahrer sitzt dann neben dem Fahrer.

Normalerweise sitzt der jeweilige Partner neben dem Fahrer. Wenn weitere Gäste dabei sind, beurteilen Sie selbst, ob Ihr/e Partner/in unter Umständen auf die Rückbank wandert und Sie dem Gast den Beifahrersitz überlassen. Das könnte z. B. der Fall sein, wenn Sie eine würdige, alte Tante ausführen oder einen besonders wichtigen Gast aus dem Ausland haben. Besprechen Sie diese Situation allerdings vorher und nicht im Beisein des Gastes. So manche Ehefrau war schon beleidigt, weil man von ihr erwartet hat, dass sie ihren angestammten Platz verlässt.

Gäste heimbringen

Berücksichtigen Sie natürlich auch, ob das Auto vier oder nur zwei Türen hat. Wenn Sie mehrere Gäste heimbringen, wird man diese natürlich so verfrachten, dass das Aussteigen möglichst reibungslos vor sich geht. Alte Personen setzt man möglichst so, dass sie beim Aussteigen auf der Gehsteigseite sind. Wie bei vielen anderen Situationen im Leben geht man möglichst mit Gefühl, Hirn, Um- und Rücksicht an die Sache heran, dann kann einfach nichts passieren.

Wenn Sie Freunde, Bekannte oder Verwandte nach einer Abendeinladung nach Hause bringen, bleiben Sie noch so lange im Auto sitzen, bis der Heimgebrachte den Schlüssel herausgekramt, die Haustür geöffnet hat und ins Haus getreten ist. Ältere Personen oder furchtsame Frauen freuen sich meistens, wenn sie bis zur Haustür begleitet werden.

Gespräche

Wenn Sie selbst Beifahrer sind, schätzen Sie ab, inwieweit Sie den Fahrer in Gespräche verwickeln können, ohne ihn beim Fahren zu stören. Manche Fahrer irritiert das nicht, manche müssen sich eher auf den Verkehr konzentrieren.

Hüten Sie sich davor, Ratschläge zur Fahrweise zu geben, und nerven Sie den Fahrer nicht durch Dreinreden und gute Ratschläge. Nur wenn Sie gebeten werden, Hilfestellung beim Finden eines bestimmten Fahrzieles zu leisten, werden Sie aktiv.

Wenn Ihnen der Fahrstil allerdings zu stürmisch ist, dann können Sie mit höflichen Worten darum bitten, etwas langsamer zu fahren. Kritisieren Sie aber bitte nicht das Tempo, sondern bitten Sie um Verständnis dafür, dass vielleicht heute Ihr Magen nicht ganz in Ordnung ist, oder finden Sie eine andere passende Erklärung.

Rauchen

Rauchen in einem geschlossenen Auto ist nur anzuraten, wenn alle anderen Beifahrer ebenfalls Raucher sind. Für Nichtraucher ist Rauchen im Auto eine Zumutung. Bedenken Sie auch, dass feine Nasen den Rauch noch tagelang bemerken. Verzichten Sie daher auf den Glimmstängel, wenn es irgendwie möglich ist. Wenn Sie gar nicht verzichten können, dann klären Sie bitte von vornherein die Situation.

Ein- und Aussteigen

Wir Durchschnittsbürger werden selten beobachtet, wie elegant wir ein Auto besteigen oder ihm entsteigen. Ganz anders wie bei Stars, die beim Aussteigen von Horden von Paparazzi belagert werden, die nur einen Blick unters Röckchen machen wollen und die Fotos dann für teures Geld zu verkaufen. Für unsereins gilt, dem Auto so zu entsteigen, dass man möglichst keine lächerliche Figur abgibt und auch keine zu tiefen Einblicke zulässt.

Tipp:

Für alle, die es ganz genau wissen wollen, und für ganz besondere Gelegenheiten gilt folgende Empfehlung: Beine zusammen, auf dem Popo eine 90° Drehung, beide Beine gleichzeitig auf die Straße stellen. Dort steht dann hoffentlich ein Gentleman, der uns die Hand reicht, auf dass wir möglichst anmutig dem Gefährt entsteigen. Beim Einsteigen gilt die ganze Prozedur in umgekehrter Reihenfolge. Wir setzen uns auf den Autositz, lassen dabei beide Beine geschlossen auf dem Straßenrand, drehen uns auf dem Popo um 90° und hieven dabei die geschlossenen Beine in das Wageninnere. Ist doch ganz einfach, oder?

Alkohol

Über Alkohol am Steuer braucht nicht diskutiert zu werden. 0,5 Promille sind die oberste Grenze. Aber wer kann schon genau abschätzen, wann diese Grenze erreicht ist. Aber auch alkoholisierte Beifahrer können eine Gefahr darstellen. Unüberlegte Handlungen können dabei auch einen vollkommen nüchternen Fahrer in Gefahr bringen. Beschwipste Beifahrer sollen sich daher bewusst sein, dass sie ein möglicher Risikofaktor für den Fahrer sein können.

Bus und Bahn

Was haben die Londoner, was wir nicht haben? Sie haben Manieren. Sie wissen, dass Aggressionen nur zusätzlich Stress bringen. Deshalb versuchen alle, so locker wie möglich mit den kleinen Schwierigkeiten des Alltags umzugehen. An den Bushaltestellen warten sie stoisch-ergeben in disziplinierter Schlange auf die meist sehr unregelmäßig kommenden Doppeldeckerbusse. Unarten wie Vordrängeln bringen selbst den friedlichsten Londoner in Rage.

Mit der sprichwörtlichen britischen Höflichkeit und Liebenswürdigkeit versuchen sie, den Alltag so erträglich wie möglich zu machen. Kleine Zauberworte im täglichen Umgang sind »please« und »thank you«. Lieber einmal zu oft als einmal zu wenig. Ganz egal, ob man sich eine Zeitung kauft oder ein Taxi ruft: Das »Bitte« und »Danke« gehört überall dazu. Dass man »sorry« sagt, wenn einem im Pub oder Theater jemand auf den Fuß tritt, ist kein Witz, sondern normaler Umgangston. Immerhin entschuldigt man sich dafür, dem anderen im Wege gewesen zu sein! Dass sich dieses gelassene Miteinander auch äußerst wohltuend im

Straßenverkehr auswirkt, schont die Nerven und macht den Alltag entschieden erträglicher.

Small Talk

Fernzüge

Bei Fernzügen ist es üblich, den Sitznachbarn zu grüßen und freundlich zu fragen, ob der Platz noch frei ist. Manchmal entwickeln sich nette Gespräche, wenn man stundenlang mit Menschen im selben Abteil sitzt. Reagieren Sie daher positiv, wenn Ihren Sitznachbarn die Lust zum Plaudern überkommt. Wenn Sie jedoch keine Lust auf eine Unterhaltung haben, dann können Sie sich, mit dem Hinweis, dass Sie jetzt lieber lesen würden, in Ihre Lektüre vertiefen. Umgekehrt aber sollen Sie die Feinfühligkeit haben, zu erkennen, ob Ihr Nachbar an einem Gespräch interessiert ist oder nicht.

Nahverkehr

Im Nahverkehr ist es nicht üblich, beim Einsteigen in ein Abteil zu grüßen. Auch der Small Talk während der Fahrt gehört nicht zum Verhalten von Pendlern. Achten Sie aber bitte auf Ihren Gesichtsausdruck. Wer jemals am Morgen mit öffentlichen Verkehrsmitteln zur Arbeit fährt, weiß, was ich meine. Der Anblick all der übel gelaunten Menschen mit mürrischen Gesichtern, die stur vor sich hin starren, ist eine große Zumutung für alle Mitreisenden. Ein entspannter und freundlicher Gesichtsausdruck tut sowohl Ihnen als auch Ihren Mitreisenden gut.

Small-Talk-Muffel

Small Talk in öffentlichen Verkehrsmitteln ist auch in Großbritannien unüblich. Als einmal aus wahlkampftaktischen Gründen Regierungschef **Toni Blair** mit der Underground fuhr, war er sehr verwundert, dass die Mitfahrer stoisch vor sich hin starrten und seine verbalen Anknüpfungsversuche standhaft ignorierten.

Geduld zählt

Kein Mensch liebt die Enge in öffentlichen Verkehrsmitteln. Niemand schätzt Verspätungen oder unregelmäßige Intervalle. Aber Leute, auch wenn wir uns beschweren und wenn wir quengeln, wird es nicht besser! Also, fassen wir uns auch hier in Geduld, warten wir geduldig, rempeln wir nicht unseren Nachbarn an, und wenn es wirklich einmal passiert, entschuldigen wir uns höflich. Und wenn ein Fahrer die Tür eine halbe Sekunde, bevor wir den Bus erreicht haben, schließt, dann sollten wir die Größe haben, ihm nicht den Vogel zu zeigen, sondern einfach akzeptieren, dass es sich auch nur um einen Menschen handelt, der heute eben nicht gut drauf ist.

Höfliche Gesten

Ein- und Aussteigen

Für Personen mit Kinderwagen sowie für gebrechliche Menschen ist das Ein- und Aussteigen besonders mühsam. Helfen Sie daher dabei, wenn es nur irgendwie möglich ist. Packen Sie aber nicht sofort zu, sondern fragen Sie zuerst, ob Sie helfen dürfen. Zeigen Sie Verständnis dafür, wenn abgelehnt wird. In Großstädten gibt es oft Diebesbanden, die mit dem Hilfetrick an die Geldbörsen wollen. Herren mit gepflegten Umgangsformen lassen ihre Partnerin zuerst einsteigen. Beim Aussteigen steigt der Mann als Erster aus und ist seiner Partnerin dann behilflich. Das gilt auch, wenn man mit älteren Personen unterwegs ist.

Sitzplatz anbieten

In den meisten öffentlichen Verkehrsmitteln gibt es Plätze, die für alte oder gebrechliche Personen sowie Personen mit Kleinkindern vorgesehen sind. Diese Plätze müssen nicht automatisch frei gehalten werden. Wenn Sie aber vorübergehend auf einem solchen Platz sitzen, achten Sie besonders darauf, ob andere Menschen den Sitzplatz dringender benötigen als Sie selbst. Stehen Sie daher sofort auf, wenn eine bedürftige Person einsteigt.

Menschen mit guten Umgangsformen bieten ihren Platz auch dann an, wenn er nicht gekennzeichnet ist, wenn sie sehen, dass ein anderer seines dringender bedarf. Ältere Menschen haben aber nicht in jedem Fall Anspruch auf einen Sitzplatz. Unter Umständen benötigt ein erschöpfter Bauarbeiter, der geschafft von der Arbeit nach Hause fährt, den Platz nötiger als ein rüstiger Rentner.

Höflich danken

Obwohl Kinder grundsätzlich auch das Recht auf einen Sitzplatz haben, sollten sie rechtzeitig lernen, dass es höflich ist, ihn fallweise anderen Menschen zu überlassen. Da das heute beinahe schon unüblich ist, reagieren Erwachsene meist sehr beglückt über eine solche Geste. Andererseits haben Erwachsene auch nicht zu maulen und über die Jugend zu schimpfen, wenn diese ihren Hintern nicht erhebt. Freundlich zu fragen, ob einem der Sitzplatz überlassen wird, hat meistens mehr Erfolg. Ein höfliches »Bitte« und »Danke« ist auf jeden Fall angebracht.

Gepäck

Verstauen Sie Ihr Gepäck in den dafür vorgesehenen Gepäckfächern, im Stauraum vor Ihrem Sitzplatz, oder halten Sie es auf Ihrem Schoß, vor allem bei kürzeren Fahrten. Wenn genug Platz vorhanden ist, dürfen Sie auch den Nebenplatz dafür benutzen. Sollte aber der Platz knapp werden, dann müssen Sie Personen den Vorrang lassen. Helfen Sie Mitreisenden, wenn Sie sich mit unhandlichem oder schwerem Gepäck abmühen. Seien Sie auch behilflich, wenn ältere, schwächere oder kleinere Personen das Gepäck im Zugabteil nach oben wuchten müssen.

Raumtemperatur

Menschen haben unterschiedliche Wärme- oder Kältebedürfnisse. Bevor Sie die Temperatur ändern – ganz egal ob Sie an der Einstellung der Klimaanlage im Zugabteil etwas ändern oder das Fenster im Personenzug runterschieben – ist es höflich, seine Mitreisenden vorher zu fragen: »Stört es Sie, wenn ich ein bisschen Luft reinlasse?« oder »Darf ich die Tür zum Gang etwas aufmachen?«. Wenn Sie das Gefühl haben, Ihre Mitreisenden sind mit Ihrer Aktion nicht einverstanden, und Sie leiden ganz besonders unter der Situation, dann bleibt Ihnen nichts anderes übrig, als eventuell den Sitzplatz zu wechseln.

Müll

Verlassen Sie Ihren Sitzplatz so, wie Sie ihn selbst vorfinden wollen. Werfen Sie Trinkflaschen, Trinkbecher etc. in eventuell vorhandene Müllkübel. Sollten diese voll sein, dann nehmen Sie Gegenstände, die zu entsorgen sind, nach draußen mit und werfen diese in den nächsten Papierkorb. Wenn eine Trennung nach Glas, Kunststoff, Papier, organischem Müll und Restmüll vorgesehen ist, beachten Sie diese bitte.

Eine aktuelle Tageszeitung, die Sie nicht mehr benötigen, können Sie liegen lassen. Vielleicht freut sich der nächste Reisende darüber.

Liege- und Schlafwagen

Haben Sie einen Schlafwagen allein oder mit Ihrem Partner, sind Sie fein raus. Niemand wird Sie stören und Sie schlafen hoffentlich ungestört die Nacht durch. Da die Wände zwischen den Abteilen allerdings sehr dünn sind, müssen Sie sich bewusst sein, dass lautes Reden, Radio sowie allfällige Schnarchgeräusche zu Ihren Nachbarn durchdringen. Reden Sie daher leise, benützen Sie Kopfhörer, wenn Sie ohne Radio oder Musik nicht einschlafen können, und beachten Sie vor allem, dass auch im Schlafwagen um 22 Uhr Ruhe herrschen sollte.

Werden Sie durch Ihre Umgebung gestört, z. B. durch Babygeschrei, dann üben Sie Nachsicht mit den gestressten Eltern. Jedes Baby schläft einmal ein. Werden Sie durch lautes Sprechen oder Feiern in der Nebenkabine gestört, dann bitten Sie den Schlafwagenschaffner, seines Amtes zu walten.

Teilen mit Fremden

Wenn Sie Liege- oder Schlafwagen teilen, ist besondere Rücksicht angebracht. Das gegenseitige Vorstellen ist weder üblich noch notwendig. Es sei denn, Sie haben schon den ganzen Tag miteinander verbracht, haben nett miteinander geplaudert oder sind sich sonst nähergekommen. Dann kann es natürlich schon vorgekommen sein, dass Sie Ihr Inkognito gelüftet haben.

Wer allerdings Scheu davor hat, sich vor den Augen eines fremden Menschen zu waschen oder an- und auszukleiden, der muss halt tiefer in die Tasche greifen und sich ein Einzelabteil leisten. Oder Liegewagen fahren, wo man sich in voller Montur unter die Decke legen kann. In jedem Fall ist es angebracht, sich einigermaßen natürlich zu verhalten, seinen Mitreisenden freundlich zuzunicken, eventuell einige Worte über sein Reiseziel zu verlieren und freundlich eine »Gute Nacht« zu wünschen.

Hygiene im Zug

Wenn Sie noch lesen wollen, sollten Sie freundlicherweise fragen, ob das Licht nicht stört. Ansonsten ist es angebracht, dass Sie für Hygiene und Sauberkeit in der Schlafkabine und an Ihrem eigenen Leib sorgen. Besonders wenn man, wie hier, auf engstem Raum zusammen ist. Unangenehme Körperausdünstungen, Tabakrauch oder auch übertriebene Parfumwolken sind in Schlafkojen mit mehreren Personen besonders unangenehm.

Achten Sie auch darauf, dass Ihr Gepäck die Mitreisenden nicht stört und nicht unnötig viel Platz wegnimmt. Vermeiden Sie es, stark riechende Speisen zu verzehren, und räumen Sie Ihren eigenen Mist weg.

Hund im Zug

Mitfahrende Hunde gehören angeleint und mit Beißkorb versehen. Sorry, Bello. Kleinere Exemplare liegen in einem Hundekorb oder auf einer Hundedecke auf dem Boden. Wenn sie freundliche Zeitgenossen sind, können Sie auch mit Einverständnis der Mitreisenden auf den Beißkorb verzichten. Nehmen Sie Rücksicht auf Personen, die Angst vor Hunden oder kein Verständnis für den oft nicht artgerechten Umgang von Herrchen oder Frauchen und ihren Lieblingen haben.

Fahrrad

Personen auf dem Drahtesel sind gegenüber Autofahrern in der schwächeren Position. Das ist die eine Seite. Auf der anderen Seite aber sind sie manchmal eine echte Gefahr für Fußgeher, vor allem im Stadtverkehr.

- In den meisten Städten gibt es Radwege. Diese dienen dem Schutz der Radfahrer und auch der Fußgänger. Benutzen Sie sie, wann immer es möglich ist. Ihr Tempo sollten Sie aber trotzdem unter Kontrolle haben und den Radweg nicht entlangrasen, sondern sehr wohl immer nach rechts oder links schauen. Manchmal bemerken auch Fußgänger nicht, dass sie einen Radweg kreuzen. Besondere Vorsicht hilft, Unfälle zu vermeiden.
- Auf einer normalen Straße fahren Sie möglichst weit rechts. Achten Sie bitte, dass Sie an parkenden Autos nicht zu knapp

vorbeifahren. Rasch aufgerissene Autotüren haben schon oft Fahrradfahrer zu Fall gebracht. Auch wenn der Autofahrer am Unfall schuld ist, eine Verletzung lohnt sich keinesfalls. Ebenso sollten Sie eine zu starke Überladung Ihres Rades vermeiden.

- Beachten Sie bitte, dass Sie auf dem Gehsteig das Rad nur schieben dürfen.
- Kopfhörer mit Walkman oder CD-Player sowie Handy mit Freisprechanlage lenken zu sehr vom Verkehr ab und bedeuten eine echte Gefahr für Sie. Vermeiden Sie daher all jene Betätigungen, die Sie vom Straßenverkehr ablenken.
- Mitlaufende Hunde sind nur in Gebieten ohne Straßenverkehr sinnvoll. Schonen Sie das Leben Ihres Wuffis und verhindern Sie Stress für andere Straßenbenutzer, indem Sie das Mitführen Ihres Lieblings im Verkehr vermeiden.

In öffentlichen Verkehrsmitteln

Fahrräder dürfen im Bahnverkehr nur in bestimmten Zügen bzw. zu bestimmten Zeiten mitgenommen werden. Meistens sind dies Zeiten außerhalb der »rush hours«. Erkundigen Sie sich nach diesen Bestimmungen und halten Sie sich auch daran. Achten Sie bitte sowohl beim Ein- als auch beim Aussteigen darauf, dass Mitreisende nicht behindert werden und das Fahrzeug während der Fahrt sicher steht und nicht umkippt. Bleiben Sie möglichst in der Nähe Ihres Gefährts.

Auf dem Schiff

Schifffahrten sind heute Luxus. Sie kosten extrem viel Zeit und sind ziemlich teuer. Günstiger sind Fährschiffe, vor allem in Kombination mit Bahn und Auto. Kreuzfahrtschiffe werden wie Luxushotels geführt. Daher werden gewisse Erwartungen an die Gäste gesetzt.

Tagsüber genügt gepflegte Urlaubskleidung, zu Essenszeiten aber wird elegantere Kleidung vorausgesetzt.

Vor allem an den Abenden ist es an Bord üblich, festliche Kleidung zu tragen. Damen gehen gerne in Cocktailkleidung oder lang, Herren tragen dunklen Anzug, Smoking oder Dinnerjacket. Bei ganz besonderen Anlässen, wie z. B. beim »Captains Dinner«, wird auf jeden Fall Abendkleidung getragen.

Aber auch beim Mittagessen werden im Speisesaal keinesfalls Shorts oder T-Shirts getragen. Herren erscheinen auf jeden Fall im Sakko. Damen ebenfalls in gepflegter Tageskleidung und keinesfalls im Strand-Outfit.

Reisen an Bord bedeutet, zumindest mehrere Tage eine Gemeinschaft zu bilden. Daher ist es auf jeden Fall üblich, sich denjenigen Menschen, mit denen man einen Tisch teilt, vorzustellen. Schiffsreisen sind meist auch eine kommunikative Sache. Personen, die ihre Kabinen in unmittelbarer Nähe der eigenen haben, werden gegrüßt und es werden einige Worte getauscht. Ebenfalls plaudert man höflich und freundlich mit Leuten, die man am Swimmingpool trifft oder bei anderen Vergnügen an Bord.

Im Flugzeug

Höflichkeit

Business- oder 1st-Class-Passagiere haben mehr Platz. Aber alle jene, die Economy fliegen, wissen, dass man dabei seinen Mitfliegern sehr nahe kommt. Wenn man neben einem netten Typ sitzt, kann das ja vielleicht ganz angenehm sein, in den meisten Fällen aber schätzt man es nicht besonders, wenn einem der Nachbar zu sehr auf die Pelle rückt. Besonders voluminösere Personen können schon einmal ihre Nachbarn bedrängen.

Man könnte annehmen, Flugzeuge werden ausschließlich für zierliche Menschen gebaut. Behalten Sie daher Ihre Ellenbogen möglichst nah am Körper und verdrängen Sie Ihren Nachbarn nicht von der Armlehne. Großformatige Zeitungen sind fluguntauglich, bevorzugen Sie daher Kleinformate oder Bücher. Wenn es aber unbedingt ein Großformat sein muss, dann falten Sie es so zusammen, dass Sie den Nachbarn nicht stören.

Ein kurzer Gruß zu den Flugbegleiterinnen und zu Ihren Sitznachbarn beim Einsteigen ins Flugzeug ist eine nette Geste. Zwingen Sie Ihren Nachbarn kein Gespräch auf. Wenn Sie in ein Gespräch verwickelt werden, aber Ruhe bevorzugen, können Sie höflich zu verstehen geben, dass Sie ungestört sein wollen.

Die meisten innereuropäischen Flüge werden als Nichtraucherflüge geführt. Das Rauchen ist daher gesetzlich verboten, selbstverständlich auch in den Waschräumen. Auf Zigarren und Pfeife sollten Sie grundsätzlich auch dann verzichten, wenn es Raucherzonen gibt.

Flugbegleiter sind Ihre Gastgeber an Bord. Menschen mit Stil behandeln sie höflich und taktvoll. Vermeiden Sie es, den Service über die Maßen hinaus zu beanspruchen. Benutzen Sie das kostenlose Alkoholangebot nicht dazu, sich volllaufen zu lassen. Es ist nicht üblich, Flugbegleitern ein Trinkgeld zu geben.

Passagiere, die nach einer gelungenen Landung applaudieren, zeigen, dass sie Charterflieger sind. Bei Linienflügen ist Applaudieren nicht üblich.

Wenn Sie schlafen wollen, nehmen Sie bitte Rücksicht auf die Passagiere hinter Ihnen. Vergewissern Sie sich immer, dass der Fluggast hinter Ihnen kein Getränk auf dem Klapptisch stehen hat, und klappen Sie Ihren Sitz niemals während des Essen nach hinten.

Planen Sie Ihre Gang auf die Toilette immer voraus. Lassen Sie die Toilette in einem sauberen Zustand zurück und wischen Sie das Waschbecken mit einem Papierhandtuch aus. Während des Services sollten Sie Ihren Platz nicht unbedingt verlassen. Sie stören die Flugbegleiterinnen und zwingen Ihre Sitznachbarn, den Tisch nach oben zu klappen, besonders, wenn Sie einen Fensterplatz haben.

Tipp:

- Besonders komfortabel sind Gangplätze. Empfehlenswert sind auch die Plätze neben den Notausgängen und meistens auch die 1. Reihe. Hier gibt es üblicherweise mehr Beinfreiheit. Fragen Sie beim Einchecken, ob diese Plätze verfügbar sind.
- Achten Sie besonders darauf, nicht zu viel Parfum zu benutzen. Der Geruch könnte für Ihren Sitznachbarn zu aufdringlich sein.
- Benutzen Sie Deos, Pfefferminzpastillen oder Mundsprays, um sicher zu sein, dass Ihre Körperdüfte neutral bzw. angenehm sind. Ihr Sitznachbar wird es Ihnen danken.

Flugangst

Flugangst ist mit Argumenten schwer beizukommen. Jährlich werden weltweit rund zwei Milliarden Passagiere unversehrt ans Ziel gebracht. Dabei verlieren etwa 800 bis 1000 Passagiere ihr

Leben. Diese Anzahl an Todesopfern haben wir jährlich auf Österreichs Straßen.

Aber erklären Sie das einmal Berühmtheiten wie **Karl Lagerfeld** oder **David Bowie**. Auch diese geben zu, Flugangst zu haben. Hintergrundwissen und Methoden zur Entspannung würden ihnen helfen, den nächsten Flug genießen zu können.

Durch richtige Atmung wird die Anspannung reduziert. Bauchatmung hilft dabei. Die Hand wird auf den Bauch gelegt und es wird tief durch die Nase ein- und durch den Mund ausgeatmet. Beim Einatmen soll sich die Bauchdecke heben. Lassen Sie beim Ausatmen die Luft bis auf den letzten Rest heraus. Durch Abbau der muskulären Spannung wird auch die Angst verringert. Verschiedene Muskelgruppen werden stark angespannt, die Spannung wird sechs Sekunden gehalten und dann abrupt losgelassen. Arme und Hände – Gesicht, Nacken und Schultern – Rücken,

Bauch und Becken – Bauch und Gesäß – Beine und Füße. Jede Muskelgruppe wird zweimal angespannt.

Bereits in der Nacht vor dem Flug mit der Entspannungsübung beginnen, dann nochmals kurz vor dem Flug. Eine Kurzversion, nämlich alles auf einmal anzuspannen, kann jederzeit auch im Flugzeug angewendet werden.

Tipps:

- Kommen Sie rechtzeitig zum Flughafen.
- Vermeiden Sie Stress.
- Trinken Sie weder Kaffee noch Alkohol vor und während des Fluges.
- Ersetzen Sie negative Gedanken durch positive.
- Spüren Sie bewusst den Boden unter Ihren Füßen und stehen Sie, so oft es geht, auf.
- Beobachten Sie Ihre Angst und lassen Sie diese ablaufen.
- Wenn Sie schlafen wollen: Kippen Sie die Rückenlehne zurück, setzen Sie die Schlafbrille auf – und dann im Flieger entspannen.
- Nehmen Sie viel Flüssigkeit zu sich. Da die Wasserrationen in Fliegern sehr knapp bemessen sind, empfiehlt es sich, eine eigene Wasserflasche mitzunehmen.
- Die Luft ist in Flugzeugen meist sehr trocken. Bei längeren Flügen bewährt es sich, zwischendurch Feuchtigkeitscreme aufzutragen oder einen Gesichtsspray zur Erfrischung zu benutzen. Dann haben Trockenheits-Knitterfältchen keine Chance mehr.
- Drängeln Sie nicht beim Aussteigen. Auch wenn Sie in Eile sind, stehen Sie im Bus oder bei der Passkontrolle ja doch wieder beisammen. Die wenigen eingesparten Sekunden sind nicht die Welt.

Arbeiten an Bord

Flüge werden oft zum Arbeiten genutzt. Denn gerade bei langen Flügen geht wertvolle Arbeitszeit verloren. Ist das empfehlenswert oder ist es besser, nichts zu tun und sich zu entspannen? Der Regensburger Schlafforscher Jürgen Zulley empfiehlt, die Reisezeit zum Schlafen zu nutzen. Sonst ist man bei den Terminen am Ziel unkonzentriert. Empfehlung: »Wer arbeiten muss, sollte das nur etwa zwei Stunden nach dem Start und etwa zwei Stunden vor der Landung tun.«

Kapitel 13

Kuriose Knigges

In den letzten Jahren haben Etikette-Regeln ihren angestammten Bereich, also Gesellschaft und Beruf, verlassen und machen sich überall breit. Manch kuriose Bereiche finden sich darunter.

Knigge für Santa Claus

Sogar dem Weihnachtsmann werden gute Umgangsformen empfohlen. Personal-Verleihfirmen in den Vereinigten Staaten geben Weihnachtsmännern folgende Tipps:

- Niemals Versprechungen geben! Sie raten dazu, unverbindlich zu bleiben, so unter dem Motto »Schauen wir doch mal, was der Weihnachtsmann für dich tun kann«.
- Erwachsene immer mit »liebe Leute« anreden. Bei der heutigen Scheidungsrate weiß keiner mehr, ob die Frau wirklich die Mutter und der Mann wirklich der Vater ist.
- Kinder nicht auf den Schoß, sondern nur ans gestreckte Bein lassen. Um den Weihnachtsmann nicht in den Verdacht sexueller Belästigungen kommen zu lassen, ist das eine sinnvolle Empfehlung. Zur Vermeidung von Fußkrämpfen wird geraten, fleißig zu üben.
- Weihnachtsmänner sollen niemals rauchen! Klar doch, denn der Rauschebart ist ziemlich brennbar.
- Nicht betteln! Kunden sollen niemals angeschnorrt werden, denn ein ordentlicher Weihnachtsmann ist nie pleite!

Erotik-Knigge

Österreichs Sex-Expertin **Dr. Gerti Senger** findet, dass es auch beim Sex auf gepflegte Umgangsformen ankommt. Also gab sie kürzlich in ihrer sonntäglichen Kolumne der »Kronen Zeitung« einige Anregungen. Wohin schaut man, während man die Klamotten ablegt? Soll man verbindlich lächeln oder versuchen, die konzentrierte Leidenschaft von Flamenco-Tänzern ausstrahlen?

Dass das Anbehalten der Socken tabu ist, diese Kenntnis setzt sie bei ihren Lesern voraus. Aber sie gibt Tipps, wie die Wohnung aussehen soll, bevor man zur Tat schreitet, und was mit Hund, Katz und Handy zu tun ist. Herkömmliche Etikette könne man sich von anderen Leuten abschauen, meint sie, aber Sexmanieren nicht. Daher können einige Anregungen nicht schaden.

Knigge für evangelische Pfarrer

Auch der Umgang mit Kelch und Monstranz muss gelernt sein. Anscheinend sind sich evangelische Pfarrer im Gegensatz zu ihren katholischen Kollegen ihrer wichtigen Rolle im Gottesdienst nicht ganz so bewusst. Ein kleiner liturgischer Knigge lehrt neuerdings den evangelischen Pfarrern in Deutschland das richtige Benehmen am Altar. Hier einige Highlights aus den Verhaltensregeln für mehr als 9000 Pfarrerinnen und Pfarrer, herausgegeben als Ergänzungsband zum Evangelischen Gottesdienstbuch:

- Jeder Schritt soll bewusst als Leiter des Gottesdienstes gemacht werden. Dazu gehört, »dass da nicht ein zerknittertes Beffchen die eigenen und andere Aufmerksamkeit aufsaugt«.
- Unangebracht sind »sich ausbeulende Talartaschen, gefüllt mit Kugelschreiber, Brillenetuis, Haus- und Autoschlüssel«.
- Pfarrer sollen außerdem nicht »mit gebrauchten Taschentüchern spielen sowie in liturgische Gegenstände husten«.
- Auch »Schaftstiefel, extrem hohe Stöckelabsätze, Cowboystiefel, Turnschuhe, Pantoffeln oder Freizeitsandalen« sind tabu.
- »Starke Parfums und Deodorants« sollen im Gottesdienst nicht verwendet werden.

Wie groß das Bedürfnis nach einem Pfarrer ist, der sich zu benehmen weiß, bemerkt der Verfasser des Pfarrer-Knigges täglich: »Jeden Tag rufen mich Leute an und sagen: Das muss ich unbedingt meinem Pfarrer schenken.«

Knigge für moderne Chinesen

Yue-Sai Kan ist Chinas berühmteste Unternehmerin. Neulich wurde sie zur »einflussreichsten Frau im China der letzten 20 Jahre« gewählt. Sie hat, laut ihren eigenen Aussagen, die Welt nach China gebracht und dann die Lust an der Schönheit. Neuerdings will sie Chinesen auch Benimm beibringen. Zu diesem Zweck schrieb sie eine »Etikette für den modernen Chinesen« – die zum Bestseller wurde. Wie sie findet, brauchen ihre Landsleute dringend Umgangsformen.

- Permanentes Handy-Klingeln während klassischer Konzerte ist in China gang und gäbe. Daher weist sie darauf hin, wie wichtig es ist, das Handy im Theater oder Konzert abzustellen.
- Knochen-Weiterspucken in Restaurants und Nahkampf-Szenen an der Bushaltestelle nerven sie täglich. Chinesen werden daher über europäische Tischsitten sowie britische Höflichkeit aufgeklärt.
- Des Weiteren lehrt sie ihre Leser, dass man Europäer niemals nach dem Gehalt und Frauen niemals nach ihrem Alter fragen soll.
- Wie man als Frau in ein Auto einsteigt, ohne dass unterm Rock der Slip sichtbar wird, ist ebenfalls ein Thema.

200 000 Exemplare ihrer Benimmbibel wurden schon verkauft. Zweifellos eine tolle Leistung.

Diese Beispiele zeigen, dass wir heute nicht daran vorbeikommen, über Umgangsformen nachzudenken. Betrachten Sie alle im Buch beschriebenen Regeln als Empfehlungen für Ihre eigene Sicherheit und Ihr Wohlbefinden in unterschiedlichen Situationen. Nehmen Sie diese Anregungen nur dann an, wenn Sie es mit Ihrer Persönlichkeit vereinbaren können. Lernen und beobachten Sie sich selbst und andere Personen. Sie werden sehen, dass das Leben leichter wird. Für Sie, für Ihre Familie, Ihre Kollegen und Freunde.

Ich wünsche Ihnen viel Spaß und Erfolg dabei!

Stichwortverzeichnis